LEBOR NA HUIDRE

Lebor na hUidre

BOOK OF THE DUN COW

EDITED BY

R. I. BEST and OSBORN BERGIN

SCHOOL OF CELTIC STUDIES
DUBLIN INSTITUTE FOR ADVANCED STUDIES

School of Celtic Studies
Dublin Institute for Advanced Studies
3rd reprint 1992

ISBN 1 85500 157 8

Originally published by the
Royal Irish Academy, Dublin
1929; reprinted 1953, 1970

Reprinted by
Dundalgan Press Ltd

PREFACE

THE lithographic Facsimile of *Lebor na Huidre* executed by Joseph O'Longan, and published by the Royal Irish Academy in 1870, having been out of print for many years, the Council decided in 1921 to issue under our joint editorship a new edition of the MS., to be printed in Roman characters, in which the different hands, more especially the numerous interpolations to which attention had recently been drawn, and which gave a new character to the MS., should be distinguished by different founts of type. The aim of the present edition is to provide not a critical text—so many of the tracts being defective owing to lacunae in the volume—but rather an accurate transcript, which will supplement the 'Facsimile' and present the evidence of the MS. in a more convenient form.

Some apology is necessary for the long delay that has ensued since the work was taken in hands. The task of editing, owing largely to difficulties of interpretation, proved more arduous and exacting than had been anticipated. The entire work, both in MS. and in proof, was collated more than once with the original by both editors, and frequent revision of the text took place. The final comparison was with the 'Facsimile,' when a number of inadmissible readings of the facsimilist, which had before been overlooked, were noted, together with certain inconsistencies of our own, indicated in the Introduction. We hope that it may not be found necessary to add considerably to the list of Corrigenda, which in works such as this is almost inevitable.

We desire here to express our appreciation of the skilful manner in which the University Press has seconded our efforts in the execution of this complicated work, so long in the press.

R. I. B.
O. J. B.

Dublin, 1*oth February*, 1929.

CONTENTS

CONTENTS

PLATES

I. Táin Bó Cúailnge, p. 55
II.   do.   p. 73

LIST OF ABBREVIATIONS FOR WORKS, &c., CITED

BB. = Book of Ballymote.   Facsimile, 1887.
Brit. Mus. = British Museum.
Eg. = Egerton MSS. in British Museum.
FM. = Annals of the Four Masters.
Harl. = Harleian MSS.
LB. = Lebar Brecc.   Facsimile, 1876.
Lc. = Book of Lecan, R.I.A.
LH. = Liber Hymnorum.
LL. = Lebar Laigen, i.e. Book of Leinster.   Facsimile, 1880.
LU. = Lebor na Huidre.
R.I.A. = Royal Irish Academy.
Rawl. = Rawlinson MSS. in Bodleian Library.
RC. = Revue Celtique.
T.C.D. = Trinity College, Dublin.
Y., YBL. = Yellow Book of Lecan.   Facsimile, 1896.
ZCP. = Zeitschrift für celtische Philologie.

INTRODUCTION

THE manuscript volume known as *Lebor na Huidre* or Book of the Dun, so named presumably from the hide of a famous dun cow of St. Ciarán of Clonmacnois, has been in the possession of the Royal Irish Academy since 1844, when it was acquired by purchase along with a number of other MSS., 212 in all, from Messrs. Hodges & Smith of College Green. This collection had been in course of formation for many years, and was offered to the Academy in February, 1843, for a sum much below its market value, namely 1200 guineas, in order that the manuscripts might be retained in the country. Towards this the Government of the day contributed £600, Lord Adare raised £300, the Academy contributed £200, and private subscribers the remainder. The Catalogue of the collection, known as the Hodges & Smith collection, was compiled by Eugene O'Curry. It fills three large folio volumes, and *Lebor na Huidre* is No. 226 in the collection. Its press mark is now 23 E 25. In whose keeping this venerable manuscript was before it passed into the custody of Messrs. Hodges & Smith, is now unknown. It was in their hands at all events in 1837, when it was cited by Petrie in his famous essay on the History and Antiquities of Tara Hill (R.I.A. Trans. XVIII., 1837).

Of its past history little is known beyond what is recorded in the two precatory entries in the book itself (p. 37ᵇ; *infra* p. 89). In the former, made in A.D. 1345, the compilation of the book is ascribed to Mael Muire son of Célechar, whose *probatio pennae* occurs on the upper margins of p. 55, where it is only partly legible: *P*robatio pennae Mail Muri m*ei*c m*ei*c Cuind [na mbocht];[1] and of p. 70: *P*robatio pennae Mail Muri inso.

---

[1] illegible.

The two entries in question have been translated and interpreted by O'Curry in his *MS. Materials of Ancient Irish History*, p. 182 ff., and again in his Catalogue, reprinted in the Introduction to the Facsimile. It may be convenient, however, to give at this point a fresh rendering of them, and to recapitulate their contents.

I. "A prayer for Mael Muire son of Célechar, grandson of Conn na mBocht, who copied and searched out this book from various books. A prayer for Domnall[1] son of Muirchertach son of Domnall son of Tadg son of Brian son of Aindrias son of Brian Luignech son of Toirrdelbach Mór. It is this Domnall who ordered the restoration[2] by Sigraid Ó Cuirrndín[3] [of the work] of that same person by whom this beautiful book was written. And which is best for us, to send our blessing to the owner of this book by human lips or to leave it with him? And it is a week from to-day to Easter Saturday, and a week from yesterday to Good Friday, and there are two golden Fridays therein, i.e. Friday of the Festival of Mary[4] and Good Friday, and that is a great marvel to certain scholars."

II. "A prayer for Aed Ruad son of Niall Garb O'Donnell who carried off this book by force from the Connachtmen, and the Leabar Gearr along with it, after they had been absent from us from the time of Cathal Óg O'Conor to that of Ruaidrí son of Brian [O'Conor], and ten lords were over Cairbre in the interval. And in the time of Conchobar[5] son of Aed O'Donnell

---

[1] He died in the Castle of Sligo, a week before Christmas, 1395. FM.

[2] The retracing or re-inking of faded letters is quite common in Irish MSS. The expressions used by the scribe of Laud Misc. 610 (Bodl.), entrusted with the task of renovating that MS. are, *athscribad na liter*, 'the re-writing of the letters, fol. 24 *d* ; *lesugad an libhair*, 'the restoring of the book,' fol. 4 *v* ; *culaid athnuaigthi*, 'implement of renovation,' fol. 25 *v*. See Plummer's Colophons and Marginalia of Irish Scribes, 1926, p. 85 (British Academy Proc.).

This and the following entry have themselves been retraced, the former so skilfully that it is only through minute portions of letters here and there having escaped the process, that one can recognize it. In the second *Orait*, which overflows into the lower margin, the retracing is more obvious. Consequently a second renovator has been at work at some later period.

[3] Sídhradh Ó Cuirnín, a learned poet and ollav of Breifne, died 1347. FM.

[4] The festival of the Annunciation referred to here, coincided with Good Friday on March 25th, 1345, which furnishes the date of the entry. Cp. *Facsimile*, p. xi.

[5] He succeeded his father in 1333, and was slain by his brother Niall in his own fortress at Murbach in 1342. FM.

they were taken to the West, and in this manner they were taken, i.e. the Leabar Gearr[1] in ransom for O'Doherty[2] and Leabar na Huidre going in ransom for the son of O'Donnell's ollav of history, it being taken by Cathal as a pledge for him from Cenél Conaill . . .[3] from Conchobar to Aed."[4]

From the above entries it would appear that *Lebor na Huidre* was carried from Donegal into Connacht during the reign of Conchobar son of Aed O'Donnell, that is between 1333 and 1342; that it remained there until 1470, when it was brought back to Donegal after a successful expedition by Aed Ruad, son of Niall Garb O'Donnell. Further, that in 1345, shortly after its transfer to Connacht, the writing which was then much faded, was renovated or re-inked by Sigraid Ó Cuirrndín, a poet of Bréifne, who died in 1347. It was thus upwards of 130 years in Connacht.

That the book was still in Donegal in 1631, when the O'Clerys and their associates were at work in the Franciscan Convent there, is evident from the references to it in their various compilations: (1) Martyrology of Donegal (1630) under Sep. 23 ; (2) Lebar Gabála (1631) preface, where it is described as written at Clonmacnois in the time of St. Ciarán ; (3) in their Annals of the Kingdom of Ireland, under A.D. 266 (Stowe copy). Further Lughaidh O'Clery is said by Mac Fir Bhisigh

---

[1] Cp. the reference to the Lebar Gearr or Short Book in Aided Nath Í, p. 94, in a passage interpolated by **H**, l. 292z, and also found in YBL., where it is cited as one of the sources, formerly in Monasterboice, afterwards stolen by a student and taken over sea, since when it was never heard of.

[2] Captured at Ballyshannon in 1359. FM.

[3] Something evidently omitted here, as *fris sin* gives no sense.

[4] A.D. 1470. Caislen Sliccigh do ghabháil la Hua nDomhnaill for Domhnall mac Eoghain Uí Conchobhair iar mbeith athaidh fhoda i n-iomsuidhe fair, 7 a breath fein dfághail do chomhtoibh d'Ua Domhnaill don chur sin la taobh umhla, 7 cios chána o Iochtar Connacht. Bá don chur sin doradadh dó an Leabhar Gearr, 7 Leabhar na Huidhri, 7 cathaoíreacha Domhnaill Óicc ruccadh siar re linn Sheaain mic Conchobhair mic Aodha mic Domhnaill Óicc Uí Domhnaill. FM.

"The Castle of Sligo was taken by O'Donnell from Domnall, son of Eoghan O'Conor, after having been besieged for a long time. And O'Donnell obtained his own judgment and awards on that occasion, including submission and tribute from Lower Connacht. It was on that occasion were given to him the Lebar Gearr and Lebar na Huidre, and the chairs of Domnall Óg which had been taken to the West in the time of Seaán son of Conchobar son of Aed son of Domnall Óg O'Donnell."

in his Book of Genealogies to have transcribed the whole or a part of *Lebor na Huidre.* Colgan refers to it in his *Acta Sanctorum,* 1645, and Keating in his History (ed. Comyn, I, p. 78).

How long it continued to remain in Donegal, and what were its subsequent wanderings until acquired by Messrs. Hodges & Smith, we have no means of knowing.

Mael Muire, with whose name it is associated as the principal scribe, was slain by marauders in 1106 in the middle of the Daimhliag of Clonmacnois, according to the Annals of the Four Masters, and this is the only mention of him apart from the Book itself: Maolmuire mac mic Cuind na mbocht do mharbhadh ar lar doimhliacc Cluana mic Nóis la haois aidhmhillte. His family had been settled at Clonmacnois for many generations, his direct ancestors occupying high positions in learned and ecclesiastical circles. Heinrich Zimmer has traced them back through the Annals in his notable study, " Ueber den compilatorischen charakter der irischen sagentexte im sogenannten Lebor na Huidre" (Zeitschr. f. vergl. Sprachforschung xxviii, 671 ff.). Mael Muire, was the son of Célechar, presumably Célechar Mugdornach, bishop of Clonmacnois, who died in 1067. His grandfather at all events was Conn na mbocht, so called because of his liberality to the poor. He was head of the Céli Dé and anchorite of Clonmacnois. He died in 1059. His father was Joseph, anmchara or confessor of Clonmacnois, d. 1022, son of Dúnchad, bishop of Clonmacnois, d. 953, son of Égertach, airchinnech or superior of Ecclais Bec, d. 893, grandson of Eogan, anchorite of Clonmacnois, d. 845, son of Aedagán, abbot of Louth, d. 834, son of Torbach, scribe, lector, and abbot of Armagh, d. 807, son of Gormán, comarba or successor of Mochta of Louth, d. 753, when on a pilgrimage at Clonmacnois. A still earlier Gormán of the Mugdornai also died there in 610, when on a pilgrimage, and he too, according to the Annals of Clonmacnois, was an ancestor of Mael Muire. As Zimmer truly observes, Mael Muire, doubly connected by his ancestry with Armagh and Clonmacnois, was in the line of a great tradition.

It is strange that a volume of such importance should not have been mentioned in its turn as a source in any other medieval Irish manuscript, like those famous books cited in it —Lebar Dromma Snechta, Lebar Buide Sláni, *etc.*

The only other marks of former possession are on p. *27b marg. sup.* Misi uitt o Flait[ ], probably Flaithbhertaigh ; Misi uill[ ].²

DESCRIPTION.— In its present state *Lebor na Huidre* is little more than a fragment, consisting of 67 leaves of vellum, of varying quality, and averaging eleven inches in height by eight in breadth : three shorter leaves have been intercalated. When the volume was bound and repaired in 1881, the gatherings were taken asunder, the leaves separated from their conjugates and laid down singly on parchment mounts, so that it is no longer possible to determine their relations to one another, or the number and make-up of the various gatherings or quires. To attempt this now, the volume would have to be taken asunder, the leaves dismounted, and repieced where possible.

The leaves, with a few exceptions, are foliated on the *recto*, in the centre of the lower margin, by means of the letters of the alphabet, the last three leaves in a series after *z*, terminating 7, eṗc, ᴀmen.¹

In addition to this earlier foliation there is a later one in Arabic numerals on the *recto* of each leaf, in the middle of the upper margin, made in the late sixteenth or early seventeenth century.² Finally there is a modern pagination, made for the purpose of the lithographic *Facsimile* of 1870. As all subsequent references to the MS. in Irish studies have been to this pagination, it has been adopted in the present edition for the sake of convenience.

Scribes.—*Lebor na Huidre,* as we have seen, has traditionally been regarded as the compilation of Mael Muire. In its present condition, however, apart from certain scholia and adscripts, it is the work of three quite distinct hands, here denoted **A**, the first scribe, **M** = Mael Muire, and **H**, an interpolator.

---

¹ On the lower margins of the Irish codex Ambrosianus C 301 (= Ml. glosses) there is an alphabetic foliation which, to judge from photographic prints, appears to follow sections ; these are of varying length, and their sequence is marked by majuscules : e.g., ℮ ᴀ–Ⱡ ; ꝼ ᴀ–n, *etc.* Only one section, [ꝺ], is foliated to the end, and the first three, [ᴀ], ƀ, ⸱c⸱, are not foliated at all. This foliation, which is seemingly in the 9th-cent. text hand, has not attracted attention hitherto.

² This is omitted in the Facsimile.

J. O'Beirne Crowe, who had transcribed the greater part of
the MS., and had edited and translated several texts from it, in
the introduction to his edition of *Siaburcharpat Con Culaind*
(Journ. of the R. Hist. and Archaeol. Assocn. of Ireland, 4 Ser.,
vol. I, p. 372 f., 1871) drew attention to the occurrence of this
third hand in that particular tract, and elsewhere in the MS.;
but he supposed it to be that of a fellow-worker of Mael Muire,
and his observation, which was made quite casually for the
purpose of exposing a faulty reading, escaped the notice of
subsequent investigators.[1]

It was not until recent years that the true role of this third
hand as an interpolator was made known, and the first hand
distinguished. See R. I. Best, *Notes on the Script of Lebor na
Huidre* (Ériu VI, 161 ff., 1912) from which the account that
follows is adapted, and which should be referred to for further
details and illustrations of the interpolated passages.

A. The book was begun by A, who was the best penman, if
not the most accurate copyist. He also began to transcribe
the Fís Adamnán and the Táin, when the pen was taken up by
Mael Muire. How much more A transcribed we cannot tell, so
many leaves are now lost. It is a careful well-formed book
hand, the strokes firmly drawn, those extending below the line
tapering to a point (pl. I). The letters are more uniform in
height, maintaining a more even level than either of the other
hands. The distinguishing feature of this hand is the hooked
open *a*, more familiar as a capital, but here used in preference
to the small open *a*, which however also occurs. This hooked
a is used in the same manner in other manuscripts of the
period, the Trinity College Liber Hymnorum, for example.[2]
The second marked peculiarity of A is the tall *e*, which occurs
in two forms, having a slight droop at the top, but free of the
following letter, and also occasionally looped and touching the
following letter. This is quite a common feature in Irish
hands, but in this MS. the double formation is peculiar to this
hand only. Similarly in *sr. sf, ss,* etc., the first *s* when it rises
above the line is not joined to the succeeding letter. Character-
istic is tall *e* followed by *i*, in ei*n*, where the *n*-stroke is under

---

[1] See Best, Palæographical Notes, *Ériu* VIII, 117 ff.
[2] Cp. also Rawl. B. 502, *Facs.* pp. 13ᵇ3, 18ᵃ22, 70ᵃ1.

the loop of *e*, and over the *i*; *a* in the compendium for *ar* is better drawn than in the other hands, where it has a tendency to rise above the line. Note in *si*, how the *i* subscript is ligatured to the shaft of *s*, giving the latter almost the appearance of *h*; and the mark of aspiration curled up at the end, also the pronounced upward curl to the cross bar of *l* in the symbol for *nó* (uel), and the drooping character of *s*. Again, the compendium for *fri*, where the hooked character above the *f* is more upright than in either M or H. The 2-shaped *r* so common in the other hands, after *o*, *b*, *d*, is only used by A two or three times. The large ornamental initials are elaborate and well formed. Contractions are not so numerous as in the other hands, and *h* is more frequently written out. It is an elegant, somewhat formal hand, uniformly good.

M. = Mael Muire. This is a graceful more pointed hand, not so regular as the former (pl. II). The letters have a tendency to lean back, as if the writer held his pen sideways, which gives a somewhat broken, but at the same time not unpleasing appearance to the writing. It is a beautiful and refined hand, easy to distinguish. Occasionally it appears slightly larger and heavier, not unlike that of H, due to retracing, but it is always careful and good. Its distinguishing characteristic is that the tall *e* is invariably looped over and joined to the succeeding letter,[1] similarly *s* when raised above the line, in *ss*, *sf*, etc. ; *si* is rarely ligatured, the subscript *i* being thrown well out from the shaft of the ſ, but in the early pages it is straight, dropping below the line. Observe the 2-shaped *r*, how it drops gracefully below the line, often with a slight upward curl, contrasting with the same letter in the other hands, generally short. The shafts of *s*, *r*, *f*, are as a rule long, finishing in a delicate hair-stroke. M uses once for *de*, ð with a tongue at the top. The accents are clearly and finely marked, very characteristic in this hand. The large ornamental initials are well drawn like those of A. This is the hand of the *probatio pennae* (pls. I, II) and accordingly Mael Muire's.[2]

---

[1] This letter is frequently opened out at the top by the retracer so as to resemble that of **H**.

[2] Mael Muire evidently took up the pen from **A** at p. 55, and began to transcribe at col. b l. 34, afterwards effaced by **H**, together with lines 1–12 on the following page. Hence the *probatio pennae* of M on this page, his corrections, and also the title, which is in his hand.

H or the interpolator. As it is the hand that transcribed the Homilies (p. 31-37) it is denoted by H (pl. I*b* 34-end; II*b* 32-end.) This hand exhibits much greater variety than either of the preceding, is liable to deteriorate, and ranges from a neat and careful script to an untidy scrawl. In general it is a plain sloping hand, somewhat stiff and irregular, the strokes usually terminating squarely as if made by a broad pen. It has none of the delicacy and lightness of M. Its distinguishing characteristic is again the tall *e*, which unlike that of M is never looped but always open, and clear of the following letter. Precisely the same treatment is observed in *s* when rising above the line, e.g., in *ss*, *sf*, *sr*, *sp*, etc. The small round head of *f* is characteristic, and the *g* is rather square. In the Homilies, where a large amount of matter is compressed into a page, the writing is small and cramped: the stumpy appearance of *si* and the short tails of *r* and *s* will not fail to strike the eye. Elsewhere the writing is larger, in one place upright and carefully formed (p. 21, cp. Eriu VI, pl. VIb), inclining to the round, in another angular and approximating to M (p. 26; *ib.* pl. VIa), but always with the tall *e* open. Again, rough and untidy (p. 42; *ib.* pl. VIIa), rapid and spread out (p. 105; *ib.* pl. VIIe), as if the object were to make a certain amount of matter extend to the end of the column. Occasionally the style is more free, seeming almost to borrow some of the features of M (p. 110; *ib.* pl. VIIf). Note also *ci*, the *i* subscript and drawn round, a favourite form with H, also used by A, but only sparingly by M (p. 34; *ib.* III*a* 20). The capitals and large ornamental letters are with one or two exceptions more rudely drawn than those of A or M.

Interpolator.—The intervention of **H** is throughout rude and violent. Not only single words and lines, but whole columns and pages have been erased by him, and leaves intercalated, to make way for the particular recensions which he favoured. He set to work with great determination and, it must be said, with no small interest in the texts. The membrane of many leaves has been rubbed down into holes, and is exceedingly fragile in places. Even the three shorter leaves intercalated appear to have been cut down, scraped, and prepared for his purpose.[1]

---

[1] For instance, on p. 123 traces of the former text, *elo.* are clearly visible on the outer rim.

In the so-called Annals of Tigernach, a MS. of the end of
the eleventh century, now bound up at the beginning of Rawl.
B. 502 (Facs. ed., 1909), the hand of **H** appears again as an
interpolator (see R. I. Best, *Palaeographical Notes*, Ériu VII.,
114 ff.). His association with what are evidently two
Clonmacnois manuscripts, for Tigernach, who died in 1088, was
abbot of Clonmacnois, would point to his having been a
member of that community. The interpolations in our MS.
were thus in all likelihood made before it was removed to
Donegal prior to the fourteenth century. During its stay there
and in Connacht, *Lebor na Huidre*, as we have seen, was treated
as an object of veneration, and suffered no alterations in its
text. Indeed the statement on p. 39*a*19, as to the whereabouts
of its companion in exile, the Leabar Gearr, being unknown,
was permitted to remain unaltered, notwithstanding that the
two precious volumes were together for a century or two, if not
longer. The remarkable thing is that Sigraid Ó Cuirrndín, who
wrote his *Orait* on the blank space of a page which had been
rewritten by **H**, and abraded to the point of perforation, should
have failed to observe that this beautiful book (*scíamhlebhar*),
as he admiringly calls it, was only partly the work of Mael
Muire. And it is hardly to be supposed that the interpolations
of **H** were confined to the portion that has come down to us.
Further, Sigraid's phrase *ro scrút a lebraib egsamlaib* must refer
to the sources mentioned in the MS., all with one exception
(133 *a* 25) occurring in the interpolated passages of **H**.

The script of **H** contains no elements so markedly different
from the other two hands as would enable one to assign a later
date to it on purely palaeographical grounds. He indulges
more frequently in abbreviation and in dropped letters,
particularly where space was for him a valuable consideration.
From his having utilised certain recensions which are not earlier
than the beginning of the thirteenth century, Thurneysen is
inclined to place him in that century (*Die irische Helden- und
Königsage*, p. 31). And it may well be so. His hand has much
in common with that of the Book of Leinster scribe (late
twelfth century), when not at his best, and that of the scribe
who wrote the entry for 1272 in Rawl. B. 503 (Annals of
Inisfallen). We are not disposed, however, to put it later than

the thirteenth century. The question arises here as to the period of the earlier alphabetic foliation. When did it take place? Are the letters on the interpolated leaves in the hand of **H**? According to Prou (*Manuel de paléographie*, p. 25), manuscripts were not foliated prior to the thirteenth century. Reusens, however, states that foliation is as old as the twelfth century (*Eléments de paléographie*, p. 460). The foliation of Irish manuscripts in mediaeval times is so rare that this and the Milan codex already referred to are the only instances we know of.

The letters vary in size, being sometimes quite small. The ink, where not re-touched, has faded to a pale black or greyish hue, not the brown tint of the text where it has escaped retracing. It is very difficult to give an opinion on isolated letters, and the only words occurring are eʏᴄ (thrice) and ᴀmen (twice). They are in all instances faded. We hesitate to pronounce on their age, beyond that in form they are not inconsistent with even the twelfth- and thirteenth-century hands of the Book of Leinster and Rawlinson B. 503 (Annals of Inisfallen) and the fourteenth-century hand of Rawl. B. 488 (Annals of Tigernach). A strong presumption that the foliation took place prior to the interpolations would appear to be furnished by the signatures on ff. 75 and 76 (= pp. 115, 117). These two leaves intercalated by **H**, take the place of a single leaf by M, which when erased by **H** was found insufficient to contain the new matter he wished to insert. Now the leaves preceding and following, which are by M, are signed ꝑ and ᴄ, while the signatures on the two intervening leaves are both ꝑ, which had to be repeated. Again, by fol. 25 (= p. 21), which is formed by the repiecing of two columns, the first (recto and verso) by M, the second by **H**; the signature eʏᴄ is at the foot of M's column, but underneath is still traceable an earlier signature ꝫ (both signatures omitted in the Facsimile), which is further evidence that the foliation preceded the interpolation.

The foliation, for the most part, seems to be the work of a single hand, and, to judge by the signature ꝑ on p. 31, in which the cross-stroke traverses the shaft, not of one of those occurring elsewhere in the volume. At least it is not possible to state positively whether the signatures on the leaves erased or intercalated by **H** are by him or the original foliator. It may well be that the foliation took place at the time **H** set to work, and that the leaves interpolated by him were re-foliated shortly afterwards by the original foliator.[1]

The following conspectus of the interpolations of **H** may be useful in conjunction with the text; the interlinear glosses in his hand are not included :—p. 4a II, p. 9 (*marg. sup.*) ; p. 16 (entire); p. 21 col. *b* (and *marg. inf.*), 22 col. *a*; p. 25-26 (entire); p. 31*b*34 to end ; pp. 33-34, 35-36 (entire), 37, col. *a* and *b* 1-20 ; p. 38 (*marg. sup.*) and col. *b* 13 ; p. 39-46 (entire); p. 47a 1-18, *b* 17, 19-21, 24-33; p. 48a 42, 45, *b* 6, 11 to end ; p. 49a 1-16 ; p. 50a 23 ; p. 51a 42-44, *b* 1, 19, 44 ; p. 52*b* 10, 12, 30; p. 53a 33, 42, *b* 6 ; p. 54a 1-10, 45-49, *b* 1-3 ; p. 55*b* 32-44; p. 56a 1-10 ; p. 58a 3-5 ; p. 59a 28 ; p. 60*b* 21 ; p. 61*b* 43 ; p. 62a 14, *b* 33 ; p. 63*b* 29, 30, 34-37 ; p. 64*b* 6 ; p. 65a 23, 28-30, *b* 24 (*marg.*); p. 69a 3 (*inter col.*); p. 70*b* 32-47; p. 71-72 (entire) ; p. 73*b* 36 (*inter col.*) ; p. 74*b* 19, 38-46 ; p. 75-76 (entire) ; p. 77a 26 ; p. 78a 32-34 ; p. 79*b* 7 ; p. 81a 44, *b* 1, 37 (*marg.*); p. 82*b* 23-44 ; p. 84*b* 20, 34 ; p. 87-89 (*marg. sup.*); p. 90a 5, 30; p. 91*b* 17 ; p. 93-94 (entire) ; p. 95a 1-5 ; p. 96a 5 ; p. 98a 43, *b* 1-2, 19-21, 23 ; p. 99a 40 ; p. 103, 104 (entire) ; p. 105 col. *a* ; p. 108a 36-38, 42-46, *b* 109-110 ; p. 114*b* 42 ; p. 115-118 (entire) ; p. 116 (*marg. sup.*); p. 121*b* 19 (*marg.*), 26, 38 ; p. 122a 33 ; pp. 123-24, 125-26, 127 (entire) ; p. 128a 1, *b* 1, 25 to end of col.

Marginal additions by later hands occur on 69 *marg. inf.* ; 74*b marg. inf.* ; 82a *marg. sup.* (illeg.) ; 83 *marg. inf.* and p. 19a *marg. inf.*, dic (*om. Facs.*).

The various foliations, the distribution of the hands, and the extent of the interpolations and lacunae will readily be apprehended by a glance at the following table. It will be observed that the present order of the leaves corresponds, with a few exceptions towards the end, to what it was in the seventeenth century. An asterisk indicates a lacuna, and square brackets [   ] that a tract is defective at either end, or both, as the case may be :—

---

[1] It should be noted that while *v* is used for *u* on fol. 31, both *u* and *v* occur in succession on fols. 56, 57, *v* again on fol. 79, out of place. These two letters, which are not alphabetically distinct in Irish, are used here, once at least, as mere letter forms. On the other hand *y* has been discarded.

Signature	17th Century foliation	Present pagin- ation	Hand	Contents
*ᴀ *lost*	*1			[Sex aetates mundi]
b¹	2	*1-2*	A	,,
*c-ꝼ *lost*	*3-6			,,
𝓰	7	*3-4*	A	[ ] Lebor Bretnach
h	8	*5-6*	A	Amra Choluim Chille
[ı]	9	*7-8*	A	,,
k	[10]	*9-10*	A	,,
ʟ	11	*11-12*	A	,,
m	12	*13-14*	A	,,
*n *lost*	*13			
o	14	*15-16*	A, H p. 16	Colum Cille cc. 15ᵃ 34, Scél Tuain m. Cairill [ ]
*p-ꝛ *lost*	*15-17			
ꝛ	18	*17-18*	M	[ ] Dá brón flatha nime
*ꞇ-x *lost*	*19-22			
z¹	23²	*19-20*	M	[ ] Mesca Ulad. 20ᵇ 32, Táin Bó Dartada [ ]
*7 *lost*	*24			
eꞃꞇ older 𝓰¹	[25]	*21-22*	M p. 21ᵃ, 22ᵇ, H 21ᵇ, 22ᵃ	[ ] Táin Bó Flidais. 22ᵃ31, Immram Curaig Maíle Dúin
*ᴀmen *lost*				,,
ᴀ	26	*23-24*	M	,,
b	27	*25-26*	H	,, [ ]
*c *lost*	*28			
*ᴏ *lost*	*29			
*e-ꝛ *lost*				
ꞇ	30²	*27-28*	A, p. 27ᵃ1-10 M	Fís Adomnán
v	31	*29-30*	M	,,
x	32²	*31-32*	M, H p. 31ᵇ34	31ᵇ34, Scéla Laí Brátha
z	33 ?	*33-34*	H	34ᵃ24, Scéla na Esérgi
7	34	*35-36*	H	,,
eꝛꞇ	35	*37-38*	H, M p. 38, *marg. sup.* H	37ᵇ Orait. 38ᵃ Aided Nath Í.

¹ *om. Facs.*   ² *illeg. ; so O'Curry.*

Signature	17th Century foliation	Present pagin-ation	Hand	Contents
ᴀmen	36	39–40	**H**	39ᵃ22 Aided Echach
ᴀ	37	41–42	**H**	41ᵇ9 Fotha Catha Cnucha
b	38	43–44	**H**	Serglige Con Culainn
c	3[9]	45–46	**H**	,,
ᴅ	40	47–48	**M** interpol. **H**	,,
[e]	41	49–50	**M** ,,	50ᵇ15 Senchas na Relec
ꝼ	42	51–52	**M** ,,	52ᵃ12 Genemain
ᵹ	43	53–54	**M** ,,	Áeda Sláne. 53ᵃ33 Tucait innarba na nDésse [ ]
*h *lost*	*44			,,
ı	45	55–56	**A** interpol. **M, H**	Táin Bó Cúailnge
k	46	57–58	**M** interpol. **H**	,,
[ʟ]	[47]	59–60	**M** ,,	,,
m	48	61–62	**M** ,,	,,
n	49	63–64	**M** ,,	,,
o	50	65–66	**M** ,,	,,
p	51	67–68	**M**	,,
q	52	69–70	**M** interpol. **H**	,,
ʀ	53	71–72	**H**	,,
ʀ	54	73–74	**M** interpol. **H**	,,
τ	55	75–76	**H**	,,
u	56	77–78	**M** interpol. **H**	,,
v	57	79–80	**M**	,,
[x]	58	81–82	**M** interpol. **H**	,, [ ]
*z–x *lost*				
[z]	59	83–84	**M**	[ ] Togail Bruidne Dá Derga
7	60	85–86	**M**	,,
eʀτ	61	87–88	**M**	,,
ᴀmen	62	89–90	**M**	,,
ᴀ	63	91–92	**M**	,,
b	64	93–94	**H**	,,
c	65	95–96	**M** interpol. **H**	,,
ᴅ	66	97–98	**M** ,,	,,
e	67	99–100	**M**	99ᵇ Fled Bricrend
ꝼ	68	101–02	**M**	,,
ᵹ	69	103–04	**H**	,,

Signature	17th Century foliation	Present pagination	Hand	Contents
h	70	105–06	**H, M** **M** p. 106	99ᵇ Fled Bricrend
ı	[71]	107–08	**M** p. 107 **H** p. 108ᵇ	,,
k	72	109–10	**H**	,,
ʟ	73	111–12	**M**	,, [ ]
*m–q *lost*				
ɼ	74	113–14	**M**	Siaburcharpat Con Culaind
ſ	75	115–16	**H**	do concl. 115ᵇ18. Cath Cairnd Chonaill
ſ	76	117–18	**H**	117ᵇ20 Comthoth Lóegairi
ᴛ	77	119–20	**M**	Fástini Airt meic Cuind. 120ᵃ3 Echtra Condlai 120ᵇ27 Cethri arda in domain [ ]
*u *lost*				
x	78	121–22	**M**	[ ] end of Immram Brain. 121ᵃ25 Tochmarc Emere
v	79	123–24	**H**	,,
*z				,,
[ ]	84	125–26	**H**	,,
[ ]	80	127–28	**H** p. 128 **M**, interpol. **H**	128ᵃ Compert Con Culaind [ ]
[ ] *lost*				
ɯ (?)	—	129–30	**M**	[ ] Tochmarc Étaíne. 129ᵇ20 another version; 130ᵇ19 a third story
[ ]	—	-131-32-	**M**	
[ ]	—	-133-34-	**M**	[ ] end of [Compert Mongán]. 133ᵃ25 Mongan Find. 134ᵃ12 Scél Mongán. 134ᵇ9 Tucait Baile Mongán. 134ᵇ36 Cind erred Ulad [ ]

As the volume now stands it will be seen that A contributed 16 pages, Mael Muire about 80, and the interpolations of **H** amount to 37 pages, most of which were no doubt originally contributed by Mael Muire.

It is evident from the foliations that a great portion of the book has been lost, at least 66 leaves—51 before the sixteenth-seventeenth century foliation, and 16 after: that is, the equivalent of the volume as it now is. And it is highly probable that leaves had disappeared when the earlier foliation took place. For instance, four leaves (c-ք, 3–6) seem scarcely sufficient to contain the missing portions of the first two tracts, *Sex Aetates Mundi* and *Lebor Bretnach*. Furthermore, leaves are missing at the end of the volume.

Vellum.—When not rubbed down for rescription, the vellum, as is generally the case in Irish manuscripts, is thick and ill-prepared; fols. 9 (p. 7–8), 25 (p. 21–22), and the last leaf (p. 123–4) are formed of two halves, cut asunder, and afterwards pieced together again. The upper and lower margins of fol. 9. have been trimmed. On folios 51 and 54 (pp. 67, 73) circular pieces have been inset at the lower extremity; folio 67 (p. 99), a section has been cut across the lower part, and replaced somewhat crookedly; folio 84 (p. 125) has been cut in half, and only a single column, recto and verso, remains, similarly the leaf paged 131–2, which is worn very thin and perforated. In a number of places, to which attention is called in the footnotes to the text, some portions of leaves are lost, and others abraded into holes by the interpolator.

Ruling.—The ruling is done with a hard point, the number of lines on a page varying from 34 to 49. The writing is in two columns with the exception of one short leaf intercalated by **H**, where it is continuous. The horizontal lines are bounded by parallel vertical lines, leaving an intercolumnar space, which like the outer margins is used for titles, and occasionally a gloss. The ruling is often very faint, and it has frequently been obliterated by abrasion.

Lists of names, etc., are written in sub-columns, within the column, in several instances bounded by vertical lines, on pp. 1*a*, 2*b*, 56*a*, 73*a*, 80*b*, 101*a*, 115*b*.

Ornament.—Large ornamental initial letters, generally with zoomorphic terminals, occur at the beginning of tracts and elsewhere, enlivened with patches of colour, red, yellow, and purple ; large capitals are frequent, and dabs of colour are liberally applied throughout the volume. Those of **H** appear to have been modelled on A and M. They are somewhat similar to those in Rawl. B. 502.

Punctuation.—The only punctuation used is the point which marks off a clause or sentence; it is often unnecessary, marring the sense, and it is often wanting, The close of a paragraph or tract is frequently indicated by a single point followed by a virgule, repeated several times : ., ., ; or instead .⁓, or .ᴗ repeated in the same way. The full point is also placed before and after certain abbreviations and symbols, e.g. .i. *id est* = ed ón, never written out ; .7 *et* = ocus ; the Roman numerals .ui. ; .m̄., .m̄c̄., '*mac*.' This is the regular practice in Irish manuscripts.

The division of words at the end of a line follows no system, nor is it marked by a stroke or hyphen. The space left over at the end of a clause is most often filled by the overflow from the following line, preceded by .ʃʃ. as the custom is in Irish manuscripts ; occasionally it is filled up by a few spirals.

The separation of two words wrongly joined is occasionally marked by subscript ɔc, which may be of later date.

Abbreviations.—The abbreviation symbols are those commonly found in medieval manuscripts, persisting in Irish down to recent times, *e.g.* :—

⁓⁓ The straight or sinuous horizontal stroke directly over a letter, or attached to the shaft of *b, l, h,* marking the omission of the letter *n* when over a vowel, *n, r,* or *s* ; over two vowels or a final letter, when it serves as a suspension mark, almost any syllable, *e.g.* :—slūa = slua*ga*, blīa = blia*dna*, blī = blia*dain*, cā = ca*ch*, nā = *na*ch, us̄ = us*ce*, am̄ = am*ail*, am*al*, sam̄ = sam*ailte*, mathʰ = math*air*, dā = da*no*, di = di*diu*, di*du*, im̄ = im*murgu*, *etc.,* similarly in constantly recurring proper names such as : Aiꝉ = Ail*ill*, Ail*ello*, Hér̄ = Hér*end*, Hér*ind*, Echʰ = Ech*aid*, Ech*dach, etc.,* or phrases such as those in 'Togail Bruidne Dá Derga.' In such instances italics mark the expansion. As a syllable symbol ƀ = b*en*, b*er*, b*ir* ; c̄ = c*er* ; ḏ = d*er* ; f̄ = f*or*, f*ur*,

and fe*r* (**H**); ḡ = g*r*e, ge*r* ; ɫ = e*l*, *ul*, *ui*l, eo*i*l ; m̄ = me*n*, ma*n* ;
n̄ = no*n*, n- = ne*m* ; p̄ = p*r*e ; s̄ = se*d* (Lat. *sed*) and so *acht*
also se*s* ; t̄ = ta*r*, te*r*, ti*r*.

⌐ The *m*-stroke indicating omitted *m* when over a vowel or
m, *n*, and *om*, *um* when over *c*, *m*, *r*, *s*.

ⁿᵉⁱᵒᵛ Small suprascript letters indicating *r* omitted before
the vowel, generally found over *c*, *f*, *g*, *p*, *t*, *e.g.* : c*r*o, c*r*i, c*r*e,
g*r*a, p*r*i, t*r*a, t*r*e, *etc.*, over *f* the *i* as a rule has the form of a
pot-hook with hands **A**, M, occasionally also with **H**.

' The *ur* symbol, attached to *t*, *g*, often standing for the
inflected form *uir*.

⁓ The suprascript symbol for *ur*, *ru*, over *m*, *c*, *u*, *etc.*

ʳ The mark of aspiration, = *h*, found over *c*, *p*, *t*. Over *s*, *f*,
a point takes its place, originally a *punctum delens*, and
occasionally used as such. The point is also frequently used
to mark eclipsing *n* or *m*.

ɔ = *co*, *con*, *coin*.

ʒ = *us*, *uis*.

4 4 = *ar*, *air*, the Latin tachygram for *quia*, which Irish
scribes came to regard as *a* + the *r*-stroke, a suprascript *i* being
added for *air*

7 = *ocus*, Latin *et*, and several times indicates final *et* (M. **H**.).
It is generally joined to *r* in the phrase 7r̄ = *et reliqua*,
occasionally to *f* (**H**).

p⸝ = pe*r* in 'impe*r*' (**H**).

Latin Abbreviations.—The following list may be found
useful :—

anima	aīa
cetera	c̄, in 7c̄ 'et cetera,' 6040.
coelum	clm̄, cⱦi ' coeli.'
dico, etc.	dⱦ̄, dn̄t 'dicunt,' dx̄ 'dixit,' dr̄ 'dicitur,' dcn̄s ' dicens.'
eius	Э the usual Irish symbol, reversed Ɛ, also eiʒ.
est	the 2-symbol, with dot below.
et	7
filius	fls̄, flīa ' filia.'

hic, etc.	h̓ 'hic,' h̓ 'hoc,' hs̄ 'huius.'
homo	hō
incipit	īcip̄
meus	ms̄
nisi	n̓
nomen, etc.	nō 'nomen,' nōa 'nomina,' nōat' 'nominatur.'
non	n̄
omnis	oī 'omni,' oīum 'omnium.'
per	p̱
post	p̊ᵗ
pro	ꝓ
proprius	ꝓ̓ 'proprium,' a combination of the p*ro* and p*ri* symbols.
quasi	qsī
que	qꝫ
qui, etc.	q̓ 'qui,' q̓s 'quis,' q̓d 'quid,' ꝙ 'quam,' q̊ᵃ 'qua.'
quia	ꝙ
quidam	q̓dam
quomodo	qm̄o
rerum	r̄r̄
reliqua	rt
secundum	the usual Irish symbol, ꝓ, with stroke traversing the shaft. For the adjective the same symbol followed by *dus*
sed	s
semper	sm̄r
sic	s̊ᶜ
sine	sn̄
sunt	s̊ᵗ
species	spēi 'speciei.'
tantum	tm̄
uel	ł
uero	ů
usque	us̄
ut	ůᵗ

Syllable symbols :—

m	suprascript stroke ⌐
n	suprascript stroke ⎺
em	d⁻ '-dem ' (in ' id*em*,' ' eod*em*,' ' eiusd*em* ').
er	suprascript stroke t̄ 'ter' (in 't*er*tius,' 'specialit*er*).
ri	p̓ ' pri.
ur	ť ' tur.'
us	3

Nomina sacra :—

Deus	d͞s, d.
Dominus	d͞nm ' Dominum,' d. ' Dominus.'

Capricious suspensions :—

amen	a͞m
admiratione	admiratiō
caritate	caritā
Emanuel	émaƚ
hiruphin	hīr
Israel	Isrt
lectione	lectiō
poeta	pō, p.
sabaoth	s.
sapientia	sapien͞
sanctus	s.
testamentum	testā
saraphin	sarā

CONTENTS.—p. 1. [*Sex Aetates Mundi*]. A tract on the six ages of the world. A fragment only, owing to loss of a leaf at the beginning, and several at the end.

Other copies: BB. (*Facs.* p. 3) acephalous; Lc. f. 36*b*; Rawlinson B. 502 f. 41*a*6.(*Facs.* p. 69).

Edition: Edmund Hogan S. J. : The Irish Nennius from L. na Huidre (Todd Lecture Ser. VI.), 1895, p. 1-10, text and transl., where it is confused with the tract following.

In Rawl. B. 502, which is a fuller version than the others, interspersed with poems, the tract is described as a rendering into Gaelic of the *pandecht Cirine*, or Pandect of Jerome (i.e. the

Vulgate), by Dublitir úa Húathgaile, *fer légind*, or lector, of Glenn Uissen, who is the author of the poem *Rédig dam a Dé do nim*, at the end of the tract,[1] and who lived at the close of the eleventh century.

p. 3. [*Lebor Bretnach*], Historia Brittonum of Nennius. A fragment only, owing to a lacuna in the MS.

Other copies: H. 3. 17 (T C.D.) p. 806*b*; BB. f. 113 (*Facs.* p. 203); (part of the text in H. 2. 17 (T.C.D.) p. 172 ff.); Book of Hy Mane, f. (35*b*) 91*b*. In the last named it is entitled *Leabur Breatnach*, the secondary title adding, quam Nenius construxit Gilla Coemain ro impaí i Scotic, 'rendered into Irish.'

Editions: (1) J. H. Todd: Leabhar Breathnach. The Irish version of the Historia Britonum of Nennius. Ed. with a transl. and notes, 1848. Text of H. 3.17 with readings of BB. and Lc.; (2) Edmund Hogan, S.J.: *op. cit*, p. 10-16. Cp. H. Zimmer's Latin translation, *in* Mommsen's Chronica Minora saec. IV–VII. vol. III., 143 ff., 1894.

Analysis and discussion: H. Zimmer: Nennius Vindicatus, 1893, p. 11 ff.; and consult Best: Bibliography of Irish philology and printed Irish literature, 1913, p. 253.

p. 5 *Amra Choluim Chille*, 'Eulogy of St. Columba,' attributed to Dallán Forgaill. Imperfect, owing to loss of a leaf.

Other copies: Liber Hymnorum, Trin. Coll. Dublin f. 26*a*; Rawlinson B. 502, f. 54*a* 1 (*Facs.* p. 95); YBL. col. 680 (*Facs.* p. 71); Lebar Brecc (*Facs.* p. 238c) imperfect; Egerton 1782 f. 1*a* (incomplete); Stowe C. 3. 2 (R.I.A.), (imperfect), *etc.*

Editions: (1) J. O'B. Crowe, Dublin, 1871. Text from LU. with translation. Glosses omitted. (2) W. Stokes. Text of Liber Hymnorum copy, *in* Goidelica, 2nd ed., p. 156–173, 1872; (3) R. Atkinson: Irish Liber Hymnorum. I.–II., 1898, text, transl., notes, and special glossary; (4) Whitley Stokes: Bodleian Amra Choluimb Chille (RC. xx, xxi, 1899–1900), text, transl. and variant readings.

p. 15*a* 11. The prayer *Colum cáid cumachtach* has been ed. and transl. by Julius Pokorny: Ein altirisches Gebet zu St. Columba (ZCP. viii, 285–88, 1911).

---

1 Cp. Meyer, Introd. to Facsimile of, Rawl. B. 502, *p*. iv.; and Best, An early monastic grant in the Book of Durrow, Eriu x. 141 f.

p. 15*a* 34. *Scél Túain maic Cairill do Fhinén Maige Bile*, 'Túan son of Cairell's story to Finnén of Mag Bile' (Moville). The end is wanting owing to lacuna.

Other copies: Laud 610, f. 102*a*; Rawl. B. 512, f. 97*b*, and H. 3. 18 (T.C.D.). f. 38*a*.

Edition: Kuno Meyer. Two texts and translation, *in* Appendix A. to Voyage of Bran, vol. ii, 1897.

The poems, for the sake of which **H** interpolated p. 16, do not occur in the Rawl. and H. 3. 18 copies, which otherwise follow LU., nor in Laud, which is a different recension.

p. 17. *Dá Brón Flatha Nime,* 'The two sorrows of the Kingdom of Heaven.' Beginning wanting, owing to lacuna.

Other copies: LL. (Facs. 280*a*); YBL. col. 170 (*Facs.* 120*b* 25); Book of Fermoy 114*a*; Paris Bibl. Nat. Celt. 1, 27*a*.

Edition: Georges Dottin: Les deux chagrins du royaume du ciel. (RC. xxi, 349–87, 1901) Text, translation, and commentary.

p. 19*a*. *Mesca Ulad,* 'Intoxication of the Ulstermen.' Imperfect, owing to lacuna at the beginning.

Other copies: LL. (*Facs.* 261*b*) imperfect; Edinb. MS. XL, p. 49.

Edition: W. M. Hennessy: Mesca Ulad. Text and transl. of LL. and LU. (Todd Lecture Ser. I., 1889).

Analysis and discussion by R. Thurneysen: Die irische Helden- und Königsage, 1921, p. 473 ff.; Aine de Paor: The common authorship of some Book of Leinster texts (Eriu ix, 118 ff.).

p. 20*b* 32. *Táin Bó Dartada,* 'The Cattle spoil of Dartaid.' Opening lines only, owing to lacuna.

Other copies: YBL. col. 644 (*Facs.* p. 53*a* 34). Egerton 1782, f. 80 *r*; Brit. Mus. Add. 33,993, f. 1.

Editions: Ernst Windisch: Vier kleine Táin, mit deutscher Uebersetzung (Irische Texte 2 Ser. II., 1887); R. Thurneysen: Text from B.M. Add. (Zu irischen Handschriften u. Litteraturdenkmälern, p. 90–92, 1912); A. H. Leahy: Heroic romances of Ireland, II, 1906, translation only.

Analysis and discussion by R. Thurneysen: Die irische Helden- und Königsage, 1921, p. 303 ff.

p. 21*a*. *Táin Bó Flidais*, 'The Cattle spoil of Flidais.' Opening lines wanting, owing to lacuna in MS. Interpolated.

Other copies: LL. *Facs.* p. 247, Egerton 1782, f. 82*a*; Liber Flavus, f. 26 [77] *r*.

Editions: (1) Ernst Windisch, *op. cit.*; (2) A. H. Leahy, *op. cit.*, translation only.

Analysis and discussion by R. Thurneysen, *op. cit.* Kap. 23, p. 317 ff.

p. 22*a* 31. *Immram Curaig Maíle Dúin*, 'Voyage of Mael Dúin's coracle.' Opening lines col. *a in ras.* by **H**, also pp. 25 and 26. Breaks off owing to lacuna in MS.

Other copies: YBL. col. 370 (*Facs.* p. 1); Harleian 5280 f. 1 (imperfect); Egerton 1782, f. 124-5 (fragments).

Edition: W. Stokes: The Voyage of Mael Duin (RC. ix, 447-95, 1888; x, 50-95, 265, 1889). Text and transl. from above MSS.

Analysis and discussion by H. Zimmer: Keltische Beiträge II. (Zeitschr. f. deutsches Alterthum xxxiii, 150 ff. 1889).

p. 27*a* *Fís Adomnán*, ·The vision of Adamnán.'

Other copies: LB. (*Facs.* p. 253); Paris Bibl. Nat. 8175.

Editions: (1) Whitley Stokes: Fis Adamnain ... transcr. and transl. from the Book of the Dun Cow. With notes. Simla, 1870. Translation reprinted in Fraser's Magazine, vol. lxxxiii, 184–94, 1871, and in Margaret Stokes: Three months in the Forests of France, p. 265–79; (2) Ernst Windisch: Fís Adamnáin, Die Vision des Adamnán (Irische Texte, 1880, p. 165 ff.). Text of LU. and LB.; (3) J. Vendryes: Aislingthi Adhamnáin d'après le texte du manuscrit de Paris (RC. xxx, 349–83, 1909); (4) cp. C. S. Boswell: An Irish precursor of Dante, 1908 (Grimm Library), which has a transl. of the LU. text.

p. 31*b* 34. *Scéla Laí Brátha*, 'Tidings of Doomsday.' Interpolation of **H**. No other copy known.

Editions: (1) Whitley Stokes: Tidings of Doomsday. An early Middle Irish homily. Text and transl. (RC. iv, 245–57, 479, 1880); (2) Paul Walsh. Text with vocabulary (Mil na mBeach, p. 62–8. 1911).

p. 34*a* 24. *Scéla na Esérgi*, 'Tidings of the Resurrection.' Interpolation of **H**. No other copy known.

Editions: (1) J. O'B. Crowe: Scéla na Esérgi. A treatise on the Resurrection ... with a literal transl., 1865; (2) Whitley Stokes: Tidings of the Resurrection (RC. xxv, 232–59, 1904).

Text, transl., and glossary; (3) Paul Walsh. Text with vocabulary (Mil na mBeach, p. 69-78, 1911).

p. 38a. *Aided Nath Í*, ' The tragic death of Nath Í.' The conclusion, not in BB., is interpolated by **H**. from another recension resembling that of YBL.

Other copies: BB. 248a 42; YBL. col. 909 (*Facs.* p. 191b 13), where it is entitled *Suigidud* (*l.* Suidigud) *tellaig na Cruachna*.

Editions: Sir Samuel Ferguson: On the legend of Dathi (R.I.A. Proc. 2 Ser. II. P.L.A. 172-3, 1883), text of LU. with transl.; (2) H. Zimmer: Auf welchem Wege kamen die Goidelen vom Kontinent nach Irland (Preuss. Akad. Abhandl., 1912, p. 42-5), part of the text of LU. with transl.

Cp. John O'Donovan: The genealogies, tribes, and customs of Hy-Fiachrach, 1844 (p. 17-27).

The concluding portion, which is an interpolation by **H**, is for the most part wanting in BB., but occurs in a different order in YBL. The final sentence ' *Conid senchas na relec insin,* occurs only in **H**. This is another tract, *see infra.* All three copies exhibit marked differences of reading, especially in the verse portion, which point to three different recensions.

p. 39a 22. *Aided Echach meic Maíreda*, ' The tragic death of Eochaid son of Mairid.' Interpolation of **H**.

No other copy known.

Editions: (1) J. O'Beirne Crowe: 'Ancient Lake legends of Ireland.' (R. Hist. and Archaeol. Soc. Journ., 4 Ser. 1, 94-112, 1870), text and transl.; (2) S. H. O'Grady: 'Silva Gadelica,' 1892, text and translation.

p. 41b 9. *Fotha Catha Cnucha*, 'The cause of the Battle of Cnucha.' Interpolation of **H**.

Another copy in YBL. col. 877 (*Facs.* 175b).

Editions: (1) W. M. Hennessy: 'The Battle of Cnucha' (RC. ii, 86-93, 1873). Text of LU. with translation; (2) Ernst Windisch. Text of LU., *in* Kurzgefasste irische Grammatik, 1879.

p. 43a. *Serglige Con Culaind 7 Óenét Emire*, ' The sick-bed of Cú Chulaind and the one jealousy of Emer.' The first two leaves (p. 43-46) by **H**, remainder by M (with interpolations). Headed in a later hand *Slicht Libair Budi Sláni*, ' Version of the Yellow Book of Sláni.'

Another copy in H. 4. 22 (T.C.D.), p. 89.

Editions: (1) Eugene O'Curry: 'The sick-bed of Cuchulainn and the only Jealousy of Eimer' (Atlantis, 1858-9). Text of LU. with transl. and facsimile ; (2) B. O'Looney: text of LU. and transl. (Facsimiles of National MSS. of Ireland, ed. J. T. Gilbert, Pt. I and II (App.), with two facsimile plates) ; (3) E. Windisch : Serglige Conculaind (Irische Texte, 1880). Text of LU. with variant readings of H. 4. 22.

Analysis and discussion : (1) H. Zimmer : Keltische Studien. 5. Ueber den compilatorischen charakter der irischen sagentexte im ... Lebor na hUidre (Zeitschr. f. vergl. Sprachforsch. xxviii, 594-623, 1887) ; (2) R. Thurneysen : Die irische Helden- und Königsage, 1921, p. 413 ff.

p. 50*b* 15. *Senchas na Relec*, 'The History of Burial Places.'

Another copy in H. 3. 17 (T.C.D.), col. 731. In this recension some of the glosses are incorporated into the text, and there are other additions. The poem is omitted. Other copies of the poem ascribed to Cináed Ua Hartacáin are contained in the various manuscripts of the *Dindshenchas*, whence it has been edited and translated by E. J. Gwynn : Todd Lecture Series, vol. ix, 1906, p. 10 ff.

Edition : John O'Donovan. Text of LU. with translation (Petrie's Round Towers, R.I.A. Trans. xx, p. 98-106, 1846).

p. 52*a* 12. *Genemain Áeda Sláne*, 'Birth of Aed Sláine.' Other copies : LL. *Facs.* p. 145*b* ; Brussels 5100-4, p. 18 ; Brussels 2324-40, p. 74.

Editions : (1) E. Windisch : Ein mittelirisches Kunstgedicht über die Geburt des Königs Aed Sláne (K. Sächs. Gesellsch. der Wissensch. Berichte xxxvi, 1884, p. 191-243), text of LU. and LL. with translation ; (2) S. H. O'Grady : 'Silva Gadelica,' 1-11, 1892, text of LU. with translation.

p. 53*a* 33. *Tucait innarba na nDessi i mMumain 7 Aided Chormaic*, 'The cause of the expulsion of the Déssi into Munster, and the Tragic Death of Cormac.' The secondary title is added by **H**, who has introduced various alterations in the text. Incomplete, end lost in lacuna.

Other copies: Rawl. B. 502, f. 72*r* (*Facs.* p. 131*b*, 19) ; H. 3. 17 (T.C.D.), col. 720; H. 2. 15 (T.C.D.), p. 67*a* ; Laud 610, f. 99*b*. These represent quite different recensions.

Editions : (1) K. Meyer : The expulsion of the Déssi,

'Tairired na nDéssi' (Y Cymmrodor xiv, 104-35, 1901). Text of Rawl. with transl.; (2) K. Meyer: The expulsion of the Déssi [De causis Torche na nDéisi] (Ériu iii, 135-42, 1907). Text of Laud; (3) K. Meyer: Tucait indarba na nDéssi (Anecdota from Irish MSS. I., 15-24, 1907). Text of H. 2. 15 with readings of H. 3. 17. The LU. version has not hitherto been edited or translated.

p. 55a. *Táin Bó Cúailnge*, 'The cattle-spoil of Cuailnge.' Ten leaves or more lost at end. Interpolations by **H**.

Other copies, LU. recension: YBL. col. 573. (*Facs.* 17a); Egerton 1782 p. 88a. The MSS. of the Book of Leinster and other recensions are discussed by R. Thurneysen: Die Ueberlieferung der Táin bó Cúailnge (ZCP. ix, 418 ff., 1913; cp. x, 205 ff., 1914) in which a stemma is drawn up; further, with analysis and in greater detail, in the same scholar's Die irische Helden- und Königsage, 1921, p. 96 ff., which should be consulted.

Editions: The principal are: (1) John Strachan and J. G. O'Keeffe: The Táin Bó Cúailnge from the Yellow Book of Lecan, with variant readings from the Lebor na Huidre, 1913; (2) Ernst Windisch: Die altirische Heldensage Táin bó Cúalnge nach dem Buch von Leinster, . . . in Text und Uebersetzung, 1905. Critical notes with readings from LU., Egerton 1782, etc.; (3) L. Winifred Faraday: The Cattle Raid of Cualnge . . . transl. for the first time from Leabhar na hUidhri and the Yellow Book of Lecan, 1904 (Grimm Library). For other editions and translations, etc., consult R. I. Best: Bibliography of Irish philology and printed Irish Literature, 1913, p. 95-6.

Analysis and discussion: H. Zimmer: Keltische Studien. 5 Táin bó Cualngi (Zeitschr. f. vergl. Sprachf. xxviii, 442-75, 1887; R. Thurneysen, *op. cit.*

p. 83a. *Togail Bruidne Dá Derga*, 'The destruction of Dá Derga's Hostel.' Opening lost owing to chasm in the manuscript. Leaf (93-4) interpolated by **H**.

Other copies: I, YBL. col. 716, *Facs.* 91a (complete); II, D. iv. 2 (R.I.A.) f. 85; Egerton 92, f. 18; Book of Fermoy, f. 128 (fragment), *etc.*

Edition: Whitley Stokes: The destruction of Da Derga's Hostel (RC. xxii–xxiii, 1901-02), and separately, Paris, 1902. Text with translation of LU., YBL., and variants from above.

C

Analysis and discussion: Max Nettlau: On the Irish text Togail Bruidne dá Derga (RC. xii–xiv, 1891–3); H. Zimmer: Keltische studien 5. Orgain brudne Dá Dergae (*op. cit.* 554–85); Lucius Gwynn: The recension of the saga 'Togail Bruidne Dá Derga' (ZCP. x, 209 ff., 1914); R. Thurneysen: Die irische Helden- und Königsage, p. 621 ff., 1921.

p. 99*b.* *Fled Bricrend*, 'The feast of Bricriu.' End lost in a lacuna. Interpolations by **H**, p. 103–04, 105*a*, 108*b*, 109–110.

Other copies: Edinb. MS. XL. (conclusion), II recension: Egerton 93, f. 20; Leiden Cod. Vossianus Lat. qu. 7, f. 3. III, H. 3. 17 (T.C.D.) 683, defective.

Editions: (1) E. Windisch: Fled Bricrend, 'Das Fest des Bricriu.' (Irische Texte, 1880). Text of LU., with readings of Egerton 93 and H. 3. 17; (2) George Henderson: Fled Bricrend . . . transcr. from older MSS. into the Book of the Dun Cow . . . with conclusion from Gaelic MS. XL. Edinb. . . Ed. with transl., 1899 (Irish Texts Soc.); (3) K. Meyer: The Edinburgh version of the Cennach ind Rúanado with transl. 'The bargain of the Strong man.' (RC. xiv, 450–91, 1893); (4) L. C. Stern: Fled Bricrend, nach dem codex Vossianus (ZCP. iv, 143–77, 1903). Text.

Analysis and discussion: (1) H. Zimmer: Keltische Studien 5. Fled Bricrend (*op. cit.* 623–61, 1887); (2) R. Thurneysen: Zu irischen Texten. Die Ueberlieferung der Fled Bricrend (ZCP. iv, 193–206, 1903); (3) *ib.*: Die irische Helden- und Königsage, 1921, p. 447 ff. For further references and translations, consult R. I. Best: Bibliography, p. 90–91.

p. 113*a*. *Siaburcharpat Con Culaind*, 'The phantom chariot of Cú Chulainn.' With interpolation by **H**, p. 115*a*.

Other copies in Egerton 88 f. 14 *v.*; Brit. Mus. Add. 33,993, f. 2*b.*

Editions: (1) J. O'Beirne Crowe: Siabur-charpat Con Culaind. From Lebor na H-Uidre . . . Translated and edited. (R. Hist. and Archaeol. Assoc. of Ireland. Journ. 4 Ser. i, 371 ff., 1871). Transl. repr. in Eleanor Hull's Cuchullin Saga, 1898. (2) H. Zimmer: Keltische Beiträge I. (Zeitschr. f. deutsches Alterthum xxxii, 249–55, 1888). Text of LU. with tr. (3) K. Meyer: Siaburcharpat Conculaind. From Brit. Museum MS. Egerton 88, collated with Additional 33,993. (Anecdota from Irish MSS. III, 49–56, 1910.)

Analysis and discussion: R. Thurneysen: Die irische Helden- und Königsage, 1921, p. 567 ff. Cp. ZCP. xii, 284.

p. 115*b* 18. *Cath Cairnd Chonaill ria Diarmait mac Aeda Sláni for Guari Aidni*, 'The Battle of Carn Conaill (won) by Diarmait son of Aed Sláne over Guare of Aidne.' Interpolation of **H**.

Other copies: LL. *Facs.* 276*b* (abridged) ; cp. YBL. col 795 (*Facs.* p. 132). II recension: Egerton 1782 f. 59*b*.

Editions: (I) W. Stokes: The Battle of Carn Conaill. (ZCP. iii, 203-19, 1900). Text of LU., *etc.*, with translation ; (II) S. H. O'Grady: Silva Gadelica 1-11, [Fragmentary. Annals from Egerton 1782. Text, I. p. 396 ff. ; transl. II. 431 ff.]

p. 117*b* 20. *Comthoth Lóegairi co cretim 7 a aided adfét in scel so,* 'The conversion of Loegaire to the faith, and his tragic death this tale relates.' Interpolation of **H**.

Another copy in H. 3. 18 (T.C.D.), p. 358, i.e. Senchas Mór, representing another version.

Editions: (1) Charles Plummer: The conversion of Loegaire, and his death (RC. vi, 162-72, 1884.) Text of LU. with transl. and notes ; (2) W. Stokes: Loegaire's conversion and death (Tripartite Life of Patrick, p. 562-7, 1887). Text of LU. with translation ; (3) John O'Donovan: text and transl. of H. 3. 18 version, *in* G. Petrie's History and Antiquities of Tara Hill (R.I.A. Trans. xviii, 71-6, 1837).

p. 119*a* 1. *Fástini Airt meic Cuind 7 a chretem,* 'Prophecy of Art son of Conn, and his faith.'

No other copy known.

Edition: John MacNeill: Three poems in Middle-Irish relating to the Battle of Mucrama (R.I.A. Proc., 3 Ser. iii, 529-39, 1895). Text of LU. with transl. and notes.

p. 120*a* 3. *Echtra Condla Chaim meic Cuind Chétchathaig,* 'The adventures of Connla the comely, son of Conn the Hundred-fighter.'

Other copies: YBL. cols. 399, 914 (*Facs.* pp. 16, 194); Rawl. B. 512, f. 120 ; Harleian 5280, f. 65 ; Egerton 1782, f. 19 *v* ; Egerton 88, 11 *v* (abridged) ; 23 N 10 (R.I.A.), p. 70.

Editions: (1) J. O'B. Crowe: Mythological legends of ancient Ireland. No. 1. The Adventures of Condla Ruad (R. Hist. and Archaeol. Assoc. of Ireland Journ., 3 Ser. iii, 118 ff., 1874).

Text of LU. with transl.; (2) E. Windisch. Text of LU. in Kurzgefasste irische Grammatik, 1880 (App. III); (3) J. Pokorny: Conle's Abenteuerliche Fahrt (ZCP. xvii, 193 ff.), text and transl. For other translations and discussions of the tale, consult Best: Bibliography, p. 106–07.

p. 120*b* 27. *Cethri arda in Domain*, 'The four quarters of the world.' Breaks off, owing to lacuna in MS.

Another copy in Book of Fermoy, p. 83, which has *Finit. Amen* for *Conid dip sin* of LU.

Ed. and transl. from LU. by Douglas Hyde (Celtic Rev. x, 141).

p. 121*a*. [*Imram Brain meic Febail*], 'The Voyage of Bran son of Febal.' Conclusion only, owing to chasm in MS.

For other copies, see K. Meyer: The voyage of Bran son of Febal. Ed. with transl., notes, and glossary, I., 1895.

p. 121*a* 25. *Tochmarc Emere*, 'The courtship of Emer.' p. 123–127 interpolations of **H**.

Other copies: D. iv. 2 (R.I.A.) f. 80*r*; 23 N 10 (R.I.A.) p. 21; Harleian 5280 f. 17 (27)*r*; Book of Fermoy f. 124 (p. 207*a*); Rawl. B. 512, f. 117*r*; Egerton 92, f. 24, fragment.

Editions: (1) K. Meyer: The oldest version of the Tochmarc Emire (RC. xi, 434 ff., 1890). Text of Rawl. B. 512 with transl.; (2) Tochmarc Emire la Coinculaind. Aus Harleian 5280 [with variants of LU., D. iv. 2, Fermoy, *etc.*] (ZCP. iii, 229 ff., 1900; cp. vii, 510, 1910).

K. Meyer: The wooing of Emer (Archaeol. Review i, 1888). Transl. of LU. and D. iv. 2. Repr. E. Hull: Cuchullin Saga 1898.

Analysis and discussion: (1) R. Thurneysen *and others*: Zu Tochmarc Emire (ZCP. viii, 498 ff., 1912); R. Thurneysen: Die irische Helden-und Königsage, 1921, p. 377 ff.

p. 128*a*. *Compert Con Culaind*, 'The conception of Cú Chulainn.' Interpolated by **H**; end wanting, owing to lacuna in MS.

Other copies: I. H. 4. 22 (T.C.D.), p. 46; 23 N 10 (R.I.A.), p. 62; Egerton 88, 12 *v*. II. Egerton 1782, f. 79 *r*.

Editions: E. Windisch: Irische Texte, 1880. Text of LU. and Egerton, 1782. (2) K. Meyer: Feis tige Becfoltaig. Aus Stowe D. 4. 2 (ZCP. v, 500–04, 1905); R. Thurneysen: Zu irischen Handschriften, 1912, p. 31–41, critical text, with transl.

Analysis and discussion: (1) H. Zimmer: Keltische Studien

5, Compert Conculaind (Zeitschr. f. vergl. Sprachforsch, xxviii, 419 ff., 1887); (2) R. Thurneysen: Die irische Helden- und Königsage, 1921, p. 268 ff.

p. 129*a. Tochmarc Etaíne*, ' The courtship of Étaín.' Three accounts: (1) 129*a-b* 19, end only, owing to lacuna in MS.; (2) 129*b* 20-130*b* 18; (3) 130*b* 19-132*a* 45, defective in middle and at end.

Other copies: YBL. col. 876 (*Facs.* 175*a*); Egerton 1782, f. 106*r*; H. 3. 18 (T.C.D.) p. 528.

Editions: (1) E. Müller: Two Irish tales (RC. iii, 351 ff., 1878). Text of Egerton, with transl.; (2) E. Windisch: Irische Texte, 1880. Text of LU. and Egerton; (3) A. H. Leahy: Heroic romances of Ireland I-II, 1905-06. Text of LU. 3 with transl. of both versions (revised by J. Strachan).

Analysis and discussion: H. Zimmer: Keltische Studien 5. Tochmarc Étáine (Zeitschr. f. vergl. Sprachforsch. xxviii, 585 ff., 1887); (2) L. C. Stern: Das Märchen von Etain (ZCP. v, 522 ff., 1905). Text of H. 3. 18, with transl.; (3) A. Nutt: Tochmarc Étáine (R.C. xxvii, 325 ff. 1906); (4) Lucius Gwynn: The two versions of Tochmarc Étáine (ZCP. ix, 353 ff., 1913); (5) R. Thurneysen: Die irische Helden- und Königsage, 1921, p. 598 ff.

p. 133*a*. [*Compert Mongán*], ' The conception of Mongán.' Beginning lost, owing to lacuna in MS.

Other copies: YBL. col. 911 *Facs.* 192*b*; H. 3. 18 (T.C.D.), p. 555; 23 N 10 (R.I.A.), p. 63; Egerton 88, f. 15*b*.

Edition: K. Meyer: The Voyage of Bran, vol. i, 1895, p. 42 ff. Text from above, with translation.

p. 133*a* 25. *Scél asa mberar combad hé Find mac Cumaill Mongán 7 aní día fil Aided Fothaid Airgdig* .... ' A story from which it is inferred that Mongán was Find son of Cumall, and the cause of the tragic death of Fothad Airgdech.'

Other copies: YBL. col. 912 (*Facs.* p. 193*a*); Betham (R.I.A.) 145, p. 64; Egerton 88, f. 15*b*.

Edition: K. Meyer, *op. cit.* p. 49 ff. Text from above, with translation.

p. 134*a* 12. *Scél Mongán*, ' Story of Mongán.'

Other copies: YBL. col. 913 (*Facs.* 193 *b*); Betham 145, p. 66; H. 3. 18 (T.C.D.) p. 555 *b*.

Edition: K. Meyer, *op. cit.* p. 52 ff. with translation.

p. 134*b* 9. *Tucait Baile Mongán*, 'The occasion of Mongan's Frenzy.' Ed. and transl. from LU., Y, and Betham by K. Meyer, *op. cit.* p. 56 ff.

p. 134*b* 36. *Inna hinada hi filet cind erred Ulad,* ' The places in which are the heads of the Ulster champions.' Poem, beginning only ; MS. breaks off here. No other copy known.

FACSIMILE.—The Facsimile edition issued by the Academy was due to the initiative of Mr. (afterwards Sir) John Gilbert, the well-known archivist. In an unpublished letter to Whitley Stokes, then in India, dated 28th April, 1869, Gilbert writes: " The loss of O'Donovan and Curry, and the weakness of Dr. Todd, have seriously interfered with publications in the Irish language, and after a good deal of practical experience, I have come to the conclusion that our best work would be to print some of our oldest texts accurately from the MSS., but without translations or annotations. We have fortunately at the Academy the best Irish penman living, Mr. O'Longan, and I have for some time past been anxious to bring his talents to a practical bearing in the shape of lithographic writing, and have succeeded so far as to have already some pages of Leabhar na Huidhre on the stone, of which I shall send you proofs as soon as possible. The copy is made in the most careful manner by O'Longan, and before being transferred to the stone every line and letter on the page is checked over by Mr. O'Looney. . . . . I hope you will approve of the plan, and at all events give me credit for trying to do the best under adverse circumstances."

The edition appeared at the end of 1870, with a preface signed by Gilbert, and a description of the MS. and its contents adapted from O'Curry's Catalogue. The object was to reproduce the written page in its integrity, letter for letter, line for line, admitting no conjectural restorations, lost or illegible letters and passages being indicated by equivalent spaces within square brackets. The initial and ornamental letters were engraved from tracings. In addition, two pages of the lithographed transcript were tinted and reproduced in colours with the object of exhibiting the style and present appearance of the MS. These, it must be said, are most deceptive, having almost the appearance of photographs, and have indeed been mistaken for such, thus conveying a false impression as to the fidelity of the reproduction. The defect of the Facsimile, which met with severe and unmerited criticism from Whitley Stokes,[1] resides not so much in errors of transcription or failures to decipher, which, considering the condition of the MS. and the difficulty of the text, are not too numerous— less indeed than would have been made by most learned editors of the day—as in the method of reproduction itself. At its best it is but a crude attempt to portray the original, giving to it a homogeneity which it does not possess, though the facsimilist must have been sensible of the great variety of the script, for in places he did his best to imitate the general appearance of the page, though he could not reproduce the letter forms. Notwithstanding its obvious imperfections, the Facsimile has been of great service to scholarship, as also the other two executed by the same scribe, namely, *Leabhar Breacc*, 1872-6, and the *Book of Leinster*, 1880.

We have indicated the uncorrected misreadings of the Facsimile in the foot-notes, not in any disparagement of the work of O'Longan, for whom both as copyist and calligrapher we have the greatest respect, but solely to remove any doubt that might be entertained as to the true reading of the manuscript.

The following should be added to the readings of the Facsimile :—

l. 166 Noma; *but MS. dubious*; p. 16 note[8] rofurmid; p. 19 note[a] us ; l. 1116 MA, and possibly MS. also ; p. 39 note[2] tna ; p. 56 note[a] l. 3 fĩr, l. 5 firgala, note[12] ïf^irraid, note[14] a( )l *om.* ; l. 1593 frebaid ; l. 1614 Crom ; l. 1763 imcomarctár ; l. 1868 sóm ; l. 1904 imdai ; l. 1938 Adamnán ; l. 2322 clé ; l. 3784 drundechta ; l. 3927 cetha ; p. 124 note[j] fúach ; p. 138 note[d] inde *om.*, no ath for nóminatur ; p. 185 note[a] Emanuel ; l. 6065 comráicne ; l. 6069 bráthair ; 6268 t *with* m *suprascr.,* for tra; l. 6723 haurcur; l. 6968 leth; l. 7533 mindoíg; p. 246 note[1] briat, note[2] ruanada ; l. 8226 febas ; 8802 chend ;

---

[1] *Rev. Celtique* II, p. 430-31, 1875. Further, " On the Facsimiles published by the Royal Irish Academy. Letter to the chairman of the Committee of Polite Literature and Antiquities, by Whitley Stokes, Simla, 1875." A rejoinder to "Report to the Council from the Committee on Polite Literature and Antiquities on inaccuracies of transcription alleged to exist in the Academy's edition of Leabhar na H-Uidhri." Signed, Samuel Ferguson, Chairman, 29th of May, 1875.

l. 9636 dui*n*i; p. 305 note ᵃ Etiair; l. 10458 tús; l. 10617 caras.

EDITION.—When the present edition was planned, it was not judged advisable to attempt a diplomatic reproduction with the aid of special types, or to indicate obscure letters by pointing or undermarking, as employed in certain works of a similar character. We have acted on the principle that if a letter can be read at all, it should be printed in the text in the ordinary way. Obscure and doubtful readings are noted at the foot of the page. Any attempt short of photography is rarely success-ful in conveying a true impression of the written page. With *Lebor na Huidre* it was less necessary to have recourse to a typographical facsimile, as the lithographic Facsimile of 1870 can still be referred to if fuller information is desired as to graphic forms or the disposition of the text. The various hands are however indicated by different founts: A, pica; M, small pica, and **H**, long primer within brackets.

The aim has been to produce an accurate and readable transcript. Words written continuously have been separated as specified below. Capitals have been introduced for proper names, but not to mark the beginning of sentences, unless in the manuscript. Large capitals, often used out of place, are not reproduced, nor double capitals IS, IN, etc., with which the beginning of a sentence is often indicated in Irish MSS.

Marginal and interlinear scholia are printed under the text, and the hand indicated. An exception has been made of the two precatory entries, which because of their importance are printed, perhaps injudiciously, as part of the text (ll. 2764–82).

The punctuation of the original has on the other hand been strictly adhered to, as it affects the sense of a passage, and represents the interpretation of the scribe. Where a point (the sole punctuation used) is omitted at the end of a sentence, a slight space has been inserted for convenience sake, and similarly paragraphs have been introduced.

The expansion of abbreviations has only been indicated by italics when points of grammar or orthography were involved, particularly in terminations. Where no such question could arise, as in single letter-strokes, *h, m, n,* syllable-strokes for *ar, er, en,* the symbols for *ar, air,* etc., the extension has been silent. A profusion of italics in such instances serves no scientific purpose, and merely makes difficult reading. On the other hand the symbols for *con, ur, us*, are indicated by italics when representing inflected forms. Certain words almost invariably abbreviated are left unextended, as their form varies according to period, *e.g.*: 7, dī, iṁ, which might stand for ocus, acus, didiu, didu, immurgu, immorro. It was not our purpose to establish a particular form. Also .i. = ed ón (Lat. id est), .r. = retoiric, l.r. (p. 91), ł = nó (Lat. uel), z (p. 86) = ζήτει or ζητητέον (cp. Lib. Ardm. f. 23 *v et passim*) ; further the symbol ꝉ (pp. 13, 35).

The hyphen is used to separate transported *n* and *t* from initial vowels—*a n-olc, in t-ara*, but this is not needed before a capital, hence *i nÉre*. The apostrophe is used to denote elision in d' = *do* or *di*; similarly with the possessives *m', t' (th')*, and when initial *a* (*ó 'tbath, ó 'tchonnaic*) or *i* (*co 'mmáro-marbtha* 8085) is elided. The frequent omission of *f* is not noted. No letter is added to the text except [*n*], when the *n*-stroke is omitted, and to this attention is always drawn in a foot-note.

Only accents legible in the MS. are given. But besides the well marked accents, as clear as the rest of the text, there are many faint thin lines, often hard to distinguish from scratches on the vellum. In dealing with these we have been guided by probability. In the MS. the accent is often written apart from the vowel to which it belongs, generally over the following letter. When the latter is a vowel some editors print e.g. *cián*, but this cannot be done when the accent is over a consonant, as in *tír*, with accent over the *r*. Frequently the accent is quite out of place, as if inserted carelessly after the line had been completed. For example, *do dénam* 443, *dódenam* MS.; *hi rét* 461, *híret* MS. In line 134, here printed *Sléib Sína* 7 *is e ro scríb cona láim fein*, the scribe has put the first accent over the *s* and the second over the *b* of *sleib*, the third over the *sc* of *scrib*, and the fourth over the *a* of *cona*. The principle we have adopted is to put the accent over the vowel to which it belongs. We have put it over the first vowel of the diphthongs *áe, óe, ía(i), íu(i)*, and *úa(i)* ; but over the second vowel of the diphthongs *aí, oí, uí*, which are thus conveniently distinguished from *á, ó, ú*, followed by a palatal consonant. The difficulty in the case of *eo* is that during the Middle Irish period the stress appears to have shifted to the *o* ;

here we have endeavoured to follow the varying usage of the scribes.

Proclitics are separated from following words, e.g. prepositions, articles, and possessive pronouns from nouns ; negatives, conjunctions, and the particles *no* and *ro* from verbs, but not the first element of verbs in deuterotonic form, hence *no gébad*, *ro chuir*, but *dobeir*, *damberat*, and similarly *rofetammar*. Combinations of proclitics are left undivided—*don*, *isind*, *ara*, *cona*, *nos cuir*, *dianom thísad*, *cor imthig* (but *co rránic*), *nochonom thá* ; so forms of the copula, *rop*, *roptar*, *robadam*, *combo* (but *co mboí*, etc., for the substantive verb).

However, certain combinations beginning with a proclitic are retained, such as *indechtsa*, *hifesta*, *indossa*, *indiu*, *indé*, *inso*, *insin*, *aní*, *afrithisi*, *aridisi*, etc. (but *ar frithise* 4509, *alaile*, *diarailiu*, *friaraili* (but *co alaile* 8334).

Enclitics are commonly joined to the preceding word— *damsa*, *a bensom*. Somewhat inconsistently the demonstratives are separated in *a llá sin*, *in molad sa*, etc., and the anaphoric *side*, attached to pronouns and verbs—*díbside*, *tucside*, has been separated from nouns—*a hainm side*, *dia síl side*, etc. In *iar sin*, *and sin*, etc., *sin* is, of course, stressed.

In the obscure passages called *retorics* the division of words is often a matter of conjecture.

In the preparation of the text, resumed at long intervals often, a certain inconsistency in the extension of abbreviations, separation of words, accentuation, use of capitals, etc., was almost inevitable. The following inadvertent departures from the general practice outlined above should be noted :

l. 62 . meic *delete stop.*

l. 107 *read* eter

l. 113 *read* inso sís.

l. 130 *read* na dílend

ll. 374, 634 Culum, *note, sic.*

l. 867 Chollum *note, sic.*

l. 915 ebed *note, sic.*

l. 1078 *read* ro sechestar

l. 1097 ar *note, sic.*

l. 1092 *read* us*que*

l. 1134 *read* aíni

l. 1218 *read* precept

l. 1268 *read* m'fola

l. 1433 *read* nátharni

l. 1558 íair*m note, sic.*

l. 1743 *read* na mbertatár

l. 1884 *read* et*ir*

l. 2230 *read* diamba

ll. 2411, 2430, 2431 *read* fu*r*ri

l. 2642 spirtállaib

l. 2741 midfedsom *note, sic.*

l. 2768 issie *note, sic.*

l. 2909 *read* Co*n*acht, *sic.*

l. 3002 íaich *note, sic*

l. 3123 *read* friaraili

l. 3132 mirmaili *note, sic.*

l. 3191 *read* Ro ferad ; f̄ad MS.

l. 3371 *read* di ag

l. 3446 *read* fo bíth

l. 3553 mbet*ís, MS. has* mb⁻ *with accent over* mb.

ll. 3724, 3987 *read* i lle

l. 3893 dothesarainbsea *note, sic.*

l. 3918 Dar *supply* ar

l. 4003 *read* Érgeseo

l. 4011 *read* Ma*nn*a*nn*an

l. 4033 *read* connaro

l. 4120 *read* mótrét

l. 4165 Fedelmed *note, sic.*

l. 4195 mbés *note, sic.*

p. 138 note^c *add, in marg.*

l. 4571 *read* fris teit

ll. 5156, 7533 *read* di ág

l. 5336 *read* i n-acciged

l. 5728 sríd *note, sic.*

l. 5913 tadcith *note, sic.*

l. 6090 firiu *note, sic.*

l. 6787 Ach *note, sic.*

l. 7330 *read* ro breccad

l. 7469 chumachtom *note, sic.*

l. 7910 *read* immaric élu*d*

l. 8140 *read* nádbod

l. 8237 *read* áine

l. 8668 *read* immaáig

l. 8701 *read* cóicid

l. 8767 *read* do scirred [5]

l. 8987 *read* Ail*ell*a

l. 9126 *read* dommo

l. 9168 *read* rolámair

l. 9569 *Conacht*tai MS.

ll. 9593, 9601 *Conacht*ta MS.

l. 9738 luic *note, sic for* śluic.

l. 10021 *read* cach a

l. 10127 um *note, sic for* am

l. 10476 *read* cetingen

l. 10601 *read* Briug

l. 10647 *read* forin

l. 10854 *read* Maigi

l. 10920 *read* aranícubsa

DESCRIPTION OF PLATES.

Pl. I. Page 55. Opening page of Táin Bó Cúailnge. Handwriting of **A** with interpolation by **H** and corr. **M** (col. b. 11-13). See p. 143. This page is much faded in places, and the stiff and wrinkled membrane with its polished surface resists all attempts to obtain a legible reproduction. The *probatio pennae mail muri m̄c m̄c cuind* can be discerned above the word *duib*, col. b, line 1 ; cui*n*d is faintly traceable in the negative, but the membrane is stained, due, perhaps, to the use of a re-agent. The title, only partly traceable here, appears to be in the hand of **M**, the line having been left blank by **A**. Cp. 7b41, and p. 5, where the Amra begins without title, the first line being filled by a quatrain in the hand of **M**. **M** would seem to have begun to transcribe at the end of col. b, when he added the title and his *probatio pennae*, **H** afterwards erasing what he wrote.

Pl. II. Page 70. Táin Bó Cúailnge. Handwriting of **M** with interpolation by **H** (col. b). The interpolated portion is written over a washed and abraded surface, the ink appearing somewhat paler than the rest of the page. There is evidence of retracing on this page. Note in col. a, last line but one, the *r* of resi*n*. The *probatio pennae* on the upper margin was evidently written after the invocation Oémał (O Emanuel), which is in darker ink, as if retraced. Observe through the natural hole in the membrane, col. a, the *ess* of preceding leaf, which is in the handwriting of **M**, but the head, in paler ink, has been added later to the first *s*.

[SEX AETATES MUNDI][1]

Togorma[2] o tát Frigiae. m*a*c si*n* Gomer m*a*c Iaféd. !a
Da m*a*c Magog m*ei*c Iafeth m*ei*c Noi .i. Baath 7
Ibath.   Baath m*a*c dosi*d*e Fenius Farsaid athair na
Scithecda .i. Fenius m*a*c Baath m*ei*c Magog m*ei*c Iafeth
m*ei*c Noí 7 r†   5

Ibad da*no* in m*a*c aile do Magog m*a*c dosi*d*e Elonius
† Alanius.   Tri m*ei*c aicisi*d*e .i. Armon Negua Hisicón.
Coic m*ei*c ic Armón .i. Gothus. Uolegothus. Cebidus.
Burgandus. Longubardus.   Negua da*no* .iii. m*ei*c les .i.
Uandalus. Saxus. Bogardus.   Hisicón da*no* .iiii. m*ei*c 10
aice .i. Francus. Romanus Albanus o ta Albannai i
nAsia Britus ó rat*er* Inis Bretan.

Is and sain ro rannad in domun i trí rannaib .i.
Eoraip. Afraic. Asia .i. Sem i nAsia. Cam i nAfraic.
Iafed i nEoraip. 7 is é cétfer de sil Iafeth tánic i nEoraip 15
.i. Alanius[a] m*a*c Ibath m*ei*c Magog m*ei*c Iafeth m*ei*c Noi

Is amlaid tánic Alanius 7 a trí m*ei*c les .i. Armon 7[3]
Negua 7 Hisicon conid i fus ro chlannaigset na m*a*cu
atchuadamar.   Saxus m*a*c Negua m*ei*c Alanii m*ei*c Ibath
m*ei*c Magog m*ei*c Iafeth m*ei*c Noi. is uad Saxain.   20

Iaban da*no* mac Iafeth m*ei*c Noi .iiii.[4] m*ei*c acasi*d*e .i.
Elisa. Tarsis. Cethim. Dodanim.

Tarsis is úad[5] 7 Celtecdai.   Cethim. is uad Cethei.
uadibsi*d*e ainmnigther cathir na Cip*re*cda .i. Citheum.
Dodanim da*no* úadsi*d*e. Ródii. is úadib sin ro fodlait inse 25
Mara Torren cona cenelaib écsamlaib 7 cona[6] mberlaib.

---

[a] *gl.* is uad rater Alania i nEoraip

---

[1] *The opening leaf is lost.* Sex aetates sunt mundi *is the title in Rawlinson,*
B 502, *fol.* 41r.   [2] T *en vedette.*   [3] *final stroke of* ɴ *and* 7 *barely legible.*
[4] *add. above line.*   [5] *supply* Tarsi, *Rawl.*   [6] na *very faint.*

D

Is iat sain .xu. primchenela[1] clainni Iaféd. cona fochenel-
aib. ro selbsat feranna imda isinn Asia ó Sléib Imai 7 o
Sleib Tuir co Sruth Tanai 7 connici in Scithia. 7 ro
30 selbsat in nEoraip uli connici in n-acían muridi fuineta
Insi Bretan 7 in nEspain ulide.

De chlannaib Iafeth meic Noi connici so cona
prímchenelaib 7 cona ṅgabalaib 7 a ferannaib eter Asia
7 Eoraip

35   De chlannaib[2] Cam meic Noi so sis ifechtsa

Cam 7 Oliua a ben .iiii. meic leo .i. Chus. 7 Mesram.
Futh. 7 Cannan. Chus uadside Chusi. Ethiopia a hai[n]m[3]
side indiu. Mesram. is úad Egiptus. Futh. is uad
1b Afraicdai[a]   Futhei | a n-ainm side fecht aile riam. 7 is
40 úad ráter Sruth Fuith. Cannan. is úad Cannannai. is he
a ferann side ro gabsat meic Israel iar tain íar dílgend[4] na
Cannanna 7 iarna n-innarba.

Cus mac Cam .uii. meic les .i. Saba. is uad Sabei.
Ebila. uadside Getuli filet i ndithruib na hAfraice.
45 Sabatha. is uad Sabatheni. Astabarí im̄ a n-ainm
indiu. Recma. Sabata. Acha. Nebroth is leiside ro
cumtaiged in Babiloin ar thús cia ro cumtaiged la Nín
mac Beil íar tain in tan ro gab ríge Asár. Babilonia .i.
confusio .i. cumasc iarsinni ro cumaiscthea na berlai
50 isind luc sain 7 is la Nebroth ro cumtaiged Arach ainm
aile di Edisa. 7 is leis ro cumtaiged Achad 7 Cabann 7
is é a hainm side indiu Seleucia ond ríg Seleucio ro
ráded i mMaig Sennar atat sin ule.

Is de sil Nebroith Asúr ó tat Asardai iar fairind ł is de
55 sil Séin[4] meic Noi in tAsur .i. Asur mac Séin[4] meic Noi.
7 is and ro genair i mMaig Sennár 7 is leis ro cumtaiged
Ninues 7 Thala 7 Resen .i. cathir mor fil eter[5] Ninues 7

---

[a] gl. ł Libei [A]

[1] very faint.   [2] asp. faint, om. Facs.   [3] n-stroke om.   [4] sic.   [5] between cols.

Thala. .ii. mac ic Recma mac Chus meic Cam meic
Noi .i. Saba 7 Dadam. Saba mac Recma per sin scrib-
thair a ainm. Saba mac Chus per samech scribthair a 60
ainm side.

Clanna Mesram meic Cam .meic Noi .i. Ludim¹
Anamim. Labaim. Nepthaim. Pethrosim. Chesloim. Is
úadib sin ro genatar na Filistinnai 7 Capturim 7 ciniuda
imda aile 7 nitat achinti indiu ar ro chloemcoiset² 65
( )³anmand.

De chlannaib Cannan meic Cam meic Noi so sis.

Cannan mac Cam meic Noi .xi. mac les .i.

⁴Sidon	Aracheus	
Cetheus	Sineus	70
Iebuseus	Arcadius	
Amnorreuus	Samarius	
Eutheus	Amatheuus.⁴	
Gergesius		

Sidon is úad ainmnigther⁵ in chathir .i. Sidon isind 75
Foenici. Arachius is les ra cumtaiged Arachas .i.
cathir fil ar agid Tripolim i fail Slebe Leuain. Aradius.
is uad atat Aradai¹ is iatside ro selbsat⁶ in⁷ n-innis dianid
ainm Aradum muinchend cumung etarru 7¹ tracht
n( )ce.⁸ | Samarius. is uad atat Samari is leis ro 2a
cumtaiged Samaria.ᵃ
                                                                 81

De clannaib Sem meic Noi só sis

Sem mac Noí. Olla a ben side is dia sil side na
hEbraide uli .u. meic⁹ aici .i. Elam. is uad Elamitae.

ᵃ gl. .i. c. [= cathir] [A]

---

¹ faintly traceable.   ² coiset, traceable.   ³ illeg., a n- Rawl.   ⁴⁻⁴ in one col.
⁵ ther faint, ainmnit⁻ Facs.   ⁶ selbsadar Facs.   ⁷ in very indistinct. om. Facs.
⁸ illeg., na Foenice, Rawl.   ⁹ m̄ added later above line.

85 toisig Persidis Siriae iatside   Asur. is úad atat Asardai
iar fír 7 is leis ro cumtaiged Ninues 7 Thala 7 Resen
.i. cathir mór fil eter Ninue 7 Thala.   Arafaxat. is uad
Caldei.   Lidi.¹ úad atá Lidia   Sarum is uad atá Siria.
is í ha² hardchathir side Damascus.   Arafaxat mac Sem
90 meic Noí mac doside Sela. mac doside Eber. is uad
ainmnigter Ebraide .i. ó³ Eber mac Sala meic Arafaxat
meic Sem meic Noi.

Dá macc. ic Éber .i. Falec 7 Iactan.   Falec .i.
diuisio .i. fodail .i. ar is na amsir ro fodlait na berlai.
95 Iactan mac Eber .xiii. meic aci .i.

⁴Elmodad.	Ebal
Saleph	Abimael
Asarmo	Saba
Iare	Ofir
Aduram	Euila
Aduzal	Iobab⁴
Decla	

100 column placement

Atat .iiii. xl. cenela día síl sin isind Indía 7 is iat
gabait ule feranna na Indiae .i. othá in sruth aníar conníci
105 in n-acían

Clanna Saram meic Sem meic Noi .i. Us. is uad atát
Traconitidi 7 is les ro cumtaiged in Damaisc. etir
Pasilisitina 7 Coelensiria atá a ferand side.   Ul. is úad
atát Armiannai.   Gether is úad atat Arcannai.   Mes. is
110 úad atat Meones. de sil Samar meic Sem meic Noi dóib
sein ule 7 is i nAsia atat.

De senchas na torothor .i. na luprucan⁵ 7 na
fomorach insó sis.

Fechtas ro boí Noí in⁶ tabernacuil ina chotlud ar n-ól
115 fína 7 is⁶ hé lomnocht co tánic a mac a dochom .i. Cam

¹ after L a letter has been erased.   ² b corr. h.   ³ add. above line.
⁴⁻⁴ in one col.   ⁵ over p is written c, and over c, p.   ⁶ sic.

co n-aca am*al* ro baí 7 co nderna gári imbi 7 coro innis
día bráthrib .i. do Iáfeth 7 do Sém 7 dodeochatars*id*e 7
a cúl rempo arnaictís[1] féli a n-athar 7 doratsat a étach
taris.

Atrácht Noí iar sin asa chotlud 7 ro fallsiged dó 120
Cam día fochaitbiud[2] iar sin 7 ro bennach in dis n-aile.
Conid hé Cám des*id*e cetduni ro mallachad íar nilind 7
conid hé comarba Cáin íar nilind 7 conid húad ro
genatar luc*h*rupain 7 fomóraig 7 goborchind[3] 7 cech
ecosc | dodelbda archena fil for doinib. 7 conid aire 2b
tucad dilgend for clannaib Cam 7 tucad a ferand do 126
m*a*caib Isr*ae*l i comarda na mallactan cétna. Conid hé
sen bunad na torothor 7 ni de síl Cain doib amal adfíadat
na Goedil ar niro mair ní día síl s*id*e iar nilind ar rop é
fochond ná dilend do bádud clann Cáin 7 ro bátea cid 130
clanna Sed ule immalle friu acht Nóe cona m*a*caib 7
cona cethri mnáib amal innises Moisi m*a*c Ammra i*n*sin[4]
Genis ind recta 7 Dia féin dorat in recht sain do Moisi i
Sléib Sína 7 is e ro scríb cona láim fein.

Is iat so sís airich na haesi tanaisi iar líni genelaig   135
Sém.

⁵.s. Noi	ael	
.s. Sem	ac	
.s. Arfaxat	cccxxxix	
.s. Sala	acccxxxiii[4]	140
.s. Heber	cccclxiiii	
.s. Falec	ccxxxix	
.s. Reu	ccxxxix	
.s. Saruc	ccxxx	
.s. Nachor	clxuii	145
.s. Tara	lxx⁵	

---

[1] n *add. above line*, = arna aictís.   [2] *add* 7 ro*m* mallach, *Rawt*.   [3] r *add. above*
line.   [4] *sic*.   ⁵⁻⁵ *in col. sic*.

Tara .iii. m*eic* les .i. Abraam. Nachor. Arán. m*ac*
dond Arán si*n* Lóth ro batar da*no* dí ingin aci .i. Melcha
7 Iascha di ingin Aráin m*eic* Thára sethracha do Lóth¹ 7
150 is inund Iascha 7 Sarra 7 atbath Aran rena athair .i. re
Tára 7 is he sein cetm*ac* atbath rana⁶ hathair íar nilind 7
is and atbath i nÚr Caldeor*um* am*al* atb*eir* in fili goede-
lach sin.

         Cetm*ac* as² marb riana ath*air*
155   innisfet tria bard( )³ brecht.
         Arán m*ac* Tára m*eic* Nachair
         iarna( )c*h*ur⁴ tar in recht¹⁰

Abraam 7 Nachor tucsat da mnai .i. Sarra 7 Melcha.
dí ingin a mbráthar fein .i. dí ingin Árain m*eic* Tára.
160 Tuc ém Abram Sarra dianid comainm Iascha. Tuc i͞m
Nachor Melcha ruc Melcha uiii. m*a*cu do Nachor it hé
so a n-anmand s*id*e .i.⁵ Huṡ. Buz Camuel. Chaseth. Azau
Feldas. Iadilafac. Bathuel. is uads*id*e ro genair Lauan^a
7 Rabecca.^b Hus^c m*ac* Nachoir is úad Iob. 7 is dia ṡíl
165 Buz( )⁶ Balam in druí. Camuel da*no* athair Sirorum
eside. Caratben Nachar .i. Roma is iside mathaiir⁷ Tabe.
7 Goom⁸ 7 Thaas 7 Maachai.

Dend ais tanaise⁹ connici so anúas.

            Den tres ais so sis ifechtsa¹⁰

170   In tres aes in domain is e so lin bli*adn*a¹⁰ fil inti
.dccccxlu .i. o gen Abraim⁹ co gabáil ríge do D*aui*d i Tír
Caldeor*um*.¹⁰ | ¹¹

---

^a *gl. fílius* [A]   ^b *fília* [A]   ^c i̇ Chus. [A]

¹ Lóth̃, MS.   ² Cetmac as, *in the text, remainder in margin, barely legible.*
³ d *fairly certain, following letter like* n, *read* bardne ; BB. &º LB. 113^b 5 *have*
briathraib becht.   ⁴ *cut away,* iarna rachor asin recht, *LB., BB.*   ⁵ *om. Facs.*
⁶ *end of line,* MS. *mutilated, something probably lost,* 7 (?) *om. Rawl.*   ⁷ *sic* MS.
⁸ *second letter indistinct,* Gaom *Rawl.*   ⁹ *only legible against the light,* ai *barely*
traceable.   ¹⁰ *very faint.*   ¹¹ *breaks off, following leaves lost.*

3a[1-36]a   [LEBOR BRETNACH][1]

Acht cena ol se. a rí failsigfitsea fírinne duitsiu. 7 **3a**
iarfaigim dona druidib ar thús Cid atá i foluch
fond erlar sa inar fiadnaise. ro ráidset na druíd nochon 175
etammar ol siat. Rofetarsa ol se. atá loch us*ci* and.
fegtar 7 claite*r*. ro claided 7 fríth.[b] A fáthe ind ríg ol
in m*a*c abraid cid atá i mmedon ind locha. Ní etamar
or siat. rofetarsa ol se. atát da clárchiste mora and in-
agid tagid 7[2] tucthar as. 7 tucad ás.   180

A druide ol in m*a*c abraid cid atá etir na clarlestraib
út. 7 ni etatar. rofetarsa ol se. atá seolbrat and 7[2] tuctar
as. 7 frith in seol timmarcte etir na da chlárchiste.
Abraid a éolcho ol in m*a*c cid atá i mmedon ind étaig
út. 7 niro recratar. ar niro tucsatar. Atat dá crúim and 185
ol se .i. cruim derg 7 cruim gel. scailter in t-étach
ro scailed in seolbrat. ro batar na di chruim ina cotlud
and. ro ráid in m*a*c fégaitsi i ndignet innose na bíasta.
Atraracht cách díb co araile co rabe cechtar de ic sroiniud
araile 7 co rabatar ic imletrad 7 ic imithi 7 no innarbad 190
in chruim díb araile co medón in tiúil 7 in fecht n-aill
coa imel.

Dorónsat fa thrí fon innasin. In chruim rúad trá
ba fand ar thús 7 ro innarbad co himel ind étaig. In
chruim taitnemach im̄ ba fand fo déoid 7 ro teich isin 195
loch 7 ro tinastar in seol fo chétoir. Ro íarfaig in m*a*c
dona druidib innisid ar se cid follsiges in t-ingnad so.
Ni etamar ar siat

Dogensa ar in m*a*c a follsigud dond ríg.

a am̄ *add. bet. columns by later hand.*   b in loch and *add. in marg. by a later hand.*

[1] *Acephalous, four leaves being lost. This leaf has the signature* g.   [2] 7 *in-serted later.*

200　Is é in loch flathius in domuin uile. is e in seól do
lathiusa a rí. Is iat na dá chruim na da nert .i. do
nertsu co mBretnaib 7 nert Saxan.

Do nertsu in chruim ruad is i[1] roinnarbad ar thús don
flathius. Nert Sachsan im̄ in cruim gel ro gab in seól uile
205 acht bec .i. ro gab I*n*iis[2] Bretan acht bec. Coro n-i*n*narba
3b nert Bretan fo deoid íat | Tusu im̄ a rí Bretan eirg asin
dún sa ar ni chaemais a chumtac 7 sir Innis Bretan 7
fogéba do dun fadéin. ro ráid in rí cía do chomai[*n*]mso[3]
ol se ro recair in gilla Ambróis ol se mo ainmse is é
210 sein in tAmbrois Gleotic rí Bretan.

Can do cen*e*l ol in rí. Consul Romanach m'athairse
ol se 7 bid hé só mo dún. ro leic Gorthig*ern* in dun do
Ambróis 7 rige iarthair Inse Bret*an* uile 7 tanic cona
druidib co túascert Inse Bret*an* .i. cosin ferand dianid
215 ainm Gunnis 7 ro chumtaig dún and .i. Caer Gorthi-
gernd.

De chathaigecht Gorthemir.

Iar tain tra atraracht Gorthemir coscrach m*a*c Gorte-
gern cona brathair i n-agid Égist 7 Orsa 7 ro chathaigsetar
220 Bretain maroen ris co hamnas. Coro innarbsat Saxono
co hInis Teneth. 7 ro gabsat Bretain forro fo thrí in
n-insi co toracht cobair chucu asin Germáin. 7 ro cha-
thaigsetar fri Bretnu cach la tan ba leo. Tan aile ba
forro 7 dorat Gorthemir cethri[4] catha doib .i. cath for brú
225 Derguint. 7 cath for bru Rethere Gabáil 7 is and
dorochair Ors 7 Catigernd m*a*c Gortigern. 7 cath for
bru Mara Icht 7 taifnitir Saxain coa loṅgaib 7 cath for
bruaig Epifort. Marb im̄ Gorthemir íar n-amsir bic 7
atrubairt fri Bretnu gair ría n-ec a adnacul for bru in
230 mara 7 ni ticfaitis Gaill etir i*n* n-insi íar tain. Ni dern-

---

[1] *two letters erased.*　　[2] *sic* MS.　　[3] *n-stroke om.*　　[4] *asp. om. Facs.*

satar Bre*tain* sin. Atraracht nert Saxan iar sin ar ba cara
doib Gorthigern a los a mna

Dorala im íar n-éc Gorthemir 7 iar sid Egist 7
Gortigern doronsat Saxain mebuil for Bretnu .i. Bretain
7 Saxain do thinol i n-oenbaile am*al* bid do sid .i. Égist 235
7 Gorthi*gern* fá chomlin cen armaib icechtar⁴ n-ai. acht
tucsat Saxain scena etarru 7 a mmaelanu 7 ro marbsat
na Bretnu | bátar and sin acht Gorthigernd a oenur 7 **4a**
ro chenglatar Gorthigern 7 dorat trian a feraind dar
cend a mna .i. Alsaxum 7 Sutsaxum 7 Nitilsaxum. 240
No forcanad im German inni Gorthigernd coro leced a
mnai .i. a ingin. ro theig*h*¹ 7 ro folaig ría German co
clérchib Bre*tan* isind erund dianid ainm Gorthigernian
7 dochuaid German co clérchib Bre*tan* 7 ro boi .xl. lathi
7 aid*ch*e² and. 7 dochuaid doridisi Gorthigerng⁶ for 245
teched na clerech coa dún ³[7 dochoid German]³ inna díaid 7
ro bátar trí lá 7 trí aid*h*chi¹ i n-aine and sin 7 ro loisc
tene do nim inní Gorthigern and sin cona uile muintir.

Atberat araile is do dercuiniud atbath for fainiul a
lluc i lluc. Atberat da*no* araile is talam ro sluic ind adaig 250
ro losced a dún.

Ro batar im tri m*e*ic oca .i. Gorthigernd is eside
ro chathaig fri Saxanu. Catigern Pascent. is doside
dorat Ambróis rí Bre*tan* Boguelt 7 Gorthigerniam⁵ íar
n-éc a athar Faustus noem .i. m*a*c a ingine 7 Germán 255
ro mbaist 7 ro n-ail 7 ro forcan. 7 techtaid cathraig for
bru Srotha Réin. Ne*m*nus asbert so.

Fermáel fil innosa for ferund Gorthi*gern* m*e*ic Teudu-
bri m*e*ic Pascent m*e*ic Guodicate*r* m*e*ic Morut m*e*ic Eldat
m*e*ic Eldoc m*e*ic Paul m*e*ic Meprit m*e*ic Briacat m*e*ic 260
Pascent m*e*ic Gorthi*gern* m*e*ic Guitail m*e*ic Guittolin m*e*ic
Glou.

Bonus 7 Paulus 7 Mauron trí m*e*ic Glou. is eside

---

¹ *mark of asp. over media due doubtless to retracer.* ² *mark of asp. over* d *in* MS.
³⁻³ *in ras. with* 7 do *in marg.* [**H**] ⁴ *sic, for* ic c.. ⁵ Gorthígerniain *Facs.* ⁶ *sic.*

dorone Caer Gleů¹ .i. Glusester for bru Sabrinne.
265 Dochuaid German día thír.

Patraic tra ind inbaid sin i ndaíre i nHerind oc
Miliuc. isind amsir sin ro foided Pledias dochum nErend
do preciupt doib. dochoid Patraic d'oglaim fades. coro
leg in canoin la German. Ro innarbad Pledias a Hérind
270 7 tánic coro fogain do Dia i Fordun isin Mairne.

Tanic Patraic dochum nÉrend íar foglaim 7 ro baist
firu Herend.

O Adam co bathis fer nÉrend .ū. ccc. xxx. ferta tra
Patraic do innisin dúibsi a fíru Hérend is usce do loch
275 insin. |

4b Ro gab tra nert Saxan for Bretnu iar n-éc Gorthi-
gern 7 ro gab Octa mac Egist rige forru. Araíde no
cathaiget⁶ Artúr 7 Bretain ríu co calma 7 dorat dá cath
déc doib .i. in cetchath i nInbiur Gléir. In tanaise 7 in
280 tres 7 in cethramad 7 in coiced for brú Dubglassi in
sesed for bru Basa. In uii. i Caill Calidoin .i. Cait Coit
Cledeb. In uiii. in Les Guinneain. Is and sin ro immar-
chuir Artúr deilb Maire fora gúalaind 7 ro teichsetar na
págáin. ix. i Cathraig ind Leomain. x. in Robroit.
285 xii. is and²side ro marb lám Artuir .xl. ar ocht cétaib i
n-oenló 7 ba les coscor intib uile.

No chuinchitis im̄ na Saxain ó Germain fortacta doib
7 rígi forro co dia³ is eside cétrí ro gab úadib ifós in
Bene roíc⁴ .i. fri Umbra atúaid. Ida mac Euba. Eanfleth
290 ingen Eduni toisech riam ro baisted do Saxanaib i nInis
Bretan.⁵

---

¹ o suprascr.   ² d suprascr.   ³ sic MS. for Ida.   ⁴ sic, for Beornicia.
⁵ remainder of column left blank.   ⁶ sic.

L OC dond remoculsa chetus Druimm Ceta ar is ann 5a
doronad in mórdáil Dromma Ceta. In alio locó im̄
doronad corp ind immuin o sein immach ut *post* apparet.
I n-amsir Áedae m*ei*c Anmerech dorigned. P*er*so Dallán 295
Forgaill do Masraigib Maige Slecht.ª Tucait. ar rocht-
ain ríchid dó féin 7 aliís p*er* se. Trí tucaite u*er*o ara
tanic Colum Cille a hAlbain i nHéri[*n*]d¹ in tan sin .i. do
fúaslucud Scannláin móir m*ei*c Cind Fáelad ríg Osraire²
f*r*iisi³ ndeochaid i rráthaiges. 7 do astud inna filed i 300
nHérind ar ro bas inci*n*narba⁴ ara tromdacht. ar no bid
.xxx. i cléir cac olloman 7 a xu. i cléir cach anraid 7 do
sidugud et*er* firu Hérenn 7 Alban im Dal Ríata. 7 is *ed*
atberat noco n-acca Colum C*ille* Éri*n*n in tan sin ar no
bid bréit dara suilib 7 is *ed* fot*er*a sein ar ro gell remi 305
sein ic dul taris na fegbad Erind o sein immach. d*i*cens.

Fil suil ṅglais
fégbas Eri*n*n dara hais.
noco n-acébá íarmothá
firu Érend nách a mmna.   310

Co tudchaid iaram Colum C*ille* isin n-airecht oc*us*
co n-érracht sochaide remi do fáelti fris.ᵇ
Mad iar senchas ele im̄ ní erracht nech remi acht
Do*m*mnall m*a*c in ríg ar atrubairt in rí coná heirs*ed*
nech remi ar rofitir aní immo tánic 7 nírba maith leis a 315

ª *gl.* .i. i mBreſni Co*n*nacht [M]
ᵇ *Quatrain written along the upper marg. over first line of each column* [M] :
Cetracha sacart a lín. | fichi epscop úasal bríg. | resin salmchetal cen
acht | cóeca deochain trícha macc.

---

¹ n-*stroke om.*   ² *sic, for* Osraige.   ³ *sic.*   ⁴ *sic, for* ica n-.

thichtain ar nírbo áil leis astud na filed ɫ tuaslucud
Scannláin. Conid and sein ro bennach Colum *Cille* inni
Domnall ar robo airmeta connici sein. Gorbu olc lasin
rígain a bennachad ar robo lesm*a*c di é goro fergaig in
320 clérech fria co n-érbairtsi frisin clérech romór in chor-
raigecht fora taí. is cet duitsiu ar in clérech bíth for
corraigecht ¹fora taí. is cet duitsiu ar in clérech bíth for
corraigecht.¹ Conid and sein ro soadsi i cuirr co ragaib a
5b hinailt for athisiugud in chlérig. coro saidside | hi cuirr
325 ele. co filet na dá chuirr sin o sein ille i nDruim Cheta
ut alii d*icu*nt.

Táncatar íar sein na filid isin n-airecht 7 dúan molta
léo dó 7 aidbsi*ᵃ* ainm in chiúil sin 7 ba céol derscaig-
thech hé ut Colmán m*a*c Lénéne d*ixit*

330   ᵇLuin o cheolaib uingi o dirnaibᶜ
        crotha ban náethech óc crothaib rígna.
        ríg ic Domnall dordᵈ ic aidbsi
        adandᵉ oc cainnill colcᶠ oc mo choilcse

7 i n-óenecht dognítís in ceól sin. Co tánic míad
335 menman don chlereoch corbo lán in t-aér húasa chind ó
demnaib coro failsiged do Baíthin sein 7 coro chairigs*id*e
in clérech 7 co tuc in clérech íar sein a chend fo choim 7
co nderna athrige 7 co túargaib iar sein a chend asa
choim 7 co róemid ceo mór dia chind 7 coro scaílit as na
340 demna riasin céo sin. Da cét déc da*no* lín na filed ut
d*ixit* q*u*idam.

        Fecht do Mael Choba na clíar.
        ic hIbur Chind Tráchta thíar.
        Da cét déc filed fosfúair
345   resin n-ibar aníarthúaid.

ᵃ .i. corus cronain [M]   ᵇ .i. deróli na luin i farrad² na nela [M]   ᶜ [*in marg.*] .i. dirna ainm tomais moir ɫ oc dirnaib [M]   ᵈ .i. deroil cach céol i farrad aidbse [M]   ᵉ .i. deróil oenchainnell bec hi farrad cainle more [M]   ᶠ .i. claideb [M]

---

¹⁻¹ *sic, dittography.*   ² farad *Facs.*

Coinnmed teóra mblíadan mbind.
dorat dóib Máel Coba in cing.
méraid co lá brátha báin.
do chenéol delbda Demáin.

Coro fost Colum Cille iar sein na filedu 7 co n-erbairt 350
fri hAed.

Cormac cain buichᵃ neoitᵇ
nua molta crínaᶜ seoit.
is ed ro legus roth¹ cráedᵈ
cein mairᵉ molthiar. mairg áerthiar Áed   355

Cain in súg asa saeraigthib sugthiar
mairg in íath ecnairc airthíar.
Arad clothᶠ cain in réim riadaitᵍ bíʰ
dofúarthetⁱ maini molthaidi.

Dorónad coindmed na filed iar sein fo Érind 7 ro 360
dígbait iar sein a clíara .i. xxiiii. i cléir ind olloman 7
xii. i cleir ind ánraid. is iar sin baí Colum Cille icuin-
chid² Scandlain for Aed 7 ni tardad dó. Co n-erbairt-
sium dano fri Áed is e no ngébad a assa imme imm
iarmergi cebé bale no bethʲ 7 ro comallad amlaid. 365
Colmán mac Comgelláin im̄ is é ruc in mbreith eter firu
Érend 7 Alban 7 do Dál Ríata doside. 7 is ris dorigni
Colum Cille | in mbáide in tan ropo lenam béc in 6a
Colmán ut dixit

          A chubus con   370
          a anim glan.
          aso póic duit
          dale póic dam

ᵃ .i. ro bris .i. maith ro bris fein in cáininne [M]   ᵇ .i. gainne [M]   ᶜ .i. tiagait
as [H]   ᵈ .i. filidecht [M]   ᵉ .i. mad genair [M]   ᶠ .i. ut dicitur i nImacallaim
in da Túarad .i. altram cloth .i. foglaim ecse. cluith do thur .i. intí ica mbí a enech do
thúr [M]   ᵍ .i. radit .i. [M]   [marg.]   ʰ .i. ut dicitur dam ongair etura .i. etar ard
.i. dam allaid .rad (?) t ríagdai .i. dreithard [M]   ⁱ .i. marit [H]   ʲ [marg.]
bithcé .i. bet(ha)³ centarach⁴ [M]

---

¹ rath Facs.   ² sic, for ic cuindchid.   ³ sic Facs., now illeg.   ⁴ centaradi Facs.

7 asbert Culum C*ille* is é dogénad síthugud et*er* firu
375 Érend 7 Alban. 7 is i breth ruc*h* a fecht 7 a slóged la
firu Erend do g*re*s ar islóged¹ la fonnaib do g*re*s. a cain
7 a cobach la firu Alban. ł a mmuircoblach nammá la
firu Alban ó sein immach i͞m la firu Her*end.* Tanic
iaram Dallán ardollom Hér*end* in tan sin do acallaim
380 Cholum⁴ C*hille.* Conid and ro gab in remfocul dó. 7 ni
reléic Col*um* C*ille* dó a dénam secha sein co ndernad i
n-amsir a éistecta ar asbert fri marb bas chubaid 7 is
dochendaib² ro thríall Dallán a dúain do dénam. Do-
rairṅgert trá Colum C*ille* do Dallán *i*nnmassa 7 torthe
385 in talman ar in molad sa 7 ni ragaib acht nem dó féin 7
do cech óen no ṅgebad ca*ch* dia 7 dofucébad et*er* chéill 7
fog*ur* ut quidam d*i*x*it*

> Amra Coluim ca*ch* dia
> cepé nod geba co follan.ᵃ
390 rosía in findlaith fia
> ro ír Dia do Dallán.

Trí comartha i͞m dorat Colum C*ille* dó in tan dogénad
.i. marcach eich alaid no innisfed dó étsecht Col*uim*
C*hille* 7 in cetna foccul no ráidfed in marcach commad
395 hé tosach in molta 7 a suile do lécud dó céin no beth ica
dénam. Ic Ath Féne da*no* i mMide doronad in molad sa
ut Mael Suthain dixit. Adfét i͞m Ferdomnach comarba
Col*uim* C*hille* is íar Slige Assail ro canad ótha Dún na
nAirbed cosin crois ic Tig*h*³ Lommán
400 Anamainᵇ et*er* da nin inso .i. nin i tossuch in moltai
7 nin ina deriud .i. ni discéoil 7 nim úain. ł is gobul di
.i. recneᶜ dechubaid .i. dá son ł a trí do tinnscetul o
áenfid beos .i. diaid i ndiaid 7 son o fid is écsamail ina
díad s*i*de.

ᵃ .i. et*er* ceill 7 fog*ur* [M]　　　ᵇ .i. anṡomain .i. somain án .i. airdairc. 7
isind immund tis atá ind anamain [M]　　　ᶜ .i. ré cantana dechubaid i͞m fil isind
remfoc*ul* .i. neit 7 méit. [M]

---

¹ *sic, for* is slóged.　　² chendṅaib MS. *with punctum delens over* n.　　³ *mark of*
asp. later.　　⁴ *sic.*

Dia dia. 7 rł. Is airi emnas in cétḟocul ar abela ł ar 405
lainni in molta ut *est deus deus meus*. 7 rł. Is é im̄ a
ainm sein lasin Góedel atherruch i ṅguth ṅgnáth | ar 6b
bíti trí quale cosmaile labartha ic filedaib na Goedeilge
.i. a atherruch i ṅguth ṅglát 7 a insimod. 7 a díabul 7
is í so aichne cech ai dib. Is é in t-aitherruch *quidem* 410
emnad óenfoc*ui*l i n-oeniniud[1] isind runn 7 cen lenamain
dé o ṡein immach. Is é im̄ a insemod a innisein o mud
inund .i. in t-óenfoc*u*l do rád co mm*en*ic isind rund co
n-etartaidecht foc*u*l ele etarru. ut *est hoc* .i.

> Ric in sithbe[a] sitlas mag   415
>   ric in dam trí cóecait glond.
> ric in gilla[b] gusmar gand
>   foracaib Cú Dínisc donn.

Is e im̄ a díabul .i. a ḟilliud .i. do emnad ut *est hoc* .i.

> Agur águr iar céin chéin   420
>   bith i péin phein ní síth sith.
> am*al* cách cách co bráth bráth
>   in cech thráth tráth cid scíd*h*[2] scíth.

Da ernail díb so isind remfoc*u*l so. Aterruch i
ṅguth ṅgnáth 7 a innsimod. A insemod im̄ namma 425
fogabar i curp ind immuin.

Dɪᴀ ᴅɪᴀ ᴅᴏʀʀᴏɢᴜs[d] ʀɪᴀ ᴛíᴀs ɪɴɴᴀ ɢɴúɪs
.i. atagur Dia ł gudim dia ríasiu thías ina gnúis ł in tan ł
ind inbaid tías.
ᴄᴜʟᴜ[e] ᴛʀíᴀ ɴᴇɪᴛ.[f]   430
Fortched ł formolad fil híc 7 conna bitís gnee fortcheda

---

[a] .i. in dúan [M]   [b] .i. Carp*ri* mac *Con* Dinisc [M]   [c] episiuxis no*men*
h*ui*us spec*i*ei sec*undum* Donatum .i. geminatio *eiusdem* uerbi i*n* eodem uer*s*u s*in*e
aliq*ua* dilatione ut me me[3] ass*um* q*ui* rł[3] [M]   [d] .i. is ró .i. is mór atágur Dia.
ł dorró .i. ro thogus rúamnad and. [M]   [e] .i. cul .i. carpat [M]   [f] .i. cath [M]

[1] *sic.*   [2] *sic* d, *due no doubt to retracer.*   [3] *faintly traceable.*

foi sin dichned 7 dochned 7 cennacros ut q*u*idam d*icu*nt. bid da*no* néit .i. guin ut d*icitu*r

ro bé do lecht[1] i farthe[a]
iar do néit[b] séol siraichthe.[c]
ructhar i capp[d] i ndiaid phill[e]
do racc[f] a scáil[g] día coemchill

.i. am*al* téit carpat[h] serda tré chath corop amlaid dech m'animsea tría chath nemna dochum nime. Culu .i. fortched[i] sund incond[2] ilid. ar is cul in foc*u*l gnáthach acht ro thuill in filí .u. sund do línad na filidechta. ł do dúaichnigud[3] na foc*u*l tría dígbail 7 tria tórmach 7 tria inchumscugud do dénam intib 7 atát trí gnee fair .i. díchned[4j] 7 dochned 7 cennachros. Is é in dichned[k] a chend do gait dond c*u*l[2] 7 cen ní ele ina inad ut dixit poeta.

Dál ro dálus mór in baes
isind arus huas Druim[5]
7a[6] a mmo chomdiu a ri .rú. rá.[l]
bui biu[m] ba bés ni thías.

rú rá. is é in desmerecht and sein. ar is rún rán ro dlecht. is e u*er*o in dochned.[n] da cend fair .i. a chenn féin 7 cend ele. 7 commad é a díles in litt*er* dédenach ind oc*ui*l do emnad am*al* dognethea benn dondí as ben ut d*icitu*r

La m*ac*[7] fir néit[o] fadb corcra[p]
téit dáig dedemin.[q] ní t*er*cda.
f*or*ruim[r] tend.[s] do chrund ochtga[t]
gnath cenn í c*h*rub Chon Echtga.

---

[a] .i. i mmochai [M] [b] .i. iar do guin [M] [c] ł sírarde [M] [d] .i. i carr [M] [e] .i. eich [M] [f] .i. do ben [M] [g] .i. a fir [M] [h] ł claideb [M] [i] .i. deichned specialit*er* [M] [j] ł dechned [M] [k] .i. dicennad [M] [l] .i. rún .i. rathmar sa [M] [m] ł bi [M] [n] ł in dechned [M] [o] .i. guin [M] [p] [*marg.*] ut d*icitu*r .i. ( ) .i. ( )orb( )a ligaib [M][8] [q] ł dinéim [M] [r] .i. ro gon ; [*infra lin.*] ł .i.[8] ro furmi [M] [s] .i. laech [M] [t] .i. do crund gai i mbít ocht láma [M]

[1] l *corr. in ras. from* b. [2] *sic.* [3] *supply* a luirg. ar is inunn fortched 7 fordorchad. ar is *ed* bís hi fortched temligud 7 duaichnigud, *Rawl.* [4] ch *corr. from* g. [5] *supply* Lias. [6] *This leaf, subsequently bisected, is now repieced.* [7] MS. *more like* laīn. [8] *om. Facs.*

Commad hi rét no béth in desmerecht híc .i. a chend
féin for ind ir út 7 cenn neich ele ina láim acht chena is 460
i n-erlabra fégtair inna haisti 7 ní hi rét. Commad hé
in desmeirecht híc ni tercda ar ro tuilled da forsin focul
cert. acht chena increchthar sein ar ní deichned iar
ndílsi tormach sillaibi acht is formolad filed. 7 is é so a
deismerecht side. 465

    Céim o lochaib do línnól
    co glothaib clu nad gandón.ª
    techt sech eochu i cind chríce
    maith bethu i mbite annón

Cade dī in déchnedᵇ isind rund atrubrummar. La 470
mac¹ fír 7rł.ᶜ ni handsa tenn do dénam dondni as ten .i.
tene ar daig goro recrad do chenn 7 déchned iar ndílsi
sein. Is amlaid só im̄ dermerechtaigtir³ na hernaili sea
in aliis libris .i. dichned amal atá dochusin .i. tellad a
chend dé .i. net ar is docuisnet ro bui de prius. Is e im̄ 475
in deichned ut est maelan .i. án in cend ele. is é in chen-
nachros⁴ ut est senchas ar is fenchas ro buí de prius is e
so increchad na ndesmerecht sea .i. ni díchned iar
ndílsi digbáil sillaibi 7 ni díchned iar nd⁵ indara de
cip ed arile. Araill and dano is íat na focail gnátha⁶ 480
indiu dochusin 7 maelán 7 senchas iar n-arsathaib dī
ata deismerechta sút ar roptar iat na focail gnáthcha
acuside. docuisinet⁷ 7 mael 7 fencas. Is e im̄ in cen-
nachros indiu fenchas do denam dond ocul as senchas
ar is e in gnathach. indiu senchas. ut dicitur 485

ª ón hic exemitur [M] ᵇ ł in dochned [M] ᶜ [marg.] ( ) rethaib .i. fer
( )s.² ferr [M]

---

¹ MS. more like laīn ² membrane cut away at shaft of s ; e Facs. ³ sic, for
desm . . ⁴ chend nachros MS., with punctum delens over d. ⁵ Here the scribe
has skipped a line, supply ilsi tormach sillaibe acht formolad filed, Rawl. ⁶ sic.
⁷ MS. rather . . met, due to retracing.

E

Fégsait filid Fáil i fos
fenchas co féig la Fergos

7b   mad íar mal ca*ch* maige | immach
dorróische doíne Dubthach.

490   Fenachas is é in desmerecht ann sein .f. ar .s. and is
cumma dogníth*er* i tosuch 7 i nderiud foc*ai*l in díchned
7 in cennachros i nderiud im̃ foc*ai*l namma as gnáth
dóchned do dénam.   Ni aiccem da*no* ic filedaib na
gaedeilge ainm sain for dígbail littri 7 sillabi. am*al*
495 atchiam for tormach littri 7 sill*ai*bi .i. dóchned tormach
littri 7 formolad tormach sill*ai*bi.

Dia nime nim reilge i llurgᵃ i n-eigthiar
ar muich dia méit.

.i. ar rélad fírinni atb*eir* Día nime ł día fis *con*nach Dia
500 as ídal.   Nim reilge i llurg na ndemnaᵇ ocá ndentar
égem ar mét a mmuiche.

Día már mo anaccol de múr theindtide
díuderc n̄dér

.i. mór Día domm anaccul ar immed in tened bale i
505 teilgit*er* déra co cían ico déicsin .i. q*uia* fit mur immed
ut d*icitu*r

múr immed tall isind recht
coph búaid is briathar lánchert.
Dú bale dú dúthaig lat
510   cul comet is cul carpat

díuderc da*no* no*men* compossitum ó latin 7 scotic. diu
.i. incían derc .i. súil ut d*ixit* Gránni ingen Cormaic fri
Find.

Fil dune
515   rismad bude ¹lem diuderc.¹
ara tribrind ᶜ in bith uleᵈ
a meicc Maire cid diúbert.

ᵃ .i. dechned i*n*les [M]   ᵇ ł in demain dianid ainm enégthíar ar méit a múche
[M]   ᶜ ł dia tibrind [M]   ᵈ ł mbude ł hule hule [M]

¹⁻¹ *in ras.*

Dᴵᴬ ꜰɪʀᴇɴᵃ ꜰíʀᴏᴄᴜs ᴄʟᴜɪɴᴇs ᴍᴏ ᴅᴏɴúᴀɪʟʟ
ᴅᴏ ɴɪᴍíᴀᴛʜ ɴéʟ

.i. Dia Fíróen ⅂ Día na fírén. fírocus .i. quia est deus 520
ubíque 7 prope omnibus inuocantibus eum. Mo do-
núaill .i. mo do núaill .i. núall mo chuirp¹ 7 m'anma iar
nelaib co íath nime. ⅂ núall fetarlaice 7 nuḟinad.² ⅂ mo do-
nuaill .i. mo dó nuall .i. mo núall dó .i. do Dia. Bíd
dano íath mind 7 iath ferand ut dicitur   525

      Fó ainm do maith is do míad.
      Fí ainm ³d'ulc 7 d'anríad.ᵇ
      án fír is ní forus fand
      íath mind 7 íath ferand.³

De mestitia omnium rerum in morte Columbae ⅂ de 530
exitu Columbae⁴

Nɪ ᴅɪsᴄéᴏɪʟ.ᶜ ᴅᴜᴀᴇ ɴᴇɪʟʟ

.i. ni cen sc( )⁵ ⅂ ni dis in scél ⁶⅂ ni dis in scél⁶ d'uíb
Néill. Colum Cille do éc. ⅂ duae Néill .i. doīnui⁷ Néill.
⅂ ni disceoil .i. ní dúthe scéoil .i. niba scél do duid .i. 535
clothaigfithir.ᵈ |

Nɪ ᴜᴄʜᴛᴀᴛ óᴇɴᴍᴀɪɢᴇ ᴍóʀ ᴍᴀɪʀɢᵉ ᴍᴏʀ ᴅᴇɪʟᴍ ꞥᴅɪᴏ- 8a
ʟᴀɪꞥɢ

.i. ni do oenmaig as uch ⅂ as íachtad sed tótís campis
Is mairg mór estecht Coluim Chille deilm .i. is mor in 540
crith 7 in cumsugud⁸ tánic isin nErind la hestecht Coluim
Chille .i. quia fit deilm .i. torand ⅂ throst ut dicitur
      Atá ben is tir
        ni apar a hai[n]m.⁹
      maidid esi a deilm   545
        amal chloich a tailm.

ᵃ .i. a oenur as firen. ⅂ firén hé cen peccad [M]   ᵇ ⅂ 7 d'etriad [M]   ᶜ amrat .i. ánum
fil and óndí as ámus éc atá.   amrath dī .i. ecrath ar is e Colum Cille ro rath anduas.
aliter ecndairc rath [H on l. 41, left blank by A.] ᵈ ⅂ cluinfither [M]¹⁰ ᵉ .i. miserg [M]

¹ only a trace of p left, remainder cut away.   ² sic, (a wrong expansion of fíad)
with adnaisi added over nad by H.   ³-³ in ras. and retraced; first half of line 39
erased.   ⁴ final e(æ) cut away.   ⁵ él cut away.   ⁶-⁶ sic, dittogr.   ⁷ sic
ᴍs. & ʟʜ., read domui.   ⁸ sic, for cumscugud.   ⁹ n-stroke om.   ¹⁰ ..fiť Facs.

RIS RÉ ASNEID COLUM CEN BEITH CEN CHILL.

Ris nád fir.
ó ricfa co tech a ríg.
550   cóich bas lugu innía sin.
inná Finnía find serchaid.

.i. is diolaing dún in scél isind ré i n-aisnéter dún
Colum Cille do éstecht cen bith .i. cend¹ a beith i mbith ł
i mbethaid cen chill .i. cen a beith i cill. ris. .i. scél ut
555 est i nImmacallaim in da Thúarad .i. áil ríg risi rédi. ł i
mBrethaib Nemed ut dicitur. Ní díl dáimi risi .i. ní fil
airfitiud dáimi do scelaib oca. ł combad ed bad choir
and. cen díl dámi rísi .i. cen díl óegidechta in scelaigi
ar bíd risi .i. scelaigi ut dixit Corpre mac Etaine isind
560 aír dorigni do Bres mac Eladan.

Cen choltᵃ arᵇ craíb cerníneᶜ
cen gertᵈ ferbbaᵉ fora n-assa athirniᶠ
cen adbaᵍ fir fo druba disorchiʰ
cen díl dámi resiⁱ rob sen Brisse.

565 7 is í sein cétáer dorónad i nÉrinn.

COI INDIA DUÍ DÓ

.i. coi .i. quomodo india innisfes .i. cia cruth innisfes
duí de. ł coí .i. conar .i. cia conair innisfes dui dé. ł robo
duí cech dune ina condelgsom co Indía.

570 SCEO NERA

.i. sceo 7 céo 7 neo trí comaccomail góedelge .i. cid
Nera mac Moraind ł Nera mac Findchuill a sídib ní
chóemsad a asnéis ł robo duí side i n-athfégad Choluim
Chille.

575 IN FAITH DÉ DÉ DE SIÓN SUDIOTH IS NU NAD MAIR

.i. is nu atbath in faith Dé ro suidestar for deis in

ᵃ .i. cen biad [M] ᵇ ł for [M] ᶜ .i. clár [M] ᵈ .i. cen loim ł cen geilt
[M] ᵉ .i. bó [M] ᶠ .i. lóeg [M] ᵍ .i. cen tech [M] ʰ .i. adaig [M]
.i. scélaigi [M]

¹ sic.

Sioin nemdai. ꞇ da*no* in faith Dé no aisneded in sudigud
bias i n-iath[a] Sion. ꞇ in faith ro sudestar for deis Dé in
Sion.

Nᵢ ᴍᴀʀᴛʜᴀʀ ʟᴇɴᴅ   580
.i. ní marthar ocund ꞇ ni fil mórath ocund hifechtsa
ꞇ ni fil nech diar mórad ocund.

Ní ʟᴇs ᴀɴᴍᴀ ᴀʀ sᴜɪ ᴀʀᴅᴏɴ ᴄᴏɴᴅíᴀᴛʜ |
.i. ni fil ocund nech lessaiges ꞇ soillsiges ar n-anmain **8b**
ifechtsa ar atrullaí úain i n-íath caín ar sui. ꞇ condio .i. 585
sallim .i. inti no ṡailled o forcetul bréntaid ar cinad 7 ar
targabal. ꞇ ni lesaigend ar n-anmain ar suí ar ro foilged
erond .i. *con*d(   )¹

Cᴏɴʀóᴇᴛ*ᴜʀ* ʙɪᴜ ʙᴀᴛʜ
.i. inti no chometed. ꞇ no cométad² ar ṁbiu atbath³ ꞇ 590
inti no chometed ar mbiu co cain atbath

Aʀ ᴅᴏɴ ʙᴀᴛʜ ʙᴏ ᴀʀ ɴ-ᴀɪʀᴄᴇɴᴅ ᴀᴅɪʟɢ(   )⁴ᵇ
.i. atbath airund inti omba irchend ar n-áilgius
dligthech ar dobered dún cech ní ba ail dún co gligthech⁵
ꞇ intí bá airchend fri airchesecht ar n-adlaige atbath.   595

Aʀ ᴅᴏɴ ʙᴀᴛʜ ʙá ꝼíᴀᴅᴀᴛ ꝼᴏíᴅɪᴀᴍ
.i. atbath erund intí nod faidmis co ar Fiadat .i. co ar
nDia maith .i. ar teged a spir*ut* for nem cec dardaín

Aʀᴀ⁵ ɴɪɴ ꝼɪssɪᴅ ꝼʀɪsʙᴇʀᴇᴅ óᴍɴᴜ ʜúᴀɪɴ
.i. ar ní bered intí dobered fis síth dún ꞇ fis áith cona 600
bid imecla ocund. ꞇ in fisid téged úain i n-ía(   )⁶

Aʀ ɴɪɴ ᴛᴀᴛʜʀɪᴛʜ ᴅᴏsʟᴜɴᴇ̇ɴᴅ ꝼᴏᴄᴜʟ ꝼíʀ
.i. ní aithred*h*end⁷ cocund intí no rethed úain 7 no
sluined fír focuil ꞇ ni thic diar tathreos .i. diar sésugud

Aʀ ɴɪɴ ꝼᴏʀᴄᴇᴛʟᴀɪᴅ ꝼᴏʀᴄᴀɴᴀᴅ ᴛúᴀᴛʜᴀ ᴛᴏí   605
.i. ar ní mair in forcetlaid non forcanad na túatha co
mbítis inna tost ꞇ no forcanad tuatha im denam toi. ꞇ in

---

[a] .i. hi tír [H]   [b] .i. dliged [M]

¹ *margin cut away; probably* conditus est, *Stokes.*   ² cométed *Facs.*
³ aetbath ᴍs. *with* e *expuncted.*   ⁴ *margin cut away, read* adilgen.   ⁵ *sic.*
⁶ *final* th, *and part of* a *cut away.*   ⁷ *sic* ᴍs., d (*for* t) *no doubt due to retracing.*

*

forcetlaid no forcanad na tuatha batar im Thai .i. ainm^a
srotha i nAlbain.

610   HUILE BITH BA HAE HÉ

.i. robo lesseom in t-ule bith ɫ da*no* is intírecht
fégthair and .i. he .i. trúag .i. is trúag atat atrebthaide
in betha robo lesseom. ¹is crot cen chéis iatside 7 is cell
cen abaid¹

615   IS CRUIT CEN CEIS^b IS CELL CEN ABAID

.i. céis ainm do chruit*h* bic bís i comaitecht chruite
móre hi comsinm. ɫ ainm don delgain bic fostas in téit
hi mmude na crote. ɫ dona coblaigib. ɫ ainm don trom-
thet. ɫ is i in cheis isin chruit ani chongbas in lethrind
9a cona tétaib inti. ut d*ixit* p*oeta* Ros m*a*c Find | ^c cecinit.
621 ɫ Ferchertne file.

Ni celt^d ceis ceol de cruit Crabtene^e
coselastar^{2f} for sluagu suanbas^g
consert coibnius et*er* sceo Main Moriaet^h macdacht
    Morcaⁱ
625   ba mo lé³ cech lóg Labreid.^j

ba binniu cec céol in chrot
arpete Laibraid^k Loingsech Lorc
ciarba docht^l for rune in ri
630   niro chelt ceis Craiptini.

Prim*us* capitulus huic usque canitur

---

^a *in marg.* ɫ sig˘ge ( ) [M], *remainder cut off*   ^b .i. ceis coí astuda. ɫ coí a ͡fis i*n*
ciúil [M]   ^c [*marg. sup.*] Is carad⁴ lega fri léis/ is carad⁴ smera ri smúais./ is amrá*n*
ri c*r*uit ce*n* chéis/ sinni d'éis ar n-argain úais. [H]   ^d .i. niro cheil Ros m*a*c Find
ɫ Ferchertne fili [M]   ^e .i. cruittire [M]   ^f .i. dorat [M]   ^g .i. bas cotolta⁵ [M]
^h .i. p*roprium* [*in marg.*] .i. Moríath ingen Scoríath ingen ríg Fer Morca is i ro
charastar Labraid. [M]   ⁱ .i. p*roprium* gentis [M]   ^j .i. labrad do Loingsiuch
ar ba balb [M]   ^k .i. Lab*raid* Loing*sech* m*a*c Ail*ella* m*eic* Loeg*airi* m*eic* Ugaini
Móir [M]   ^l .i. ciarbo balb remi sin [M]

---

¹⁻¹ *sic, out of place.*   ² *sic, for* conselastar.   ³ *letter erased after* e.
⁴ *sic, for* scarad.   ⁵ codolta *Facs.*

De ascensione eius in caelum.

Attruic roard tráth dé colum cuitechta
.i. atraracht co roard Culum in tan tánic cuitechta
Dé ara chend .i. aṅgil Dé.   635

Finnethal frestal.
.i. is finn ⁊ is taitnemach in fethal día táncatar
fresthal ⁊ is finn in sídlaith tánic i frestal Choluim Cille
.i. Axal aingel cum ceteris angelis.

Figlis fut baí   640
.i. dorigni figill in fot ro baí im¹ uita .i. dá cét déc
slechtan leis cach laí acht i sollomnaib tantum comtar
léri a asnai tríana bla lin ut dixit poeta

> Glé no laiged isin ngeim[a]
> ina ligu bá mór sáeth.   645
> slicht a asna triana étach
> bá léir dána séted gáeth.

Baí sáegul sneid.[b]
robo garit a saegul. .i. uii. bliadna lxx. ut dixit in
file.   650
> Teora bliadna boí cen lés
> Colum ina dubreclés.
> luid co hainglib asa chacht
> iar .ui. bliadnaib .lxx.

Baí séim sáth   655
.i. ba becc a saith .i. ba bec domeled ⁊ ba bec a hasad
Baí sab súithe cec dind[c]
.i. roba sab daingen no soad cech niummus ⁊ robo
suiabb ⁊ sabb cech denna .i. cecha airechta cosa ricced
Colum Cille ⁊ ba soabb i suthemlacht cech berlai co 660
clethi. ⁊ robo nertmar isin tuithe co riacht co clethi.

---

[a] .i. isin nganem [M]   [b] .i. súail ⁊ bec ⁊ diriuch² [M]   [c] ⁊ uas. ⁊ in .i. ba suithe
in cach dindsenchas [M]

---

¹ sic.   ² asp. om. Facs.

Bᴀɪ ᴅɪɴᴅ ᴏᴄ ʟɪʙᴜʀ ʟᴇɪɢ ᴅᴏᴄᴛᵃ

.i. robo bind forcetlada leigis Colum Cille.

Lᴀɪssᴀɪsᵇ ᴛÍʀ ᴛÚᴀɪᴛʜ

665   .i. ro soillsig ⱦ ro lesaig tiri ⁊ tuatha ⱦ ro las de in
tír thuaid. ⱦ ro lasastar isin tir thuaid.ᶜ ⱦ ro lesaig in tir
tuaith ⱦ ropo lais é.

Lᴇɪs ᴛᴜᴀᴛʜ ᴏᴄᴄɪᴅᴇɴs

.i. lessaiges ⱦ soillsigis. ⱦ robo leis tuath occidentis |
9b .i. Eriu ⁊ Inis Bó Finne forsind arge .i. cutr*um*a ro
671 holsig ⱦ ro lesail¹ aquilonem ⁊ occidentem.

Cᴏᴛʀᴏʟᴀs ᴏʀɪᴇɴs

.i. cutrumma ᵈ roba leis oriens ⁊ occidens.

Oᴄ ᴄʟᴇʀɪʙᵉ ᴄʀɪᴅᴏᴄʜᴛᴀɪʙ

675   .i. oc cleirchib na chridib fo*r*tchi. ⱦ ona cleirchib
cosna cridib fo*r*cdib ro foglaim ⱦ da*no* ropo docht a
chride im clercecht fri cach.

Fó ᴅÍʙᴀᴅ

.i. maith a epiltiu. q*uia* fit díbad ⁊ bath ⁊ ba ⁊ teme
680 ic slui[*n*]d² epilten.

Dᴇ́ ᴀɪɴɢɪʟ ɪ ʀᴇ ᴀssɪᴅʀᴏᴄʜᴀɪʙ

.i. aiṅgel Dé nime dodeochatar ara chend in tan
conuargaib.

ᶠDe regione ad q*uam* peruenit *Colum Cille* ⁊ de pluri-
685 bus gradibus *eius*. se*cun*dus capitulus húc us*que* i*n*cip*it*
tertius.

Rᴀ́ɴɪᴄ ᴀxᴀʟᴜ ʟᴀ ᴀʀʙʀɪᴜ ᴀʀᴄʜᴀɴɢʟɪᴜ

.i. ranicsom co du i tá Axal aingel ⱦ axalu .i. auxi-
lium ⱦ axalu .i. na imacalam .i. ranicseom tír i ndéntar
690 immaccallaim .i. molad na trínote. q*uia* di*cun*t hir*u*phin

---

ᵃ .i. no forcanad libru ind rechta co clethe q*uia* fuit doctor i*n* libris legis [M]
ᵇ ⱦ loss ⱦ laiss   ᶜ .i. tuascert nErend [M]   ᵈ ⱦ ro las cid isind airthiur [M]
ᵉ ⱦ o clíaraib [M]   ᶠ titul [A]

¹ *sic, for* lesaig.   ² n-*stroke om.*

7 sara*phin* s*a*nctus s*a*nctus s*a*nctus d*o*minus d*eus* s*a*baoth.
ł axalu .i. uca 7 sola .i. comsuid*igud* ó latin 7 o goedilg
.i. ranicseom a oentoga .i. nem. ł Axal nomen ind aingil
no accallad Colum C*ille* 7 quod *est* uerius ut ueniebat
Uictor ad Patricium la airbriu .i. la immed. ł la sluag.　695

RÁNIC ÍATH NAD ADAIG ACCESTAR

.i. ranic in ferand nád aicither adaig et[*ir*]¹ s*ed* lux.

RANIC TÍR DO MOISE MUNEMAR

.i. ranic in tir i toimnemni Moisi do bith ar secnaid
cach and is coir Moise do bith and ara ebas.　　　700

RANIC MAIGE MÓS NAD GENETAR CIUIL

.i. inid bes nemgenemain ceól s*ed* s*un*t sem*p*er i*n* se

NAD ESTET ECNAIDE

.i. nad eplet ecnaide. quia mali peribunt in futuro 7
non boni. ł nad estet ecnaide fri araile quia omnes 705
periti sunt in caelo. ł ni etat ecnaide a aisneis. ł ni
etsend nech fri écnach ł ni chluinet ecnaide ní a[*n*]d¹ q*uia*
ciues celestes officio aurium corporalium n*on* indigent.
s*ed* cogitationes suas introspiciunt alterutrum.

ASRALA RI SACART SAETHU　　　　　　　710

.i. ro la as ri na sacart a sáethu .i. i n-amsir a etsecta
ut d*icitu*r tristis *est* a*nim*a 7 rł. |

Húc us*que* ter*tius* 7 i*n* hoc q*u*arto capitulo de mart*ir*io 10a
ei*us* co*m*me*m*morat*ur*.

RO CEHAES² GAIR. CO MBUICH³　　　　　715

.i. ro chesastar isin garitré ro bui i fos coro brisestar
cath for demon 7 domon.

BAÍ HÚATH FIA DEMAL

.i. ro boiseom corbo húath hé fri demon ł fri demal.
fri dee mali. ł fri Demal .i. fri rí na ńdemna⁴ .i. dé ondí 720
as demon mál .i. rí ł demal nomen propriu*m* demonis
no bith ic aimsigud Coluim Cille do gres.

---

¹ *contraction stroke om.*　² *sic, for* ro ches.　³ co mbuich *in minus-*
cule.　⁴ ń *add. above line.*

26 [AMRA CHOLUIM CHILLE] [10a¹²–10b³

DIAMBO GOISTE CELEBRAD

.i. diambo choi astuda celebrad Co*luim* C*hille* ɫ goiste
725 airi féin .i. airet rochluned in demon guth Co*luim* C*hille*
icelebrad¹ ni lamad cor de co tairced in celebrad 7 co
n-iarfaigtis scela dó iar sein. o Chol*um* C*hille* ɫ robo goiste
gabala don demon ro bui isin mac legind i nArd Macha
.i. macc legind no theged co mmnai clérig and .i. in tan
730 dogníthea celebrad 7 off*renn* iss and no theged cuci.
coro arig Co*lum* Ci*lle* fecht and in demon ic smétiud for
in mac legin² coro thairmisc Co*lum* Ci*lle* immón mac
légind. dul immach robo goiste gobala dī de demon
celebrad Co*luim* C*hille* and sein fri ré míle co lleith míle
735 ba follus guth Col*uim* C*hille* icelebrad¹. ut dixit poeta.

Son a gotha Col*uim* Cille
mor a binne úas cach cléir
co cend cúic cét déc ceimmend
aidble remmend ed ba réil.³

740 ASA CHEIRD CUMACHTAIG
.i. a cumachta a chleirchecta dognidsom sein.
CONROÍTER RECHT ROBUST
.i. cain roitir ɫ ro chomét in recht sonairt ɫ ro chomet
recht .i. rectitudinem. robust .i. robusti .i. sonairt hé ɫ
745 comet dirgetad
ROFES RÚAIM ROFÉS SÉIS
.i. rofes roim a hadnaicthe ɫ rofes ic Róim a ecnasom
7 a chrabud. sess .i. sofis .i. fis ecnai 7 fáitsine hi *n*nún⁴
da*no* atberat araile eisseirge Choluim Chille do bith ut
750 d*ixit* poeta. |

10b Hí co n-ilur a mmartra
diamba Cholum coemdalta
dolluid essi fó dered
conid Dún a sennemed

---

¹ *sic, for* ic c.. ² *sic.* ³ edbar éil MS. ⁴ *sic, for* nDún.

Ro SUITHE DÓ DÁMAᵃ DEACTA 755

.i. ro suidiged do aiste na deachta ar teged cach
dardain ad Dominum .i. ro damad dó suithe na deachta ó
mac Dé ró etarstar¹ sein. ꞇ robo i ndeacht damtha meic Dé

DERB² DAGᵇ I MBAᶜ

.i. is demin is maith intéch³ dochuaid ꞇ i mbai .i. 760
maith i mbaí siu

BA EOLA AXAL N-AINGEL

.i. ba eolach i n-immaccallmaib aingel ꞇ ba eolach i
n-immaccallaim d⁴ aṅgil danid ainm Axal

ARBERT BASSIL BRATHU 765

.i. in brath diummusa dochúaid ind i mmordáil
Dromma Cetta conid airi sein tuc Baíthin testemain a
Basil do tróethad in diumais ꞇ no airbired bretha brátha
a Basil.

ARGAIR GNÍMU DE ADBSIB AIRBRIB AIDBLIB AIDBSIB. 770

.i. ro ergair imme a menmain do bith inna Dia in
molad doratsat na sloig fair ꞇ ro ergart gnimu Dé de
thaibsin na n-immed ṅdub duabsech 7 is ed argarg⁵
deseom sein in testemain a Basil ꞇ na bretha. aidbsi
ainm in chiuil ꞇ in crónain dognitis ermór fer nÉrend in 775
tan sin cid ed doscarad immalle 7 is triasin ceol sin
doronsat fir Erend do Cholum Chille i mmórdáil Dromma
Ceta ro ás míad menman ind. ⁶Huc usque quartus⁶

⁷De scientia eius in omni parte⁷

RAITH RITH RETHES 780

.i. ro raithestar ꞇ tarraid dó in rith ro rethestar.

DAR CAISᵈ CAINDENAM

.i. doníd caingnim dar cend a miscsen .i. quia fit
cais .i. miscais.

ᵃ ꞇ dana ꞇ dámtha [marg.] ꞇ dana deachta .i. deerce 7 trocaire. [M]   ᵇ .i. maith
ut dicitur dagdune [M]   ᶜ ꞇ imma .i. eter a da á .i. a. a gene 7 a. a báis [M]
ᵈ ꞇ dar cais .i. dar cend grada a namat .i. [M]

---

¹ sic, for ro étastar.   ² letter erased after b.   ³ sic.   ⁴ sic, for ind.
⁵ sic, for argart.   ⁶⁻⁶ written between the columns.   ⁷⁻⁷ in marg. [M]

785 FAIG FERB FITHIRᵃ

.i. no fúaged ꞇ no fíged brethir ind forcetail in fétha-
thair. ꞇ fithir .i. sír ꞇ amnas. bid da*no* ferb ic slaind trí
rét .i. ferb briath*ar* ut d*icitu*r mad iar ferbaib fíramraib
berlai bias bain. ꞇ is fas fénechas ic ferbaib Dé. Bid da*no*
790 ferb bolc ut d*icitu*r turcbait ferba fora gruadaib iar
11a cílbrethaib | ᵇ.i. iar clóenbretaib. bid da*no* ferb. ut
d*icitu*r théora ferba fira dosnacht .i. ros immaig Assal ar
Mog Nuadat

GAIS GLUASA GLÉ

795 .i. ba gas hé ic erslocud na gluas.³ ꞇ robo gaethsum
ic gleod glefessa ꞇ gonais na glúasa co gle .i. eochair
glé C*olum* C*ille* do rédigud glúas ꞇ chest.

GLINSIUS SALMU

.i. ro glinnig na salmu fo obil 7 astrisc ꞇ ro foglaind
800 na salmu.

SLUINSIUS LÉIG LIBRU LIBUIR UT CAR CASEON

.i. ro sluinnestar na salmu ica tichtain iarna foglaim
7 is úas in sluinnsius foi sin. ꞇ sic ro sluinestar libru leig
.i. ind rechta am*al* ro charastar libru Eoin Caseoin. ꞇ
805 nírbo mo leiss libuir ind rechta do thiactain q*uam* libuir
Eoin Casseoin. ꞇ ro leg Eoin Cassioin libru legis

CATHA GULAE GAELAIS

.i. ro gailastar catha in croís ꞇ cúlai as maith and .i.
ro bris cath na trí cúl .i. cath Cúli Dremni for Connachtu.
810 7 cath Culi Feda for Colman Mor m*ac* Diarmata. 7 cath
Culi Rathin for Ultu ic cosnam Rois Torothair et*er*

ᵃ .i. fét*h*athir⁴ [H] [*marg.*] ꞇ ferb ( ) .i. ( ) [H]²
ᵇ [*Marg. sup.*]

Dia ecna dia dilgud dess   innisid ráid rith rethes.
Coich boí bia ba bind lib   diad amraib dia ainib
Sloinnid a máre si*n* maig   ergnaid suí siacht slicht cethrair
do chomaithni a molta on rig   Áed atnóe ule aisníd.
Dia chinud do clannaib Neill   innisid innisid¹ buích brón bithréil.
amrai inso in ríg ráid fó deóid   dia degattach ni disceóil.   ni disceoil
.d. n. [M]

---

¹ *sic. dittogr.*   ² *almost wholly illegible ; om. Facs.*   ³ *sic.*   ⁴ *h om. Facs.*

Colum.Cille 7 Comgall ꝉ gálais ro brisestar. ut d*ix*it
po*eta*

    Mór do chataib gaelastar
      for¹ athair ralastar   815
    m*a*c in mail a Main Masten
    rí fer Fail adagastar.

    LIBRU SOLMAN SEXUS

  ꝉ ro siach libru Solman. ꝉ sexus .i. fegius ut d*icitu*r
fenchas p*ro* senchas.   820

    SINA SCEO IMRIMA RAITH.

  imrima .i. donenna 7 ondí as imbér atá imrima raith
.i. ro raidestar sein .i. doucad in tan ticfad sonend 7
donend.

    RANNAIS RAIND CO FIGUIR ETER LIBRU LÉIG   825

  .i. ro rannastar raind co figuirdacht eter lebraib ind
legind ꝉ ind rechta .i. no deliged a stair 7 a ṡians 7 a
moroil 7 a n-anogaig.

    LÉGAIS RÚNE ROCHÚAID ETER SCOLAIB SCREPTRA

  .i. ro leg rúne in roṡuthe co fitir na rúne in tan ro buí 830
et*er* scolaib ic foglaim na screptra. ꝉ rosualt .i. | ainm do **11b**
beist bís isind airci 7 is iat so a airde side .i. in tan sceas
7 a aged fri tir domma 7 t*er*ca isin tír sin co cend .uii.
mblia*dna* ꝉ isin bliadain sin namma mad súas domma 7
mortlaid isind aeor sin.   Mad sís domma 7 mortlaid for 835
míla in mara. no innised iarum runa ind anmannai sin
do doinib co mbetis inna foimtin. rosualt da*no* ann maile²
don beist sin.

    SCEO ELLACHT IMMUAIM N-EISCI. IMM RITH

  sceo .i. ocus ro ellged acceseom cohuaim³ retha esci 840
im rith g*r*ene .i. esci ria g*r*ein o prím co cuicid déc 7 íar
g*r*éin o chúicid déc co prím.

    RAITH RITH LA GREIN NGESCAIG

  .i. ropo reid dó eolas retha escai la rith na grene

---

¹ *sic, for* fora.   ² *sic, for* ainm n-aile.   ³ *sic, for* com̄huaim.

845 taitnemche. is airi asberar gescach fri *gré*in ar is uathi
atá sollsi dona rennaib ailib.

SCEO RÉIN RITH

.i. robo éolach i rrith rénis .i. maris ⱶ commad rían
bad choir and ut *dixit* Find hu Baiscne

850
                Scél lém dúib
                    dordaid dam.
                snigid gaim
                    ro faith sam.

                gáeth ard huar
855
                    ísel grian
                gair a rrith
                    ruthach[a] rían.[b]

                roruad rath[c]
                    ro cleth[d] cruth.
860
                ro gab gnath
                    giugrand guth.

                ro gab uacht
                    ete.[1] én
                aigre ré.
865
                    e.[1] mo scle.[2]   scél lém duib

RIMFÉITH RIND ℵIME NECH INCHOI CECH ℵDIRUAIS O
CHOLLUM C*HILLE* CUALAMAR

.i. no airmebad retlanna nime inti no i*n*inisfed[3] cach
ní roúcos ro chualammar o Cholum Chille. ⱶ no innisfed
870 *Colum Cille* dia triallad rohúais do rennaib. húc us*que*
quint*us*.

---

[a] .i. tondgarach[4] [H]   [b] .i. muir [H]   [c] .i. raithnech [H]
[d] .i. ro cheil [H]

[1] *stop sic.*   [2] *sic, with accent over* c *for* scél.   [3] *sic, for* no innisfed.
[4] *t*hodgarach *Facs.*

De admiratio*ne* 7 carita*te eius* hic sextus cá*pitulu*s

Coich boi coich bía beo badib amradair ar iathaib
irdocht irthuaith
.i. coich ro boí ɫ cúich bias béo bad chomuasal fris 875
na*ch*bad fírfortchiu for ferannaib in tíri túaith. ar iath*aib*¹
ir*docht* .i. bá erdocht fria thuaith*ib* ɫ thír anechtair in tan
conucaib a chill hi tosuch .i. Eu. irthuaith .i. frim an-
thuaith. ɫ irdocht .i. ba erdocht hi tuaith .i. ba docht a
chobaisseom fri nech ɫ ba docht im chobais neich.   880
Adfet co nú nech nad goí geoin.
.i. no aisneded co rici nú inti na aithgéoin goi and
fein. ɫ adfet fil and ide*m* 7 uet*us* testa*mentum* 7 a nnu. is
nouu*m* testa*mentum* .i. no aisneded | dun fetarlaic co 12a
núfíadnaise ut d*ix*it ang*elu*s ɫ monachus.   885

> Maccán umal atb*eir* cet
> D*eu*s ei indulget.
> fortgella. nú. 7 fet
> i mbethaid suthain surget.

Gress ro fer fecthnachu²   890
.i. ro g*re*ssaig³ ɫ ro chemnig immalle frisna firu .i.
aingil. ɫ sic .i. ba fechtnachu cach g*re*ss⁴ in g*ré*ss ro
ferastar Colum Cille.
Fri árthu archatru co domun dringthier
.i. fri aradu na catrach uaisli ro dringestar co domun 895
.i. corba dó a ṡomaín ɫ do⁵ domun .i. co dá somain .i.
cuirp 7 anma ɫ co do*mun* .i. ad c*oelu*m ɫ fri arthu archa*tru*⁶
.i. ar chatir nime coru drebraing in domun fri fidisi riagla
7 dismirechta² noeb ar it árid dogairter ut d*icitu*r scale ɫ
c*oe*li s[*un*]t⁷ sanc*ti*.   900

---

¹ *the contraction stroke is over the* i, ɫ *bearing the mark of aspiration.*   ² *sic.*
³ *greisaig Facs.*   ⁴ *greis Facs.*   ⁵ *over* d *is written* c.   ⁶ *the contraction stroke
is over the* a, c *bearing the mark of aspiration.*   ⁷ *contraction stroke om.*

Ar deo doenachtha

.i. ar denacht[1] meic Dé ro chesastar .i. co ragbad
g*r*eim dó cesad meic De ɫ ar Dia dognid doenacht .i.
tidnacul neich ar Dia.

905   Ar assaib rigthier

.i. is airi dognidsom ar śásad dó isind richiud huasaɫ

Ririr accobur a sula

.i. ro rec ar Dia ca*ch* ní rob accobor riae suil na mna
7 rɫ.

910   Sui slan creas cr*ist*

.i. in lánśui sen ro cretestar Cr*ist* ɫ slan cen pheccad.
ɫ creis .i. a u*er*bo cresco .i. ro forbrestar iar*um* i Críst ɫ
dorat Cr*ist* forbairt fair.

Ceo ni coirm ceo ni sercoll[2] saith sechnais beoil

915   .i. ocus ni ebed coirm ɫ ni carad coirm 7 nírbo sercad
leis co ollsaith do sechnad da*no* in beoil

Bai cath bai cast

.i. ro bai cath[3] ɫ ro boi cath .i. catholicus.

Bai carthait

920   .i. tóit lan do déirc eseom uli ɫ fichthe Colum Ci[*lle* o
deseirc.[4]]

Clothond oc buaid

.i. robo ail [i cath[4]] he oc breith buada do cach ɫ
clothond .i. cloch[5] cloithi. q*uia* fit ond cloch robo cloch
925 iarum cloithi cach uilc Colum C*ille*

Boi les lán

.i. boeseom co tabrad a lánles do cach

Boi leor les oiged

.i. robo leor no lesaiged aegedu.

930   Boi obeid

.i. auidus .i. laind. |

12b   Bai huasal. boi huas a bás

.i. ba fortail for bas .i. for diabul. ɫ peccad. ɫ rob uais
a bás. ɫ rofitir bás uasa.

---

¹ ard enacht MS.   ² ser coll, MS.   ³ *sic,* MS. *supply* dó frí demun 7 domun,
Rawl.   ⁴ ɫ o deseirc. ʃʃ i cath (*l. 37*), *in ras. by* H.   ⁵ c*h in ras* H.

BOI LIEN 935
.i. lenis .i. ailgen.
BOI[1] LA CRIDE CECH ECNADA
.i. robo liaig lesaigthe cride cach ecnada ꝉ robo
chaimrigthe do reir cride cec ecnada ondi as ligo .i.
cumrigim 940
AR MIND N-AXAL N-ACALLAD
.i. ar n-úasal no aicelled in n-aingel diarbo ainm Axal
ꝉ iar mind n-axal n-accallaim .i. iar n-acallaim Dé dosom
ar is *ed* mind n-aingel Cr*ist* m*a*c Dé ꝉ a n-as dech de
ainglib ba m*en*ic dorim a n-accallaim s*id*e ba tanaisi da*no* 945
do accallaim aingel a acallaimseom.
BA AINMNE ARA MBEBA
.i. do ítaid atbath .i. do lugu dige atbath ar ni
chaided[2] lind na biad isin blia*dain* atbath acht i sathurnd
ꝉ i ndomnuch. 950
BÁ BIND
.i. bá bind a guth icelebrad[3].
BA ÓEN A CHERD CLÉIRCHECHTA
.i. rob oen dia eladnaib cleirchecht ar ba suí ba fáith
ba file ꝉ robo leor do cach ind óenchert chleirchechta 955
baí oca. ut Pat*r*ic*ius* d*ixit*

> Genfid maccan dia fine
> bid sui bid faith bid file
> inmain lesbaire glan glé
> nad ebera immarbé 960

BA DO DOINIB DISCRUTAIN
.i. ba ansa do doinib scrútan a gnim son ꝉ commad
discréit bad chóir and .i. ni chluined screit dune in bale
i ndénad a crabud .i. isin ditrub ꝉ isin dubrecles.
BA DÍN DO NOCHTAIB 965
.i. imm etach
BA DID DO BOCHTAIB
.i. immi biad.

---

[1] *supply* liaig; liag Y, lig R. LH.   [2] *sic, for* chaithed.   [3] *sic,* for ic c..

F

Ba nua no chesad cach tromm diofothuch

970 .i. cach tromfotach no chésad ba amal núa leisseom
sein ɫ ba truimmiu cach othaig dún in cesad nua sa ar in
Dall.

O cholum cosc tuath

.i. o Cholum no choisctís na túatha.

975 Miad mar munemar mann( )¹

.i. tiagmait ina munigin in morairmitnig sin im nem
dúinn. ɫ dommunem doberthar airmitiu mór do do
13a chind na gnim² so. Miad mair .i. imbed | Manna .i. in
maind. is *ed* atbertis meicc Israel fria manchu .i. q*uid est*
980 *hoc* n*isi* cibus celestis dommuinimar íarum doberthar
armitiu mor in bíd nemda dosom

Nod geilsigfe Crist eter dligtechu

.i. no ngebasom Crist ina geilsine .i. ina munteras
eter na dligthechu. eter aingliu 7 archaingliu.

985 Triasna cíana cotaislia³

.i. trisin ré cian ro bui ic taisled i fos .i. oc crabud.

De prudentia *eius* 7 lectio*ne* 7 sapien*tia*

Ergnaid sui siacht slicht cétrair

.i. is ergna in sui ro siacht slicht na cetri suiscelaigthe.

990 Coitluid la do cetul do nimiath iarna³ croich

.i. is amlaid dolluidseom co íath nime iarna chesad
i fos co cetul muintire nime 7 talman ɫ it i⁴ chlais aingel
nime.

Cét cell custoid tond fo ogi oiffrind

995 .i. ro choemestar cet cell fo chomlaintius tuinni cailig
offrind. ɫ cet cell cosa taet tond mara 7 cintech ar
écintech and.

---

¹ *final stroke of* N *and* A *broken off, read* manna. ² *sic, for* ngním. ³ *between*
columns here ⅃, *not the usual* ucl-*sign. cp. note, p. 85.* ⁴ iti MS., *for* it di.

OLL NÍ NI IDAL

.i. is oll in trenfer hé 7 noco n-idlacht dognith. ɫ oll
ani dognith do maith 7 ní idlacht.   1000

NI ELLASTAR CLOENCHLEIR

.i. ni ailed na cliara nidligtecha[1]

DOELLAR FO INMUILC

.i. no fegad eat fo innib a n-uilc. ɫ no taidled eat co
taprad a phennait cóir for cach. ɫ ba gabail ella dond 1005
uasul na cloenchliara combo maith no immuilged cretim
forru ɫ nos bliged do sallund .i. do denam sallaind.

NI FÓET NI FUACHT NAD HERIS

.i. niro foid nech uad do denam uilc. 7 niro fuachnaig
fein na heris .i. ni rabi fis comrairnech[2] aicce. .i. heres ɫ 1010
niro aslaig heris for nech.

NI AENED NÍ NÁ BUI I RRECT RÍG

.i. ní dénad ní do aini acht iar nirgetaid Dé .i. nained[3]
i ndomnaigib. ɫ ni airdercaiged ní acht do reir ríagla Dé.

NAND ETSA BAS BITH   1015

.i. arnad etad ɫ na bad istad do bas tria bithu ɫ isin
bith.

BEO A AINM

.i. i fos. |

BEO A ANUAIM   **13b**

.i. a anim tall.   1021

AD[4] IMBUD FODRUAIR FO RECHT NOEB

.i. ro furestar co mbeith do fo dirgetaid na noeb ɫ ara
fot ro drubastair fo recht noeb is *airi*[5] as beo a ainm
i fos 7 a anim tall ar immed fodruair .i. ara fot. q*uia* fit 1025
immed .i. fota ut d*ix*it *p*oeta

> is imtherc
> cos int[6] abcan oc imthecht.
> in t-aboc o Rus chaem Chas
> noco n-é a taeb as imda .i. fota.   1030

---

[1] *sic, for* indligthecha.   [2] *sic, for* comraircnech.   [3] *sic, for* ní ained.
[4] *sic, for* Ar.   [5] i *hook partly obliterated.* ari *Facs.*   [6] *sic.*]

FRISBERT TINU A THOEB

.i. ro rithbrúi conárbo thiuch a thóeb. frisbert tinu a thoeb .i. ro mairnestar ut d*ix*it p*o*eta

1035

nech frísbert a thigerna
nirbat[1] ile a liberna
co rrucait namait a chend
a gabair is a dubcend

.i. a ech 7 a chlaideb ar colg 7 dubcend duo no*min*a gladii s*un*t isin tengoedilg. ut d*ix*it p*o*eta

1040

nir² for braigt*h*ib dam na bo
fromthair colg mo ruanadó
for braigtib rig foceird feit
indi dubcend oc Diarmait.³

TUIL A CUIRP CUILLSIUS

1045 .i. ro choillestar toill a chuirp .i. is e a milliud a nemdenam.

CUILL A NEOIT

.i. ro chuillestar in gainni ut poeta d*ix*it

in maith lib

1050

in tan asberar fír frib
a ssaiges serc saigit seoit
ni geib neoit fri nech as dil.

NAD IN M*EI*C M*A*C HUI CHUIND

.i. cuich in m*a*c ni *han*dsa em m*a*c hui Chuind .i.

1055 Col*um* C*ille* ꞇ nibu in meic hui Chuind gainni ꞇ neoti. ꞇ nad maicc adnacht m͞c hui cheo Chuind .i. ni bui in maicc acht bás *foir*bthe .i. m*a*c hui cheo Chuind cith .i. ni bu iarmua acht ba hua Cuind q*ua*si dixisset bá soerchland cia forodomair mór o Día

---

¹ nirba *Facs.*   ² *sic.*   ³ Diar *in ras. cp. l. 9671.*

Cuil deim de eot   1060
.i. ní derna de eot ní no dígbad cuil .i. ondi as demo
.i. digbaim. ɫ de fót as choir and .i. de fuachtain.

Cuil deim de formut
.i. ní derna de formut ní digbas cuil.

Fo lib lige a ai ar cech saeth sreta sina   1065
.i. is maith lib a eolchu a lige Coluim Cille ar no
ícad a drucht ɫ a úr ar cachc¹ ngalar no ráethnaiged² rais
na sina .i. cach sín a rathe.

Tria thuaith idlaig dorumeoin³ retu
.i. ic dul dó | tría thuaith na n-ídal ro finnad a 14a
mbibdanas fri Dia co tabrad forru cretim do Dia 7 ondi 1071
as reatus atá rétu.

Ar credla cairptiu
.i. is aire dorat in mes sa forru ar in carpat credal a
cuirp ɫ ara cleirchecht ro rec a cairptiu.   1075

Cath sír soich fir fiched fri coluaim
.i. ropo suthain a chath fri demon 7 domun soich fír
.i. rosechestar firinne fiched fri culuain. no fúachtnaiged
fría cholaind i fos.

Cona rega in rígmac for déde Dé   1080
.i. noco raga mac in ríg .i. Colum Cille for indara
ernail fil ic Dia.

I n-athguth i n-athfers
.i. isin guth n-aigthide .i. ite maledicti ɫ i n-athguth
.i. isin guth fil. Aithle gotha aile remi. i n-athfers .i. niba 1085
isin fers tánaise ragas acht isin cétfers .i. uenite bene-
dicti. 7 rɫ.

Adradnacht ria n-áes ria n-aimniurt
.i. ro adnacht riasiu tísad áes dó .i. riasiu robo senoir
7 rob amnertach ar it sé bliadna .lxx. robo lán de.   1090

Ar iffurnd i n-albu ómun
.i. ar omun iffirnd dochuaid i nAlbain. huc usque .ui.
id.

---

¹ sic.   ² ɪáe] é with a subscr. MS.   ³ n-stroke more like that of m.

De comendatione laudis eius rege nepotum Néil.

1095   AED ATNOIᵃ ULEᵇ OLL DOINE DRONCHÉTALᶜˡ

.i. Aed mac Ainmerech dorat .uii. cumala don Dull ar ainm do thabairt isin molad sa Coluim Chille 7 roiaithnestar² Aed don Dull commad druiniu cech cetal in cetal sa.

1100   FECHTA FOR NIA NEM

.i. in tan no regad in trenfer .i. Colum Cille quia fit. nia .i. trenfer ut dicitur

> Fidchell Cremthaind niaid Náir
> nis beir mac bec do leitáin.
1105
> leth a foirne d'ór buide
> a lleith aile d'indruine.
> Óenfer dia fairind namma
> no chrenad sech² lánamna.

NI ANDIL

1110   .i. nirbo nemdil la Dia hé acht robo dil.

NI SUAIL

.i. nír bec hé. ³ꞇ ni handil .i. niro indil³ 7 níro úaig ní bad suail.

NI SUAIG

1115   .i. niro sufuaig. |

14b   NI NIA NAD NUA FRI COTACH CONUAILL

.i. ni trénfer nach nua insó fri cotach .i. fri glinnigud chotaig Conaill .i. eter tuatha Conaill ar medon. ꞇ ic dénam a cotaig fri tuathaib ailib dianechtair ꞇ ni nua .i. 1120 nocon uil ocund in trenfer uages ní nua fri cotach Conaill 7 ní suaig tosach na ceille síc. ꞇ dano .i. ni fil

---

ᵃ .i. ro aithnestár [H]   ᵇ .i. combad ulliu [H]   ᶜ .i. combad druiniu a chetal [H]

---

¹ *mark of abbreviation more like an m-stroke.*   ² *sic.*   ³⁻³ *belonging to the previous gloss, out of place here and in Lib. Hym.*

ocund in trenfer athnuiges cotach Conaill. ni nia in
tosach *sic* fri cotach conuail .i. ic síth et*er* corp 7
anmain.

CLUIDSIUS BORB BEOLU BENNACHT BATAR IC TOÍ 1125
TOILRIG

.i. ro chloi béolu inna mborb bátar ic ardríg Toí cid
ed bad áil léo olc do rad conid bennachad dognítis ut
fuit lalam.¹

Ó DONIB DEIMTECHTA OC DEO DESSESTAR   1130
.i. o doinib ro dígbad ic Dia² tarrasar

AR ADBUD AR ÁNI ATRONNAI AR GART GLAN HÚA HI
CATHAIR CONUAIL

.i. ara ainmni 7 ara áini ro ernai gart ṅglan húa
Conuaill inna chatir Ⅼ huasom Codiáir moir do Laignib 1135
i lleth o mathair Ⅼ ar adbchlos ocus ar áini ro ernai in
gart glan 7 rⅬ. ar ní dénadsom sein ut faciunt hipoc*r*itae

HI CUDBUD CAINSRUITH SCEO MAGIST*ER* MUINTERE.

hicudbudᵃ .i. no*men* doloris .i. ingiuᵇ sechi robo
chain íarum in sruith cona toimled magne cona ragbad 1140
in galarᶜ sein hé. ocus da*no* robo maigist*er* muintere
immon cétna Ⅼ ingu sechi .i. is ifechtain³ ro thogmaing a
sechi hé ar immed a dan Ⅼ ic udbud .i. ic fethugud adbb
ic éirniud chest na canoni. Ⅼ ic ud*bud* .i. ic dibdud ṅgoa Ⅼ
ic udbud .i. ic foibadud .i. ic bádud cuirp Cr*ist* foa uil ic 1145
off*riund*. Ⅼ ainm do boith légind Ⅼ p*roprium* loci i Ceneol
Chonaill

FRI AṄGEL N-ACALLASTAR ATGAILL GRAMMATAIG G*R*EIC
.i. dogníd aingel d'accallaim ocus ro foglaind gram-
mataig am*al* Gr*e*cu Ⅼ no aicilled grammatacdu ocus 1150
Grécu. |⁴

ᵃ [*in marg.*] Ⅼ icud( )⁵ .i. ·ic fadb ( )⁵bad fad( )⁶ ( )⁶m̄ ba b( )⁵d ( )⁶
Col*um* Ċ*ille* [M]   ᵇ Ⅼ iṅg [M]   ᶜ .i. ingu eich [M]

¹ *sic, for* Balam.   ² MS. *more like* tna.   ³ isi f.. MS., *for* is infechtain.   ⁴ *breaks
off; a leaf lost here.*   ⁵ *illeg.*   ⁶ *letters cut away with outer margin.*

15a [1]ocus Col*um* C*ille* ł s*ic* frecurimsea ceill atamchomnaic
dirgitetaid mo Cr*ist* cumachtaig .i. immcomairge. Finit
am*en* finit.

1155   Col*um* C*ille* cec*in*it

      Dia ard airlethar
      aingel indrechta
      tabred dagb*er*ta
      for ar n-imtechta.[2]

1160   for ar n-imrimmend
      ar na*ch* n-elammar
      ar na*ch* omonar
      riasam ternamar.

      for ar [3]dianarlib
1165   Dia domm aidbresa
      Cr*ist* dom ditisea
      Dia dom airlesena[4]   Dia ard 7 rł. Finit amen.

      Colum cáid cumachtach
      a cléthib clithnimi
1170   **tairi domm imnádud**
        archaingel Héil.
      ar biastaib ilardaib
      imdubaib imthennaib
      ticed domm imdegail
1175   inhua Néil.

      Nert n-irsi firinni
      fín crothe cruthaige

---

[1] *acephalous, owing to loss of a leaf; cp. Rawl. B. 502.*   [2] *the opening stanza
written in half-uncials.*   [3] *sic, for* nd.   [4] *sic, for* airlisea.

Comdiu cloth cobtelach
  cluined mo gairm.
ar athchaib tennide   1180
ar intech n-anaichnid
admuniu móritge
  meic Ethne ainm.

Ar Comdiu cumachtach
ar cond slúag sochaide   1185
ar suí ar slánicid
  snadsium ar cel.
ar cend cáid comarli
ar commor moradbal
ar n-árad firinni   1190
  fíadat fri nem

Nertsom sund sírsáegul
sírchóemna m'anmasa
scéo colla
  céin bethir and.   1195
Colum ar thrócaire
co dora dom commairge
  fomm esgairm thall.

Tair dag tair sacarbaic
mo beolu bánchoibsen   1200
  sét ná bo rom.
ré domm anim
rop o lamaib Colaim
accoe a colain
  cen chloine cen chol.   1205
    Colum caid cumactac a cléthib

Scél Tuain m*eic* Cairill do Finnen¹ Maige Bile inso
sís

1210 IAR dudecht do Finnén Maige Bile cosin toscelu i tír
nÉrend i crich Ulad luid dochum laich saidbir and ꝶ
nís relic isin les cuci coro throiscet¹ ací fo domnach ꝶ
nirbu maith a chretem ind laich. Asbert Finnen fria
muinter.² doforficba fer maith rob dídnoba ꝶ innisfid dúib
senchas Hérend.

15b Iar sin dosfic sruith clérich | arna bárach matain moch
1216 feraid³ failti friu. Taít limsa dom disiurt ol se is dudchu
dúib lotar leis ꝶ dogniat ord in domnaig et*er* salmu ꝶ
p*r*ocept ꝶ offrend. Ro íarfaig Finnen a slonniud de asbert
friu de Ultaib damsa ol se. Tuan⁴ m*ac* Cairill mesi m*eic*
1220 Muredaig Munderc. Ro gabus for orbu m'athar a
ndis[ert sa⁵] Tuan⁴ m*ac* Stairn m*eic* Sera m*eic* brath*ar* do
Par*tholon* rob e mo lonnud tall ar thús. ro iarfaig Finnen
dé imtechta Herenn .i. aní forcoemnacair inti o amsir
Partholoin m*eic* Sera. ꝶ asbert Finnen ná airbértaís bith
1225 aici coro innised dóib senchasa Érend. Asbert Tuan⁶ fri
Finnen is ansu dún cen brethir Dé atchúadsu dun do
imrarud.⁷ Is cet duitsiu trá ol Finnen t'imthechta féin
ꝶ imthus na Hérend do innisin dún.

Cóic gabala ém ol se ro gab*ad* Hériu íar nilind ꝶ nís
1230 ragbad íar nilind coro chateá di blia*dain*⁸ .xii.⁹ ar .ccc.⁹
Is iar sein ro gab Partholon m*ac* Sera doluid for loṅgais
cethora lanamna fichet nírbo mór amainsi cáich dib fri
áraili trebsat Herind co mbátar cóic míli día sil and.
Dosánic dunebad et*er* da domnach co n-erblatar uli acht

¹ Fínen *Facs.* ² *sic.* ³ Ꝼ *Facs.*, *spot in* MS. ⁴ Tuam, MS. *with punctum
delens over the last stroke of* m. ⁵ *in ras. by* **H**. ⁶ n *corr. by erasure from* m.
⁷ *sic, for* imradud. ⁸ *added above line.* ⁹ *in ras.*

óenfér namma ar ní gnáth orgain cen scéola do ernam 1235
esi do innisin scél dara n-esi is mesi da*no* in fer sin ol
seseom

Bása iar*um* o dingnu do dingnu 7 o aill do aill
ocom imditin ar chonaib altaib na dí blia*dain* ar fichit
ro baí Heriu fás Dolluid crini chucumsa 7 sentath 7 ro ba 1240
i n-allaib 7 i ndithrubaib 7 forémed imtecht 7 no bitis
úama irdalta acum.

Ros gab íarum Nemed m*ac* Agnom*ain* bráthair athair
damsa 7 atachimsea a hallaib 7 basa fora imcabáil 7 me
mongach ingnech crín líath nocht trog imnedach. Basa 1245
aidchi and iarum im chotlud co n-aca mo dul i richt oiss
allaid. Bása i suidiu 7 me óc 7 ba maith lim mo
menma | ¹Ɍiss and sin ro radi*u*sa na bríat*r*a sa sis.   **16a**

> Amnirt indiu m*ac* Senbath   1249-50
> ar ro scarad re thendrath
> ni fó degblad co nirt núa
> atá m*ac* Senbath senrúa
>
> Na fir sea thecait anair
> cona rennaib ruamnait gail   1255
> nim thá lúd hi cois ɫ i llaim
> do thecht fora n-imgabáil.
>
> Stari*n* is tairbech in fer
> atagur Scemel scíathgel
> nimm ain Andind cia dagind   1260
> mad hé Béoin nis n-agsind
>
> Cía rom ácbad Beothach béo
> Cach*er* is garb a garbgléo
> Britan doni da gáib gus
> ata fraech ferci ar F*er*gus   1265
>
> Atát chuc*um* a comdi cain
> cland Nemid m*ei*c Agnom*ain*
> trén atat for ti m͏̃ola
> do chosnam mo chetgona

---

¹ *This page has been entirely re-written in* ras. *by* **H** ; *membrane perforated in places.*

1270
Ro córaigit dam trém chend
da beind for tri fichtib rend
co filim garbliath i rricht
ar cáemchlód aísi a hamnirt .a.

Basa thoisechsa do almaib Her*end* iar sudiu o ro bá i rricht sétha. 7
1275 boí *a*lma mor do ossaib alta imm*um* cach conair no thegind. Dor*um*-
altsa iarom m'amsir amlaid sin fri hamsir Nemid 7 fri amsir a claindi.
In tan iarom tánic Nemed doch*um* na Her*end* a m*u*rchoblach
cetheora barca .xxx. a lín 7 tricha in cech báirc conos rala in muir for
sechran fri ré bliad*na* co lleith for muir Chaisp. 7 ro bateá iar sin 7
1280 atbathatár di gortai 7 d'ítaid acht cetheora lanamna namma im
Nemed. Ro forbair a sils*om* iar sin 7 ro chlannaigestár³ co rrabatár
cethri míli ar trichait lanamna and. Atbathatars*ide* da*no* uli.

Dolluid iarom crí*ni* 7 sentatu formsa 7 basa for teched re ndainib
7 conaib alta. Bása fechtas and i ndorus m'úama c*um*an lim beus 7
1285 rofetar techt asin richt i n-araili. Ludsa iarom i ndeilb thuirc allaid
iss and asbertsa

Glasreng*ª* me indiu et*er* cuanaib
am tríath tren co robuadaib
domrat i ndubi ndecair
1290 rí na nuli i n-ilrechtaib

Matan ro basa oc Dún Bré
oc comrac fri senṡruthe
ba cáem mo churi dar lind
lenad ócbad aibind sind

1295 Mo churi robtar dathi
et*er* fiannaib i n-aithi¹
fogertis mo gai ma sech
for ocaib Fáil for cech leth.

In tan no bimmís n-ar dáil²
1300 oc cocert breth Partholain
ba bind fri cách na canaind
ba síat briat*ra* firthadaill

Ba bind mo chocert áni
et*er* andrib co n-álli
1305 ba segda mo charpat cáem
ba bind mo dord dar dubráen

ª .i. torc [H]

¹ ait*h*bi *MS. with punctum delens over* b.   ² *sic, for* ndáil.   ³ ..istár *Facs.*

Ba lúath mo chéim cen fordul
hi cathaib oc imforcum
ba cáem mo drech ro boí la
indiu cíarsam glasrengsa. gł.   1310

Bása ém for se hi sudiu isin delb sin 7 mé óoc 7 ba maith lim mo
menma 7 bamsa rurech do thretaib torc Herend 7 doimchellaind mo
du|rais beus in tan ticind hisin crich sea Ulad i¹ n-amsir mo chrini 7 **16b**
mo throgi. ar is i n-oenmagin no² claemcloindsea na delba sin uli is
airi sin no thathigindsea in n-inad sin beus do idnaidi ind athnugthi. 1315

Gabais Semion *ma*c Staríath in n-insi sea iar sin. is dibs*id*e Fir
Domnand 7 Fir Bolc 7 Galiúin. 7 ro trebsats*id*e in n-insi sea fri ré.

Dolluid crini 7 sentatu formsa iar sin 7 ba torsech lim mo menma
7 forfémmedus cach rét no gniind remi do dénam. acht basa i
n-uamannaib dorchaib 7 i n-allaib díamraib m'oenur.   1320

Ludsa iar sin dom durais dilis do g*ré*s. Cuman lim cach richt i
rraba ríam. Ro aínius mo thredan am*al* dogniind do g*ré*s. nim baí
cumang cena. Ludsa iar sin i ndeilb segi mori .i. murrech adbul.
Maith lim ón da*no* mo menma. Ba fortail mé for cach rét. Ba siratech
imtholtanach da*no* no luind dar Erind no findaind³ cach ret is and 1325
atbertsa.

Séig indiu glasreng indé
ingnad alaig utmaille
ansu lim ar ca*ch* ló de
Día in cara rom c*ru*thaige⁴   1330

Is sochaidi cland N*em*id
ca*n* réir ruirech rigdemin
úathad indiu sil Sera
ni fetar cid fot*er*a

Et*er* tretaib torc ro bá   1335
cía tú indiu et*er* énelta
rofetarsa 'na mbia de
bíatsa beus i rricht aile

Ingnad ro ordaig Dia dil
mesi 7 clanna Nemid   1340
siats*om* ac reir demain dé
mesi is Dia mo chomarse. seig

Gabais Béothach *ma*c Iardonel Fatha in n-insi sea forsna cen*el*a
ro bátar inti. is dibs*id*e Tuatha Dee 7 Ande dona fes bunadas lasin

---

¹ ï *very faint, om. Facs.*   ² no *barely legible, on fracture ;* do *Facs.*   ³ ro ł..
Facs.   ⁴ gh *Facs.*

1345 n-aes n-éolais acht ba dóich leó ba din longais dodechaid[1] de nim
dóib. ara n-engnaiɡi 7 ar febas a n-eolais. Basa tra amsera móra i
ndeilb in tsega sin co tormaltus na cenela sin uli ro gabsat tír nErend.
    Gabsat dano meic Miled in n-insi seo for Túaith Dé Danand ar
écin. Dollodsa[2] dano andside i ndeilb inna séga sin i rraba[3] co mba
1350 hi cús craind for sruth. Ro aínius nómaid andside 7 ro thuit cotlud
form. 7 lodsa i rricht iaich[a] aba andaide. Domchuritar Dia isin
n-abaind iar sin co mba inti. Maith lim ón dano 7 basa setrech
saithech 7 bá maith mo snám 7 no elaind as gach gabud 7 as cach[4]
airrceis .i. a llamaib línaige 7 a crobaib ségae. 7 o gaib iascaig co
1355 filet a crechta in( )⁵] |

ᵃ .i. br tán [H]   [*leg.* bratán]

¹ ..chaid*h Facs.*   ² *second* o *indistinct ;* Do ba *Facs.*   ³ irrabas *Facs.*
⁴ gach *Facs.*   ⁵ *a couple of letters illegible,* in *very faint ;* indum, *Laud.*
Breaks off, chasm in MS ere.

17a¹⁻³⁸]　　　[DÁ BRÓN FLATHA NIME]¹

²Héle co mbí fo chrund bethad hi pardus 7 soscela ina laim do **17a**
ph*r*ecept dona hénaib út. Dotháegat iarom ind eóin co mbít oc
ithe cháer in chraind. Cáera móra da*no* si*n* at milsiu cach mil
7 at mesco cach fín. Biit íarom oc ithe na cáer. Oslaicid iarom
Éli iar sin in soscéla. Laside doimmaircet ind eóin a n-ette 1360
fríu 7 a cossa can scibud ette ná cosse co tairic in praicept.
Laithe m̃brátha da*no* iss *ed* pridchas dóib .i. a ndoberar do
thodérnamaib for anmannaib duíne día brátha .i. na cethri
srotha im Slíab Sión ic loscod na n-anmand na ndeich míle
blí*ad*na 7 deich cét mbliad*na* in cach míle. Fota in gábud sin 1365
da*no* do neoch ocá mbíat pecda. Is maith do neoch ocá mbía
degáirliud cid isind ló sin nammá. Cen co beth and acht sein.
bá méte ná cotlad nech oca imrádud céin no beth ina bethu.
Céinmothá titacht Cr*ist* co noe ngrádaib nime. 7 feraib tal*man*
do neoch ro génair 7 geinfes co bráth 7 muint*er* iffirnd. Is 1370
amlaid da*no* dorróega chucu intí Isu Cr*ist* 7 a croch derg fria ais
do dígail forro a crochtha ara tuidecht día tesorcain ar gin
Díabuil. Is adbol iarom in slúag bías.³ Iss i fíadnaise dī in tslúaig
doasfénpha cách a gnímu et*er* maith 7 saich. Cách ar úair ón
do thaisfénad ⁴a n-athcho*mairc*⁴ a n-atchonnarcatár a súile 1375
7 i n-atrubratár a mbeóil 7 a tenga 7 á ndorónsat a láma 7
ani mándechatár a cossa. Cr*ist* m*a*c Dé 7 aingil nime 7 fir
thal*man* 7 fir iffrind ic coistecht fris dóib uile coro láis in
tasfénad sin do dénam. A demon comaitechta oc taithmet dó
cach uilc dorigne ar no bíds*id*e fora láim chlíseom do g*ré*s oca 1380
forcomét. A aingel comaitechta da*no* fora láim deis oc taithmet
dó a ndorigne do maith.

O tháiric dó sin uile. Fégaid sein a brithemnu ar Cr*ist* cia
de as tr*um*mu a maith andá a olc ind fir sea.⁵ Éirged iarom i
n-óentaid aingel or Cr*ist*. Dothaegat ind aingil ara cind a 1385

---

¹ *sic LL, 280a. The title and opening sentences of this tract are wanting,
owing to a chasm in the MS. Hand M begins here.* ² *supply* Téit dī *LL.*
³ *sic, supply* and, *LL. etc.* ⁴⁻⁴ *dittogr., om.* LL. *etc.* ⁵ *sic, supply* Is trummu
a maith, LL *etc., omitted here through homoioteleuton.*

lláma fóena. Fo chen duit ar cach cucumsa doraga or araile. Is
comthrom a maith 7 a holc dano ind fir seo. Lenne a leth
deside ar Diabul. Ni etarscérthar ind anim (   )¹ ar² is
17b tressiu mo chumachtasa ragaid | limsa. Is trummu dano a olc
1390 ind fir sea. Eirged deside lá olc cosin mui[n]tir³ doréga⁴.
Dothíagat demna ara chind 7 ferait mífáelti fris. In tan im̄
ro scáig in t-etergleód sa síl Ádaim. is and atbera Críst techt la
Díabul cona daescorslúag do neoch dodraega 7 ro laí ina muin-
teras i n-ifternd cen nach forcend. Atreset iar sin 7 dobérat a
1395 n-óengáir essib occá tarraing do Diabul lais i n-iffern.

It é dano teóra gáire in domain .i. in gáir dorigset túath Dé
ocá timarcon don⁴ hEgeptacdaib la Foraind ri Muir Romair. día
mmarbad 7 día ndilgend 7 do thabairt a mmac 7 a n-ingen
i ndaíre co bráth acht manis tesorced Dia. Ocus gáir fer
1400 n-iffirnd 7 anmand síl Ádaim do neoch atrubalt díb ría crochad
Críst .i. dosfuc ar ulc ri Díabul condas fil i n-erbothaib flatha
nime. In gáir dī ro láeset na hanmand iar n-imtholtain tuidechta
ó Díabul 7 gáir fer n-iffirnd ina ndíaid. In tres gáir .i. gáir na
n-anmand do neoch atroille ififernd díb icá sroínud ind do
1405 bithaitreb pene 7 rége cen nach crich etir.

In muinter im̄ doróega Dia ragaitside dochum na flatha
suthaine la Críst mac nDé co mbíat and sin tria bithu sír eter
airbrib árchaingel.

Erbada tra lathe brátha iss ed pridchas Héle amal ro ráidsem
1410 acht is bec di mór chena aní sin.

Amal dúnas iarom in clérech a lebor doberat ind eóin a
ngáir essib 7 túargit a n-ette ria tóebaib co táegat a srotha fola
essib ar ómon lathe brátha.

In tÉle iarom 7 in tEnóc asberar sund ernaiditside ar cind a
1415 mmarbtha 7 a mmartra do chomailliud fástine in Chomded
atrubairt tria gin ind fátha. Quis est homo qui uiuit 7 non
18a uidébit mortem .i. Cia ro blais | bethaib⁵ na blasfe bás. Dotháe-
gatsom iarom ar cind Áncríst fri dered domain conid leisidé
claidbebtair .i. Díabul i rricht duine intí Áncríst amal bid do
1420 tabairt cretme isin domon dotháet. epscop dogní fría ingin día
haine hé. Iss ed atberar na derna Críst hi talam mírbail na ding-
neseo[m]⁶ acht mairb do dúscud. Acht chena bid lánsum ó etrud

---

¹ lost in a rent, read ol Críst.   ² only a portion of a (digraph ar ?) legible
³ n-stroke om.   ⁴ sic.   ⁵ sic, read bethaid.   ⁶ m-stroke om.

7 ó anbírinne **[**Tri bliadna .xxx.[1]**]** co lleith dano a áessom amal
rob ed áes Crist. Sood a pólaire ina etun iss é comartha bías fair.
Cach óen na cretfe dó claidbebtair laisseom. ar iss ed atbeirseom 1425
conid hé féin mac Dé 7 conid hé ro thirchansatar fádi. Conid
hé Míchél dotháet do nemdaib dia fordinge 7 conid hé gebes
claideb dó. Conidat é íarom dá brón flatha nime. Héle 7 Enóc
ina corpaib críad eter ainglib nime co táegat ar cind Ancrist.[2] ∼

---

[1] *in ras. by* **H.** Tri bl *projecting into margin.*   [2] *Remainder of column and
page left blank.*

G

[MESCA ULAD][1] [19a¹–19b¹]

19a dianda tairle mo lorgsa mairfidus Is messe ol Triscoth.
1431 Nách fer díb donecuchussa co handíaraid atbélat a beóil.
Is messe ol Reordae drúth. Is messe ol Nia natrebuin chró.
Is messe ol Daeltenga. nechtar n-átharni nod ra ol Dub 7
Rodub. Cotréracht cach fer díarailiu imbi. Nacha foglúesed
1435 ani sin ol Sencha. Fer dongegat Ul*aid* cinip é gaiscedach
bas dech bes and. is é nod raga. Cía uanni son ol Ul*aid*.
Cu Ch*u*la*ind* ucut cenip se gais*cedach* bas dech and is hé nod
raga. Frisnerachtatar[2] iarom isin les 7 Cu Ch*u*la*ind* remib.
Inn é in genid seo as dech gais*ced* la hUltu ol Fintan. La
1440 sodain lingid Cu Ch*u*la*ind* i n-ardai co mboí for tulchinniu ind
lis. 7 *forr*óebling a gais*ced* forsind aurdrochut con torchartár dia
n-ailchengaib in gais*ced* ro bátár isin dún. Ructa iarom hi tech
ndarach cúachlete 7 comla ibair aire i mbatár tri fertraigid dia
tiget. 7 da drolam íaraind esse. 7 indb*er* íarind arin dá drolam
1445 sin. Ro herrad a tech di cholctib 7 brothrachaib. Dobert Crom
Deroil a ngaisceda inna ndíaid. 7 sudigthi. 7 arrocabar gais*ced*
Con Cul*aind* úasaib. Tessaigid indlat dóib ol Ailill. 7 dob*e*rt
coirm 7 bíad doib comtar mesca. Dodasathiged Crom Deróil
béos dús i mbuí ní bad áil dóib. Ó raptar mesca benais Sen*cha*
1450 bascrand. *con*túasiset fris uli. Tabraid tra *for* mbennachtain
forsin flaith donfáncid iségonnae[3] ro both frib. ní lám i ṅgort
ṁbocht is imda coirm 7 bíad dúib lasin fláith dona*n*g*id* nírbu
écen a rád fri urgnam. Is fir són ol Dóeltenga. Tong*u*sa a
toinges mo thúath nád*con* ricfaid far tír co bráth. acht a mbertae
1455 eóin úaib inna crobaib acht fir Herend 7 Alban do aitrib *for* tíre
7 do breith *for* mban 7 *for* set 7 do brisiud cend *for* m*a*c fri
clocha. is de asbreth Fergus for Tána inso

> Léic ass Dubtach nDoeltengad
> ar cul in tslúaig no srengaid |
> **19b**   nocon dergeni nach maith
> 1461   ro geogain in n-ingenraith.

Ferais echt ndochlae ndobail
guin Fiachaig meic Concobair
nibu amru ro cloth dó
guin Mani meic Fédelmtheó   1465
Rigi nUlad ni chosnai
mac Lugdach meic Casrubai
iss ed dogní fri doini
annad ruba contṡuidi.

Ni gó aní sin trá ol Dubthach décidsi a tech dia daingni 7 a 1470
ndúnad fil ara tech. Nach facthi cid áil dúib dul ass níp thá
cumac dó. Is mebol damsa indosso mani fuil imorbága imar
tobairt immuich. acht nammá in láech ucut as dech gaisced
la hUltu rofestar fis scél úadib.

Cotrosci Cú Chulaind 7 ró lá [cor n-iach n-erred]¹ de i 1475
n-ar[da co ruc]² a chléthe n-óchtarach din tig co mboí for cléthiu
in tigi aile co n-accae in slóg sís úad. Doralsat óenclár catha
foraib día tobairt. Dobert Ailill a druim frisin comlaid día
n-anacol. Gabsit a secht meic a láim on dorus.³ Dommemaid in
slóg for lár ind lis. Tolluid Cu Chulaind coa muintir 7 dobert a 1480
luie⁴ frisin comlai co lluid a chos trethe co rice a glún. Mád do
ben doléced ol Dóeltenga no biad ina lligu. Tobert Cu Chulaind
a lue afridisi co mboí a n-imdorus isin tenlug fó. Fresdiadam
ol Sencha. iss ed bias and olso Cu Chulaind. Cach n-ada as ada
do ócaib oc comruc bíd ocaib. tofil fair⁵ celiu chucaib sund. 1485
Cate far n-arle²⁶ ol Sencha. tocraid for ndrommand fri fraigid uli
7 bíd a gaisced ar bélaib cáich 7 erbaid óenfer dá n-acallaim.
Mád trummi turcbáil a ndubí fochartaid a tech díb. Cia
atagegalldathar⁶ ol Sencha. Atagegallarsa ol Triscoth. Nách
fer díb donécucussa atbélat a beóil. Batár a chéli oc airli a 1490
n-airle⁶ immuich.

Ceist cia atageglathar 7 cetnaraga cucu isa tech ol ind óic
ammuich. Ragatsa ol Lopán. Luid iarom Lopan isa tech cucu
nonbor dó. In laích sin a láechu ol se. iss ed ar in laích. In fer
co cind a chéli ol Driscoth. Fír fír. Driscoth sund | oc erlabrai 20a
Ulad ni fuil aurlabrai mathi leo chenae. Danéci Triscoth co 1496
andiaraid co tarla a di bond bána fair.

ᵃ.i. for comarli [H]   ᵇ.i. acaillḟes⁷ [H]   ᶜ.i. oc denam a comairli [H]

¹ *Written by* **H** *in ras.*   ² *by* **H**, da co *in marg.*, ruc *in ras.* cor ruc *Facs.*
³ o *in ras.*   ⁴ i *subscr.*   ⁵ *sic, the* air *compendium,* i *looks recent.*   ⁶ *the* ar
compendium.   ⁷ *sic,* ẝ, ? *stain.*

Tolluid iar*om* Fer Caille isa tech no*n*bor. In láí*n*¹ sin a
laech*u* ol se. iss *ed* a n-imláin in fer co cind a cheli ol Drisc*oth*.
1500 Daneci Drisc*oth* co andiaraid co tarla a da bond bána fair.
Tolluid iarom Mianach Anaidgned isa tech no*n*bur. It bana
linni ind o**[**²thair file*t* forsin² lar³**]** ol se. Daneci Drisc*oth*.
Domfecise ol se dús in n-ebél de. Gabais a cheli a chois foí 7
immambert forsna tri nó*n*boraib ro bátár isin tig iarom conná
1505 dechaid nach háe i mbethu ass et*er* sudiu.
Congair iarom in sló*g* ammuich immá tech dia gabáil for
Ulto. Ro láiset íarom Ul*aid* a tech tara cend co torchratar tri
chét fón tig din tsló*g* ro buí friss anechtair. Dlútai in cath
dialailiu. Batár iarom i n-imnisiu in chatha co medón laí ara
1510 bárách. Ro gab maidm for Ul*tu* ar abu ar bati⁴ úati.
Buí Ailill for sosad in dúine oca ndéscin. Roptar scéla
innisen damsa scela Ul*ad* cosindiu. Atchúas dam ni bátár i
nHére óic a c*um*ma dóib co n-accu ní dénat acht mebáil indiu.
Is cían o as fásach ni gebth*ar* cath cen ríg. Mád imomsa i͞m
1515 dobertha in cath níbád chían folilastae. atchíd nim thása c*um*ac
dóib is díguinᵃ domgonar imáib.
La sodain ro lá Cu Ch*ul*aind bedg de tresin mbudin 7
fordarubai fó thrí. Fordarubai da*no* Furbaidi Fer Bend
m*a*c Conchob*air* imma cuaird. ni gointis a cheli ara lechetᵇ
1520 leo. Cid na gonair ol alaile dib in ségond sa. Ní mellach
acaíne dogní. Tongussa a tongas **[**mo thúath⁵**]** cid cend óir
no beth fair na ngénaind seo oc guin mo bráthar. benaid
si*d*e sleg n-ind 7 adbaill de. Mutti iarom in cath for Érnu
7 ní ernaí acht trian díb ass. Orgit Ul*aid* iar sin a ndún
1525 n-uli. 7 aingit Ailill 7 a secht maccu ar nad bátar hi cath friu |
20b O sin tra nír threbad Temair Lochra.
Atdluí Crumthand Niath Nair ass. di Érnaib. Co*n*tric fri
Richis mbanchainti tíar oc Lemain. mumme do Cr*um*thand in
ben. In farcbad mo m*a*csa ol si. Forrácbad ol Cr*um*thand.
1530 Tair limsa ol si co ndérais.ᶜ cisi dígal ol Cr*um*thand. Co rubae
Coin Cul*aind* tara esi ol si. Cinnas dogéntar son ol éseom. Ni
handsa. ma rut bet dí láim dó níbat **[**écen**]**³ nách n-aill chena ár
fogéba i n-ascid.
Lotar dī i ndíaid in tslúaig co farnactár Coin Cul*aind* for áth

---

ᵃ .i. sarugud [H]   ᵇ .i. ara chaimi [H]   ᶜ .i. coro digla [H]

¹ n-*stroke converted to* m-*stroke by retracer.*   ²⁻² H, *in marg.*   ³ H, *in ras.*
MS. *originally* ind othair ol se.   ⁴ *sic, for* batir.   ⁵ *added above line,* **H.**

ara cind hi crích Úathne.   Tiscaid Riches a hetach di fíad 1535
Choin Ch*u*la*i*n*d*.   Muchais Cu Ch*u*la*i*n*d* a étan fri lár arnácha
ndercachad a hernochta.   Tofairthe hifechtso a Chrumthaind ol
Rich*es*. dofuil in fer chucut or Lóeg.   Naté ém ol Cu Ch*u*la*i*n*d*
céin bes in b*en* in cruth ucut nís n-érussa.   Gabais Lóeg cloich
asin charput 7 dibaircid di conda ecmaic tara lutain[1] co mmemaid 1540
a druim i ndé. 7 combo marb de iarom.   Cotréracht iar sin
Cu Ch*u*la*i*n*d* ar cend Crumtaind 7 fich fris co tuc a chend lais 7
a fodb.

Dollotár iarom i ndegaid in tslúaig co mbatár oc dún
Con Cul*ai*n*d* co feotár and i*n*sind aidchi sein.   Bátár iarom for 1545
foirriuth co cend cethrachat aidche forind óenfeis la Coin Cul*ai*n*d*.
7 tíagait úad iar tain 7 fácbait bennachtain leiss.

Tánic da*no* Ailill anes fri hUltu co mbuí for célidi occo.
Dobreth comlethet a enech di or 7 arg*ut* do Ailill 7 secht
c*um*ala cach m*ei*c día maccaib.   Dolluid iarom Ail*i*l doch*um* a 1550
thíri fó chori 7 óentaid fri Ultu.   Boí iarom Conchob*ar* iar sin
cen coscrad a rígi immi céin buí i mbíu .◡.◡.◡

---

[1] *mark of aspiration over* ᚈ *imperfectly erased.*

Táin bó Dartada inso sís

1555 Boí Eocho Bec m*a*c Corpri rí Clíach i nDún Cuille.ᵃ Batar cethraca dalta lais di maccaib ríg 7 rurech na mMuman. Boí cethraca lulgach oca fria mbíathad na m*a*c. Téit t*e*chta o Ailill 7 Meidb a doch*um* co ndigs*ed* | ¹

ᵃ .i. i nHuib Cúanach indossa [M]

---

¹ *end of page, remainder wanting, owing to loss of a leaf.*

21a¹] [TÁIN BÓ FLIDAIS]

¹Cid dofuci or Ail*ill* Find. coro ḟaeem celidi latsu ḟair*m* ár atá **21a**
debuid dún fri Ail*ill* m*a*c Mágach. Mád nech dit muintir seo
no ragad for debaid no anfad limsa co roísced a síd. Ni anfa **1560**
om or Ail*ill* Find atfíadar dam rot chara mo b*en*. Tabar ascid
dún dī di búaib or Fergus ár atá ecen mor fornd tochsaígid in
tslúaig dolluid lind for loṅgais. Ni béraso ascid úaimsea for se
úair nách anaí célidi lim. Atbéra nech is ar anacol mo mná
lim dobéraind deit an conaigi. Dobér dam co tinniu dúib dia **1565**
furriuth masa adlaic lib chena.

Ni chathiubsa do b[íadso]² iṁ for Fergus úair nach berim
th'ascid. Asind lis dúib dī or Ail*ill.* Rot bia són or Fergus ni
gebthar forbaes fort linni. Toc*um*lát ass immach. Tairced fer
ar mo chendsa i n-áth fo chétóir i ndorus ind lis. or Fergus. ni **1570**
herfaid*er* dom incaibse ón sibsi imme sin or Ail*ill.* Totháetside
i n-ath ara cend. Cia [uaind ól Fer*gus*]³ a Dubth[aig ragas ar
cend]³ ind fir. Ragatsa or Dub*thach* a*m* so 7 am anáithiu atáesiu.
Téit Dubthach ara chend. Benaid Dubthach sleg trit[a] co
ndechaid tríaa da ṡliasait. Toleiciseom gai do Dub*thach* co **1575**
mbert crand trít a lleth n-aill. Focherd Fergus scíath tar
Dubthach b*en*idsom hi scíath Fergusa co mbert crand trít
fodesin.

Tautat Fergus. Tob*eir* Fergus m*a*c Óenláimi scíath
airiside. B*en*aid Ail*ill* gai hi suide co lluid trít. Focheird **1580**
co mbuí ina ligu fora chélib. Tautat Flidais asin dún 7
focheird a brat tairsiu a tríur. Muitti iarom do muint*ir*
Fergusa for teched. Téit Ail*ill* inna ndíaid. Fácabar
.xx. láech lais díb. Atluí morfesser díb do Cruachnaib |

---

[a] .i. tria Ailill [H]

---

¹ *Title supplied fi om Book of Leinster* (247a). *The opening lines are wanting,*
a leaf being lost here. ² iadso *pale, in ras., a subscr.,* ? **H.** ³ *in ras., pale*
by **H.**

21b¹⁸ [Aí 7 adfíadat a² sscél n-uli hi sudiu and sin do Ail*ill* 7 do Meidb.
1585 Coterig iarom Ailill 7 Medb 7 mathi Con*acht* 7 in loinges Ulad
olchenae. Adcosnat hi crich Ciarraigi Aí cona mbudnib co Áth Féne.
Rofuctha colléic la Flidais isin les ind fir athgoiti 7 dognith a frebaid
lea. Tecait iarom in tslúaig dond lis.

1590   Congairth*er* Ail*ill* Find do Aili*n*d³ m*a*c Mata immach assind lis dia
acallaim. ni ragsa or se is mór a uallchas 7 a sotlacht ind fir fil and.
Ba do chocur chóre cena boí Ail*ill* m*a*c Mata do Ailill Find 7 do
frebaid Fergusa do am*a*l bad techta 7 do⁴ chórai friss iar sin do réir
tigernad Con*acht*. Bretha iarom ind óic athgoiti⁵ for fúataib immach
1595 assin dunad co mbátar oca n-othor lía muintir fessin. Nos fobret
iarom ind óic for togail in duni 7 niro fetsat nách ni dó⁶. fri sechtmain
láin dóib fón n-innas sin. Dorrochratar secht fichit láech di mathib
Connacht oc togail⁷ a duine for Ail*ill* Find.

    Nírbo sé*n* maith dolodbair ol Bricriu do saigid in duni seo. Adde
1600 is fir ci atberthar son or Ail*ill* m*a*c Mat*a*. Olc do inchaib Ul*ad* in
fechtas so na tri⁸ eclai*n*d do thutim dib 7 nad tabrat dígail fair. Ba
háge immairic cach fer díb seo. nícon torchair cid óenfer lais nách ai
díb. It móra ám na tri córaid seo do bith fo sopaib fer in duni seo.
Mor in cutbiud in t-óenfer do far nguin *for* tríur. Uch cena for Bricriu
1605 is fota a chubat for lár mo phoba Ferguis ce ro trascair óenfer.
La sodain atregat anchinnidi Ulad 7 siat lomnochta. 7 doberat fobairt
trén tolchar co feirg 7 londnus dermar co rrucsat an n-imdorus inna
cind co mboí for medon ind lis 7 tíagait Con*achta* léo immalle.
Dofecat a ndun ar ecin imna láthu gaili batár and. Dofecair cath
1610 amnas étrócar etorro 7 nos gaib cách díb for sraigled 7 esorcon a
cheli. Íar scis imgona 7 imforráin iarom dóib srainter for lucht in
dúnaid. 7 arselgat Ul*aid* secht .c. láech and isin dunud im Ailill Find
7 im thrícho m*a*c dia maccaib. 7 im Amalgaid 7 im Núado. 7 im
Fíachaig Muinmetháin. 7 im Chorp*re* Chrom. 7 im Ailill mBrephne. 7
1615 im thrí Oengusa Bodbgnai. 7 im thri Echthigiu Irruis. 7 im secht

---

ᵃ *marg. inf.* Bricne cecinit   Ailid Ailill amra triath/ gadaim tre ech⁹ asa
íath./ domorched cul comlúth m*a*rc/ as ferr sagod ro ort íath./ Cóeca colg foch*er*d
a dún/¹⁰ 7 fúan dian funchi rún./ calb Domnand fotaili fí/ i*n* r( )¹¹ cos tudch*a*mar
múr./ Ailed m*a*c Domnaill Dail/imp*er* Irruis¹² Do( )¹³ baig./ in saeglond doc*er*
mo losc/ in rosc fri irgala a( )l .¹⁴ **H**

¹ This column and its verso (22a), *in ras.* **H**, is attached to col. a, from which it
had been cut off. It contains 42 lines against 34 of col. a. A blank space has been
left indenting ll. 40–42. Along the lower margin **H** has written the above stanzas,
partly illegible, and now out of alignment.   ² o *Facs.*   ³ *sic, influenced by* Find.
⁴ dō *Facs., mark over* o *a stain.*   ⁵ agoiti *Facs.*   ⁶ dóo *Facs.*   ⁷ l *corr. from* b.
⁸ nat*h Facs.*   ⁹ thech *Facs.*   ¹⁰ 7ū *Facs. for* a dún.   ¹¹ *illeg., read* ríg.
¹² irraid *Facs.*   ¹³ *read* Domnand.   ¹⁴ a *barely legible, read* ail.

mBresléniu Aí 7 im coícait nDomnall. Ar bátár tinoltai na Gamanraidi
oc Ailill 7 cach óen do Domnandchaib ro tinc báig leis batar oca | i **22a**
n-oenmaigin fo bíthin rofitir conos tairsed longas Ulad 7 Ailill 7
Medb cona socraiti d'íarraid Fergusa. ar ba fora foesam boi Fergus.
Ba si sin in tres láechaicmi Herend .i. in Gamanrad a Hirrus Domnand. 1620
7 cland Dédad hi Temair Lóchra. 7 clanna Rudraige i nEmain Macha.
La claind Rudraige im ro dibdait in da aicme aili. Conderget trá
Ulaid co tegluch Medba 7 Ailella leo 7 oirgset a ndún. 7 toberat
Flidais leo assin dun. 7 toberat bancuri in duni hi forcomol. 7 doberat
leo iar sin do neoch do sétaib 7 maínib baí and. eter ór 7 airget 7 1625
curnu 7 copana 7 baíglēnna 7 ena 7 dabcha. 7 doberat a mbaí
d'etaigib cach datha and. 7 toberat a mbaí di cethrib and .i. c. lulgach.
7 da .xx. ar .c. do damaib. 7 tricho cet di mincethri olchenae.

Is de sin luid Flidais co Fergus mac Róich a comarli Ailella 7
Medba fo dáig combad furtacht dóib ocon Tána na mbó a Cualngi. 1630
Is de sin no geibed Flidais cach sechtmad láa di feraib Herend do
bóthorud dia thoscid ocon Táin. Ba sé sin búar Flidais. Is de sin
luid Flidais la Fergus dochom a chríchi bunaid co ngab rígi blogi do
Ultaib .i. Mag Murthemni cosinni baí i lláim Con Culaind meic
Sualtaim. Ba marb iarom Flidais iar tain oc Traig Bali. 7 nibá ferdi 1635
trebad Fergusa ón. Ar ba sisi no frithailed Fergus im cach tincur bá
hadlaic do. Is and atbath Fergus iar tain hi crích Connacht iar
n-écaib a mná .i. iar tíchtain dó do fis scel co Ailill 7 Meidb. ar do
irgartigud a menman 7 do breith táircthe cruid o Ailill 7 o Meidb.
luidi síar co Cruachain. conid tíar dind fecht sin fúair a bás tria ét¹ 1640
Ailella. conid Táin bó Flidais a scél sin anuas.⁓]

---

¹ sic.   ² taet *Facs.*

[Immram curaig¹ Mail Dúin inso. tri blia*dna* 7 uii. mis iss *ed* boí for merogod issind ócian.

BAí fer amra di Eoganacht Ninussaª .i. Ailill Ochair Ága a ainm.
1645 Trénmílid s*id*e 7 láechthigerna a thúathi 7 a ceneóil féin.
M*a*ccaillech banairchinnech cilli caillech ro chomraicseom f*r*iía. Baí
m*a*c sainemail etorro díb línaib. i. Mael Duin m*a*c Ailella esside. Iss e
cruth ²iarsa luid a chompertsom 7 a gein Maili Dúin. fechtas dolluid rí
Eóganachta for tiri hi crích 7 hi cendathaig n-aile 7 Ailill Ochair
22b³Agai] | ina chóemtecht. scorsit 7 gabsit dúnad hi sleib and.
1651 Boí cell chaillech hi comfocus don tsleib sin. Medón
aidchi iarom o ro an cách do imtecht is dúnud luid Ailill
don chill. Is é tráth són dodeochaid in chaillech do béim
chluic do íarmérgi. Gabais Ailill a láim 7 dostascar 7 dogéni
1655 a coblige. Asbert in banscál fris ní segda ar cor ol si
amser chomperta damsa inso ol si. Can do chenel 7 cia
th'ainm ol si. Asbert in láech Ailill Ochir Ága mo ainmse
ol se di Eóganacht Ninussa.ᵇ Luid iarom in rí día chrích
iar n-inriud 7 giallai dó. 7 Ailill da*no* lais. Gair íar ríchtain do Ailill
1660 día thúaith na n-ortatár dibercaig lóingse. Loscit Dubclúain
fair.
Tofuisim a mbanscál m*a*c cind .ix. mís 7 dobert ainm fair
Máel Dúin es*id*e. Bretha in m*a*c iar sin fó chlith cúa bancharait
.i. co rígain ind ríg. 7 altsom la sudi 7 asbert bá sí a máthair.
1665 Rod n-alt iarom óenmumme éseom 7 tri m*ei*c ind ríg i n-óenchliab
7 for áenchích 7 for áenchúd. Alaind dī a delbsom 7 is infech-
tain má ro boí hi colaind nech bed chomalaind dó.
Asais iarom combu óclách combu thúalaing airb*ir*t gascid.
Bá mór da*no* a áine 7 a uallchas 7 a chluichechaire. Bá forggaine
1670 for cách a cluiche et*er* imarchor liathraite 7 rith 7 leim 7 cur liac
7 imrim ech. Bá leis trá búaid cech cluchi díb sin. Laa n-óén

---

ª .i. Eóganacht na nÁrand [H].   ᵇ .i. a Túathmumain [H]

¹ i *subscr.; under* g, *the mark of separation,* ꝛc.   ² *two letters erased before* iar.
³ *Hand* M.

and ro *for*mdigestár alaile ócláech amsach friss co n-epert la recht
7 feirg. Tussu ol se nád fess can cland ná cen*e*l duit 7 nicon fes
mátair ná hathair do giallud forni in cech óenchluchi cid for tír
cid for usci cid for fidchill cotrísam fris. Sochtais Máel Dúin 1675
iarom ar doruménair co sin combá m*a*c dond ríg hé. 7 don rígáin
dia m*um*me. Asbert iarom fria m*um*mi ní praindigiubsa 7 ní ib
ní co n-erbara frim ol se mo máthair 7 m'athair. Inge ol si cid
no taí do íarmóracht indí sin. ná tabair dot menmain bríathra na
n-óclách ndiumsach. Messe do máthair ol si. Ni fulliu serc a 1680
mm*a*c la doíne in tíre andas do sercso limsa. Doecmaic aní sin.
7 arai fessa dam mo th*u*stidi féin.

  Dolluid a mummi leis iarom conda tarat i llaim a máthar|
  [ ]¹ co téigtís íar funiud g*ré*ne issin n-insi. No lomraitis **23a**
íar*om* na hubla 7 nos ithitís. Tíagam ar Máel Dúin isin n-insi 1685
ní hansu dún oldás dona hénaib. Luid fer díb do déicsin na
hinsi 7 dogair sidé a chéli chucai i tír. Te in talam fúa cossaib-
som fó bíth bátir tentidi ind anmannai 7 no theigtís in tálmain
úasaib. Tobertatár bec dini hublaib leó a cétlá nos ithitís inna
curuch. In tan bá solus in matan dollotár ind eóin ónd insi for 1690
snám isa mmuir. La sodain tócaibtís ind anmannai thentidi a
cenna asa fochluib 7 no ittís na hubla co funed ng*ré*ne. In tan
adcuirtís inna fochloí no théigtís ind eóin dara n-essi do ithi na
n-ubull. Dolluid da*no* Máel Dúin cona muint*ir* 7 tecmallsat anba
dina hublaib in n-aidchi sin. Cumma aranggairtís gortai 7 íttaid 1695
díb na hubla. Iss *ed* aní² línsait a curach dina hublaib am*al* bá
mellach leó. 7 lotair for muir afridisi.

  .xi.³ In tan iar*om* arrochiúirtár na ubla hísin 7 bá mór a
ngorta 7 a n-ítu. 7 in tan bátir lána a mbeóil 7 a sróna di
bréntaid in mara. Atchiat insi nárbu mór 7 dún indi 7 múr gel 1700
ard im sodain am*al* bad du áel chombruithiu dognethe. ł am*al*
bed óenchloch calca uile. Már a dícsa ón muir acht nád roched
néolu. Óebéla ro boí in dún. Tige snechtaidi márgela immá
mmúr. A llotár is tech bá moam díb nicon facatár nech and acht
catt bec boí forsind lár oc cluchiu forsna cetheóraib úaitnib 1705
lecdaib bátar and. No linged di cech úaitniu for araili. Dofécai
biucán na firu 7 nín tairmesc día chluchiu. Co n-accatár iar sin
teóra sretha isind raigid in taige immá cuaird ónd ursaind dí-

---

¹ *leaf missing.* § x.   ² *sic, something om.*   ³ *in marg.*

arali. sreth and chetumus di bretnasaib óir 7 argit 7 a cosa isind
1710 fraigid. 7 sreth di muntorcaib óir 7 argit mar chirclu dabcha
cech ae. in tres sreth di claidbib móraib co n-imdornaib óir 7 airgit.
Lána inna himda di cholcthib gelaib 7 di tlachtaib etrochtaib.
Dam bruthe dano 7 tinne forsind lár 7 lestra mára co ndeglind
inmesca. In dúnni forrácbad so ol Máel Duin frisin cat.
1715 Dosnécacha talmaidiu 7 gabais cluche arísi. Atgeóin iarom
Máel Dúin ba¹ doib forruised in praind. Prainsit iarom 7 ibsit 7
23b con|toilset. Dobertatár díurad ind lenna isna paitti. 7 doco-
sechtatár diúrad in biid. In tan asbertsat iarom imthecht asbert
a thris² comalta Maíli Dúin in bérsa lemm múince dinaib
1720 muincib se. Nithó ol Máel Dúin ni cen chomet atá a tech.
Dobert cammai co rrici lár ind lis. Dolluid in cat ina ndíaid 7
lebling trít amal saigit tentidi 7 loiscthi combu lúathred. 7 luid
arísi co rrabi fora úaitni. Ro áilgenaig iarom Máel Duin cona
bríathraib in cat. 7 sudigestár in muince ina inad 7 glanais a
1725 luathred di lár ind lis 7 fochairt i n-alt in maro. Lotár iarom
inna curach a mmoltais 7 a nn-adamraigtis in Comdid.
    .xii.³ Matan moch tres laí iar sin atchíat insi n-aili 7 sonnach
umaide tara medón ros rand in n-insi i ndé. 7 atchíat tréta móra
di chairib inti .i. trét dub fri sonnach⁸ adíu. 7 tret gel fri sonnach
1730 denall. 7 co n-accatár fer már oc eterglẽ⁴ na cáerech. An
focherded caírig find tar sonnach de síu cosna duba bá dub
fó chetóir. A ndocured dano cairig nduib tarsin sonnach ille bá
find fó chétóir. Bátir immecalsom oc aicsin indní sin. Is ed as
maith ol Máel Dúin cuirem dá bunsaig isin n-insi. día cóemchlót
1735 dath conclóechbabamni⁵ día tiasam indi. Fochartatár iarom
bunsaig co rrúsc⁶ dub isa leth i mbátár na finna 7 finnais fó
chétóir. Fochartatár dano bunsaig snaisi gil issa leth i mbátár
na duba 7 bá dub fó chetóir. Ní sechbaid ol Máel Dúin ná
dechammár isin n-insi. bes níbád ferr ol⁷ ndathni oldáti na
1740 bunsacha. Tollotár for cúlu ónd insi la himeclai.
    .xiii.³ Tres lou iar sin dano rathaigsit araili insi máir lethain 7
trét mucc n-álaind indi. gegnaitsom banb bec díb asrous iarom a
brith día doud co tuidchetar uli imbi. Fannoíset 7 nam bertatár

---

¹ *shaft of* b *lost in rent.*   ² *sic.*   ³ *in marg.*   ⁴ *sic, for* etergleud.   ⁵ *sic,*
for conclóechbamni.   ⁶ *over* c *mark of aspiration faint, as if expunged.*   ⁷ *sic,*
read ar, *Y; scribe distracted by* oldáti *following.*   ⁸ sonnach *Facs., but mere spot.*

inna curach cucu. Atchiat uadib iar sin slíab már isind insi 7
imráidset techt día déicsin na hindse ass. A llotár iar*om* Diúrán 1745
Leccerd 7 Germán | do ascnam in tslébi arrecat abaind letain **24a**
nádbo domain ara cind. Tummis Germán irlund a gai issin
n-abaind 7 immándíbdai dó fó chétóir am*al* bid tene nod loscad 7
ní lotár ní bad sire. Co n-accatar and da*no* frisin n-abaind anall
daumu móra máela ina ligu 7 fer mór inna sudiu occaib. Bí 1750
Germán iar sudiu crand fría scíath do bupthad na ndam. Cid
día mbúpthai na báethlaegu ol in t-áegaire már hísin. Cairm
hi tat a mmaithre na lloeg sa ol Germáne. Atát frisa sliab ucut
ol se anall. Tollotár afrísi coa céli 7 adfíadar scéla doib.
Dollotár ass iar*om*. 1755

.xiiii.¹ Fúaratár insi nirbu chían iar sin 7 mulend már grainne
indi. 7 mulleóir már brúichnech grainne and. immafoacht dó cía
mulend so. ní có² ám ol se ní nách eolach íarmifóich ní nách
aithgenaidsi ol se. nátho ol seatsom. Leth n-etha for tíre ám
ol se is sunda melair. nách ní beres cesacht de isin muilind sa 1760
conmel*ar*. La sodain atchíat na heriu tromma diármidi for
echaib 7 doínib don mul*ind*. 7 úad da*no* afrisi. acht aní doberthe
úad is síar no berthe. Imchomarctár atheruch cía ainm in
mulind se mul*end* Inbir tre Cenand ar mul*leoir*. Noda sénsat
iar sin ó airdiu croiche Cr*ist* íarsinní o'tchúalatár 7 ó'tchoncatár 1765
na huli sea. Lotár for intech inna curach.

xu¹ A llotár da*no* ond insi sin in mul*ind* fúaratár insi máir 7
sochaide mór di daínib indi. hit é duba et*er* churpu 7 étach.
Cennaithi imma cenna 7 ní. chumsantaís di chui. Dofuit di
crandchor dondala comaltai Maíli Duin dul isin n-insi. A lluid- 1770
side cusna doíni ro bátár oc coí. Bá cu*m*thach fríu fó chétóir 7
gabais coí leó. Foíte días día thabairt ass 7 ní n-athgénatár et*er*
a célib | fecsit cadesne for coí. ba hand asbert Mael Duin tét **24b**
cethrar úaib ol se co n-armaib 7 tucaid na firu ar écin 7 ná décid
in talmain nach in n-aér 7 tabrid *for* n-étaige immó bar sróna 7 1775
immó bar mbeolu 7 ná súgid aér in tíre 7³ gataid *for* sella do *for*
feraib fodeisne. Dogníth samlaid aní sin. Luid in cethrar 7
dobertatár leó in díis n-aili ar écin. A n-immácomraicthe ced
atchoncatár⁴ isin tír. asbertís nicon fetammár ám ol seatsom. acht
a n-atchondcamár dorigénsam. Táncatár iarom co hellam iar 1780
sin ond insi.

---

¹ *in marg.* ² *sic, something omitted.* ³ *supply* na, *Stokes.* ⁴ *asp. om. Facs.*

xui.⁹ Recait iar sin insi n-aird n-aili imbá rabatár cethri
sonnaig. nod randsat hi cethair. sonnach di ór chetumus. alale di
argut. in tress sonnach di humu 7 in cethra*m*mad di glain.   Ríg
1785 isin chethra*m*mad rind¹⁰. rígna i n-alaili. óclácha i n-alaili. ingena
isind aili.   Tolluid ingen ara cend 7 dosṅderaid hi tír 7 dobert
bíad dóib. fri cáise ro samlaisetarsom 7 secip blas bá mellach la
nech fogebed fair. 7 dális dóib a cilurn bic co comtalsatar mesci
tri laa 7 teóra aidchi. ro mboí ind ingen oca timthirecht in tucht
1790 sa.   A ndofochtraiset isin tres¹ bá inna curuch for muir bátár.
Nicon facatar nách dú a n-insi nách a n-ingin. ráisit ass iarom.

xuii.⁹ Fogaibset insi n-aili iar sin nárbu mór 7 dún indi. Dorus
umaide fair 7 ágai umaidi and.   Drochet glainidi arin dorus.
Am*al* no théigtís súas forin drochet dofuittitís sís for cúlu.   La
1795 sodain atchiat banscáil asin dún 7 cilor[*n*]d² inna láim. Tócbaid
clár nglainidi a hícht*ur* in drochit. 7 línais cilornd asin tiprait
boí fón drochat. 7 luid afrísi isa ndún.   Táet ferthigis fri Máel
Dúin ol Germáne.   Máel Dúin ón ém ol sisi la dúnad in dorais
tara héissi.   Be*r*tais íar sudiu inna hágu umaidi 7 a llín n-umaide
1800 ro boí foraib. 7 in fog*ur* íaro*m* dorigénsat bá ceól meldach n-áilgen
són.   La sodain fochairt inna cotlud co matain ara bárach.
A ndofóchtraiset co n-accatar³ in mbanscáil cetna asin dún
7 a cilornd inna láim 7 línaid fón chlár chétna. Iṅge táet
ferthaigis fri Máel Dúin ol Germ*an*.   Amra bríge ol si Mae(   )⁴
1805 la dúnad ind lis tara hessi.   Fosnálaigsom a (   )⁵ cétna co
ara bárach.   Tri láa 7 téora aidchi dóib fond rían sain. Isin
chetra*m*mad⁶ lou iar*om* dolluid in banscál a ndoch*um*. alain(   )⁷|
25a⁸ [brat gel impe 7 buinne óir immá moing. mong orda f*uir*ri. dá máelán
argit imma cossa gelchorcrai. bretnas argit *co* *m*brephnib óir inna brut
1810 7 léne srebnaide síta fria gelchnes. mo chen duit a Mail D*uin* ol si 7
ainmnigestár cach fer fó leith cona anmaim diles fein.   Is cían o tá hi
fis 7 hi forus *for* tíchtain sund ol si.

Dobe*ir* lei iarom hi tech mór boí hi comfocus don muir. 7 tocaib a
curach hi tír co n-accatar iarom ara cind isin tig dérgud do Máel
1815 D*uin* a óenur 7 dérgud cach triir dia muintir. dobert biad doib i
n-óenchiss* cosmail do chássi nó tháth. ataig cuit cach trir. cach blas

---

a .i. i n-oenlest*ur* [H]

---

¹ *sic, supply* ló *YBL*   ² *n-stroke om.*   ³ tar *faintly legible, om. Facs. ; mem-*
brane fractured.   ⁴ *the margin of the last seven lines broken off, carrying with it*
portion of the text ; on *Facs., read* Mael Dúin.   ⁵ *read* ceol *Y.*   ⁶ *m-stroke om. Facs.*
⁷ *read* alaind em táncus and *Y.*   ⁸ *this leaf* (25-26) *interpol. by* **H.**   ⁹ *bet. cols.*   ¹⁰ *sic.*

adcobrad cách iss *ed* fogébed fair. no thimthirted da*no* do Mael D*uin* *for* leth. Línais da*no* cilarnd fón clár chetna 7 dális doib sel cach thrir lee. atgeoin da*no* in tan ba leór leo. anaïs do dail dóib. Ben chomadas do Máel D*uin* in ben so *for* cách dia muintir. Luidsi iarom cona 1820 henchiss 7 cona cilurnd. asbertatar a muint*er* fri Mael Dúin in n-eberam fria dús in fáefed lat. Cid gatas uaib ol seseom ci atberaid fria. Ticsi ara barach. asbertatar fria in dingnesiu caratrad fri Máel D*uin* 7 in fáefe lais 7 cid na hanai hi fos innocht. Asbertsi na hathgeóin 7 na fit*ir* cá rét peccad. Luid iarom úadib día tig 7 tic 1825 ara barach in tráth cetna cona t*h*imthirecht dóib. 7 o roptar mescai 7 roptar sáthig rádit na briathra cetna friasi. I mbarach thra ol si dobérthar athesc dúib dindí sin. Luid iarom dia tig 7 contuletsom fora ndergodaib. am*al* ro dúscsetsom bá ina curach bátar for carraic 7 ní accatár in n-inis ɫ in dún ɫ in ben ɫ in magen i mbátar riam. 1830

( )iii⁸ Amal dolotar ón magin sin co cualatar anairtúaid gáir móir 7 lex am*al* bid oc cetol salm no bethe and. Ind adaig sin 7 a llá ara barach co nónai dóib oc imram co festais cia gáir no cia lex rochúalatar achiat¹ insi n-áird slíabdai lán d'énaib dubaib 7 odraib 7 alathaib oc núall 7 oc labra mór. 1835

( )x⁹ Imraiset biucán ond insi sin co fuaratar insi n-aile narbu mór. Craind imdai inti 7 eóin imdai foraib 7 co n-ac( )tar² iar sin fer isind indsi 7 a folt ba hetach dó íarfaigset dó iarom cúich he 7 can a cen*el*. Do ³( )raib Herend damsa ol se. dodeochad im ailithri ⁴( )uruch biuc 7 dlugis mo churach fóm am*al* ⁵( )dechad biucan ó thír. doludsa 1840 do thír arise ⁶( )e 7 dobiur fót dom thír fom chossaib 7 frissocbus ⁷( ) for muir. Ro fothaigestar in Comdiu damsa isin ma|gin se in fot **25b** sain ol se 7 dob*eir* Dia traig cacha blia*dna* fora lethet. o sin co se 7 crand cacha bliadna do ás and. Ind eóin atchithisi da*no* isna crannaib ol se anmand mo clainnesea 7 mo chenióil¹⁰ et*er* mna 7 firu at é sút oc ernaide 1845 lai brátha Lethbairgen 7 ordu eisc 7 lind in topair dorat Dia dam. domfic sin cach dia ol se tria thimthirecht aingel. trath nona da*no* dosnicseom uile lethbairgen 7 ordo eisc cech oenfir dib sút 7 cach óenmná. lind in topair am*al* as lór la cach o roptar lána a teora aidchi oígidechta celebraiset 7 asbertsom friu rosesaidsi uli ol se do *for* tír 1850 acht óenfer.

xx.¹¹ Fogabat isin tres lo iar sin insi n-aili 7 múr orda impe 7 lár gel am*al* chluim. atchiat da*no* fer inti 7 iss *ed* ba hetach do findfad a chuirp fodessin. imchomaircsetar dó iarom cía sasad o mbered bith atá ém ol se sund topor isind insi se. I n-aine 7 hi cetain medg ɫ 1855

---

¹ *sic, for* atchiat.   ² *The outer rim of the last seven lines has broken away ; the missing letters can be restored from YBL. Read* co n-accatar.   ³ feraib.   ⁴ *read* i curuch.   ⁵ dodechad.   ⁶ ol se.   ⁷ fair.   ⁸ xuiii. *Facs.*   ⁹ xix. *Facs.* ¹⁰ cheinóil *Facs.*   ¹¹ *between cols.*

us*ce* doberar ass. I ndomnachaib im̄ ⁊ hi felib mártir degass[a] doberar ass. Mad hi feil apstal im̄ ⁊ Mairi ⁊ Eoin Bab*taist* is coirm ⁊ fin doberar ass ⁊ i ssoll*amnaib* da*no*. Im nonai iarom dosnanic ón Chomdid doib uli lethbairgen cech fir ⁊ ordu eisc ⁊ ibsit a ndoethain dind lind dobreth doib asin tiprait inna hinsi ⁊ focheird hi súan cotolta ón trath sin cus arna barach. O ro fersat tri aidchi aigidechta forḟorcongair in clerech forru imtecht ⁊ lotar iarom ass for imtecht ⁊ celebraiset dó iar tain.

xxi.[5] A mbatár iarom ciana for imluad forsna tonnaib atconnarcatar fota uadib insi. ⁊ am*al* ro scuchsat co focus di. co cualatar fog*ur* na ngoband oc tuarcain brotha forsind inneoin co n-ortaib am*al* tuarcain trír ł cethrair. in tan iarom lotar hi comfocus co cualatar in fer oc imcomarc diarailiu in failet hi focus ol se to ar araile cia són ar fer aile asberitsi do tuidecht and. Meic beca atchiat hi loth*ur* bic anallút f*or* se. O rochúala Máel Duin aní sin atbertatar inna gobaind asb*eir* tecam for cúlu ol se ⁊ na himpam in curach acht bid a erais reme arnáro airiget teched dún. Imráiset iarom ⁊ a erais resin curach. Iarfaigis arís in fer cetna buí isin cerdchai. indat facsi don purt indossa ol se. Atát inna tost ol in dercthaid sech ni thecat ille ni thiagat innond. Nírbo chían iar sin coro íarfaig dorís cid dogniat indossa ol se. is doich lemsa ol in fegthaid. is for teched tiagait is sia lim attát indossa[6] on phurt olda o chíanaib. Dothaet in goba andsaide assain cherdchai
26a ⁊ bruth | romor isin tenchoir inna laim ⁊ focheird in mbruth sain i ndegaid in curaig hisin muir coro fich in muir uile acht nis rochtsom ar ro theichset fo ner[1] bág co dían deinmtach[2] [3]isin n-ocian mór[3] immach.

xxii.[5] Imráset iar sin conos tarla i mmuir ba cosmail fri glain nglais buí día glaine corbo réill in grian ⁊ in gainem in mara trit ⁊ nocon faccatar biastai na hanmannai and et*er* na carrce acht in grian glan ⁊ a ngainem glas batár ré mor dind ló oc imram in mara sin ⁊ ba mór a etrochta ⁊ a álli.

.xxiii.[5] Focheirdat ass iar sein hi mmuir n-aill cosmail fri nél ⁊ andar leoseom nís fáelsad féin nach in curach co n-accatar iar sain fón muir fóthib annís dúine c*um*tachta ⁊ tír alaind ⁊ atchiat anmanna mór n-úathmar bíastaide hi crund and ⁊ táin do almai*m*[4] ⁊ indilib immon crand imma cúaird ⁊ fer cona arm hi farrad in chraind co sciath ⁊ gai ⁊ claidiub. am*al* atconnaircsede in n-anmanna mór út boí isin crund téit ass for teced fo chetóir. sínis in t-anmanna a brágit úad asin chrund ⁊ furmid a chend i ndruim in daim ba mó dond almai ⁊ srengais lais

---

[a] .i. loim [H] *gl. repeated in marg. by a recent hand.*

[1] *sic, read* nertaib *YBL*. [2] *sic, read* deinmnetach. [3-3] *in ras.* [4] = almaib ; almuib *Y*. [5] *in marg.* [6] indosso *Facs.*

isin crand ⁊ nos ithend fo chétóir fri*h*a brathad sula. Techit ass 1895
fo chétoir ind innile ⁊ in búachaill. ⁊ ó'tchonnaic Máel Dúin sin cona
muintir nos geib imecla móir ⁊ ómon ar bá dóich léo ní roistís taris
cen totim trít sís ara thanaidecht am*al* chiaich. rosagat iarom thairis
iar mórgábud.

xxiiii.² Fúaratar iar sin insi n-aile¹ ⁊ atraacht a mmuir impi súas co 1900
ndernai alle dímora impe imá cúaird. am*al* ro arigsetar daine in tíri sin
eatsom atasfoprat ic egmig impu ⁊ atberat att ésim on att esim ón fot
a n-a|nali. Atchoncatar iarom daíne imdai ⁊ alma³ móra do indilib ⁊ **26b**
g*r*age ech ⁊ treóit chaerech imda³. Boí iarom banscál oca ndíburgud-
som anís co cnoib móraib co tairistis forsna tonnaib thúas occosom ro 1905
theclaims*et*som mór dina cnoib sin ⁊ dofucsat leo. Dollotarsom ond
insi for cúlu ⁊ ansat na hegme la sodain. Cairm hi tát indossa ol in
duine ticced fón n-egem día n-éis. Dolotar ass for cether[*n*]d⁴ aile dib.
nidat é amlaid ar cethernd aile. Is fris as chosmail da*no* aní sin am*al*
bad nech día mbeth hi tarngire leosom do dilgend a tíri ⁊ dia n-innarba 1910
asa tír.

xxu.⁹ Gabsat in n-insi aile hi tárfás dóib rét n-ingnad .i. *co*nuargaib
sruth mór a tracht na hinsi súas co téged am*al* túaig nime tarsin n-insi
uli co ndiburned isin tracht n-aile na hinsi dond leith aile di ⁊
tictisseom foí annís cen fliuchad ⁊ no gantaiseom⁵ écne mora ass anuas. 1915
⁊ dofutitis écne móra dermara asin tsruth anúas for talmain. na hinsi
sis comba lan ind inis uli dia mbréntaid. ár ní rabi nech ó tairs*ed* a
teclamad ara n-imad. O espartain aidchi domnaig co hanteirt día
lúain ni nglúas*ed* in sruth sain. acht no thairiss*ed* ina thost inna muir
imon n-insi imma cuairt. immainait dóib iarom anba móir dona hécnib 1920
⁊ línsait a curach dóib⁶ ⁊ lotar ond insi sin for culu forsin n-ocían
beos.

xxui.⁹ Imrais*et* iar sin co fúaratar colomain móir n-airgdidi. Cethri
slessa aicce i mboí ⁷sesbeim in churaig fri cech slis. co mbátár ocht
sesbéimend don churuch a timchell uli ⁊ ni rabi óenfot do talmain 1925
imme acht in t-ocían anf*or*cnedach ⁊ ni accatarsom cinnas boí thís a
hícht*ur* ł a huacht*ur* túas fora hairde. Boí lín argdide assa húachtor
co fota úad immach ⁊ dolluid in curach fo séol trena mocoll ind
lín sin. ⁊ dobert Diúran beim do faebur a gae tar mocoll ind lín. Na
mandair i*n* in⁸ lín ar Máel Dúin ar is op*r*ed¹⁰ morfer aní atchiam. ar 1930
molad anma Dé ol Diuran is airi dogníusa so corop mote chretir

---

¹ *blot covering* l *and portion of* i, e.   ² *in marg.*   ³ *rent here, only portion of* a
left.   ⁴ n-*stroke om.*   ⁵ *seems like* o *converted into* a ; *supply* súas iarom an
sruth co tabratais *YBL.*   ⁶ *sic, for* díb *YBL.*   ⁷ *supply* da *YBL.*   ⁸ *sic, bis.*
⁹ *bet. cols.*   ¹⁰ pred *faint, om. Facs.*

H

( )¹ 7 bérthair uaimse for altóir Aird Macha acht co rús Hér( )² ungi
co leith iss *ed* boí and íarna thomus i nArd Mach( )³latár da*no* iar
sain guth mór solusglan do úacht*ur* n( )⁴ út. sech ní fetatar cia bé*r*la
1935 ro labair 7 cid ro( ).⁵

 xxuii.⁶ Atchiat insi aile da*no* for óenchois .i. óenchos ( )⁷ 7 imrais*et*
a timchéll d'íarraid chonairi inti 7 ni]⁸

---

 ¹ *margin broken off next seven lines* mo scela *YBL.* ² *only portion of* r
left, Hérinn. di *YBL.* ³ Macha. co cualatar *YBL.* ⁴ na colomna *YBL.*
⁵ labair *YBL.* ⁶ *between cols.* ⁷ oca fulang *YBL.* ⁸ *breaks off,*
leaves lost.

　　　　Fís Adomnán só sís.¹

²IS uasal 7 is adamraigthe in Comdiu na ndúla 7 is mor **27a**
7 is machdaígthe a nert 7 a chumachta. is cennais 1940
7 is áilgen is trócar 7 is dearcach. ar tócurid dochum nimi
chuci lucht na deirce 7 na trócaire na censa 7 na
connircle. Tairbirid³ im̃ 7 trascraid dochum n-iffir[n]d⁴
comtinól n-écraibdech n-étarbach na mac mallachtan.
ar fuirid derritussa 7 focraice écsamla nimi dona ben- 1945
nachtnachaib. 7 tairbirid illatu pían n-ecsamail dona
maccaib báis.²

Sochaidi trá do naembaib⁵ ocus d'fírenaib in Comded na
ndúla 7 d'apstalaib 7 desciplaib Isu Crist díaro faillsigtheá rúine
7 derritiusa flatha nimi fón cumma sin. 7 fochraice fororda na 1950
firén 7 dano díaro faillsigtheá píana écsamla iffrind cosna fíb filet
intib. Ro foillsiged ém do Phetar apstal ind long cethararddidi
doleced do nim 7 cethri suanimain esti. Binnithir cach ceól a
héstecht⁶. Conúargabad dano Pól apstal cosin tres nem co cúala
briathra diasnéte na n-aingel 7 imacallaim n-adamraigthe 1955
muintiri nimi. Ructha dano beos ind apstail uli i llo estechta
Muri co n-accatár píana 7 todérnama trúaga na ndaíne
n-anfechtnach díaro forcoingair in Comdiu for ainglib ind fuinid
oslocud in talman ríasna apstalu coro fégtaís 7 coro innithmigtís
hiffer[n]d⁴ cona ilphíanaib amal dorair[n]gertsom⁴ fessin dóib aní 1960
sin ré cían rena chésad

Ro faillsiged dano fó deóid do Adamnán u Thinne do ardec-
naid íarthair domain labairthir sund. Díaro escomlá a anim
asa churp hi feil Iohain Baptist 7 día rucad dochum richid co
n-ainglib nimi. 7 iffrind cona dáecorslúag.⁷　　　　　1965

O ro scar íarom ind anim frisin corp ro arthraig fo chétóir di
aingel a comaitechta céin bai hi colaind. 7 ros fuc leis ar thús do
fegad flatha nimi.

---

¹ *Title stained; apparently written by M.*　　²⁻² *The first ten lines are in the handwriting of A.*　³ *second i subscr.*　⁴ n-*stroke om.*　⁵ *sic.*　⁶ h *om. Facs.*　⁷ *sic, with* s *added above line by a modern hand.*

Is sí da*no* cétna tír coso rancatár tír na naeb. Tir sutach
1970 solusta iarom in tír sin. Airechta écsamla inganta and co
caslaib lín gil impu co culpaitib glégelaib úasa cennaib. Naim
27bᵃ airthir in | in¹ domain ina n-airiucht fo leith i n-airthiur thiri na
naem. Naim íarthair in domain da*no* i n-iarth*ur*² in tire cetna
Naím thúascirt in domain da*no* 7 a descirt ina ndíb n-airechtaib
1975 dermáraib tess 7 tuaid. Cach óen íarom fil i tír ina náeb is
cómfocus dó estecht inna ceól 7 innithmigud inna luinge hi
failet .ix. ngrad nime íarna céme*nn*aib 7 íarna n-urd.

Indara fecht da*no* dona naebaib canait ceol n-adamra oc
molad Dé. In fecht n-aill contúaset fri ceól muintire nime. Ar
1980 ní recat a les ind naim ní aile acht éstecht in ceóil risa coistet. 7
innithmigud inna soilse addécet. 7 a sásad don boltnogud fil is
tír.

Atá flaith adamra da*no* fri gnúis do gnúis³ dóib úathib
sáerdes. 7 fíal glainide etarro 7 erdam orda fris anes. Is trít-
1985 s*id*e immaiccetsom fúath 7 fóscugud muintire nime. Ni fil i͞m
fíal no temel et*er* mu[*n*]t*ir*⁴ nime 7 inna nóemu acht itát i foilse
7 i frecnarcus dóib i lleth friusom do gr*és*. Circull tentide da*no*
imón tír sin imma cuaird 7 cách ind 7 ass 7 ni erchótigend. Na
da aps*tal* déc i͞m 7 Maire óg ingen ina haireocht fó leith imón
1990 Comdid cumachtach. Úasalathraig 7 fáde 7 descipuil Isu i
comfocus dona aps*talaib*. Atát da*no* araile nóemóga⁵ do deis
Maire 7 ré nách cían etarro. Noídin 7 maccaím impu do cach
aird. 7 ceól enlathe muint*ire* nime oca n-airfitiud. Buidne ana
do ainglib coimthechta inna n-anmand oc umallóit 7 oc timthi-
1995 recht et*er* na hairichtaib sin i fíadnaisi ind ríg do gr*és*. Ni
chumaic thra nech isin bith frecnairc sea túarascbail ł innisin
inna n-airecht sin. am*al* itát iar fír. Na buidne ocus na hairechta
da*no* file*t*⁶ i tír na náeb am*al* ro radsem bidat marthanaig isin
mórglóir sin co mordail brátha coros córaigea in brithem firén i
2000 llathe ind fugill isna sostaib 7 isna inadaib i mbíat oc déscin
gn*úis*se Dé cen fial cen forscáth etarru tria bithu na mbetha

Cid mór i͞m 7 cid adbul in taitnem 7 in tsoilse fil i tír na náem
am*al* ro rádsem. is aidbliu fo mile ind etrochta fil i mmaig

---

ᵃ *In the upper margin of this col. a late hand has scribbled* Misi vilł o Flait( ),
and again between the two columns, Misi vilł( ), *remainder illegible, also in the
centre of the leaf, late scribbling between the columns,* Mul Dom. án. and. on.

---

¹ in *bis*.   ² iath*ur* *Facs.* ; *tail of* ar *compend partly obliterated.*   ³ gní჻ MS.,
subscr.   ⁴ n-*stroke om.*   ⁵ nóemógu *Facs.*   ⁶ fili *Facs.*

muint*ir*e nime im rígsuide in Comded fessin.   Is amlaid iarom
atá in rígsudi sin inna chathaír chumtachta co cethri colomnaib 2005
di¹ liic lógmair foi.   Cén co beth da*no* d'airfiteod do neoch acht
cocetul comchubaid na cethri coloman sin ro|pad lor do glóir 7 **28a**
d'aibnius dó.   Trí éoin airegda² im̄ isin chathaír i fíadnaise ind ríg
ocus a menma ina ndúlemain tria bithu iss é sin a ndán.
Celebrait da*no* na ocht trath oc molad 7 oc adamrugud in 2010
Coimded co claischétol aircaingel oc tíachtain foí   Ona hénaib
iarom 7 ona harcainglib tinscetal in cheóil 7 nos frecrat iar sin
muint*er* nime ule et*er* nóemu 7 nóemoga.

Stúag dermár da*no* os cl\ind ind ordnide ina chathaír rigdai
am*al* cathbarr cumtachta ł mind ríg.   Díanos faictís roisc 2015
dóenna no legfaitís fo chétóir   Tri cressa ina mórthimchell etarro
7 in slúag 7 ni fes la túaraiscbáil cid atascomnaic.   Sé míle do
míledaib co ndelbaib ech 7 én imon cathaír tentide for lassad cen
crích cen forcend.

Aisneis iarom in Comded cumachtaig fil isind rígsuidi sin ní 2020
thic do neoch acht mád doneth féin.   ł m*an*i ebrad fri grádaib
nime.   Ar ní innisfea nech a bruth 7 a bríg a derge 7 a rofoillsi
a anius 7 a aibnius a chu*n*lacht 7 a chobsaidecht. imad a aingel
7 a árchaingel oc cantain chiúil dó.   A thechtairi roimdai chuci
7 úad co n-athescaib roch*um*rib do cach budin ar úair.   A mine 2025
7 a rochendsa friarailib. a ainmíne 7 a roacairbe fri lucht aile
díb

Día mbé nech occá sirfegad imme anair ocus aníar anes 7
atúaid fogéba do cech leith aci agid n-airegda soillsithir fó secht
andá grían.   Ní aicfea da*no* delb ndune fair do chind ł coiss 2030
acht na dlúim thentide for lassad fón. mbith ocus cách for crith
7 for úamain remi.   Is lomnán día soilse nem 7 tal*am* 7 ruthen
am*al* rétlaind ríg ina mórthimcell.   Tri míle cheól n-écsamail
cecha óenclaisse fil oc classchétol imme.   Binnithir ilcheólu in
domain cach óencheól fo leith dibs*id*e fessin.   2035

In cathir íarom ina fail in rígsudi sin is amlaid atá 7 uii. múir
glainide co ndathaib écsamlaib ina thimcell. airdiu cach múr
araile.   Lebend im̄ 7 fond iníchtarach na cathrach di glain gil
atacomnaic co ngné gr*é*ne fair iarna brechtrad di gurm 7 chorcra
7 úani 7 cacha datha archena   2040
Muinter bláith romín rochennais da*no* cen esbaid nácha

---

¹ do *Facs.*   ² i *of* ar *compend faint, om. Facs.*

mathiusa foraib is iat aittrebait in cathraig sin. Ar nís rochet 7
nís aitrebat do grés acht nóemóig ł ailitrig dútrachtacha do Dia.
A n-ecor im̄ 7 a córugud is dolig a fiss cinnas forcáemnacair ar
28b ní fil druim neich díb ł a slis fríaraili. Acht is am|laid ros córaig
2046 7 ros comét cumachta díasnéte in Chomded gnúis fri gnúis¹ ina
srethaib 7 ina corónib comardaib mórthimchell ind rígsuide
immá cuaird co n-ánius 7 co n-aíbinnius 7 a n-aiged ule fri
Día.

2050   Crand caingil di glain eter cach dá claiss co cumtuch
derscaigtech dergóir 7 argit fair. Co srethaib sainemla di liic
lógmair 7 co mbrechtrad gem n-écsamail 7 co cathairib 7
chorónib carrmocail forsna crunnu caingil sin. Tri leca lógmara
dano co fogur bláith 7 co mbinne cheóil eter cach dá primairecht
2055 7 a llethe úachtarcha ina lócharnaib for lassad. Uii. míle aingel
i ndelbaib primcainnel oc soilsigud 7 oc inorchugud inna catrach
má cúaird .uii. míle aile ina certmedón oc lassad tría bithu sír
imón cathraig rígdai. Fir domain i n-óenbale cidat línmair nos
fórfed do biud boltnogud cind óenchainle dina cainlib sin.

2060   Do neoch trá do daínib in domain nád rochet in cathraig sin
asa mbíu 7 dianid érdalta a haittreb iar fugiull brátha is intib
airbirit co anbsaid 7 co utmall i ndindgnaib 7 i cnocaib i sescnib
7 i rrotaigib anaitreba co tí chucu bráth. Is amlaid dano atát
na slóig sin 7 na hairechta 7 aingel comimtechta cacha hóenanma
2065 fil indib oc umallóit 7 timthirecht di.

    Fíal tened 7 fíal d'aigriud i prímdorus inna cathrach inna
fíadnaisse 7 síat icomthúarcain² cind ar cind tria bithu³ Fogur
7 fúamand dano na fial sin oc comríachtain atcluinter fón mbith.
Síl nAdádaim⁴ dia cluintis in fogur sin nos gébad ule crith 7
2070 úamun dofulachta remi. Itorsig⁵ thrá 7 it búadertha na pecdaig
ocond fogur sin. Mád i lleth im̄ fri muintir nimi ní cluinter din
gárbthóraind sin acht lánbec do ráith. 7 binnithir cach céol
atacomnaic.

    Is adbul íarom 7 is ingnad fria innisin sudigud inna catrach
2075 sin ar is bec di mór aní ro innisemár dia hordaib écsamlaib 7 dia
ingantaib.

    Is andam trá lasin n-anmain iar comgnáis 7 comattrib na
colla cona súan 7 cona sádaile 7 cona saíre cona sóinmige

---

¹ gníȝ MS., i *subscr.*   ² *sic, for* ic c..   ³ *very faint.*   ⁴ *dittography, for* n'Adaim.
⁵ *sic, for* it torsig.

insaigid 7 dula co rígsuide in dúleman. acht ma*n*i dig la¹
heo( )chu² aingel ar is docomail drém na .uii. nime. ar ní assu 2080
nach ai araili dib. ar itát .ui. dorais chóemtechta ar cind in
chiniuda dóenna co rrice in ríched.　Ro sudiged da*no* dorsioir 7
cométaid o muintir nimi do forcomét cach dorais díb.

Dorus íarom ind nime as nesu ille is fair ro sudiged Míchél
arcaingel ocus di óig ina farrad co flescaib iarnaidib | ina 29a
n-ochtaib do sroigled 7 d'esorcain na pecthach co comraicet iarom 2086
and sin na pecdaig fri cétglífit 7 fri cétchesad na conaire
cengait.ᵃ

Dorus i͞m ind nime tan*aisi* Ariél arcaingel as chometaid dó 7
di óig inna farrad co sroiglib tentidib ina llámaib is dibs*ide* 2090
sraiglit na pecdachu dara ngn*u*ssib 7 dara roscaib.　Ro sudiged
da*no* sruth tentide co forlasair fair i fíadnaise in dorais sin
Abersetus da*no* ainm aingil ingaire in tsrotha sin derbas 7 niges
anmand na náem din chutr*um*ma chinad nos lenand. co rroichet
comglaine 7 comsoillse fri etrochta rétland.　Ro sudiged da*no* 2095
and sin topor taitnemach co mbláthe 7 boltonugud do glanad 7
dídnad anmand inna fírén.　Ingrinnid i͞m 7 loscid anmand na
pectach 7 ní dingaib ní díb acht is tuilled péne 7 pennaite rosic
and.　Frisócbat íarom as sin na pecdaig co mbrón 7 dubu dermar
Na fíreóin íarom co subu 7 forbáelti co dorus in tres nimi.　　　2100

Sornd tentide da*no* for lassad do g*ré*ss ands*ide*.　Dá míle déc
cubat iss *ed* rosoich a lassar i n-ardde.　Tíagait da*no* anmand na
fíren triasin sornd sin la brafad súla.　Ergorid i͞m 7 loscid and
anmand na pecthach co cend dá blia*dna* déc. conos b*eir* iar sin
aingel in coímthechta cosin cet*r*amad ndorus.　Is amlaid da*no* 2105
atá dorus inotachta in chet*r*amad nime 7 sruth tentide ocá
thimchell am*al* in sruth remoind.　Timchellaid da*no* múr for
lassad lethet a thened fri dá míle déc cubat tomsithir.　Cengait
i͞m anmand inna fírén taris am*al* na beth et*ir*.　Ocus fastóid
anmand inna pectach fri ré da blia*dna* dec. i tróge 7 i todérnam 2110
conos b*eir* aingel in cóemtechta co dorus in chúced nime.

Sruth tentide beos and ands*ide* acht is écsamail hé frisna
srotha aile ar itá sóebchore sainraedach i mmedon in tsrotha sin.
7 impaíd immá cuaird anmand inna pecthach 7 nos fastand co
cend se mblia*dna* déc.　Rosoichet i͞m ind fíreóin tairis fo chétóir 2115

ᵃ .i. tiagait [M]

---

¹ le *Facs.*　　² l *lost in rent.*

cen nach furech. In tan iarom as mithig túaslucud inna pecthach
ass be*n*aid in t-aingel in sruth co fleisc dúir co n-aic*n*iud¹ lecdu
co tócband inna anmand súas do chind na flesci. Berid da*no*
29b Míchél iar sin | na anmand co dorus in tsess*ed* nime. Ní
2120 armith*er* i͞m pían ɫ thodernam dona anmannaib isin dorus sin
acht forosnait*er* and o soillse 7 o etrochta líac logmar. Rosoich
da*no* Míchél iar sin co aingel na trinóite co taisfenat díb linaib in
n-anmain i fiadnaise Dé.

Is adbul tra 7 is dírim failte muint*ir*e nime 7 in Comded
2125 fessin frisin n-anmain in tan sin mád anim ennac firén hí. Mad
anfírén i͞m 7 mád anf*or*bthe ind anim fogeib anmine 7 acairbe
ón Chomdid chumachtach. 7 atb*eir* fri aingliu nimi. Tarrgid lib
a aingliu nimi in n-anmain n-ecráibdig sea. 7 tabraid i lláim
Lucifir día badud 7 día formúchad i fudamain iffir[*n*]d² tria
2130 bithu sír. Is and sin iarom scarthair ind anim thrúag sin co
áigthide 7 co hacarb 7 co adúathmar ri frecnarcus flatha nime 7
gn*us*si Dé.

Is and da*no* dolléci in n-osnaid as tr*um*mu cach n-osnaid oc
techt i ngnúis³ Díabail íar n-ascin oíbniussa flatha nime. Is and
2135 scarthair fri comairge inna n-árcaingel lasa tánic doch*um* nimi.
Is and sin da*no* slucit na dá draic déc thentide cach anmain
d'éis a céle co cure*n*d úadi in draic inichtarach i ngin Díabail.
Is and sin fogeib comslaintius cacha huilc la frecnarcus Díabail
tria bithu sír.

2140 O ro foillsig thra aingel in choimtechta do anmain Adomnan
na físi sea flatha nimi 7 cétimthúsa cecha hanma iar techt assa
curp. Rosfuc leis hí iar sin d'insaigid iffirn⁴ iníchtaraig co
n-immud a pían 7 a ríag 7 a thodernam.

Is é iarom cétna tír coso ránic tír ndub ndóthide sé folom
2145 follscide cen péin and etir. Glend lán di thenid fris anall.
Lassar dermár and co téit dara oraib for cech leth. Dub a
ícht*ur*. Derg a medón 7 a uachtor. Ocht mbíastai and a súli
am*al* bruthu tentidi. Drochet dérmár da*no* darsin nglend.
Gabaid ond ur co araili. Ard a medón isli i͞m a dá n-imech*t*ar.
2150 Trí slóig oc air*m*irt⁵ techta thairis 7 ní huli rosagat. Slóg díb
is lethan dóib in drochet o thús co dered. co roichet ógslán cen
uamun cen imecla tarsin nglend tentide. Slóg aile da*no* ocá

---

¹ *the* n-*stroke is over the first* i. ² *second* i *suprascr.*, n-*stroke om.* ³ ngní꜌ MS., i
subscr. ⁴ *second* i *suprascr.* ⁵ airṁirt MS., *with* m-*stroke over expuncted* n ;
nirṁirt *LB.*

insaigid cáel dóib ar thus he. lethan im̄ fo deóid. co rochet iarom
amlaid sin tarsin nglend cétna íar mórgábud.　In slóg dedenach
im̄ lethan dóib ar thús in drochet | cóel 7 cumung fo deóid co **30a**
tuitet día medón isin glend ngaibthech cetna i mbrágtib na 2156
n-ocht mbiast mbruthach út ferait a n-aittreb isin glind.

Is íat lucht díarbo soirb in sét sain áes óige áes atrige lere
áes dergmartra dutrachtaige do Día.　Is í dano fairend diarbo
chumu[n]c¹ ar thús 7 díarbo lethan fo deóid iar sin in sét drem 2160
timairciter ar écin do denam thole Dé 7 soit a n-écin iar sin i
toltanche fognoma do Dia.　Is dóib im̄ robo lethan ar thús in
drochet 7 díarbo chumung fo deóid dona pecthacaib contúaset
fri forcetol bréthre Dé 7 ná comaillet iarna clostin.

Atát dano slóig dímóra i ndichumung hi traig na péne 2165
suthaine risin tír n-etordorcha anall.　Cach ra n-úair trágid in pían
díb.　In n-úair aile tic² thairsiu.　Is iat iarom filet amlaid sin in
lucht dianid comthrom a maith 7 a n-olc.　Ocus isin ló brátha
midfidir etarro. 7 bádfid a maith a n-olc³ isind ló sin 7 bertair
iar sin do phurt bethad i frecnarcus Dé tria bithu sír.　　　　　2170

Atat dano drem mór aile and hi comfocus dond lucht sin 7 is
adbul a pian.　Is amlaid iarom atát i cumriuch fri colomna
tentide. muir tened impu connice a smecha.　Slabrada tentide
imma medón fo deilb natrach lassait a ngnússi osin péin.　Is iat
iarom filet isin phéin sin pecdaig 7 fingalaig 7 áes admillte ecailse 2175
Dé 7 airchinnig etrócair bíte ós inchaib martra na nnáeb for
danaib 7 dechmadaib na hecailsi. 7 dogníat dona indmasaib
selba sainrudcha sech aígedu 7 aidlicnechu in Comded.

Atát dano and slóig móra ina sesam do gréss i llathachaib
círdubaib connice a cressa cochaill gerra aigreta impu.　Ní anat 2180
7 ní thairiset tría bithu. acht na cressa oca loscod eter úacht 7
tess.　Slúaig demna na mórthimchiull 7 pluic thentide ina
llámaib ocá mbúalad ina cend 7 siat ic sírthacra fríu.　A n-aigthe
uile na trúag fothúaid 7 gáeth garb goirt ina fíretan maróen ri
cach n-olc.　Frassa derga tentide oc ferthain forro cach n-aidche 2185
7 cach laí. 7 ní chumgat a n-imgabáil acht a fulang tria bithu sír
oc coí 7 ic dogra.　Araile díb 7 srúamaª tened i tollaib a ngnússe.
Araili cluí thened⁴ tríana tengthaib.　Araile tríana cendnaib

ª .i. tunni [M]

¹ n-*stroke om.*　² do *Facs.*　³ a n-olc *in ras., with* isin *added at beginning
of next line, but by* M, *who evidently wrote* isin *in the first instance for* a n-olc.
⁴ *asp. om. Facs.*

dianechtair. Is iat iarom filet isin phéin sin .i. gataige 7 ethgig
2190 7 áes braith 7 écnaig 7 slataige 7 crechaire 7 brethemain gúbre-
30b thaig 7 áes cosnoma | mná aupthacha 7 cánti. aithdibergaig 7
fir légind pridchait eris.

Atát drong mór aile i n-insib i mmedón in mara tened. Mur
argdidi impu día n-étaigib 7 día n-almsanaib. Fairend trá sin
2195 dogníat trócaire cen dichill 7 biit araíde i llaxai 7 i téti a collai
co crích a mbáis. 7 nos cobrat a n-almsana i mmedón in mara
tened co bráth 7 foíditir do phurt bethad iar mbráth.

Atát dano sochaide mór aile and ocus cassla derga tentide
impu co lár. Rocluinter a crith 7 a nggáir fón firmimint. Drong
2200 discrútain do demnaib ocá formúchad 7 coin brena lethoma leó
ina llámaib oca nfuráil foraib día tomailt 7 día cathim.
Rotha derga tentide for sírlasad imma mbrágtib. Bertair
súas co firmimint cach ra n-úair. Telciter sís i fudamain iffir[n]d¹
in n-uair aile. Is iat iarom filet isin phéin sin áes gráid tarmi-
2205 deocatár a ngráda 7 fúathcraibdig 7 brécaire brécait 7 sáebait
na sluagu 7 gabait forro ferta 7 mírbaile nách fétat do dénam
dóib. Is iat im̄ na naídin filet ocá n-athchuma inn áesa graid .i.
it é sin in lucht ro herbad dóib do lessugud² 7 níros lesaigset 7
níros cairgetár imó pecdaib.

2210   Atat dano drem dermár aile and sair síar doib cen tairisem
darna lecaib tentidib oc cathugud fri slúagaib na ndemna. At
lir turim thrá frassa na saiget for dérglasad dóib ona demnaib.
Tíagait inna rith cen turbród cen tairsem co rochet dublocha 7
dubaibne do bádud na saiget sin intib. Atodíuri³ thrá 7 at
2215 trúaga na gáre 7 na golgaire doníat in pheccdaig isna uscib sin
ar is tormach péne ros tá dóib. Is iat trá filet isin phéin sin
cerdda 7 círmaire 7 cennaige esinraice. brethemain gúbretaig
na nIúdaide 7 caich archena 7 ríg ecraibdig. aerchinnig claín at e
colaig. Mná adaltracha 7 techtaire nos millet ina mígnímaib.

2220   Attá dano múr tened fri tír inna pían anall adúathmairiu 7
acairbiu hé fo secht andá tír na pían fessin. Acht chena ní
aittrebat anmand co bráth ar is la demnaib a n-oenur a airichas
co lathe mbrátha.

Mairg thrá fil isna píanaib sin i comaittreb muintire Díabail
2225 Mairg nad foichlend in muintir sin. Mairg forsa mbía do
thigernu demon díscir dairmitnech. Mairg bias oc estecht fri

---

¹ n-*stroke om.*   ² lesugud *Facs.*   ³ *sic, for* At todíuri.

guba 7 fri golgaire na n-anmand oc tróge 7 oc neméle frisin
Comdib¹ im torachtain chucu laithe mbrátha co llúath dús in
fugebtaís nach n-etarúarad isind fugiull. ar ní fagbat nach
cumsanad co brath acht tri úara cach domnaig. Mairg dia mba 2230
dognas díles in ferand sin tria bithu sir. ar is amlaid atá. Slebe
tolla delgnecha and maige loma dano | is íat loiscthecha ocus **31a**
locha bréna bíastaide. Talam garb ganmide iss e urcrom aigreta.
lecca lethna tentide fora lár. mara móra co n-ainbthinib
adhúathmaraib² ina mbí aidde 7 aittreb Díabail do grés. Cethri 2235
sroth³ dermára dara lár. sruth tened sruth snechtaide sruth
néimthe. sruth usci duib dorchai. is intib sin nos fotraicet slúaig
digair na ndemna a haithle a n-oenaig 7 a n-aniusa oc píanad
na n-anmand

In tan trá canait slúaig nóema muintire nime claschetol 2240
comchubaid na n-ocht tráth co subach 7 co forbáelid ic molad
in Chomded. Is and sin ferait ind anmand nualla trúaga
torsecha oca tuarcain cen tairisem la drongaib na ndemna. Is
iat sin trá na píana 7 na todernama ro follsig aingel in choim-
techta do anmain Adomnán iar tascnam flatha nime.   2245

Roucad iar sin ind anim la brafad súla triasin n-erdam
n-orda 7 triasin fíal nglainide co tír inna náem is inti
cetarucadsi in tan conruloi a curp.

O ro gab iarom ceill for anad 7 for airiseom isin tír sin
atchúala ina díaid triasin fíal guth ind aingil no forcongrad furre 2250
co n-igsed ar cúlu doridisi cosin corp cetna asar escomloi. 7
coro innised i ndálaib 7 airechtaib 7 i comthinoltaib láech 7
clérech focraice nime 7 píana iffir[n]d⁴ feib ro follsig aingel in
cóemtechta⁵ di.

Is é seo iarom forcetul no gnáthaiged Adomnán dona 2255
slúagaib o sein immach céin buí na bethaid. Is é dano no
pridchad i mmórdail fer nÉrend díaro fuirmed recht Adomnáin
for Góedelaib. 7 díaro sáertha na mná la Adomnan 7 la
Fínnachta Fledach la ríg nÉrend. 7 la mathib Herend archena.
Is é dano cétscel no gnáthaiged Patraic mac Calpuir[n]d⁴ foch- 2260
raice nime 7 píana iffrn d'innisain donafíb no chretitis in Comdid
tríana forcetul 7 no fáemtaís a n-anmchardine dó la turcbail
soscelai Is é dano forcetol ba menciu dogníd Petar 7 Pól 7 na

---

¹ *read* Comdid, b *due perhaps to the re-tracer.*   ² *sic,* ad|huathmaraib.
³ *sic.*   ⁴ n-*stroke om.*   ⁵ cóemtechda *Facs.*

apstail archena .i. píana 7 focraice d'innisin ár ro faillsigthea dóib
2265 fón cuma cétna. Is é dano dorigni Siluester abb Róma do
Chonstantín mac Elena do ardríg in domain isin mórdáil
d(')aro¹ édpair in Róim do Phól 7 do Phetar. Is é seo dano
dorigni Fabian comarba Petair do Philip mac Gordián do ríg
Román díaro chreit in Comdid 7 diaro chretset ilmíle aile in
2270 n-úair sin. iss eside cétrí do Rómánchaib ro chreit in slán|icid
31b Isu Crist.

Is é seo scél gnáthaiges Héli do innisin do anmandaib na firén
7 sé fó chrund bethad hi pardus. Ónd úair iarom oslaices Héli
in lebor do forcetol na n-anmand. tecait and sin anmand inna
2275 firén i rrechtaib én nglégel chuce do cach aird. Innisid dóib
dano ar thús focraice inna fírén oíbnius 7 airera flatha nime 7 at
forbaeltiseom in n-airet sin. Innisid im̄ dóib iar sin píana 7
todernama iffirn 7 erbada lathe bratha. Ocus is follus co mór
gné mbroin fairseom fessin 7 for Enóc conid íat sin da brón
2280 flatha nime. Íadaid Héle iar sin in lebor 7 ferait ind eóin
nuallguba dermar ind úair sin 7 tennait a n-ette fria curpu co
tecait srotha fola estib ar ómun pían n-iffirnd 7 lathe brátha.

In tan iarom is iat anmand inna náem díanid erdalta síraittreb
flatha nimi dogníat in guba sin. bá dethbiri do dainib in domain
2285 cíamtis dera fola dognetís oc erochill lathi brátha 7 pían n-iffirnd.
Is and sin icfas in Comdiu a chommaín féin fri cach nduni isin
domun .i. fochraice dona fírenaib 7 píana dona pecdachaib.
Cuirfitir iarum amal sin in pecdaig i fudamain péne suthaine
forsa n-íadfa glas brethre Dé fó míscaid bretheman brátha tri
2290 bith sír. Bértair im̄ ind naím 7 ind fireóin lucht na deirce 7 na
trócairi for deis Dé do bithaittreb flatha nimi .i. áit i mbiat isin
mórglóir sin cen áes cen urchra cen crích cen forcend tria bithu
sír.

Is amlaid iarom atá in chathir sin .i. flaith cen úaill cen
2295 díummus cen goí cen écnach cen díupert² cen taithlech cen gres cen
ruci cen mebail cen mélacht cen tnúth cen mórdataid cen teidm
cen galar cen bochtai cen nochtai cen díth cen díbad cen chasir
cen snechta cen gaíth cen flechud cen deilm cen toraind cen
dorche cen úardataid. flaith úasal adamra aererda co suthi co
2300 soilsi co mbolud tíri láin hi fail aerer cech mathiusa. Finit
amen finit.

---

¹ *MS. fractured, only lower curve of* d *visible ; read* díaro ; dáro *Facs.*   ² per
symbol, = díupairt.

31b³⁴–32a²⁰]

[Scéla laí brátha inso sis ., .,¹

DIA do bennachad na n-éstidi uli tabrad cach óen díb fó leith a
menmain 7 a innithim co dícra fri scélaib laí brátha .i. am*al*
ferfas in Comdiu fáelti frisna náemaib 7 frisna fírénaib do aittreb na 2305
flatha nemda. am*al* ferfas im͞ anfáelt( )² frisna pecthachaib 7 frisna
hanfírenaib oca n-innarba i n-iffernd. Isu Cr*is*t m*a*c Dé bí slánicid
ind ule³ domain in tres p*er*so na deachta úasli as chomṡuthain 7 as
comfolbthaide dond athair 7 don spirut⁷ náem. iss e ro ráid na scéla sa
gair bic ríana chésad do folsigud na tuarascbála⁴ bias do féin i lló 2310
brátha cona nóemaib 7 cona fírénaib. 7 do nertad a apstal 7 a
descipul. | nachas ragbad torsi día chessadsom. ar rofitirsium coro **32a**
chomacsig amser a chesta. Matha m*a*c Alph*in* suí Ebraidi indara fer
déc ro thog Ísu na muint*er*us in cethramad fer ro scríb in soscela
comdeta iss é ro scrib 7 ro lesaig na scela so lathi br*a*tha. mar rochúala 2315
a bélaib a mágistrech .i. Ísu co farcaib⁵ hi c*um*ne cond eclais co
n-ebairt fón n-innasa. In tan doraga m*a*c Dé 7 duini i n-óenpersaind.
co n-onóir 7 co míadamla. 7 a ule aingil malle fris. suidfid in tan sin
fora chathair rígda 7 for sossad a míadamla. 7 tinolfit*er* and sin na
huli daine na fíadnaisi 7 dogéna a ndeligud 7 a t*er*bod iar tain. 2320
Ordaigfid ém a nóemu 7 a firénu dia deis. Ordaigfid im͞ na pecdachu
7 na hanfírenu di chlé.

Is and sin atbéra in rí dond f̌airind beti⁶ dia deis. Ticid a
bennachtnachu selbaid flaith m'athar ro fuired dúib o thosuch domain.
Úair ro ba i ngorta 7 doratsaid bíad dam. Ro bá i n-ítaid 7 doratsaid 2325
dig dam. Ro bá i rríchtain a les tigi aíged 7 dorat*said* aigidecht dam.
Ro bá cen etach 7 dor*atsaid* etach dam. Ro bá i ngalur 7 tancabair
dom torroma. Ro ba i c*um*riuch 7 tancaibair dom thúaslugud 7 dom
fortacht.

Is and sin doberat na fíreóin in frecra sa for in Comdid. a thigerna 2330

---

¹ *This tract and the following are in the handwriting of* **H**; *col. b, l.* 34, *to end,
and the whole of the verso* (*p.* 32) *have been erased to receive this homily. The
membrane is very thin and damaged in consequence.* ² *final* i *lost in a rent.*
³ u *and* l *separated by a rent.* ⁴ tuaras *written slightly under a rent, barely legible,
surface being much rubbed ;* tuar3 *Facs.* ⁵ *in ras.,* ai *subscr.* ⁶ *erasure after*
beti, *space for three letters.* ⁷ spirutu *Facs.*

for iat cuin atchoncammárni thú i ngorta ɫ i n-itaid 7 doratsam biad
7 dig dait. 7¹ Cuin atchonnarcmár i rríchtain a les tigi aíged ɫ cen
etach tú 7 doratsamar aígidecht 7 étach duit. ɫ cuin atconcamar i
ngalur ɫ i cumriuch thú 7 táncamár dot ḟis scél 7 dot ḟuaslucud. Is é
2335 seo im frecra dobéra in Comdiu forsna fírénaib. Cach tan ar se
dorónsaith maith arna bochtaib im anmumsa is foromsa dorónsaid. Is
íat sin trá sé hernaili na trócairi o cennaigther ind flaith nemda. Is
iat na sé dorsi glainidi triasa tic solsi in bethad suthain isind eclais.
Is iat sin na sé cémend iarsa frescabat na naím 7 na fíreóin dochom
2340 nimi.

Atbéra in Comdiu dano cid dond fairind beti día chlí in n-athesc
n-acarb n-adúathmar sa .i. don lucht náro chomaill a thoil 7 a thimna.
7 is ed atbera fríu oca cur i n-iffern. Scuchaid dím a mallachtnachu 7
ercid isin tenid suthain ro faíred do Díabul 7 dia drochmuintir. úair
2345 ro bá i ngorta 7 i n-ítaid 7 ni thardsaid bíad ɫ dig dam. Ro bá i
rrichtain a les tigi aíged 7 étaig 7 ni thárdsaid aígidecht ɫ étach dam.
Ro bá i ngalur 7 i cumriuch 7 ní thancabair dom fis scél ɫ dom
thúaslucud

Is and sin dobérat na hecrabdig in frecra sa for in Comdid. A
2350 thigerna for siat cuin atconnarcmárni² i ngorta. ɫ i n-ítaid ɫ i rríchtain
a les tigi aíged. ɫ cen étach. ɫ i ngalur ɫ i cumriuch. 7 na dernsamar
timthirecht 7 umallóit duit. Is and sin dobéra in Comdiu frecra
forrosom. Cach tan for se na dernsaid maith ar na bochtaib imm
anmaimsea³ is foromsa na dernsaid. Is íat sin tra sé nechi airegda
2355 triasa n-insaigther iffernd. Sraínfitir tra iar sin na hanfíreóin hi péin
iffirn 7 isin todernam suthain. Ragait im na naím 7 na fíreóin isin
mbethaid suthain do aittreb nime malle fri Dia cona ainglib tria bithu
sír. |

32b Cesnaigthir isin scriptúir naím can asa targa in Comdiu do fugiull
2360 brátha. Ocus cinnas doraga ocus cid ara targa. De nim trá co
denim⁴ doraga in Comdiu do fugiull brátha mar demniges in rígfaith
Dauid mac Iese. Innas im doraga demnigid in fáith cétna 7 iss ed
atbeir. Bid follus ar sé doraga in Comdiu dond fugiull 7 nibá
toíthenach. Biaid dano tene mór ar lassad na fíadnaisi 7 ainbthiní
2365 dermár imme di cach leith. Is aire im doraga in Comdiu dond uugiull
do mes for in ciniud ndoenna eter bíu 7 marbu. mar atbeir ⁵in rigfáith
cétna.⁵ Tinolfaiter ar se muinter nime 7 talman hi fíadnaisi in Chomded
i llo brá ha. Is demin dano co ndingniter cethri budni don chinud
dóenda i lló bratha. Buden ém dib dogentar do mes 7 ragait aithle a
2370 mmessa dochom péné 7 todérnama. Is friuside atbéra in Comdiu in
n-aithesc n-adúathmar so oca n-innarba uad. Scuchaid dím a

---

¹ 7 add. above line. ² supply thu. ³ n Facs. ⁴ sic, for demin. ⁵⁻⁵ in ras.

mallachtnachu isin tenid suthain ro faíred do Díabul 7 dia droch-
muint*ir*. Is iats*id*e na comallat o gním in maith gellait o bélaib. Is é
ainm na fairni sin isin scriptuir. mali n*on* ualde .i. uilc na*ch* adbulolc.

Buden aile díb na dingentar do mes acht ragait fó chetóir cen 2375
mesrugud et*ir* forro dochom n-iffrind. 7 píanfait*ir* iar sin tria bithu na
mbetha cen trocaire Dé dia fortacht ár ní thabratsom smacht ł recht ł
ríagail ar denam a peccaid 7 a ndualach · hi fus. acht cach olc as mó.
ro fétat do sárugud Dé 7 daíne iss *ed* dogniat. Is é ainm na budni sin
mali ualde .i. a n-as mesu don chinud dóenda   2380

Buden aile díb dogentar do mes 7 ragait a aithle a mmessa doch*um*
focraice. Is iats*id*e dogniat i fus aithrige ndichra tria chongain cride.
7 lesaigit a n-ulcu remtechtacha tria sualchib 7 caíngnímaib. 7 da*no*
doberat almsana bíd 7 etaig dona bochtaib i n-onoir in Chomded. co
ndíchlets*id*e na pecda doronsat ríam. conna*ch* cu*m*nig in Comdiu dóib 2385
thall na hulcu dorónsat i fus. Is fris*id*i¹ atbéra in Comdiu i llóbra*th*a
ica ñgairm chuce doch*um* nime. Taít innossa a bennachtnachu do
aitreib na flatha nemda. Is é da*no* ainm na budni sin isin script*uir*
naím. boni n*on* ualde .i. mathi na*ch* adbolmaith.

Buden aile i͞m díb na dingentar do mes. acht ragait fo chetóir cen 2390
mesrug*ud* et*ir* doch*um* nimi. 7 focraici fororda. Is leos*id*e na*ch* leór di
maith comallud na *nn*-erailend in script*ur* díada forro do denam co tuillet
triana sualchib 7 triana caindu( ) h( )² féin sin. 7 co ndénat ni as mó de
maith andas a n-e( )ailt*er*³ forro isna timnaib díadaib. Is dóibside d( )⁴
gellas 7 tairngires Isu in mórmaith seo n( )nist*er*⁵ isin tsoscéla co 2395
n-ebre friu oca n-ascin o( )⁶ chuce i mmórchomdáil laí brátha úair
foracsabairsi foromsa⁷ ar Ísu ca*ch* maith ro boí ocaib isin tsáegul 7⁸
⁸tancabair im muinter*us*a 7 im chomaitecht.¹³ taítsi innossa chu( )⁹ co
mbethi malle frim for díb rigsudib déc cen m( )gud¹⁰ foraib. is sibsi
oc mes in chiniuda dóenna. ( ) | ¹¹   2400
do aitreib iffirnd tria bith sír. Ocus it é beti i scoraib 7 i llongphortaib **33a**
Díab*ail*. Ocus scérait fri airfitiud in domain seo ro charsat. Ocus
fri gn*ús*ib muintire nime. .i. na n-aingel 7 na nóem 7 na firen. ar
mbith¹² dóib míle blia*dn*a i tenid bra*th*a. ar is é sin ré lathi bra*th*a mar
innisit trachtaireda na canoni noími.   2405

Nibá sóinmech thrá a sét na pectach sin. ni faigbet dig na biad.
acht sírgorta 7 roítu 7 rouacht. Is ed bertair iar sin do taig Diab*ail*
co fogur derchaínte co tromosnadaib sírrechtaidib. Bid trúag gáir 7

---

¹ *sic, for* friusidi; cp. l. 2370.   ² *the outer margin of the last ten lines is
fractured and lost, carrying with it portion of the text; read* caínduthracht.   ³ *read*
a n-erailter.   ⁴ *read* da*no*.   ⁵ *read* mar innist*er*.   ⁶ o *very faint, read* oc
tuidecht (?).   ⁷ forom *legible in good light.*   ⁸ 7 tan *faintly traceable.*   ⁹ *read*
chucum.   ¹⁰ *read* mesrugud.   ¹¹ *three strokes traceable, resembling* Ni *or* M; *some-
thing lost here.*   ¹² *in* ras., *under* th *is written* ɔc, *the mark of separation.*
¹³ cho*m*aite*ch*ta. *Facs.*

núall golfadach 7 éigmech. bron 7 basgaire. na túath pecdach and sin
2410 ica tarroing dochum pene iffirnd. Acht bid hísin in mallaithrige cen
greim forri. ar ni chluinfider a ngudisium and sin. Úair na-
rofoichlitar ar thus céin ro bátár hi fus hi comaitreib a corp 7 a
n-anmand. Iadfaitir and sin tri glais na pecthach .i. iadad iffirn tria
bith sír forru. 7 íadad a sul frisin ndomun dia tartsat grád 7 iadad na
2415 flatha nemda friu. Suidfit iar sin sudi nemthrócar for richessaib
rothened ar bélaib ríg na claíni i nglind na pían airm i mbiat dóib
todérnama tromma .i. bás cen betaid. tene dorcha. bethu brónach
toirsech salach inglan. airm .i mbiat ilchoin géra cicara. cróesmóra
clúaslethna ingnecha crobgéra a ttóebaib. Ocus loscind géra garba
2420 oc imesorcain. Ocus nathracha nemnecha imlúatha im chuaird
cathrach Díabail. Ocus leómain lonna letarthacha. Ocus ilar na
ndubdlúm 7 na ndublúachat. airm i mbiat eóin etecha ingnecha
ágmara iarnaide. Ocus brenlocha ainbthencha úara iffernaide. Tenti
dorcha oc sírloscud. Lecca derca fo chossaib. Claidib ic cirriud.
2425 Cait ic scripad 7 ic dercad. Demna ic píanad. Créchta cen leges.
Lassar cen díbdud. Gabáil for tengthaib. Tachtad ar brágtib.
Búadred ar cennaib. Iachtad 7 gabáil ar gothaib. Glassad ar
bonnaib. airm i mbia fri taíb cach uilc in pheist irdairc úathmar
ilchennach co rubnib riches rúad. Ní dia tuarascbáil .i. cet muinel
2430 forri 7 cét cend for cach muineol. 7 coic .c. fiacal cach óenchind. cét
lam forri. 7 c. mbas for cach láim. 7 c. n-ingen for cach bais. airm i
mbethir cen chóemu cen cardiu i n-ítaid i n-acorus i rrouacht i
rrothes. i n-esbaid cach mathiusa 7 hi comlaintius cach uilc. i n-oentaid
esóentad demna 7 muintiri iffirn. Bíaid dano and sin mairg 7 íachtad.
2435 gol 7 egmech. cnet 7 grechach. cach óenbeoil. 7 mallacht cen
chumsanad ona pecthachaib fora n-apaid .i. for Díabul. ar iss ed
33b dos|beirsium ic fulang phéne cach olc dorónsat triana aslachsom.
Ocus mallacht dano úadsom fora manchaib imme .i. forsna pecdachaib
ar is moti a píansom féin cach olc doronsatsom triana aslom forro oc
2440 aslach cach uilc.

Is adúathmar im̅ 7 is granna in carcar sin dorigni in Comdiu do
Diabul cona demnaib .i. iffern. Is ísel tra 7 is domain a sudigud. ar
cia no léicthe cloch mulind i mbélaib iffirn. ni mó indá hi cind míli
bliadna rosesed a íchtur. Ude anma dano iar techt a curp fri ré
2445 trichat bliadna o úachtur coa íchtur. mar as chétfaid díarailib. Is
daingen a himtimchell na carcrach sin. Is aigthech úamnach.
gaibthech golfartach. Is dorcha dubgranna a chróes Is all do
thimarcain cach anma phíantair. is bréo do loscud. israigell¹ do
esorgain. is fáebur do athchumma is adaig do erdallud. Is dethach do
2450 muchad. is croch do phíanad. Is claideb do dígail. is arm úathmar do
guin 7 do letrad. is buriud pían. is rubne todernam. is bádud is plágud.

¹ = is sraigell.

israínud.¹ is brúd. is linud. is tragud. is dód. is leód. is loscud.
islucud.² is ard. is isel. is roúar. is rothe. is cumung is farsiung. is
mór bréni a brothgaile. Cid tra acht dia curta nech i secht n-áesaib.
7 co mbeth míle bliadna in cach aís díb ní mó andá óenmad rand 2455
fichet olc n-iffirnd no innisfed. Acht it íat sin chena prímthesmalta
iffirn cona phíanaib. Ní mó chin for talmain cid árdrigi in domain o
turcbáil co fuinud no beth acci. díambá hadba ind adba sin 7 día
mbia i ccinniud aittreib na carcrach sin.

Gairmebtair im̄ co somíad. co n-onóir. co n-airmitin. na naím 7 2460
na fireóin ro chomailset timma³ in Chomded 7 a forcetul. isin bethaid
suthain for deis Dé tria bith sír. .i. lucht na censa 7 na hálgini.
na déirci 7 na trocairi. 7 cach caíngníma archena. Lucht ógi 7 athrigi
7 fedba irescha ar Dia. Is and sin bias tairm adbul 7 fogur dermar na
n·anmand nglan ic céimnigud for deis a rrig⁴ 7 a tigernai issin flaith 2465
nemda i nggradaib ríg nimi 7 talman 7 iffirn. Airm i fil in tsoilsi
doróisce cach soilsi. can tairthim. ce[n]⁵ turbrúd. cen dorchataid.
Bethu suthain cen bas. nuall faelti cen torsi. slanti cen galar. óetiu cen
sentataid. síd cen debaid. sáime cen dóinmige⁶. saire cen sáethar cen
śním. cen ocorus bíd ł étaig ł cotulta. naími cen ais cen ercra. Óentu 2470
solusta aingel. airera parduis. fledugud cen túrbrúd eter noi ngradaib
aingel 7 nóemthuath ríchid. 7 noemairechtaib in ríg roúasail. 7 et r
náemtlachtaib spirtáldaib nimi. 7 étrochta gréne. hi flaith aird úasail
adamraigthi. chaím chóir chumtaigthi. móir mín milidi. sair sáim
sorchaide. i mbrugib ríchid. | i sostaib aíbnib. hi cathaírib órdaib. i **34a**
llepthaib glainidib hi sostaib argdidib. i sudigfider cach óenduine ara 2475
mmíad 7 ar dliged 7 ara soguim fodéin. Is diasneti⁷ im̄ farsinge 7
lethet na flatha nemda. ar in t-én as luathiu lúamain for bith ni
tháirsed dó tóichell ríchid o tossuch domain coa dered.

Is adbul dano a suthaige 7 a solsi. a chaime 7 a chobsaide na 2480
cathrach sin. A sámi 7 a somilsi. a fostacht a logmaire. a rrédi a
rruthnigthi. a glaine a grádmaire. a gile a ceólmaire. a naími a
níamglaine. a haille a hailgine. a hardi a hetrocta. a hordan a
hairmitiu. a lánsíd a lánóentu. ni túalaing trá nach ndúil in chétmad
rand do tuarascbail mathiusa na cathrach sin d'innisin. Acht ammáin 2485
is ferr in becan sa díb d'innisin indá beith hi tast.

Mogenair im̄ bias co ndegarliud. 7 co ndegnimaib 7 berthair do
aittreib na cathrach sin i llo brátha. ár bíaid tria bithu cen chrích cen
forcend. i n-óentaid na hecailsi nemda 7 talmaide. I n-oentaid úasal-
athrach 7 fádi apstal 7 descipul Ísu Crist. nóem 7 nóemog in domain. 2490
aingel 7 árchaingel in Chomded. isin n-óentaid as uasliu cach
n-óentaid. I nn-óentaid ⁸na nóemtrinoti⁸ úasli Athar 7 Meic 7 Spirta
Naím .~.~.~.~.~.~

---

¹ = is sraínud.   ² = is slucud.   ³ *sic, for* timna.   ⁴ *first* r *added over* a; ā
Facs.   ⁵ n-*stroke om.*   ⁶ dóimmige *Facs.*   ⁷ diasnedi *Facs.*   ⁸⁻⁸ *in ras.*

                                                                  *

[Scéla na esergi inso   [**34a**²⁴-**b**¹⁷

2495 TABRAD cách dia airi co ticfa bráth is andsíde bias esergi dona
hulib daínib tri erfuacra meíc De.   Isind ló sin .i. i lló bratha
cumscaigfider nem 7 talam 7 inna huli duli filet intib. túaslaicfiter 7
legfait ri tes tened brátha. acht cuirfiter na huli sin hi cruth bas aldiu 7
basocraidiu¹ co mór andás in cruth i rrabatar iarna mbrunniud 7 iarna
2500 nglanad tria thenid mbrátha.   Is and sin techtfas in teni sin lathi
brátha bríg 7 nert cosmail don tenid inro faíte na tri meíc oc Nabcodon.
níro loisc in tene sin na maccu náema.   Ro loisc im̄ na timthirthidi
ecráibdecha batar imman sornd tened.   Is amlaid sin loiscfes teni
bruthmar brátha na huli pecthachu 7 na huli ecráibdechu. ni
2505 erchotigfi im̄ do chorpaib na firen ar bíaid in teni sin amal bróen
n-áilgen dona náemaib   loscfid im̄ na pecthachu.
     Doraga mac duni de nim insind lo sin .i. i lló bratha .i. Ísu Crist
7 artraigfid isind aeór i soilse 7 étrochta dermair² amal gréin. 7 linfaid
in tsolsi sin in n- li ndomon o turcbáil greni coa fuiniud.   Atchluinfet
2510 and sin na huli daini filet i n-adnaicthib guth meíc De.   Combad guth
corptha atberad Ísu sund do éstecht dona marbaib .i. guth ind
árchaingil Michil doraga d'erfuacra na hesergi co coitchenn for in
34b cinud ndóenda co n-epri friu fo tri .i. ergid uli a bas. | ̄t is guth
nemchorpda atbeir Ísu sund d'estecht dona marbaib .i. forcongra
2515 spirtalda 7 cumachta diasneti in Chomded nad chumaing nach nduil do
imgabail. is triasin forcongra sin atresat na huli daíne a bás .i. do
neoch ro sluic talam 7 atúatár bíasta. 7 ro báid usce 7 ro loisc tene 7
dano ro túaslaicthe for aicned na ndul dia ndernta.   Atreset sin uli a
bás la brafad n-oenúaire 7 gebaid cách díb a anmain féin i n-oentaid
2520 a chuirp dilis 7 fedligfit iar tain i mbetaid tria bithu.
     Is and sin faídfed³ in Comdiu a techtaire úasli .i. na aingliu nóema
fón n-uli ndomon 7 tinolfait na huli fírenu a cetri ardaib in talman. 7
nos berat leó hi comdáil Crist isin n-aer.   Tinolfit im̄ na demna leó
na hule pecdachu 7 na hule ecráibdechu.   Beti and sin na huli sin for
2525 aird i fíadnaisi in Chomded ocond fugiull .i. aingil 7 demna 7 daini .i.
eter phecthacaib 7 fírenu.
     Cestnaigthir dano cia hinad árithe asa mbia eisérge cach duine. asa

---

¹ sic, for bas sochraidiu.   ² at beginning of line trace of former capital A and
accent discernible in ras.   ³ sic.

n-adnaicthib ém co demin. iar ndesmirecht sin chuirp in Chomded
atᵣaracht asa adnacul fessin.¹ Ind airend im̄ ro tomlithea o bíastaib 7
ro scailte i n-inadaib ecsamlaib atreset sin iar comarli in Chomded nos 2530
tinolfa 7 nos athnuigfe asind inud bas áil dó. Araídi iss *ed* as dochu and
comba *h*and atresat airm i*n*ro tomlithe 7 i*n*ro esrete. ar iss *ed* sin
armith*er* ar adnacul dóib. Cestnaigth*ir* da*n*o i mbia esergi dona
toglúasachtaib 7 dona toratᵣaib² dóennaib. Is e a frecra sin co mbia
co demin esérgi thall i mbethaib³ do⁴ hulib ro thechtsat hi fos bás iar 2535
mbethaid. Má ro thechtsat dī na togluasachta bás iar mbethaid cid i
mbroind a máthár is demin co mbia esergi dóib thall. 7 co techtfat
bethaid iarsin básin.⁵ Ma*n*ip cumtabairt dī amlaid sin esérgi dona
toglúasachtaib is lugu co mor as chumtabairt esergi dona náedenaib 7
dona torothraib.   2540
    Ces*t*naigth*ir* dī uair atresat na huli daíni a bás cía háes ł cia delb i
mbia esérgi dóib. ocus tráchtaid in t-aps*tal* in cesta sin co n-abair.
Atresat na huli daíni a bás ar in t-aps*tal* iar cosmailius áesi 7 delbi
Cr*ist*. Tri bliad*n*a trichat im̄ ropsat slána do Ch*r*ist 7 is i cosmailius na
haisi sin atrachtsom a bás. In aís da*n*o Cr*ist* atb*eir* in t-aps*tal* inna huli 2545
daíne do eserge 7 ní inna méit .i. ni⁶ commétius a chuirp ar ni hair-
chend combat commeti ule cuirp na esergi. Fedligfid im̄ Cr*ist* do
gr*é*s cen tulled cen dígbáil isin delb 7 isin méit i*n*ro arthraig dia
aps*talaib* iar n-esergi. 7 is airi sin cid i n-óena*í*s atresat inna huli
doíni .i. i n-aís trichtaigi. araidi techtfait méit n-écsamail 7 méit 2550
n-ecutrumma ina corpaib iar cosmailius 7 iar n-aicniud na n-amser 7
na ferand irro genatár. Aní dī testá do chomlanius a cuirp forna
toglúasachtaib 7 arna nóedenaib becaib 7 ar arailib torothraib derólib
na techtat a méit n̄dlechtaig 7 ara n-esbat araile baill a cuirp. com-
*s*lanaigfid | in Comdiu sin uli thall isind esergi conna heseba nách ní **35a**
fort*h*o do rudilse a ndelbe nach a n-aicnid dílis. úair ní techtaidsium 2555
intib féin sin iar ndligud nemaicsidi 7 inclithi a n-aicnid céin coro
techtsat iar n-adbar nach íar méit chorpdai.
    Ind forcraid im̄ fil for aicniud isna corpaib roremraib. 7 da*n*o isna
hulib torothraib techtait méit n-anmesarda digébthair ind forcraid sin 2560
forro thall isind esérgi. 7 fedligfid iar sin i meit dlechtanaig 7 i méit
mesardai a folaid 7 a n-aicnid dilis. Na torothair da*n*o techtait da
chorp i n-óenaccomol de*l*igfit*ir* sin tall isind eséirgi 7 gébaid cách díb
fo leith a chorp ndíles amal demniges Iob sin ic tairchetul inna libur
in tan atb*eir* na huli daini do esérgi ina corpaib dilsib.   2565
    Is tomtiu im̄ icond eclais co techtfat cuirp na martíri nóem intib

---

¹ feisin *Facs.*   ² *under the second* t *a recent hand has added* a.   ³ *read*
mbethaid, b *perhaps due to retracer.*   ⁴ *sic, read* dona.   ⁵ *sic, for* bás sin.
⁶ *sic, for* ní i.

iar n-esergi fulliuchta na *créth*¹ forodmotár ar C*ris*t cen esbaid cen
dígbáil deilbe no soc*r*aidechta forthu do falsigud a mbuada 7 a
coscair. 7 da*no* do falsigud na foc*r*aici móri dlegait ón Chomdid
2570 ara mmartra. iar ndesmirecht sin chuirp in Chomded techtas and iar
n-esergi fulliuchta na crécht forodaim ó Iudib² do folsig*ud* a umalloti
fo*r*bthi dond athair nemda. 7 da*no* do thuilliud phene 7 todernama
dona hIudaidib o ro fodaimsium³ na crechta sin.

Cestnaigth*ir* da*no* do forcraid na foltni 7 na n-ingen cia ord bias
2575 forru isind esérgi. Érnid Augustin in fer naem in cesta sin 7 is i a
thomtiu forcraid na foltni 7 na n-ingen connách intib féin nammá
comthoíth*er* tháll isind esergi acht i n-aicned in chuirp hi coit*chinni*.
úair ni de fat² na foltni .i. dia forcraid. acht día n-árim nammá cu*m*niges
Ísu isin toscélu in tan aithnes aní s*e*o día aps*tala*ib co n-abbair.
2580 Foltni fo*r* cindsi ar Isu fria aps*tal*u atát i n-árim chinti 7 i n-aichnius
demin icon Chomdid. 7 mértait ule duibse aci thall isind esergi.

Ɨ da*no* maso intib fein nammá comthothir forcraid na foltni 7 na
n-ingen am*al* is chetfaid do fai*r*ind ar iss *ed* as chosmail forcraid cech
baill do thinól 7 do thimarcain ind féin corop isin bul² sa fein fogaba
2585 cip ed do phéin Ɨ do fochraic dliges tria chomchétfaid 7 como*pr*ed in
baill sin.

Is *ed* as chretithe co ndluthfa 7 co timaircfea thall in Comdiu isind
esergi tria elathain diasneti ind ecnai díadai curpu t*rú*alnidi na ndóeni
i sémi 7 i fáelli ind folaid nemt*ru*alnidi 7 a n-aicnid spirtállai. iarna
2590 t*er*bud 7 iarna ndeligud o cech elniud. iar ndesmirecht sin 7 intsamail
inna tinni dognít*er* do dlúthad 7 timarcain tria eladain ind ecnai
35b dóennai i sémi 7 i foilli a cuirp dílis iar ndíc*ur* cech él|niuda 7 cech
slaidrid úadib.

Ɨ da*no* is tomtiu and co c*ru*thaigfea in Comdiu a*n*dall⁴ curpu na
2595 esergi dind adbur toltanaigfes dó cip é méit Ɨ laget² i mbé in t-adbar
sin .i. do neoch ro thirúarthestar din churp doenna isin duine ar cind
báis. am*al* chumtaiges innossa inna curpu móra dena sílaib dereolaib.
7 da*no* am*al* ro chumtaig thall i céttustin na ndúl na curpu dermara
den dligud nemaicside 7 den dligud nemchorptha ro techtsat co
2600 hinchlithe intib na dúli diaro tusmidea na curp⁵ sin. Ar isochma⁶ do
Día coro cumtaige cen adbar Ɨ de adbar deróil cech n-admat Ɨ cech
n-aicde bes áil dó. 7 combad aire sin atberad ín t-augtar naro taithm*en*
Ísu do forcraid na foltne 7 na n-ingen Ɨ na*ch* baill archena 7 isochma⁶
do Dia coro athnuige i comlanius a ndelbe 7 a⁷ n-aicnid dílis cen in

---

¹ *read* crécht. ² *sic*. ³ *abbrev. stroke partly over* f *is recent*. ⁴ *sic*, ā
faint as if erased; read thall *as in l. 2587*. ⁵ *read* cuirp. ⁶ *sic, for* is
sochma. ⁷ a *n- add. above line*.

forcraid sin do thinól doridisi isin churp. acht araidi is dolig na*ch* 2605
mball isin churp ɫ na*ch* rand de do sechmall on phein ⁊ on dammain
dliges tria chomchetfaid n-imarbais. ɫ ond fochraic dliges tria chom-
chetfaid degníma. Conid ed is dóig dī as chreti and comlanius in
chuirp dóennai ule do athnugud isind esergi. co fagba ind anim i
n-oentaid fón innasin¹ cep ed dliges di phéin ɫ di fo*c*raic ara 2610
ndegariltib ɫ ara ndrochariltib. Ar fomtin dī ⁊ ar imgabáil remlatrad
.i. demnigthe aneich na dlegar do demnig*ud* acht is coir do bith i
cumtabairt ata in brechtrad tomten sa. Uair cidat demni ⁊ cidat falsi
araile di ruinib na esergi ar is todochaide n-airchend ind esergi fein
iar forcetul ind aps*tail* ⁊ na screptra archena. araide atát ruini díb 2615
indemni ⁊ anfalsi. conid trebairiu ⁊ conid ecnaidiu a mbith i ndóchus
⁊ i tomtin andás i ndemnig*ud* tria ṡlatrataid.

Atresat tra na huli daíni thall i ndeilb ⁊ i n-ecosc ecsamail .i. na fir
i n-ecosc ferda ⁊ na mná i n-ecosc banda. Úair airm i n-apair in
t-aps*tal* na ule dóeni do esergi i fer fo*r*bthe. ainm fir dorat and sin for 2620
in duine coit*chenn* ete*r* firu ⁊ mná. Uair dígeb*th*air thall a lochta ⁊ a
n-anmi ara corpaib na ndáeni. Cométfaid*ir* im̄ intib rudilse a ndelbe
⁊ a n-ecosca* dílis. ní thechtfat da*no* *c*uirp na esergi intib elscoth ɫ
accobor nó nách nduálaig archena. ⁊ is aire sin da*no* ni bí na*ch*
n-imnáire dóib cid lomnochta beti* .i. cena fortugi et*ir* o étuch.   2625

Hi corpaib dlútaib da*no* ⁊ i corpaib tiugaidib bias esergi na ndóeni
⁊ ní i corpaib sémib ⁊ rofollib mar aer ɫ gaíth. am*al* ropo chetfaid sin
dond eritec*d*u do Eotaic doruménair curpu na esergi comtis semiu ⁊
comtis fóiliu² indás aér ɫ gáeth. Ro forúaslig im̄ Gr*igoir* | náem in **36a**
cétfaid sin ⁊ ros ꝼathgé.   2630

Cestnaigth*ir* dī úair is i corpaib dlúthib ⁊ tiugaidib atresat na
dóeni cid ar n-apair in t-aps*tal* spirtalda díb. Combad aire atberad
ara chuibde ⁊ ara chosmaili intib féin iar ndligud imfrecrai cach baill
díaraile. ⁊ da*no* ara n-áille ⁊ ara soc*r*aide. ara soilse ⁊ ara n-etrochta.
ár taitnébtaít na naím thall am*al* gré*i*n isind flaith nemda. ɫ is aire 2635
atbe*i*r in t-aps*tal* spirtaldai díb ara cuibde ⁊ ara n-óentadchi thall do
spirut inna hanma am*al* is óentadach innossa spirut na hanma dóib-
sium. Úair bid óentadach thall co mór ete*r* in corp ⁊ in n-anmain ⁊
bid inund comarli fora mbiat. úair ní bia nach frithbe*r*t nó nach
n-imresain tall o neoch díb diaraili .i. ón churp dond anmain ɫ ónd 2640
anmain don churp. ɫ da*no* spirtallai do rád díb úair fedligfid tall tria

---

ª ⅃̣ *written twice in central margin, between lines 39 and 42. It is not the usual*
symbol for no (*uel*): *the stroke here traverses the shaft of* l, *in the former it is always*
joined to the right of it ; cp. p. 34 supra.

---

¹ *sic, for* innas sin.   ² *first* i *subscr.*

bithu isna sostaib spírtallaib et*er* aingliu Dé for nim. ł da*no* spirdaltai
do rád díb dond aps*tal* ón mud sa, uair cumscaigfit*er* thall asin tróge 7
asin trúalniud 7 asin doc*r*aidecht i failet i nglóir 7 i n-etrochta.
2645 7 i soc*r*aidecht in bethad nemtrualnide 7 in bethad nemmarbdai ł
fedligfet do g*ré*s. 7 araide niba inund soc*r*aidecht do chorpaib na
naem uli thall úair na*ch* inund cid fochraic. Acht am*al* is écsamail
etrochta g*r*éni 7 ésca 7 etrochta rétland. 7 da*no* cacha retlainde ri-
araili is amlaid sin bas ecsamail foc*h*raic na firen íar n-esérgi. 7 is airi
2650 sin techtfaitsom sosta écsamla i nnim ara n-áriltib écsamlaib. Araídi
ní bia format neich díbsium friaraile. ar ita do mét dethiten 7 gráda
cáich dibsium feib oc araili. iar ndesmirecht sin ind óenchuirp
techtas and bullu écsamla 7 bullu ata úasliu araile 7 araide ní bí
format neich díbside ria cheli. 7 da*no* a n-aill and úair ni chesend nech
2655 dibsom fora foc*r*aic fein ar is e Dia a óenur bas cosmailius cech
mathiusa tall dona hulib noemaib 7 fírenaib. Cid ecsamail dī foc*r*aic
na firén. araíde is óenfochraic techtaitsium oraile mud .i. ind fecht-
naige 7 ind fáelti chomlan fil dóib i nDia. 7 da*no* ar is inund frisintí
fil isind fochraic as insliu 7 no beth fein isind ochraic as uasliu intí
2660 as chominmain lais fris féin do bith isind foc*r*aic sin.

Dobéra im̄ cach duine thall aich¹ for araile iar n-esergi. Acht
araide ni bia dethitiu neich díb thall for araile iar ndligud chardessa ł
chondalbais acht óentadaigfit ule do fugiull fírán in Chomded ernifes
do chách am*al* dlé.

2665 Dofucfa da*no* cách thall na mbia fo menmain a chéli cena falsigud
o bria*thraib* nó o chomarthaib ailib 7 tucfait o teorfégad spirtalla a
mmenman na réta ata écnairce dóib 7 ata et*er*cíana úadíb iar
36b ndes|mirecht sin ind fátha noím Elesi ro thuc tria spir*ut* fastine ana
nd*er*nai a descipul Gezi ina ecmais 7 sé i n-et*er*céni úad. lóg ón do
2670 gabáil o Némán Sireta ara íc don claime. Uair cia rét fil i n-anfis²
ocond fairind dofucat in Comdid oc nách fil nách n-anfis.

Ni dingnet im̄ na fireóin nách monor aile thall acht aní dorairngert
in fáith Dau*i*d co n-érbairt. Mo*n*genair don ł̄airind attrebait itegdaisiu³
a Chomdiu not molfat 7 not adamraigfet do g*ré*s triasna saeglaib⁴
2675 suthainib. Ni ó bria*thraib* im̄ ł ó gothaib corpdaib sechtair dogénat
na noím in molad sa for Dia. acht o theorfegad spirtalla 7 o sc*r*utan
inmedonach a ndligid 7 a n-intliuchta.

Atreset da*no* na huli ecraibdig i n-óge 7 i comlaintius a corp cen
dígbáil 7 cen esbaid nach mbaill forthu. Acht araide is amlaid beti
2680 na curp⁵ sin co tórtrommad 7 co n-emiltius co ndodelbi 7 co ndocraite
dermáir ina comaitecht. Ni thatnéba da*no* i n-anmannaib na

---

¹ *read* aichne.　　² fis *in ras.*　　³ *for* it tegdaissiu.　　⁴ saegl *in ras.*
⁵ *read* cuirp.

n-ecráibdech dliged intliuchta ná tucsen solsi ecnai ɫ eólais. acht
beti fó brón ⁊ torsi co temel dorchaide a n-aneólais ⁊ a n-anecnai ar
medon. Duba dano uli sechtair o churp. Mairg iarom for in t-ecnaid
dond fairind filet oc ernaidi na esergi sin. ar ní lugu as ainm dond 2685
esergi sin tathchor a bás i mbás do fedligud i mbás. andás tadchor a
bás i mbethaid do fedligud i mbethaid.

Is é dano bás na hanma a herchra ⁊ a hélúd tria phecdaib ⁊
dualchib ón bethaid forordai .i. o Dia. Uair amal is é bethu in chuirp
ind anim. is amlaid is e bethu na hanma Día. ⁊ Amal is é bás in 2690
chuirp a dérge ond anmain. is amlaid sin is é bás na hanma a derge o
Dia ara phecdaib ⁊ ara dualchib. Is and im̄ atá esergi dond anmain
in tan tathcures tria sualchib ⁊ degnimaib cosin Comdid. ⁊ ní hetar
innas aile sin acht tria guth meic Dé .i. tria forcetul in Chomded do
chomollad.　　2695

Is cóir a fis co filet da esérgi and .i. cétesergi ⁊ esergi tanaisi. is i
in cétesérgi .i. esergi na hanma ona pecdaib hi sualchib tri athrigi do
denam ⁊ ní fil acht dona fírenaib namma ind esérgi sin. Is í im̄ ind
esérgi tanaisi ind esergi bias i lló brátha dona ulib daínib a bás. ⁊ cid
óen ⁊ cid inund in bás sin iar n-aicniud choitchiunn araide techtaid 2700
delba ⁊ gnei écsamla fair ar immad na terchor ⁊ na tecmong triasa
fagaib cách and. Ind esergi coitchenn tra bias tall i llo brátha ni
hinund ⁊ ind esergi dianid ainm isind augtartas prestrigia .i. esergi
fuathaigthi amal in pitóndacht. ɫ ni inund ⁊ ind esergi dianid ainm
reuolutio .i. tathchor na hanma i corpaib ecsamlaib iar ndesmirecht 2705
na tathcorthe. ɫ ind esergi dianid ainm metaformatio .i. tarmchrutad
iar ndesmirecht na conricht. ɫ ni inu[n]d¹ ⁊ ind esergi díanid ainm
subductio .i. fothudchestu .i. amal bíte lucht ind remeca. ɫ ind esergi
dianid ainm suscitatio .i. toduscud marb tria mírbail. iar ndesmirecht
Lazáir. |　　2710

Iss ed so dano bias and atrésat na hule daini thall isind esergi **37a**
choitchinn i n-aís trichtaigi ina ndeilb ⁊ ina n-écosc díles co comnius²
a cuirp ⁊ a n-ule cetfaide. Co comlánius dano a foltne ⁊ a n-ingen ⁊
cech baill archena ⁊ congéba cách tria nert ⁊ cumachta in Chomded a
anmain féin i n-óentaid a chuirp dílis. ⁊ fedligfit do grés isin bethaid 2715
suthain cen áes cen ercra. Ar is í sin co demin ind fíresergi is di³
ainm isin scriptuir esergi tanaisi. i condiulg na cetesergi .i. na esergi
bís tria athrigi.

Cip é im̄ na crete co forbthe ⁊ co comlan esergi in ciniuda dóennai
fon n-innas sa sechmalfaid tall on tslanti suthain tarngirther dona 2720
naemaib ⁊ dona fírénaib fora n-iris. Acht a duine for in t-ecnaid
máso dodaing lat coro chrete in mírbail sea na esergi. fég lat gníma

---

¹ n-*stroke om.*　　² *sic, read* comlánius.　　³ *supply* as.

aile in Chomded 7 cidat gnáthchiu *si*de ní lugu ata mirbaile. Fég ém
lethet ind nimi 7 a farsingi. méit in tal*man*. abís in mara timchellas in
2725 tal*main* sin do cech aird 7 na hule dule fil*et* indib. Feg da*no* aṅgliu
nime. Fég ém na duli sin 7 na dule archena co nd*ern*ta do nemní
tría nert 7 cumachta in Chomded. Ar is lugu co mor di mírbail nách
n-aicde do dénam innossa do adbar tria bréthir nDé andát na hule
dule do denam thall ar thus di nemni triasin mbrethir sin. Ar is inund
2730 guth Dé atberar sund innossa triasa mbia thall esergi dona ulib
marbaib. 7 in bria*thar* triasa nderna thall ar thús na huli duli de
nemni. A duine íarom for in t-ecnaid demnig duit in mirbail sea inna
esergi. na craind dermara. cuirp na ndaine 7 na n-anmanna archena
genit 7 tusmitir dina silaib d*er*eólaib. T*ur*cbala da*no* na rind íar
2735 funiud. Athnugud da*no* na fér 7 na lubi 7 cech réta archena dia fil
in forbairt 7 in beógud.

    Doraga tra ind úair i mbia esergi dona hulib marbaib tria erfuacra
me*i*c Dé. 7 Atreset and sin ind fairend dorónsat na mathi i n-eserge
mbethad. ind fairend ī͞m dorónsat na hulcu i n-eserge ndigla 7 fugill. Is
2740 and sin arthraigfes in brethem díada isin delb sin inro mided fó brithe-
main dóennai. Is and sin midfedsom co firen forsna dóenib isin deilb
in ro mided co hanfirén óna dóenib Is and sin da*no* arthraigfes brithem
firén in ciniuda dóennai .i. in Comdiu Isu Cr*ist* isin deilb inad sochma
do chách a fegad et*er* firenu 7 pectachu .i. i ndeilb a dóennachta. Is
2745 and sin da*no* ernifes foc*r*aice dona fírenaib 7 píana dona écraibdechaib.
37b Úair ind faírend na techtat errannus innossa | isin chetna eserge .i. i
nn-eserge na hanma atresat sin uli thall isind eserge choit*chinn*. 7
araide ni faigbet síth nó óentaid fechtnaige ł fáelti ocon Chomdid.
acht láefit*ir* úad i carcair n-aduathmair n-iffirnd. 7 fodémat and sin
2750 píana 7 todernama ecutrumma ara mmiaraltib écsamlaib. Ocus cid
mór 7 cid adbol ind ais*neis*[1] dobéra nech forin pein sin. is nemni sin i
condiulg 7 i fegad na peni fessin ama*l* atá.

    Ind fairend ī͞m atragat innosa tria Cr*ist* isin chetna esergi .i. ind
esergi bís tria aithrigi. Atreset da*no* thall tria Chr*ist* i n-esergi in
2755 bethad suthain. 7 nos béra leis isin flaith suthain i frecnarcus ind
Athar nemda tria bithu na mbetha. Is and sin fogébat na fíreóin
foc*r*aic ndermáir ara sualchib 7 ara ndegnímaib .i. in Comdiu féin o
fúaratár na suálchi sin 7 na degníma. Ar is é in Comdiu bas chom-
lantius cecha airir 7 cecha hairfite thall dond eclais. Is é da*no*
2760 atchichestár tria bithu ond eclais cen crích cen forcend. carfaid*er* cen
emiltius molfaid*er* cen scís. Ar is e seo iar fír in bethu suthain
tarngirth*er* dona náemaib 7 dona firénaib iar n-esergi frecnarcus na
nóemthrinoti úasli Athar 7 M*ei*c 7 Sp*irt*a Naím**]**

---

[1] aïi *Facs.*

[[¹ORAIT do Moelm*h*uiri m*a*c Ceileachair. m*a*c me*i*c Cuind na
mbocht ro scrib 7 ro scrút a lebraib egsamlaib in lebur sa 2765
Oráid do Domnall m*a*c Muirch*er*taig*h* me*i*c Domnaill me*i*c Taid*hg*
me*i*c Briain me*i*c Aindrias me*i*c Briain Luig*h*ní*gh*² me*i*c Toirrdelbaig*h*
moir issie in Domnall sin ro ꞙuráil athnúid*h*iug*h*ad*h*³ na pearsainni sin
ler scrib*adh* in scíam*h*leb*h*ar sa ar Sigraid H*ua* Cuirrndín 7 ca ferr
duind. ar mbeandacht do chur a mbel duine go fer in liubair sea na a 2770
fágbail aigi 7 sechtm*h*uin onúdh co satarn cásc 7 sectmuin onde co
haíne in césda 7 7⁴ da aíne ordha uirri .i. áeni na féli M*ui*ri 7 aíni in
cesda 7 is ingnad*h* mór sin ic araile d'eolchaib*h*.]]

[[⁵ORAIT and so d'Aod*h* Ruad*h* m*a*c Neill g*h*airbh I D*h*om*h*naill
do tob*aigh* co f*o*regnac an leab*a*r so ar Chonnachtaib 7 in 2775
Leab*a*r Gearr maille fris iarna mbeith ⁶n-ar n-ecmuis⁶ o aimsir Cathail
oig I Concabair co haimsir Ruaidri m*e*ic Briain 7 dechneab*ur* tig*er*nad
etorro for Cairbre 7 a n-aimsir Concob*a*ir me*i*c Aed*h*o Hi Domnaill rucad*h*
siar iad 7 is mar seo rucad*h* iad .i. in in⁷ Leab*a*r Gearr a⁸ ꞙuasclod*h*
I Dochartoig*h* 7 Leab*a*r na Huidri do dul a fuasclo*dh* m*e*ic⁹ ollamon 2780
I Domnaill re seanc*hus* arna g*h*abail do Cathal a ngill fris ar Cenel Conaill
fris sin o Concob*ur* co hAed*h*.]]

---

¹ *Written in a blank space at end of preceding tract, no doubt by Sigraid
Húa Cuirrndín.*   ² *the first* i *suprascr.*   ³ athnúidiudeg*h*ad*h* MS. *with* de
cancelled ; a later hand has added a *under* ú.   ⁴ *sic, bis.*   ⁵ *Written below the
preceding by a still later hand, over an erased surface, and projecting across lower
margin. Partly retraced.*   ⁶⁻⁶ *added above line,* narꞃecustos *Facs.*   ⁷ *sic, bis.*
⁸ n *expuncted after* a.   ⁹ .i. *with* c *suprascr., MS.*

Aided Nath Í 7 á adnacol insó   [38a¹⁻²⁵

2785 RO GAB Nath Í mac Fíachrach Herind 7 ro insaig co Slíab nElpa. Forménus ri Tracía tánic dia ailithri co Slíab nElpa isind amsir sin. Dorigned leis tor cathracha 7 sesca traiged a ardde 7 óentraig déc úadsom co solsi 7 ro boíseom i mmedón in tuir 7 ní acedb grein na solsi. Tanic trá Nath Íc cosin tor. Ro scailset tra muinter Nath Í in tor 7 ro airig
2790 Formenus in gaíth chuce. Ruc thrá Dia úadib Formenus ina dlúim thened míle chémendd on tur 7 ro guid Formenus in Comdid na bíad flathius Da Thí ní bád sía inná sin 7 ro guid nábad airdairc a ligi.e Ní rabi trá do sáegul ocond ríg acht airet ro bás ac taithmech na cathrach in tan tánic saiget gelán do nim
2795 chuci co fúair a bas.

Gabaid trá Amalgaid cennacht fer nErend 7 atnaig corp [a athar leiss¹].f Noí cathag ro brissitár rempu anair. I nDéssib Temrach trá fúair Amalgaid a bás.h Tucad trá corp Da Thí anair coro hadnaiced hé i Crúachain. Cethror dano dá áes
2800 gráda tucsat in corp leo .i. Dungalach 7 Flandgus Tomaltach 7 Túathal. co fil for lár Óenaig Crúacan. amal ro follsig Torna Éces.

Celis cách a Cruacho chróderg
cóemri Herend Da Thi mac Fiachach
2805 fíalri ar muir ar tír
techtastár cách cara ríg
iathra ortar cách ní cheil.   celis cách .a.

ᵃ .i. do fótaib 7 clochaib [M]   ᵇ .i. Forménus [M]   ᶜ .i. [in marg.] .i. is de atberthea a n-ainm sin fris conid Da Thi a ainm óndní is dathi gabálaid. [M] ᵈ .i. míle chémend on tsléib² sís atá Forménus. [M]   ᵉ .i. Nath Í [M]   ᶠ .i. da Amalgaid ro batar and .i. Amalgaid mac Fiachrach 7 Amalgaid mac Nath Í [H] ᵍ [in marg.] .i. cath Corpair .c. Cinni .c. Faili .c. Miscail .c. Larrand .c. Corde .c. Moli .c. Gremnis .c. Fornar. is iat sin na catha ro maidsetár re Nath I triana thaisbenad dona sluagaib is e marb. ~ . ~ [M]   ʰ .i. mac Nath I [H]

¹ in ras. and retraced, H.   ² on sléib Facs.

Do Thornu Éces ro follsiged sin tria fisidecht íarna chur do
feraib Her*end* algiusa fair immo fis cáit ro adnacht Da Thí conid
and dorigni in retairic sea. 7 ro chan na runnu sa.   2810

Atá fótsu rí fer Fáil
Da Thí m*a*c Fiac*r*ach ind áig
a Crúachu ro chelis sin
ar¹ Gallaib ar Goedelaib

Atá fót Dungalach dían   2815
tuc in ríg dar muir na rían
atá fót fallsigthe rath
Túathal 7 Tomaltach

Tri m*ei*c Echach Fedlig find
atát it múr it múr grind   2820
7 Eocho Airem fáen
arna marbad do Mórmáel

Atá Eocho Fedlech flaith
inti 7 Drebriu co daith
7 Clothru ní céim aisc   2825
7 Medb 7 Muresc.

Eriu 7 Fotla is Banba
tri ócmná aile amra
céin cor chaithsetar a feib²
is i in Cruachu nodas ceil   2830

M*a*c Cuill M*a*c Gr*é*ni céim ngle
M*a*c Cecht ni lugu a lige
i rRáith C*ru*achan dodoscelt
ni cheil úathad in óenlec³

Laibraid Loingsech rí nád gand   2835
Midir do Thúaith Dé Danand
Cobthach Cóel Breg líth ro lá
in fer uallach fot atá   .a.

Tóeb fri tóeb atá in rí
is Eocho Fedlech co llí   2840
is Eocho Airem and so
isind leith túaid a Chrúacho |

---

¹ *air, Facs.*   ² *the membrane is perforated in the centre of* b, *giving it the*
appearance of l; *Facs.* l.   ³ *read* óenlecht.

38b

In nóem^a ar togail a múir

atrubairt fris ina rúin.

2845　　a ligi ł a lecht and so²

nibad airdairc a Chruacho

Cóeca duma im Crúachain cuirr

ar in maig féraig forluind

dofil et*er* firu is mna

2850　　cóeca cacha duma atá.　　　　atá. f.

Tanic tra Dorban fili dar Oenach Cruachan 7 baí ic tabairt
comarli dar cnoccaib inn óenaig baí ica n-áirim tria fisidecht.
Is é trá tosach tuc fair.　ᵇFailet fót tri eces Her*end* a ardcnuicc.
Fland. Dub. Dorcha.　Eocho fíal Fedlech a theóra ingena 7 a
2855 theóra m*ei*c 7 morfessiur úasal do síl Ugaine 7 ⟦trí⟧¹ m*ei*c
Rossa Rúaid di Laignib má Ail*ill* isinn óenuch 7 tri derbseth-
racha Ai*l*ell*a* .i. Níam 7 Drucht 7 Dathe.　⟦Atat da*no* tri ingena
Ailella and. un*de dicitur*⟧¹

Niam 7 Drucht is Dathi

2860　　tri ingena Roiss achi

a secht mbráthir mór a teglach

má Ai*l*ill dar findBregmach

Atat sin sin duma mór

fil isinn óenuch cen brón

2865　　iii. m*ei*c ríg Lagen lerda

la tri ingena delbda

A árim nó a innisin

na fil fóthib do láechaib

nocon fil ic filedaib

2870　　7 ní fil ic gáethaib

ᵃ .i. Formenus [M]　ᵇ *Along the upper margin, in the handwriting of* **H**, *are
the following quatrains :—*

Failet tri écis cen ail　　isind firt sa i n-oenchosair.

Fland Dub Dorcha dubi³ a chuis　　ni chuala athgeoga(　)⁴is.

⁵Lugaid Riab⁵ nDerg in rí rán　　7 Núada Argetlám

ro adnaicit immalle　　oc Ráith na Cruachna cairre

---

¹ *in ras.* **H.**　² *om. Facs.*　³ dabi *Facs.*　⁴ *obscure.*　⁵⁻⁵*traceable.*　⁶ *last
three letters indistinct.*

Cóeca duma demnigim
fil¹ i nÓenuch na Crúachna
atá fó cach duma dib
.l. fer fírglan fúachda

Iat² tri réilce idlaide   2875
relec Thailten re toga
relec Crúachan sírglaine
7 relec in Broga.

Cach cnoc fil sind Óenuch sin
atát foí laích is rígna   2880
is écis is cudchaire
7 mná glana gribda.

Slóg Connacht ba comromach
airecht fírálaind fúachda
alaind in cath congalach.   2885
adnacht hi cathair Cruachna

Ni fil isin magin sein
cnoc i nOenuch na Crúachna
nách fert ríg ⁊ rígflatha
⁊ mná ⁊ eces fúachda   2890

Adnaicthe slóg roMidi
ar lár in Broga túathaig
no adnaictis ardUlaid
isin Taltin co lúachair

FírUlaid ria Conchobor   2895
adnaicte hi Taltin riam
[co bas ind fir forburaig]³
día ndechaid dib a niam.   Níam .7.

Mathi Ulad ria Conchobor i Talten ro adnachta .i. Ollam
Fótla 7 morfessiur leiss dia maccaib 7 dia uíb 7 co ndréim aile 2900
do mathib Ulad. ªUasli Túathe De Danand isin Brug .i. Lug 7
Óe m*a*c³ Olloman 7 Ogma 7 Carp*re* m*a*c Etaine 7 Etan^b fein 7

ª .i. cenmotha morfessiur⁴ ro had( )⁵ diib hi Talt()n⁶ [M]   ᵇ .i. banfili [M]

---

¹ fil *bis, the second cancelled.*   ² Iad *Facs.*   ³ **H** *in ras.*   ⁴ *Facs.*
morfessiur, *first* s *now partly lost with portion of margin.*   ⁵ *several letters lost,*
read hadnacht.   ⁶ *beginning of* n-*stroke visible,* i *lost with margin, read* Taltin.

in Dagda 7 a tri m*eic*ᵃ 7 sochaide mór archena do Tuaith De
D*anand* 7 Fer mBolg 7 caich archena. Rígrad cóicid Galia*m*¹ i
2905 nÓenuch Ailbi. Rigrad Muman i nÓenuch Cúli i nÓenuch
Colman 7 Feci. Cland Dedad hi Temair Erand. Rígrad
39a Chonnacht hi Cr*ú*achain ut d*ix*imus | ²⟦Cóeca cnoc in cech
óenuch díb sin. Cóeca cnoc ém i nÓenuch Cr*u*achan 7 .l. cnoc i
nÓenuch Talten 7 l. i nÓenuch in Broga. It íat so i͞m filid Conn*acht*
2910 .i. Dorban 7 Flaithcius fili. 7 Oengus fili a Gnoíᵇ in lucht sin. Torna
Eces 7 Scanlan m*a*c Eogain in fili 7 Dathen eces ro marb in bili. is de
ata Bili Dathen hi tír Mani is fris atberar Bili Scathen indiu.

    Atat trá in lucht sin ule i nOenuch na Cr*u*achna. 7 atá and ardri
in choicid .i. Ailill m*a*c Mata M*u*resci 7 a sétig .i. Medb ingen Echach
2915 Fedl*ig* íarna breith a fert Medba dia munt*ir* ar ba hairegdu leo a
hadnacul hi Cr*u*achain. Ni thic dim a n-áirim uli. Is and
ro had[*n*]*acht*³ Da Thí ardri Her*end* 7 is inti atat in lucht ro t*u*rim
Torna Éces. Cíarraigi a diri.

    Fland tra 7 Eochaid eolach h*u*a Cérin is iat ro thinolsat so a
2920 llebraib Eochoda h*ui* Flandacan i nArd Macha 7 a llebraib Manistrech
7 asna lebraib togaidib archena .i. asin Libur Budi testo asin carcar i
nArd Macha 7 as in Libur Girr boí i mManist*ir* 7 is s*i*de ruc in m*a*c
legind leis i ngait dar muir 7 ni fríth riam di éis. Conid senchas na
relec insin.⟧

    ᵃ .i. Aed 7 Oengus 7 C*er*mait⁴ [H]   ᵇ .i. i n-iat*ur*¹ C*on*acht ita [H], *marg.* .i.
Delmna Tiri da Locha [H]

---

    ¹ *sic.*   ² *The next four leaves* (*pp.* 39–46) *are in the handwriting of* **H,** *and
are intercalated.*   ³ n-*stroke om.*   ⁴ Cerm *indistinct.*

39a²²–39b²⁴] **[**Aided Echach me*i*c Maíreda inso

R I maith ro gab Mumain[1] .i. Mairid m*a*c Cáiredo. Batár dá m*a*c 2926
mathi leis .i. Eochaid 7 Rib. Ebliu im̄ ingen Gúari a Bruig
Me*i*c ind Óc is í ba ben do Maírid. Ro láeside menmain fora m*a*csom
.i. for Eochaid. is ond Eblind sin da*no* ainmnigth*er* Slíab nEblinde.
Baísi tra oc tothlogud in gilli fri ré ciana. Ro laisi trá fo deoid algis[2] 2930
fairsium co tudchad for aithed léi. Asbert im̄ Rib fria brathair ara
mberad leis in mnaí síu no beth fo athis 7 no ragadsom[3] a tír leis.

Dobert iarom Eoch*ai*d Ebl*ind* leis for aithed 7 tic Rib leó. Deich
.c. a llín do feraib. Is amlaid tancatar co n-étaib 7 co n-almaib léo.
Asbertatar a ndruid friusom connách i n-óeninad boí i ndan dóib orba 2935
do gabáil. scarait iarom oc Beluch da Liac. Luid Rib síar co Tír |
Cluchi Midir[a] 7 in Me*i*c Óic. Luid Midir chucu 7 capull cengalta oci **39b**
co srathair fair iar marbad dosom a n-ech[4] uli remi. Doberatsom a
crod uli fair co ruc leó co tici Mag nArbthen .i. ait hi fil Loch Rí
indiu. Laigid in gerran occo and sin 7 siblaís a fual corbo thipra. 2940
conid hé sin tánic tairsibsium iar sin coros báid uli. conid hé Loch Ri.

Luid da*no* Eocho co ránic in mBruig Me*i*c ind Oc. Tánic fer mór
chucu 7 dlomaid dóib asind ferand 7 ni der[*n*]sat[5] fair. Marbaid in
fer da*no* a n-eochu uli ind aidchi sin. Tic in fer cétna ara bárach 7
asbert friu. Mairfetsa *for* ndóeni uli innocht for se m*a*ni fácthai[6] in tír 2945
forsa táthi. Dorignis mór d'ulc frind chena for Eochaid ar n-eich uli
do marbad. Cia bad áil dun techt ní etam dul cen eochu. Dobe*i*r
Oengus ech mór doib 7 c*ur*it a crod uli fair. 7 asbert friu cen scor ind
eich 7 arná léictis airisium dó arnár siblad a fúal arnabad fochond báis
dóib.   2950
Imtigit íar sin día domnaig isin mís medonaig ind fogomair. co
rancatar Liathmuine i nUltaib. Tecait uli dia saigthin ind eich 7
berait a crod uli i n-óenfecht de. 7 niro soí nech dib aiged ind eich in
frithlorg. silis in t-ech oco iar sin combo thipra. Dogní Eocho iar sin
tech immon tiprait 7 comla f*ur*ri 7 oenben ocá hathigid. Ro chosain 2955
Eocho lethrigi nUlad iar sin fri Muridach m*a*c Fíachach Findamnais.

---

[a] .i. Mag Find [H]

[1] *ancient blot here, but* aī *traceable* ; Muma *Facs.*   [2] algis *add. in marg.*
[3] ragatsom *Facs.*   [4] *barely legible*, eochu *Facs.*   [5] n-*stroke om.*   [6] fágthai *Facs.*

Fecht and tra náro íad in ben in tiprait atraracht Lind Muni dar
Líathmuni.¹ 7 ro báded Eocho cona chlaind and acht Li Ban 7
Conaing 7 Curnan onmit. Is ón Chonaing sin dano ro chinset Dál
2960 mBúain. 7 Dál Sailne. Baí trá Curnan oc taircetul doib ind locha¹ do
thichtain tairsib conid and asbertsom.

Ticid ticid gebid faebra   snaidid ethra
ticfa Lind Muni dar Liathmuni   co llethba.²

Baidfidir Airiu 7 Conaing   sin lind lethain
2965   snáifid Li Ban sair síar sanchan   tar cach trethain.

Fir on dosom sin ar ro boi Li Ban tri chet bliadna ar fut in mara 7
a orci i rricht dobran ina díaid cach conair no theiged can scarad fria
eteir do gréss. conid si fein ro³ innis a imthechta do Béoan mac Inli
dia ragaib hí ina línaib conid and sin ro chansi inna briatra sís
2970 iarom. |

40a   Fo Loch Echach adba dam
               ard in sceng dron dringed graig
               erdalta fo brunnib bárc
               tond mo tugi tracht mo fraig

2975   Duil echnat ind airmairiᵃ
               ní gnáth brónan for sudi
               is mairg frisi tibi gen
               in ben di thonnaibᵇ tuli

Fossod a tond medrach mend
2980   mandra sál fri ainbthe hírᶜ
               tairind dinetan do fraigᵈ
               nom léic bicatan⁴ do thír

Asta dinetan fort chind
               cían o ra ét locha lind
2985   tri chét bliadna o tú sund
               o bate and Eocho find

Imda imned in cech du
               ní mád chin dún mac na mná
               mag i mbitis drongu ech
2990   conid ethair immará

ᵃ .i. don topur [H]   ᵇ .i. in tipra [H]   ᶜ .i. firinni [H]   ᵈ .i. tabair
haigid form [H]

¹ Líathmune *Facs.*   ² llethlia *Facs.*   ³ no *Facs.*   ⁴ m-*stroke Facs.*

Tipra me*i*c Maireda mais
 be*n*aid frais fri hadba nuis
a llind laíchnech lethan glais
 immáteged cách dia chuis

Dia mbá fo lind locha láin   2995
 imrordus[a] ríg richid ráin
ateoch[b] in n-athair is náem
 atlochor braen batis báin

Bása inón bíasta n-oll
 ro snadius muir medrach mend   3000
domfuc tond ós letha lind
 i rricht íaich acht mo chend

Ciapsa duine ciapsa bled
 rom charsat máil Maigi Breg
nírbo lesainm básá lí   3005
 rom anacht rí rethes ler

Máré matan matan Mairt
 ní fúar ethar ni fúar bairc
is and dolluid ba scél ngle
 Lind Muni dar Líathmune   3010

Fó mo matan do Maig Cecht
 son forcetul imomracht
siachtsom donend 7 úacht
 domruacht tond fri trethan tracht

M'oenurán im romra ró   3015
 ro snó farrci garb a glend
mé muc mara méthas tond
 baíthium anfud mílach mend

Ardomneat anfuth úar
 fri uarfarrci dulgi fál   3020
murbrucht Locha Echachach[1] ain
 cenid mé in murgelt már

Dorairngert Curnan cét gal
 in scel sa dodeochad dún
tipra ro boí inar tig   3025
 is sí non cu*r*fed dar múr

---

[a] .i. [*sic.*]   [b] .i. atchim [H]

[1] *sic, read* Echach.

Fota mo chomnaidi sund
amal rom ordaig mo rí
mar rom chertaig Día do nim
3030   ar cind ind fir Brenaind bí

Na téig a Brénaind na teig
conid arlasar do léir
innis dam ar Día do nim
cia rí dofil for Loch Léin

3035   Atbersa frit ní rád mer
is rí Fiachna formna gil
ro techt¹ aichnid o mac Dé
inné dodechaid do nim

Fomtiu do chach crad meic Dé
3040   dáig iss e conic cach ní
comsid² na náem násad n-an
Día már midedar³ cach ní

Nirbo mé in murgeilt már
nirbó mé in traignech thrén
3045   blaisiu magri matan moch
fó Loch Echach adba én

Mithig damsa dul for cel
scarad frim etal bes ni rom
blaisiu maigri matan moch
3050   fo Loch Echach adba dam.   f.

Gudim Brénaind tria bith sír
hi céin béo fo lindib lo
cobair fir a culchi chíar
rom áin co cían funchi fó.   fó .L. |

40b   ⁴Tipra meic Maireda mais
3055   for lind laiss lodomar dó.
úasu immi ro as muir
7 is tír hi fuil fó.   fo Loch E.

Iss ed sin dano is mó ro scail Ultu fo Érind tomaidb⁵ Locha Echach.
3060 fo thír. Doratad dano ainm do Lí Ban iarna baisted .i. Murgen .i.
gein mara. a leth na bratan ro boi 7 a lleth n-aill na duni. is disi
ro chet in senchaid na runnu sa.

¹ no thecht *Facs.*   ² m-*stroke om. Facs.*   ³ mided ar MS.   ⁴ *This last quatrain*
is in ras.   ⁵ *sic.*

M*ur*gein is gein co mbúadaib
ingen Echach imuallaig
dochúaid sech císu co cert 3065
cé dorat Ísu i n-anrecht

Ro char in ben secech¹ treib
Lí Ban ingen ind fir sein
ro airbir bith fon tsruth trom
noco tard guth do Cholom. 3070

A llos a lín is a c*r*aind
Beoan iascairi Comgaill
dosrat iarna taistel tair
coro baisted² i ndabaig

Ingnad in richt as baí lus 3075
Dia dorigni in firt follus
a drech abban ceirbo cacht
a lleth do bratan bitbalc

Día n-ebart carais m'áeda
Oengus h*ua* Aiblen áebda 3080
moe³ mó Dia is ada sin
gein mór in mara M*ur*gein. M. is .g.

Lí Ban tra ⁊ Airiu da ingin Echach Find m*ei*c Maireda. ro baided
Airiu ben C*ur*nan and. atbath da*no* C*ur*nan dia c*um*aid side inde Carnd
Cornan no*minatur*. ar ec C*ur*nan and sin. 3085

Bliad*ain* lan tra do Li Ban ina gríanan fón loch ⁊ a mesan inna
farrud and ⁊ Dia oca anacul ar uscib Locha hEchach. Co n-érbairtsi
i n-araili lo and. A Chomdi for si mogenair no bíad i rricht na
mbratan co mbeth sechn*ón* in mara for comsnam friu. Ro soiedsi
iar sin i rricht bratan ⁊ ro soied a orci i rricht dobran. co mbíd na 3090
degaidsi fóna uscib ⁊ fóna m*ur*ib cach conair no imthigedsi for cach
n-aird. Co rabisi ó amsir Echach m*ei*c Maireda co amsir Comgaill
Bendchair fon n-innas sin.

Ro laí Comgall úaid Beoán m*a*c Indli o Thig Da Beóc co Roim do
accallaim Grigair for cend uird ⁊ riagla. In tan i͞m ro batar lucht 3095
c*ur*aig Beoan oc imr*um* forsind farrci co cúalatar celebrad aingel fon
churuch. Coro íarfaig Beoán cid dia ta in celebrad sa for se. Messi
dogní for Li Ban. Cia thusu for Bean.⁴ Li Ban ingen Echach m*ei*c
Maireda missi for si. Cid fotera duit bith amlaid sin ar esium. Attú
tri chét bliad*na* fond farrci for si. ⁊ is dó tanac | dia innisin duitsiu **⁵41a**

---

¹ *sic, for* sech cech.   ² baisded *Facs*.   ³ *sic, read* m'óeda = mo ͯféda, *as in*
l. 3079.   ⁴ *sic*.   ⁵ *This leaf* (41–42) *is worn very thin by abrasion, and is*
perforated in places.

3101 mo dala chucutsu síar co Inb*er* Ollorba. ⁊ frithailt*er* misi acaibsi for
naemaib Dail Araide isind ló sa hi cind bliad*na* ⁊ abairsiu fri Comgall
⁊ frisna naemaib olchena insein.   Ni ebur sin for Beoan acht m*ani*
thucthar a log dam.   Cia log connaigi ol isi. t'adnacul oc*um*sa fein im
3105 manist*ir*.   Rot fiasu sin tra ol isi.

Tánic Beoán anair íar sin ⁊ ro innis do Chomgall ⁊ dona cleirchi¹
olchena scéla na m*ur*gelti.   Tánic in bliadain ass foi sin ⁊ ro indiltea
na lina ⁊ ro gabadsi i llín Fergusa o² Míliuc.   Tucad co tír hí iar sin ⁊
ba ingnad a túarascbail ⁊ a delb.   Tancatar sochaidi dia descin ⁊ sí³
3110 isind ethur ⁊ usci impi and.   Ro boí toisech ua Conaing and cumma
cáich ⁊ brat corcra immi.   Ro boisi da*no* ocá sírdescin s*i*de.   Ro íarfacht
in t-óclaech di masa th'airi téit don brut for se rot fia.   Ac for si ni
hairi atú ca descin et*ir* acht brat corcra ro boi im Eochaid in lá
ro báided hé.   Rath fortsu da*no* for si ⁊ for fir t'inaid ina log sin. ⁊
3115 nirab écen iarfaigid fir t'inaid do g*ré*s. in cach airiucht i mbia.   Tánic
laech forgrainni dub mór ⁊ ro marbs*i*de a mesansi.   Foracaibsi *d*oside
⁊ día thúaith a ngaisced fora n-ottraigib. ⁊ can a n-uilc do dígail dóib
nó coro t*r*oisctis accisi.   slechtaid in t-oclaech di iar sin.

Ro boi íarom imcosn*am* impisi.   Asbert Comgall robo leis hí ar is
3120 na ferund ro gabad hí.   Asbert da*no* Fergus robo leis hí ar is na lín
tarras hi.   Ro raid Beoan da*no* corbo leis hi ar ro gell fein dó.   Ro
t*r*oiscset ule inna naim sin tra co rucad Dia breith etorro imma
n-imresain.   Asbert in t-aingel fri araili nduni and.   Ticfat da dam
allaid i mbarach for se a Carnd Airend ⁊ tabraidsi in carpat foraib
3125 for se ⁊ in leth bertait sin hí lecidsi dóib.   Tancatar na daím arna
bárach am*al* ro thi*n*gell in t-aingel ⁊ rucsat hí co Tech Da Beóc.
Tucsat na clérig a rogo di iar sin .i. a baisted ⁊ a tocht doch*um* nimi
fo chetóir. isind uair sin. ł a fuirech in comfot cétna ⁊ a techt doch*um*
41b nimi íar sírsaeglaib.   Iss e roga rucsi | a éstecht and sin.   Ro baist
3130 Comgall hí ⁊ iss é ainm dorat di Muirgein .i. gein in mara. ł Muirgeilt
.i. geilt in mara.   Ainm n-aill dī⁴ da*no* Funchi.

Dognit*er* da*no* ferta ⁊ mirmaili trethisi and sin. ⁊ ita am*al* cach
naemóig co n-onoir ⁊ co n-airmiten am*al* dorid[*n*]acht⁵ Dia di i
nnim . ~ . ~]

---

¹ *sic.*   ² a *Facs.*   ³ *perforation here, only top of* s *and lower portion of* i *left.*
⁴ *sic, for* di.   ⁵ n-*stroke om.*

DIA mboí Cathair Mór mac Fedelmthi Fir Urglais meic Cormaic
    Geltai Gaíth i rrigi Temrach 7 Cond Cétchathach hi
Cenandos hi Ferand Rigdomna Boí druí amra la Cathair .i. Nuadu
mac Achi meic Da Thi meic Brocain meic Fintain do thuaith Da Thi a
Bregaib. Boí in drui oc iarraid feraind i lLaignib for Cathair. ar 3140
rofitir combad i lLaignib no beth a chomarbus Dobeir Cathair a thoga
tíri dó. Iss ed ferand ro thog in druí .i. Almu. ¹Rob i robo banceli do
Núadait .i. Almu ingen Becain. Ro cumtaiged dún ocan¹ druid and sin
i nAlmain 7 ro comled alamu dia sund corbo aengel uli. 7 combad
de sin no beth Almu furri dia n-ebrad   3145

        Oengel in dun dremni drend
        mar no gabad ael Erend.
        dond alamain tuc dia thig
        is de ata Almu ar Almain.

    Ro boí ben Núadat .i. Almu oc iarraid a anma do bith forsin cnuc 3150
7 tucad disi ind ascid sin .i. a ainm do bith forsin chnuc ar is inti
ro ad[n]acht² iar tain dia n-ebrad.

        Almu rop alaind in ben.
        ben Núadat móir meic Aiched.
        ro cuinnig ba fír in dál   3155
        a ainm for in cnuc comlán.

    Boí mac sainemail oc Nuadait³ .i. Tadg mac Nuadat. Raíriu ingen
Duind Duma a banchéli sidé. Druí amra dano Tadg. Tanic bás do
Núadait 7 ro ácaib a dún amal ro boí oca mac. 7 iss é Tadg bá druí do
Chathaír dar ési a athar. Bert Raíriu ingin do Thadg | .i. Murni 42a
Muncaim a hainm⁴. Ro ás gnóe móir inn ingin isin co mbítís meic ríg 3161
7 roflatha na Erend oca tochra. Boí dano Cummall mac Trénmóir
rígfénnid Herend fri láim Cuind. Boisidé dano cumma cháich oc
iarraid na ingini. Dobreth Nuado éra fair⁵ ar rofitir combad tremit
no biad scarad dó fri Almain. Inund mathair do Chumall 7 d'athair 3165
Cuind .i. do Fedelmid Rechtmar.

---

¹⁻¹ in ras.; traces of the former writing clearly visible under Núadait, r under a,
b under d. Núádhait Facs.   ² n-stroke om.   ³ t add above line.   ⁴ asp.
om. Facs.   ⁵ i of air-symbol faint, om. Facs.

Tic trá Cumall¹ 7 berid ar écin Murni for aithed leis ar ní thucad
dó chena hí.   Tic Tadg co Cond 7 innisid dó a sarugud o Chumall. 7
gabais fri grisad Cuind 7 oca imdercad.   Faídid Cond techta co
3170 Cumall 7 asbert fris Ériu d'ácbáil ł a ingen do thabairt do Thadg.
Asbert Cumall na tibred acht is cach ní dobérad 7 nibád sí in ben.
Faídis Cond a amsaig 7 Uurgrend mac Lugdach Cuirr rí Luagni. 7
Dáiri Derc mac Echach 7 Áed a mac is frisside atberthe Goll íar tain
do saigid Cummaill.

3175   Tinolaid Cumall a socraiti chucu 7 doberar cath Cnucha etorro 7
marbthair Cummall and 7 curthir ár a muntiri.   Dofuit Cumall la
Goll mac Morna.   Gonais Luchet Goll ina rosc cor mill a suil conid
de rod lil Goll de   conid de asbert.

Áed ba ainm do mac Dáiri
3180   díar gáet Luchet co n-áni.
ó ro gáet in laigni trom
airi conrate fris Goll.

Márbais Goll Luchet. Is de sin dano ro boí fích bunaid eter maccu
Morna 7 Find.   Dá ainm ro bátar for Dairi .i. Morna 7 Dairi
3185   Luid Murni iar sin co Cond ar ro diúlt a athair di 7 nir leic cuci hí
ar robo torrach hi 7 asbert fria muntir a breoad. 7 arai nir lam a
42b mmudugud | fri Cond. Ro boí ind ingen oca iarfaigid do Chund
cinnas dogenad. Asbert Cond eirg for se co Fiacail mac Conchind
co Temraig Mairci 7 dentar th'asait and ar dérfiur do Chumall ben
3190 Fiacla .i. Bodball Bendron.   Luid Condla gilla Cuind lei dia idnacul.
co ranic tech Fiacla co Temraig Mairci.   Roferad fáelti frisin n-ingin
and sin. 7 robo maith a rrochtain and.   Ro hasaited ind ingen iar tain
7 bert mac 7 dobreta Demni d'anmum dó.
Ailtir in mac iar tain leo corbo tualaing fogla do denum for cach
3195 n-aen rop escarait dó.   Fuacraid dano cath ł comrac oenfír for Tadg ł
lanéraic a athar do thabairt dó.   Asbert Tadg co tibred breith do ind.
Rucad in bret 7 is si in breth rucad do .i. Almu amal ro boí do lecun
dó ar dilsi 7 Tadg dia facbail. Doronad amlaid ro facaib Tadg Almain
do Find 7 tanic co Túaith Da Thi coa ferand duthaig fesin 7 ro aitreb i
3200 Cnuc Réin frisi raiter Tulach Taidg indiu. ar is uadsom raiter Tulach
Taidg fria. o sin co sudi. conid de sin asbert inso.

Cuinchis Find for Tadg na tor
i Cumall mór do marbod.
cath can chardi do can dáil
3205   ł comrac oenfir d'fagbail²

---

¹ over a, what looks like traces of an older aspiration mark.   ² ai subscr.

> Tadg uair nír tualaing catha
> i n-agid na ardflatha.
> ro fac leis ba loor do
> mar ro boi uli Almo.

Docoid Find i nAlmain iar tain 7 ro aittreb inti 7 is sí robo dunarus 3210
bunaid dó céin robo béo.

   Doroni Find 7 Goll síd iar tain 7 doratad eric a athar o claind
Morna do Find. 7 batar co sidamail noco tarla etorro i Temair Lúacra
imman muic Slanga 7 im banb Sinna meic Mail Enaig do marbad.
día n-ebrad.   3215

> Ar sin doronsatar síd
> Find 7 Goll *co* meit gnim.
> co torchair banb Sinna dé
> mon muic hi Temair Luacrae . ⌣ .]

[²Slicht Libair Budi Slani²   [¹43a¹–43b⁵

3221   Seirgligi Con Culaind inso sís 7 óenét Emire

OENACH dogníthe la Ultu cecha bliadna .i. tri lá ría samfuin
7 tri laa iarma 7 lathe na samna feisne. Iss *ed* eret no bitis
Ulaid insin i mMaig Murthemni. oc ferthain óenaig na samna cecha
3225 bliad*na*. 7 ni rabe isin bith ní dognethe in n-eret sin léu acht cluchi 7
céti 7 ánius 7 aibinnius. 7 longad 7 tomailt conid de sin atát na trenae
samna sechnón na hErend.

Fechtas and tra fertha óenach la hUltu i mMaig Murthemni. 7 ba
hairi no fertha leu fo bith taba*r*ta do chách a chomraime 7 a gascid
3230 do *gré*s cecha samna. Ba bés leu da*no* di ág inna comraime ferthain
ind óenaig .i. rind³ aurlabra cech fir no marbtais do thabairt inna
mbossán. 7 dobertis aurlabrai na cethrae do ilugud na comram hi
sudiu 7 dobered cách a chomram and sin ós aird acht bá cách ar úair.
7 is amlaid dognítis sin a claidib fora slíastaib in tan dognítís in
3235 comram. Ar imsoítis a claidib friu in tan dognítis gúchomram.
Deithbi*r* ón ar no labraitis demna friu dia n-armaib conid de batir
comarchi forro a n-airm.

Tancatar Ula*id* uli dochom ind oenaig acht dias namma .i. Conall
Cernach 7 Fergus m*a*c Roig. Ferthair a n-óenach ol Ulaid. ni firfide*r*
3240 ol Cu Chu*laind* co tí Conall 7 Fergus fo bíth ba haiti dó Fergus 7 ba
comalta Conall Ce*r*nach. Asbert Sencha iarom. imbe*r*thar fidcella dún
coléic 7 canite*r* drechta 7 agat clesamnaig. Dogníthe*r* iarom aní sin.

A mbátar and iarom tairnid enlaith forsin loch ocaib. ní batar i
nÉre énlaith ba caíni. Batar imtholtanaig na mná imna heónu
3245 imdarubart fair. Gabais cách dib immarbaig a mmuin a celi im
gabail na n-én. Asbert Ethne Aitencáithrech ben Conchoba*ir*
43b asagussim én cechtar mo da gúaland | din'd énlaith ucut. Assagussem
uli ol na mná aní sin. Má gabtair do neoch is damsa cetagébthar ol
Ethne Inguba ben Con Cula*ind*. Cid dogénam ol na mná. ni *handsa*
3250 for Leborcham ingen Oa 7 Adairce rigasa úaib do chuinchid
Con Cula*ind*.

---

¹ *This and the following leaves (p. 43–46) have been intercalated by* **H**; *the writing
has been skilfully retouched.*   ²⁻² *added later by another hand : the ink is yellow,
not having been retouched.*   ³ .i. *add. between columns,* rind, *evidently omitted first,
added partly before the next line, where* .i. *originally stood ; ink pale.*

Luid iarom co Coin Cul*aind* 7 asbert fris. is ail dona mnáib ind eoin ucut úatsiu. Atetha a claideb do imb*ir*t fu*r*ri. Ni fogbat merdrecha Ul*ad* a n-aill acht foraim én dóib do thabairt fornd indiu. Ni cóir duit ém for Leborcham fúasnad friu ár is triut atá in tres anim fil 3255 for mnáib Ul*ad* .i. guille. ar it é téora anmi fil for mnaib Ul*ad* .i. cluíne 7 minde 7 guille. ár cech ben ro charastar Conall Cernach. ba clóen cach b*en* da*no* ro charastár Cúscraid M*en*d Macha ma*c* Conchoba*ir* dobered fo*r*minde fora erlabrai atá samlaid. cech b*en* ro charastar *Coin* Cul*aind* no gollad iarom a rosc fo chosmailius Con Cul*aind* 7 ara seirc ar bá dá*n* 3260 dosom in ta*n* ba n-olc a menma no slocad indala suil conna roched corr inna chind. Dotéirged indala n-aí immach commeit chori cholbthaigi.

Indel dún in carpat a Laich ol Cu *Chulaind*. Indlis Lóeg iarom in carpat 7 téit Cu *Chulaind* sin carpat. 7 ataig taithbéim dia claidiub dóib co ruildetar a mbossa 7 a n-eti dind usciu. Nos gaibet uli iarom 7 3265 dosb*er*tatatár¹ leo. 7 fodailset dona mnáib conná rabi ben nád riss*ed* dá én diib acht Ethne Ingubai a hóenur. Tánic de iarom coa mnaí fessin. Is olc do menma ol Cu *Chulaind* fria. Ní holc² ol Ethne. úair is uaim fodailt*er* doib. Is dethb*ir* dait ol si ní fil diib mnaí nachit charad no ná beth cuit dait. Uair mád messi ni fil cuit do nách ailiu inniumsa acht 3270 duitsiu th'óenur. Nábad olc do menma trá ol Cu *Chulaind* día tísat eóin Mag M*ur*themni ⁊ Boind in da én ba haildem dib duticfat.

Nibo chían iarom co n-accatar da én forsind loch 7 rond dercóir etorro. Cansit ceól mbec. Torchair cotlud³ forsin slóg. Atraig Cu *Chulaind* a ndoc*um*. día coistithe frim or Láeg 7 ol Ethne ní rigtha 3275 chucu. ar itá nách cumachta fora cul na n-én sa atethatár eóin damsa chena. In dóig bát dom éligudsa ón ol Cu *Chulaind*. Gaibthi cloich isin tailm a Loíg. Geibthi Lóeg íarom | cloich 7 dob*eir* isin tailm. **44a** Dosleci Cu *Chulaind* cloich foraib. Focairt imroll. Fe amae ol se. Gaibid cloich n-aile. Dosleic dóib 7 luid seocu. Am trúsa tra ol se 3280 ó gabussa gaisced niro la imroll mo urch*ur* cussindiu. Fochairt a chroísig forro co lluid tré scíath n-ete indala heóin la sodain. Lotair foa lind.

Dotháet Cu *Chulaind* iar sin co tard a druim frisin liic 7 ba holc a menma leis 7 dofuit cotlud fair. Co n-accai in da mnaí cucai. Indala 3285 n-ai brat úaine impe. Alaili brat corcra cóicdíabail im sude. Dolluid in b*en* cosin brot úane chucai 7 tibid gen fris. 7 dob*er*t béim dind echfleisc dó. Dotháet alaili cucai da*no* 7 tibid fris 7 nod slaid fón alt cétna. 7 batar fri cíana móir oca si*n* .i. cechtar dé immasech cucai beus día bualad combo marb acht bec. Lotir úad iarom.   3290

Arigsitar Ulaid uli aní sin 7 asbertatár ara nduscide. Acc ol Fergus nachi nglúasid res atchi. Atracht iarom trena chotlud. Cid

---

¹ *sic,* dosbertatár *Facs.*   ² *asp. mark om. Facs.*   ³ cotlad *Facs.*

dotrónad ol Ulaid fris. Niro fet iarom a n-acallaim. Nom berar
for se dom sergligu .i. don Teti Bricc. naba do Dún Imrith. ł do
3295 Dún Delca. Not bertar do saigid Emiri do Dún Delca for Láeg.
Aicc ol se mo breith don Teti Bric. Berair ass iarom co mboí co cend
mbliadna isin magin sin cen labrad fri nech etir.

Lathi n-and resin tsamfuin aile cind bliadna. A mbátar Ulaid
imbi isin taig .i. Fergus etir 7 fraigid. Conall Cernach etir 7 crand.
3300 Lugaid Reóderg etir 7 adart. Ethne Ingubai fria chossa. A mbatar
iarom fón samail sin tánic fer chucu isa tech 7 dessid forsind airiniuch
na imdai i mboí Cu Chulaind. Cid dottucai and sin ol Conall Cernach.
Ni handsa ol se. Mád ina sláinti ind fir fil sund robad chomairce ar
Ultaib ulib. inid i lobrai 7 i n-íngás dano atá is móo de as comairce
3305 airthiu. Ní agur nech iarom uair is dia acallaim dodeochad. Tathut
fáelte ni áigther ní ol Ulaid. Atraig iar sin inna sesam 7 gabais doib
inna rundu sa sis iarom. |

44b   A Cu Culaind fot galar
                               nibo sirsan in t-anad
3310   not ícfitís díamtis lat
                               ingena Aeda Abrat

                               Asbert Li Ban i mMaig Cruaich
                               bís for deis Labrada Lúaith
                               robad cridiscel la Faind
3315   coibligi fri Coin Culaind

                               Robad inmain lá mád fír
                               ricfed Cu Chulaind mo thir
                               ra mbiad arcat 7 ór
                               ro mbiad mór fina do ól

3320   Diammad chara dam co se
                               Cu Chulaind mac Soalte
                               i n-atconnarc ina súan
                               bes atcoad cena slúag

                               I mMaig Murthemni sunt tess
3325   aidchi samna nib amles
                               domficfe uaimse Li Ban
                               a Cu Chulaind cot galar.   a Cuł. c.

Coich thussu¹ ol iat. messi Óengus mac Áeda Abrat ol se. Luid
úadib iarom in fer 7 ni fetatar cia deochaid ł can donluid. Atraig
3330 Cu Chulaind ina sudi iarom 7 labrais iar sin. Bá mithig ém ol Ulaid
aní sin isnith cid a ndotrónad. Atconnarc ém ol se aislingi immón

---

¹ thussa *Facs.*

samain innuraid. Adfét dóib uli am*al* atchonnairc. Cid dogentar di su*n*d a popa Choncobair ol Cu *Chulaind*. Dogéntar ol Concoba*r* orta co rís in corthe cétna.

Luid Cu *Chulaind* ass iarom coránic in corthe co n-accai in mnaí 3335 bruit úani chucai. Maith sin a Cu *Chulaind* ol si. Ní maith dún ém cid for t*ú*r*u*si chucund innuraid ol Cu *Chulaind*. Ni du for fogail ém ol si dodeochammárni acht is do chuinchid for caratraid. Dodeochadsa ém dot acallaimsiu ol in b*en* o Faind ingin Aeda Abrat ros léci Manandan m*a*c Lir. 7 dorat seirc duitsiu iarom. Li Ban da*no* 3340 m'ainmse féin. Timarnad duit iarom óm céliú o Labraid Luathlam ar claideb. Dobé*ra* deit in mnai ar debaid n-óenlai leis fri Senach Síaborthe 7 fri Ecdaig nIúil 7 fri Eogan nInb*ir*. Nim tha maith em ol se do chath fri firu indiu. Bid gar úar aní sin or Li Ban. Bía slan 7 doformastar deit a ndotesta dit nirt. Is denta dait ar Labraid 3345 ani sin ar is e láech as dech di ocaib domain. Cisi airm hi tas*id*e for Cu *Chulaind*. Itá i mMaig Mell ol¹ si. Is ferr damsa techt leth n-aill ol ind ingen. Táet Laeg lat ol Cu *Chulaind* d'fis in tiri asa tudchad. Taet iarom oLi Ban.²

Lotar iarom co rancatar co airm i mboí Fand. | Tic iarom Li Ban **45a** dia saigid Loíg 7 geibthi ar gúalaind. Ni raga ass tra a Loig ol Fand 3351 indiu i mbethu acht m*an*it ainge ben. Nibo ed as mó ro gnathaigsem dún custrathsa for Loeg bancomarchi. Appraind 7 bithappraind nach hé Cu *Chulaind* fil it richt indossa or Lí Ban. Bád maith limsa da*no* combad hé no beth and for Láeg. 3355

Lotar ass iarom *co* rancatar tóeb na indse. Co n-accatar in lungine crédume forsind loch ara cind. Tiagait íarom isin lunga 7 tíagait isin n-insi 7 lotar do dorus tige co n-accatar in fer chuc*h*u is and asbert Lí Ban fris

Cate Labraid Luath lám ar claideb 3360
as cend mbuden mbúada.
búaid úas chret charpait glinni
dercas rinni ruada.

Frisgart dissi in fer iar sin co n-epert so fria.

Atá Labraid luithe cland 3365
nibá mall bid imda.
tinol catha cuirth*er* ár
día[*m*]bá³ lan Mag Fidgae

Tíagait iarom isa tech co n-accatar tri cóecto imdad istig. 7 tri coícait ban indib. Fersait ule faelti fri Lóeg. Is *ed* asb*er*tatar uli fris. 3370

---

¹ l *added above line.* ² *sic, for* ol Li Ban. ³ *sic,* m-*stroke om.*

Fo chen duit a Loig diag neich las tudchad 7 o tudchad 7 dit dáig
fesni. Cid dogena fechtsa a Loig for Lí Ban in raga do acallaim
Fainde coléic. Ragat acht co fíasur in n-airm atá. Ni *handsa.* Atá i
n-airicul fo leith ol Lí Ban. Lotar iarom día hacallaim. 7 feraiss*ide*
3375 fáelte friu fon innas cétna. Fand dī ingen Áeda Abrat .i. áed tene
is hé tene na súla in m*a*c imlesen. Fand iarom ainm na dére dotháet
tairis. Ara glaini ro ainmniged disi sin 7 ara coími ar ní boí isin bith
frisa samailte chena. In tan mbátar and iarom co cúalatar culgaire
carpait Labrada dund insi. Is olc menma Labrada indiu ol Li Ban.
45b Tíagam día ac|callaim. Tíagait ass immach. 7 ferais Li Ban faelti
3381 fris. co n-epert.

.r.¹   Fo chen Labraid Lúath

lam ar claideb

comarbae buidne

3385   snede slegaige

slaidid scíathu

scailid gou

créchtnaigid c*u*rpu

gonaid sóeru

3390   saigid oirgniu

aildiu innaiḃ

manraid slúagu

sreid muíne

fobartach fían fo chen.   fo ch*en* Lab*raid.*

3395 Nis frecart Lab*raid* beus 7 asbert ind ingen atheruch.

.r.¹   Fo chen Lab*raid* Lúath

lam ar claideb augra

urlam do rath

rurtech do chách

3400   saigthech do cath

créchtach a thóeb

cundail a bríathar

brígach a chert

cartach a flaith

3405   laimtech a des

diglach a gus.

tinben laeochu

Lab*raid* fo chen.   f. L.

Niro regart beus Lab*raid* canaidsi laíd n-aili affridissi.

---

¹ .r. *between columns* = retoiric.

r.¹   Fo chen Labraid Lúath   3410
      lam ar claidem
      láechdu ócaib
      uallchu murib
      manraid gossa.
      gniid cathu   3415
      críathraid ócu
      tocbaid lobru
      tairnid triunu
      fo chen Labraid.   f.L.

Ní maith a n-asberi a ben ol intí Labraid conid and asbert.   3420

.r.¹   Ni ual na húabur dam a ben
      nach ardarcnid mellchai mescthair ar cond
      rechmi cath n-imrind n-imda n-imamnas
      imberta claideb nderg ar dornaib desaib
      tuathaib ilib oenchridiu Echdach Iúil   3425
      nitan bi nach n-úall.
        ni uall ní uabar dam a ben.

Bad maith lat do menma tra ol in ben or Li Ban fris atá Lóeg ara
Con Culaind sund 7 timarnád duit úad doticfa slóg úad. Ferais
Labraid faelti fris iarom a n-asbert. Fo chen duit a Laíg fo bíth na 3430
mná las tánac 7 in cháich o tudchad. Dó duit do tig a Laíg or
Labraid 7 ragaid Lí Ban it díaid.

Tic Laeg ass iarom co Emain 7 adfet a scéla do Choin Culaind 7
do chach olchena. Atraig Cu Chulaind iar sin na sudi. 7 dobert láim
dara agid 7 acallais Láeg co glé 7 ba nertiti leis a menma na scéla 3435
adfiadar do in gilla. |

Baí dano terchomrac oc crethri² ollchoecedaib Herend ind inbaid **46a**
sin dús in faigbitis nech bad toga leo dia tibertis rígi nErend. Úair
bá holc leo tilach airechais 7 tigernais Herend .i. Temair a bith cen
rechtgi ríg furri. 7 bá olc léo na túatha cen smacht rig oc cocertad a 3440
cotrebi. Ár bátar fir Herend cen smacht ríg forro fri re .uii. mbliadna
iar ndíth Conaire i mBrudin Dá Derca cussin mórdail sin cethri cóiced
nErend hi Temraig na rig hi tig Erc meic Corpri Niad Fer.

At íat so im̄ ríg bátar isin dail sin .i. Medb 7 Ailill. Cú Roí 7
Tigernach Tétbannach mac Luchtai 7 Find mac Rossa. Ní dentaís 3445
iarom ind fir sea comairli ríg fri Ultu fó bith ar is d'óenóentaib bátar
ind fir se hi cend Ulad.

Dognither iarom tarbfes leo and sin co fíastais esti cía día tibertais
rígi.

---

¹ .r. *between columns.*   ² *sic, read* cethri.

3450   Is amlaid dognithe in tarbfes sin .i. tarb find do marbad ⁊ óenfer
do cathim a satha día eóil ⁊ da enbruthi. ⁊ cotlud dó fón saith sin. ⁊
ór firindi do cantain do cethri drudib fair ⁊ atchíthe dó i n-aslingi
innas ind fir no rígfaide ¹and asa deilb ⁊ asa turascbail ⁊ innas ind
oprid dognith.   Díuchtrais in fer asa chotlud ⁊ adfíadar a res dona
3455 rigaib .i. móethoclaech sáer sonairt co nda cris derca tairis ⁊ sé os
adart fir i sirc i nEmain Macha.

    Faiditir iarom techta frisin² co Emain.   Is and sin bátar Ulaid ina
turchomruc im Choncobor i nEmain in tan sin ⁊ Cu Chulaind ina
seirgligu and.   Atfiadat a scéla do Choncobor ⁊ do mathib Ulad
3460 olchena.   Fil linni mac sáer soceneóil fon samail sin ol Concobar .i.
Lugaid Réoderg mac na tri Find Emna dalta Con Culaind fil os adart
na himda thall amne oc urgartigud a aiti .i. Con Culaind fil hi sirg.
Atraig Cu Culaind andaide ⁊ gebid for tecosc a daltai conid and
asbert. |

46b   Bríatharthecosc Con Culaind inso

3466   Nirbat taerrechtach debtha dene dóergairce.
            Nirbat díscir dóichlech díummasach.
            Nibbát ecal ocal opond esamain.
            Nipát tairne ó main mandartha mesctha.
3470   Nibat dergnat colla coirme hi tig rurech.
            Nibat ilfurig im írad n-echtrand.
            Ni sáis daíne dochla díchumaing.
            Ni íadat iubaili for étechtu ail.
            Airliter cumni cóich comarbai cré.
3475   Cuibsigter sencaid sin co firinne fiu hit fíadnaisi.
            Finnatar bethamain brathir scéo mbroga.
            Mrogatar genelaigi gesci úa geniter gein.
            Gairter bí beoaigter fri oethu. airm irro trebsat mairm.
            Maínigter comarbai fora thechtu thoich.
3480   Tocumlúat anfini coa nemthe nert.
            Ni fresnesea co labur.
            Ni aisneisea co glórach.
            Ní fuirse.
            Ní chuitbe.
3485   Ní faitchither senori.
            Nipá mithomtinach o neoch.
            Ní géis co ansa.
            Ni ettis nech cena domanches.

---

¹ *letter erased before* and, *trace of accent over* a.   ² = fris sin.

Caínoís. Caínéra. Caínairlice.
Bát umal múnta ó gáethaib.   3490
Bat cumnech coisc ót senaib.
Bát seichmech ríagla athardai.
Nipat úarcraidech im chardiu.
Bat gusmar im naimtiu.
Nipa frithenech debtha hit ilchomraicib.   3495
Nirbat scelach athcossanach.
Ni faisce.
Ni thaisce ní.
Níba torba.
Consecha do cursachad i [n]gnímaib¹ antechtai.   3500
Ni chomainse th'irinne ar thoil daine.
Nibát athboingid ar narbat aithrech.
Nibat comromach ar nábat miscnech.
Nirbat lesc ar narbat meirb.
Nirbat roescid arnabat doescair.   3505
Ardotchuibdig fri sechem na mbriathar sin a meic. ～

Is and asbert Lugaid inso sis fri Coin Culaind.

Ed as mait a mbith ule
arin festar cach dune
noco teseba ní de   3510
fírfaider mádurise.

Luid Lugaid iar sin frisna techtaib co Temraig ⁊ gongarar garm²
rigi dó ⁊ fais hi Temraig ind aidchi sin ⁊ luid cach dia mennut iar sin.
   Imthusa im̄ Con Culaind iss ed adfíastar sund coleic. | ³Do duit uaim **47a**
a Laíg for Cu Chulaind co airm hi ta Emer ⁊ innis condat mná sidi 3515
rom thathigset ⁊ rom admilset ⁊ apair fria is ferr a chách itosa ⁊ táet
dom indnaigid.   is and asbert in gilla oc nertad Con Culaind inso.

Mór espa do láech
laigi fri súan serglige.
ar donadbat genaitia   3520
áesa a Tenmag Trogaigi.b
condot rodbsat
condot chachtsat
condot ellat
eter briga banespa.   3525

ᵃ .i. mna [H]   ᵇ .i. a Maig Mell [H]

---

¹ *sic,* n-*stroke om.*   ² *sic.*   ³ ll. 1-18 (=3539), *where first interpol. ends, in*
ras. by **H.**

Diúchtra^a a terbaig andregoin^b
ar dotáet do lochbriga^c
et*er* argaib^d erritib.
condot rudi sudi n-óg.
3530   condot chellti^e
condot chiúrthi margnímu.
Día focart lúth Labrada
a fir rudi atraí coropat mor.   mór e.

Téit in gilla iar sin co airm i mboí Emer 7 adfét am*al* boí
3535 Cu C*h*ulaind. Olc duitsiu a gilli for si ar is tú taithiges in síd^1 cen feib
ica do tigerna d'agbáil lat. Truag d'Ultaib for si cen sirthin a márica.
Diambad Conchobur credbaigte ł Fergus ní thastar súan ł Conall
Cer*nach* tabsat crechta is Cu C*h*ulaind cobarthe. Cachainsi iarom laíd
la sodain fon c*ru*th sa.]

3540   A m*e*ic Riangabra fó rír
cid m*e*nic imthigi in síd
ní moch doroich let ille
icc m*e*ic delba Dechtere

Trúag d'Ultaib co lín garta
3545   et*er* aite is chomalta
cen siriud in domain duind
d'ícc a carat Con Cul*aind*

Mád Fergus no beth i ssúan
dá n-iccad aicned oendrúad
3550   ní bíad m*a*c Dechtere i fos
co fagbad drui dia tomos

Díambad hé Conall chena
fris mb*etís* crechta is cneda
no sirfed in Cú in mith mbras
3555   co fagbad liaig da leges

Mád do Láegaire Búada*ch*
tísad ág bád imuallach
no sirfed Herind na n-íath
d'íc m*e*ic Connaid m*e*ic Iliach

---

^{a} .i. erig [H] ^{b} .i. a galar ban sidi [H] ^{c} .i. do laechbriga [H] ^{d} .i.
anradaib [H] ^{e} .i. co nd*er*na [H]

^{1} *corr. from* síg.

Dambad do Cheltchar na celg   3560
tísad súan 7 sírṡerg
robad astrach aidchi is lá
et*er* sídaib Setantá.

Dámbad Furbaidi na fían
no beth i llige lanchían   3565
no sirfed in domon ndron
co fagbad a thesarcon

Atbathsat slúaig síde Truim
ro scarsatar a morgluind
ní thét a ccu dar cona   3570
o ro gab súan síthbroga

Uchan do galur nom geib
ó Choin cherda Conchobair
isáeth¹ rem chridi is rem cnes
día tísad dím a leges.   3575

Uchan is crú mo c*r*aide
serg for marcuch in maige
co*n*na toraig sund ille
d'óenuch Muge Murthemne

Is de ná tic a hEmain   3580
dáig na delba ron dedail
is merb is is marb mo guth
dáig atas*om* fó drochcruth

Mí 7 rathe 7 blia*dain*
cen chotlud fó chomríagail.   3585
cen duini bad bind labra
ní chúala a m*ei*c Riangabra   a m*ei*c R.

Tanic Emer rempi co hEmain iar sin d'innaigid Con
Cul*aind* 7² dessid issind imdaí i mbaí Cu Cul*aind* 7 ro baí cá rád
is mebul duit or si laigi fri bangrád. Uair dogénad galar duit 3590
sirligi 7 baí ca acall*aim* 7 ro chan laíd |

Erig a gérait Ulad   **47b**
rod dúsci suan slán subach
deci ríg Macha mo c*ru*th
nit leci re rochotlud   3595

Deca a gúalaind lán do glain
déca a churnu co comraim
déca a chairptiu cinnit glend
déca a rretha fían fidchell

3600   Déca a churadu co mbríg
déca a ingenraid n-ardmín
déca a rígu rem n-aga
déca a rignu dermára

Déca tossach gemrid gluair
3605   déca cach ingnad ar n-úair
déca let iss *ed* fótgní
a fuacht a fot a hamlí

Is meth ní maith cotlud trom
is mertan ar n-écomlond
3610   is loim for saith suan hi fat
tánaisi d'éc éccomnart

Ro dusig suan síd ar n-ól
telci ri robruth romór
ilar mbria*thar* mbláith rot char
3615   érig a gerit Ulad.   erig. a U.

Atracht iarom Cú Chul*aind* iar sin 7 dorat laim dara agid 7
ro chuir a mertnigi 7 a tromdacht de 7 atracht iar sin 7 tanic
remi iar sin co mboí i nAirbi Roír. Co n-acca chuci iar sin
Li Ban 7 ro ráid ind ingen friss 7 baí oca thócuriud ¹[din tsíd.
3620 Cisi airm hi tá Labraid ol Cu Ch*u*laind. Ni *handsa* ol si.]¹

Atá Labraid for lind glan
día n-aithiget buidni ban
níba scíth let techt día tuaid
¹[mád ar fis Labrada Luaith

3625   Laínid² tech a des tindben cét
eolach inti asidfet
corcair co n-aldi datha
samail grú*a*di Labrada]¹

---

¹⁻¹ *in ras. by* **H.**   ² *traces of former* á *after initial* L.

Crothid conchend catha ceirp[1]
fiada chlaidib thana deirg   3630
bruid idnu buden mbáeth
brisid scíathu lenna laech

[2][Li sula a chnes isin tres
ni mairnd cairdiu a forámles
inrice feraib side   3635
fer ro selaig mór mile

Láechdu ocaib amru scéoil[3]
rosiacht tír Echach Iuil
folt fair amal flesca óir
bolad fína lía anóil   3640

Amru feraib fúabair nith
is garg fri cíana cocrích
riadu curach 7 graig
sech inis hi tá Labraid.

Fer co n-ilur gním dar ler   3645
Labraid Lúath lam ar claideb
ni fuband conroithi de
is fulang súain sochaide

Srian muinci dergóir fria graig
7 nocon ed nammá   3650
turid airgit 7 glain
iss ed fil is tig hi ta   ata L. f.][2]

Noco ragsa ar Cú Culaind ar cuiriud mná ticed iarom ar ind
ingen Lóeg and sút d'is cech réta. Tiat iarom ar Cú Culaind.
Atralacht Lóeg iarom lasin n-ingin 7 dochuatar do Maig Lúada 3655
7 don Biliu Buada 7 dar Oenach nEmna 7 i nÓenach Fidga 7
is andside baí Áed Abrat cona ingenaib. Feraid Fand failte
fri Lóeg. Cid dia mbaí Cu Chulaind cen tíachtain or si. Nirbo
ail leiss tiachtain ar banchuriud 7 dano co finnad inn[4] uaitsiu
rosiacht fis dó. Is uaim ar si 7 ticed co lúath diar saigid ar is 3660
indiu curthir in cath.

Luid Láeg atheroch co airm i mboí Cu Chulaind[a] Cinnas sin
a Loíg ar Cu Chulaind. Ro frecair Láeg 7 ro radi is mithig techt
ar se uair ita in cath oca ferthain indiu 7 is amlaid roboí oca rád
7 ro chan laíd. | 3665

---

[1] eir *retraced by* **H.** [2-2] *in ras. by* **H.** [3] i *added below line, om. Facs.* [4] ī *Facs.*

48a
Ranacsa rem rebrad ran
bale ingnad ciarbo gnád
*con*nici in car[*n*]d¹ fichtib drong
hi fúar Labraid lebarmong

3670
Co fuarusa hé sin char[*n*]d¹
ina sudi mílib arm
mong buide fair alli dath
ubull oir ocá íadad

Corom aichnistar iaraim
3675
a lleind chorcra coicdiabail
atbert rim in raga lim
don tig hi fail Faelbe Find

Atát na dá rig is tig
Failbe Find 7 Labraid
3680
tri .l. im chechtar dé
is é lín inn óentaige

.L. lepad na leith deiss
7 .l. airides
.l. lepad na leth chlí
3685
7 .l. aeridi

Colba do lepthaib cróda
úatne finna forórda
is si caindell ardustá
in lía lógmar lainerdá.

3690
Atat arin dorus tíar
*in*si*n*n ait hi funend grían
graig ngabor nglas brec a mong
is araile corcordond

Atát arin dorus sair
3695
tri bile do chorcor glain
dia ngair in énlaith búan bláith
don m*a*craid assin rígráith

Ata crand i ndorus liss
ni hétig cocetul friss
3700
crand airgit ris tatin grían
cosmail fri hór a roníam

---

¹ *n*-stroke *om.*

Atat and tri .xx crand
comraic nad chomraic a mbarr
biatar tri .c. do cach crund
do mes ilarda imlum   3705

Atá tipra sin tšíd thréll
cona tri .l. breclend
7 delg óir cona li
i n-óe cecha breclenni

Dabach and do mid medrach   3710
oca dáil forin teglach
maraid beós is búan in bes
conid bithlan do bithgrés

Ita ingen is tig trell
ro derscaig do mnaib Érend   3715
co fult budi thic immach
is sí alaind illánach

In comrád doní ri cách
is alaind is ingnath
maidid cridi cech duni   3720
dia seirc is dia inmuni

Atrubairt ind ingen trell
coich in gilla na haichnem
masa thú tair bic ille
gilla ind fir a Murthemne   3725

Dochúadusa co foill foill
rom gab ecla dom onóir
atbert rim in tic ille
oenmac dígrais Dechtere

Mairg ná dechaid o chíanaib   3730
7 cach icá iarrair
co n-aiced immar ita
in tech mór atchonnarcsá

Dambad lim Ériu ule
7 ríge Breg mbude   3735
dobéraind ní láthar lac
ar gnais in bale ránac.   ranac .r.

Is maith sin ar Cú Cul*aind*.   Is maith ar Lóeg 7 is cóir du**l**
día ríachtain 7 is maith cach ní issin tír sin 7 is and asbert Loeg
3740 beós frisseom ic innisin oibniusa in tsída.

> Atconnarc tír sorcha sáer
> inná ráit*er* gó ná cloen
> fil and rí rúamna buden
> Labraid Lúath lam ar claideb

3745
> Oc techt dam¹ [dar Mag Lúada]²
> dommárfas Bili Búada
> ro gabus i mMaig Denna
> la dá nat*r*aig imchenna

> Is and atrubairt Lí Ban
3750
> isin baliu i rrabammar
> robad [inmain lem in]² firt
> diambad³ Chú no bet⁴ it richt

> Alaind bantrocht búaid cen chacht
> ingena Áeda Abrat |
48b
> delbad Fainne fúaim co llí
3756
> ni roacht rígna ná rí

> Atb*er* úair is lim ro clos
> sil nAdaim cen imarbos
> delbaid is Fainne rem ré
3760
> na fil and a llethete

> Atconnarc láechu co lli
> co n-armmaib ic imdibí
> atconnarc étach ndatha
> nocon erred anflatha

3765
> Atconnarc mná féta ic fleid
> [atconnarc a n-ingenraid]⁵
> atconnarc gillu glána
> oc imtecht ind fiddromma

> Atconnarc áes ciúil is tig
3770
> ic aerfitiud dond ingin
> m*an*bad a lúas tísa ammach
> domgentais co hétréorach

---

¹ da*r* corr. to da*m*.   ² in ras. by **H.**   ³ ad in ras.   ⁴ bet*h* Facs.
⁵ **H**, atco*n*narc ani in ras., remainder at end of line, g very characteristic.

Atconnarc in cnoc ro buí
alaind ben Eithne in gubai
[1][acht in ben atberar sund   3775
be*res* na slúagu asa cund.   at*connarc* m.

Luid Cu C*hu*lai*nd* lee iarom is tir 7 be*rt* a charpat les co rancatár in
n-insi. Feraib[2] Labr*aid* fáelti fríu 7 fersi in bantrocht uli 7 ferais
Fand da*no* fáelti sinredaig[3] fri Coin C*u*lai*nd*. Cid dogentar sund
hifechtsa ol Cu C*hu*lai*nd*. Ni *handsa* or Labr*aid* iss *ed* dogenam regma[i] 3780
coro lam cor imón slúag. Tíagait ass iarom co rancatar tor na slúag
7 co rolsat súil tairsiu. 7 bá dirim leó in slúag Eirg ass hifechtsa ol
Cu C*hu*lai*nd* fri Labr*aid*. Luid Labr*aid* ass iarom 7 anais Cu C*hu*lai*nd*
ocon tslóg. Fanócrat in da fiach druiidechta[4] dogensat in tslúaig. Is
doig ol in slúag in ríastartha a Herind iss *ed* te*r*chanait ind fiaich. 3785
Dossennat in tslúaig iarom conná fúair ined leó is tír. Dotháet Eochaid
Iúil iarom do inlut a lam don tiprait matain moch. Atconnairc
Cu C*hu*lai*nd* iarom a gualaind tresin cochull. Doléci gai dó *co* luid
trít. ro marb tríar for trichait dib a oenur. Tofobairt iar sin Senach
Siabortha 7 ferait morgleó 7 marbthus Cu C*hu*lai*nd* iarom. Tic 3790
Labr*aid* iarom 7 mebais riam forsna slógu. Ro gáid Labr*aid* dó anad
dind imguin. Atagamar tra for Loeg in fer d'imb*ir*t a ferci[5] fornd
úair nach lór leis di cath fúair. Tiagar for Lóeg 7 inlite*r* teora dabcha
úarusci do dibdúd a brotha. In cetna dabach i tét fichid tairse. In
dabach tanaise nis fodaim nech ara tes. In tres dabach is comse a 3795
tes. In tan atconcatar na mná Coin C*u*lai*nd* is and cáchain Fand
inso.

Segda cairptech docing rot
cesu amulach is óc.
alaind lúadam luades blai   3800
fesc*ur* iar n-óenuch Fidgai

Ni céol side séol fodgain
is fordath fola fil fair.
cronan canas[6] ( )[7] ch*r*eit
focanat roith a ch( )[8]   3805

Eich fil fó charput glinne
an frim céin córda sille.
ni fúair a samail[9] di graig
it lúathidir gaíth n-erraig.

---

[1] *what follows,* 48*b* 11 *to* 49*a* 16, *is written by* **H** *over an erased surface.*   [2] *read*
Feraid.   [3] *sic.*   [4] *read* druidechta, *H.* 4. 22.   [5] *From this point
on, the right-hand portion of the column is stained and difficult to decipher;
several letters have been broken off at the end of the lines.*   [6] *down stroke of* s
legible.   [7] *several letters lost, supply* uasa, *H.* 4. 22.   [8] *lost;* charpait, *O'Curry,
and H.* 4. 22.   [9] *mail barely traceable.*

3810
Imb*eir* cóic deich ubull óir
ós clesit fora anóil.
ni fúair a samail di rig¹
e*ter* mín 7 anmín.

Fil i cechtar a da grúad
3815
tibri derg am*al* c*rú* rúad.
tibri uani¹ tibri² g( )³
tibri corcra dath n-étrom.

Fil secht suilse ara rusc
ni scél fácbala hi lusc.
3820
⁴imdenam súla⁴ saire
abratchair duba daile⁵

Fil fora chend cid fó fer
atchlos fo Érind imbel.
tri foilt⁶ ni *hina*nd a *n*d( )th
3825
gilla oac amulach.

Claideb r*u*si roindes c*rú*
cona imdurnd airgdidú.
sciath co mbualid⁷ óir budi
7 co mbil findruini⁸

3830
Cingid dar firu i*n* cach tind
imthéit i n-ág i n-eslind.
ni fil do bar laechraid⁹ laind
as chosmail fri Coin C*u*lai*n*d.

Cu C*hu*lai*n*d dotháet ille
3835
in t-óclá*ech* a M*ur*temne.
is íat dorat sund¹⁰ hi fat
ingena Aeda Abrat¹⁰

Bróenán fola fota fland
la toeb crand comarda dé
3840
ilach¹⁰ uallach uabrech ard
la gol mairg fri síabru sé.   seg*d*a c.¹¹

Ferais **Li Ban** faelti fris iar tain *con*[*id*]¹² and asbert inso sís. |

---

¹ *very faint.*   ² tibri *very obscure, but can be read with patience against the light.*   ³ *illeg.*, gorm, *H.* 4. 22.   ⁴⁻⁴ *barely legible.*   ⁵ *indistinct; fracture here.*   ⁶ -lt *just traceable, remainder of line very obscure, but can be read against the light* ni hinand a ndath, *H.* 4. 22 ; foiltni co saine dath, *O'Curry.*   ⁷ *legible against the light,* co *m*buallaib *Facs., but the* a *is subscript.*   ⁸ *final* i *faintly traceable;* -e *Facs.*   ⁹ l *added above line,* dobairde cruaid *Facs.*   ¹⁰ *faintly traceable.*   ¹¹ *legible against the light.*   ¹² *contraction stroke om.*

Fo chen Cu Chulaind   **49a**
torc^a torachtaide
mál mór Maigi Murthemni   3845
már a menma
míad curad cathbúadach
cride níad
nertlia gaíse
flandrúad ferci   3850
aurlam fri firecrat
lath ngaile Ulad
alaind a lí
lí sula do andrib
is fo chen.   fo chen. C.   3855

Ceist cid doronais a Cu Chulaind or Li Ban fris. is and asbert
Cu Chulaind andaide

Tarlucus urchur ¹dom sleig¹
i ndúnad Eogain² Inbir
nocon fetur sochla set   3860
in buaid dorignius ł in bet

Cid ferr cid messu dom nirt
co sse ni tharlus dom chirt
urcur anfis fír hi céo
bes na n-árlaid duni beo   3865

Slog find forderg formnib ech
domroipnitar forom leth
munter Manandan meic Lir
cotagart Eogan Inbir

Immimrous cipe cruth   3870
in tan tánic mo lanlúth
oenfer dia tricha cet
conda rucus dochom n-éc

Rochuala cneit Echach Iúil
i socraidi labrait biuil   3875
mad fir co fír bes nip cath
in t-urcur ma tarlacad.   tarlucus .u.]³

---

^a .i. rí [H]

---

¹⁻¹ *in ras.*   ² Eoguin *Facs.*   ³ *Here interpolation of* **H** *ends.*

Foíd Cú Cul*aind* iar sin lasin n-ingin 7 anais mís ina farrad.
7 celebraid hi cind mís di 7 atbertsi frissium in bale ar si atberasu
3880 frimsa dul it chomdáil ragatsa 7 is and dorónsat comdáil ic
Ibur Cind Trachta. Ro innis do Emir aní sin. Dorónta scena
acciside do marbad na ingine. Tánic 7 cóeca ingen lee *con*nici
in comdáil. Is and ro boí Cu Chul*aind* 7 Lóeg oc immirt
fidchilli 7 níro airigset na mná chucu. Is and ro ráthaig Fand
3885 7 asbert fri Lóeg. Fégsu a Laíg aní atchiusa. Cid insin ar
Lóeg. Dercais Lóeg 7 is and ro radi ind ingen inso .i. Emer¹

.r.² Fég a Loíg dar th'eis oc coistecht frit filet mná córi
ciallmathi co scenaib glasgéraib ina ndeslamaib co n-ór fria
n-uchtbrunnib cruth caín atchichith*er* am*al* tecait láith gaile dar
3890 cathcairptiu glé rosoí gné Emer ingen Forgaill.

.r.² Nít ágara ar Cu Chul*aind* 7 nícon tora et*ir*. Tairsiu isin
creit cumachta lasin suidi ngríanda form dreichsea fodéin ar
dothesarcainbsea ar andrib ilib imdaib hi cetharaird Ulad ar cía
nos baigea ingen Forcaill a hucht a comalta im gním co c*um*achta
3895 bés ní lim lámathair.

Asbert beós Cu Chul*aind*

.r.² Not sechaimsea a ben am*al* sechnas cách a chárait ní
rubimsea do gae crúaid crithlamach nach do scían tím thanaidi
nách t'íerg treith timaircthech ar is mórdolig mo nert do scor
3900 ó nirt mná.

C*eist* trá ar Emer cid fódruair latsu a Chú Cul*aind* mo
dímiadsa fíad andrib ilib in chui*ch*id³ 7 fíad andrib ilib na
Hérend 7 fíad áes enig archena ar is fót clith tánacsa 7 fo |
49b ollbríg do tharisen ar cia not bagea uall ollimresan bés nípad
3905 rith latsu mo lecunsa a gillai cía no trialltá.

C*eist* tra a Emer ar Cu C*h*ul*aind* cid arna leicfideá damsa mo
denus i ndáil mná ar chetus in ben sa is sí in glan genmnaid
gel gasta dingbála do ríg ilchrothaig ind ingen sin do thonnaib
dar leraib lánmóraib co ndeilb 7 écosc 7 sóerchenel co ndruni
3910 7 lamda 7 lamthorud co ceill 7 c*h*ond 7 cabsaidecht co n-immad
ech 7 bóthánte ar ní fil fo nim ní bad tol ria cóemchéle na
dingned cía no comgelltá. A Emer ar se ni faigebasu curaid
caín crechtach cathbúadach bádam fiusa.

Bes ar Emer nocon err in ben día lenai. Acht chena is alaind
3915 cech nderg is gel cach nua is caín cech ard is serb cach gnáth.

---

¹ *recte* Fand; *om. H.* 4. 22.   ² *in marg.*   ³ *sic.*

cáid cech n-écmais is faill cech n-aichnid co festar cach n-eólas.
A gillai ar si ro bámarni fecht co cátaid acut 7 no bemmís dorisi
diambad ail duitsiu 7 robo dograch furri.   Dar mbrethir tra ar
se isatt ailsiu damsa 7 bidat ail hi céin bat béo.

    Mo lecudsa dī ol Fand.   Is coru mo lecudsa ar Emer. 3920
Náthó or Fand messi leicfidir and 7 is mé ro baeglaiged o chéin
7 forópair oc dogru 7 oc domenmain móir ar bá nar lée a lécud
7 dul día tig a chétóir 7 ro buadir in rograd hí dorat do
Coin *Chu*laind 7 is am*laid* ro boí oc dogru 7 doroni in laid sea.

Messe ragas[1] for ast*ur*   3925
ce dech lim ar mórgestul
cé ta*ra*[2] nech líⁿ a blad
ropad ferr lim tairsem

Robad ferr lim bith hi fus
dob*ér* fót laim cen dobus   3930
ná dula cid ingnad lat
co gríanan Áeda Abrat

A Emer is lat in fer
7 ro mela a deigben
aní ná roich lam cid acht   3935
is écen dam a dút*r*acht

Mor fer ro boí com iarraid
et*er* chlitar is diamair
noco dernad ríu mo dál
dáig is misi rop irán   3940

Mairg dob*eir* seirc do duni
menes tarda dia airi
is ferr do neoch a chor ass
ma*n*e chartar mar charas

Cóeca ban tánac ille   3945
a Emer án foltbuide
do tascrad ar Faind ní fó
is dá marbad ar andró

Atat tri .l. rim la
do mnaib aille oentamá   3950
ac*um* i ndún immalle
noco treicfitis messe.   mese.

---

          [1] *in ras.*   [2] ᚈᚐ MS.

Iar sin ro fallsiged do Manandan aní sin .i. Fand ingen
Áeda Abrat do bith i n-ecomlund ic mnaib Ulad 7 a bith coa
3955 lécud do Choin *Chulaind.* Tanic iarom Manannán anair do
saigid na hingini 7 ro boí ina fíadnaise 7 níro rathaig nech díb
aní sin acht Fand a hoenur. 7 is and sin ro gab et*ere* móir 7
drochmenmain in n-ingin oc fegad Manandán 7 dorigni laíd |

50aª
3960

Fégaid m*a*c laechraidi Lir
do maigib Eógain Inbir
Manannán úas ¹domu*n* dind¹
ro boí tan rop¹ inmain lim¹

Mád indiu bá digrais núall
ní charand mo menma múad
3965   is éraise in rét in tserc
téit a héol cen immitecht

Lá ro bása 7 m*a*c Lir
hi ngrianan Dúni Inbir
ropo dóig lind cen anad
3970   noco bíad ar n-imscarad

Danam thuc Manannan mass
robam céle comadas
noco be*r*ad orm ria lind
cluchi erail ar fidchill

3975   Danam thuc Manandan mass
robam céle comadas
dornasc d'ór² aromthá³
thuc dam i llúag m'imdergthá

Baí ac*um* dar fraech immach
3980   .l. ingen illdathach
doratus dó .l. fer
centar in .l. ingen

ª *Along the upper margin in the handwriting of M :* Mac Lonan *dixit*

Mían mná Tethrachᵇ a tenidᶜ   slaide sethnachᵈ iar sodain.
subaᶜ lubaᶠ fo lubaibᵍ   ugailʰ trogaⁱ dír drogainʲ

ᵇ .i. badb [M]   ᶜ .i. gae 7 arm [M]   ᵈ .i. táeb [M]   ᵉ .i. fuil [M]
ᶠ .i. corp [M]   ᵍ .i. fó feraib [M]   ʰ .i. súli [M]   ⁱ .i. cend [M]   ʲ .i. fíaich [M]

¹⁻¹ *in ras. retraced and stained;* doma*n*, *H. 4. 22, read* domuin.   ² *sic for* di ór.
³ a *add. above line.*

Cetra .l. cen miri
iss é lucht inn óentigi
da .l. fer sonmech slán   3985
dá .l. ban find follán

Atchíu dar in muir ille
nín acend nach meraige
marcach in mara mongaig
ní lenand do sithlongaib   3990

T'imthecht seochainni co se
ni acend acht sídaige
maraid do chiall cech slúag séim
cía beit úait i n-etercéin

Mad messe bá dethbir dam   3995
dáig at báetha cialla ban
intí ro charus co holl
domrat sund i n-ecomlond

Celebrad dit a Chú chain
aso sind uait co sochraid   4000
cén co tísam dútracht lind
is ard cech recht co himchim

Érge seo mithig damsa
atá nech risnid [andsaᵃ]¹
is mór in tócosol tra   4005
a Laíg a meic Ríangabrá

Ragat rim chéli fodéin
dáig noco dingnea m'amréir
nár apraid is ceim i cleith
mád alic duibsi fegaid.   fegaid.   4010

Atracht ind ingen iar sin i ndíaid Mannannan ⁊ ro ḟer
Manannan faelti fria. ⁊ asbert maith a ingen ar se in oc urnaidi
Con Culaind bía fodechtsa ł in limsa doraga. Dar ar mbrethir
ém ol si fil uaib nech bad ferr lim a chéli do lenmain. acht ar si
is letsu ragatsa ⁊ ni irnaidiub Coin Culaind ar rom thréc ⁊ araill 4015

ᵃ .i. risnad dolig [H]

---

¹ *in ras. by* H.

and da*no* a degduini ní fil rígain catamail acotsu. ata h̄¹ la
Coin Cul*aind*.

Ó'tconnairc im̄ Cu Chul*aind* in n-ingin ic dula úad co
Man*annan* ro ráid fri Lóeg. Crét sút ar sé. ni *handsa* ar Lóeg
4020 Fand ic dul la Man*annan* m*ac* Lir ar ncorb² álic duitsiu hí. Is
and sin tra ro ling Cú Chul*aind* tri ardlém*end* 7 tri deslem*end*
Lúac*ra* co rrabi fri ré fotá cen dig cen bíad sechnon na slebte 7
is and no chotlad cech n-aidchi for Sligi Midluac*ra*. Dochoid
trá Emer do saigid Concobair co hEmain 7 ro innis dó
4025 Cú Chul*aind* am*al* ro boí. Ro faíd Conchobor filedu 7 áes dána
7 drúdi Ulad dia saigid co fastaitis 7 co tuctais co hEmain léo
50b hé. Ro t*r*iallsom da*no* in n-áes ndána do marbad.³ Ro chansat-
s*id*e brechta drui*dechta* ina agid coro gabait a chossa 7 a láma
conos tanic trell dia ceill. Ro boíseom da*no* oc cuingid digi
4030 chucu iar sin. Tucsat na druíd dig n*d*ermait dó. Am*al* atib in
dig nirbo chumain laiss Fand 7 cech ní doroni. Tucait da*no*
deoga dermait a héta do Emír ar nirbo f̄err ro boí. Ro croth
da*no* Man*annan* a brat et*er* *Coin* Cul*aind* 7 Faind conna-ro
chomraictís do g*r*és. Conid taibsiu⁴ aidmillti do *Choin* Chul*aind*
4035 la háes sidi sin ar ba mór in cumachta demnach ria cretim. 7 ba
hé a méit co cathaigtis co corptha na demna frisna doínib 7 co
taisfentais aíbniusa 7 díamairi dóib. am*al* no betis co marthanach
is amlaid no creteá doib. Conid frisna taidbsib sin atberat na
haneolaig síde 7 áes síde. ~ . ~

---

¹ *the symbol for* ' autem,' *added above line and retraced.*　　² *sic, for* nocorb.
³ marbod *Facs*.　　⁴ *sic, for* taidbsiu.

MÓRRÍ mórbrethach ro gab os Herind .i. Cormac mac Airt
meic Cuind Cetchathaig Bá maith iarom baí ind Eriu
ria lind fó déig ro scaíled breth rechtgae fo Érind acciseom.
Conná laimtheá guin duni i nHérind fri ré iúbili bicci .i. uii.
mbliadna. ar baí cretim in óenDé oc Cormac do réir rechta. 4045
ar ro ráidseom na aidérad clocha ná crunnu acht no adérad intí
dosroni 7 ropo chomsid ar cul na uli dúla .i. in t-óenDia
nertchomsid ro crutaig na dúli is dó no chreitfed. Conid eseom
in tres ro creti i nErind ría tíachtain Patraic .i. Conchobor mac
Nessa díaro innis Altus dó cesad Crist. Moranda mac Corpri 4050
Cind Chaitt indarna fer. Cormac in tres. 7 ane is doig co
ndeochatár drem aile fora slicht imón cretim sin. Is and trá
no gnátaigedᵇ a dodgnos hi Temraig ar slicht cech rig remi.
no coro milled a rosc Óengus¹ Gai buaphnech mac Echach
Find Fúath Airt. I nAchaillᶜ im̄ 7 i Cenandas 7 hi Tig Cletig 4055
no bídsom iar tain ár níbá hada rí co n-anim hi Temraig.
Tánic tra bás dia innaigidseom hi Tig Cletig isin bliadain
tanaise ar coll a roirc⁴ íar nglenamain cnáma bratan ina bragit.ᵈ
Ro ráidseomᵉ im̄ fria muintir cena adnaculᶠ issin Brug daig ní
hinund Día ro adairseom 7 cech oen ro adnacht issin Bruig acht 4060
a adnacol i rRos na Ríg 7 a aiged sair.
　　Fúairseom bás iar sin 7 ro ferad comarli oca áes gráda 7
iss ed ro chinset a adnacol isin Bruig áit i mbátar ríg Temra
romiseom. Ro tócbad iarom corp ind ríg fo thri dia breith issin
Bruig | 7 hitracht in Boand fó thrí i n-arda conná fétais a techt 51a
Co tucsat día n-uid cor tíachtain dar breith flatha techt dar timna 4066
in rig. Ferait a fert iarom i rRos na Ríg amal asbert féin.

ᵃ .i. mac Maín [M]　　　ᵇ .i. Cormac [M]　　　ᶜ marg. .i. tulach hi fil Scrín²
Choluim Cille ind( )³ [M]　　ᵈ ᵼ it siabra [marg.] ron ortsat .i. T( ) D( ) berthea
sia( )⁵ [M]　　ᵉ .i. Cormac [M]　　ᶠ .i. dáig bá relec idaladartha [M]

¹ sic, for ó Óengus.　　² s very faint, on fracture, n legible against the light;
sgrín Facs.　　³ indiu Facs., iu now illegible.　　⁴ sic, read roisc.　　⁵ very
faint; two short lines mostly illegible : read Tuatha Dé Danann ar it friu asberthea
siabra. Cp. H. 3. 18, col. 731.

Roptar iat so trá prímreilce Her*end* ría cretim .i. Crúachu. in
Brug. in Talltiu.   Lúacair Ailbe.   Óenach Ailbe.   Óenach
4070 Cúli.   Óenach Colma*n*.   Temair Erand.   Óenach Crvacha*n*
chetus iss and no adnaictís clanna Heremoin .i. rígrad Temrach.
no co tánic Cremthand m*a*c Lugdechᵃ Riab nDerg .i. Cobthach
Cóel Bregᵇ 7 Labraid Loi*ng*sech 7 Eocho Fedl*ech* cona tri
maccaib.ᶜ 7 Eocho Airem. 7 Lugaid Riab nDerg 7 sé ingena
4075 Echach Fedl*ig*ᵈ 7 Ailill m*a*c Mata cona secht mbratribᵉ 7 ind
rígrad uli co Cremthand.

Cid fot*er*a nach isin Bruig no hadnaictisᶠ na rig. Ni *handsa*.
ar roptar íat da cóiced ro techtsat cland Heremoin .i. cóiced
nGáleoinᵍ 7 coiced Ól nÉcmacht.ʰ   Coiced nGalióin chetus ro
4080 gabsat síl Labrada Loingsig. Cland Cobthaig Coíl Breg im̄ bá he
a flesc láma s*ide* coiced Connacht.   Conid airi iss é thucadⁱ
do Meidb ré cech cóiced.ⁱ 7 da*no* in tan na bid rígi nÉrend oˡ
claind Chobthaig Coil B*reg* ba cóiced *Connacht* a ruidles.ʲ Conid
airi sin no adnaictís i nÓenuch na Cruchna² íat. Issin Bruig im̄
4085 no adnaictís íat o amsir Chrimthaindᵏ co amsir Lóegaire m*e*ic
Neill cenmothát tríar .i. Art m*a*c Cuind 7 Cormac m*a*c Airt
7 Niall Noigiallach.   Ro innisemmar tra in fath ar nách and
ro adnacht Cormac.

Is airi da*no* nach and ro adnacht Art.   ar ro chreit in lá ría
4090 tabairt chatha Muccrama 7 ro tharngirˡ in cretim 7 asbert combad
and no beth a fert i nDuma nDerglúachra áit hi fail Treoit indiu.
diaro dechtsom isin duainᵐ dorigni sin .i. Cain do Denda Den.

In tan roucadⁿ a corpᵒ sair iar tain dia mbetís fir Her*end* oca
sreing ass ni fetfaitis³ coro adnacht isind inud sain. fo déig ar
4095 rop eclasᵖ cathalacda iar tain bali in ro adnacht. fo déig na
fírinni 7 na cretmi ro mbí ar ro faillsiged tria fír flatha dó.

Niall im̄ iss and ro adnacht i nOchaín. Conid de atá Ochaín

ᵃ .i. iss eside cétri díb ro adnacht isin Brug [M]   ᵇ .i. is iat so ro adnaicit hi
Crúachain [M]   ᶜ .i. na tri Find Emna .i. Bres 7 Nar 7 Lothor [M]   ᵈ .i. Medb
7 Clothru Muresc 7 Drebriu Mugain 7 'Ele [M]   ᵉ .i. Cet Anlon Dóche. 7 *reli*ci [M]
ᶠ .i. sil Cobthaig co Cremthand [M]   ᵍ .i. coiced Laigen [M]   ʰ .i. coiced
Connacht [M]   ⁱ .i. coiced Connacht [*in marg*.] is airi tuccad orba do Meidb ar
ni boí do sil Echach nech bad túalaing a gabáil acht sisi ar nirb ingníma Lugaid in tan
sin. [M]   ʲ .i. a flesc láma [M]   ᵏ .i. Niad Nair [M]   ˡ .i. co forbérad in
cristaidecht for Erind [M]   ᵐ .i. dúan dorigni Art 7 iss e a toissech. Cain do
Denna Den. 7 r̄. [M]   ⁿ .i. co Duma nDerglúachra [M]   ᵒ .i. Airt [M]   ᵖ .i.
Treoit indiu [M]

¹ *sic,* = oc   ² *sic.*   ³ fetfuitis *Facs.*

forsin telaig .i. och caíni .i. ind ochfad 7 ind écaíni dodrónsat
fir Her*end* oc caini Neill and.

Conaire Mór da*no* [¹hi mMaig Feciᵃ i mBregaib ro adnacht acht 4100
chena iss é Conaire Carp*r*aige ro hadnacht and*si*de 7 ni² he Conaire Mor. **51b**
Combad he da*no* in tres ri no hadnaicthe¹ | ³hi Temraig hé .i. Conaire 7
Lóegaire 7³] Hi Talltin im̄ no hadnaictis Ul*aid* .i. Ollom Fótla
cona chlaind co tanic Conchob*or* .i. ar is and ro thogs*i*de a
thabairt et*er* Slea 7 muir 7 aiged sair fo déig na creitmi ro 4105
mboí.

Uasli Tuathi Dé Danand ᵇ issin Brug no adnaictis. 7 fora
slicht s*i*de dochóid Crimthand. ar ba do Thúaith Dea a ben .i.
Nár 7 is si ro aslaig fair *com*bad he bad reilec adnaicthi dó 7 día
chlaind in Brug conid hé fáth a *nnem*adnaicthi hi Crúachain. 4110
Lagin i nŌenuch Albi.ᶜ Cland Dedadᵈ hi Temair Érand.
Fir Mumanᵉ i nOenuch Culi 7 i nOenuch Colman. Connachta hi
Cruachain. Conid d'innisin na ríg ro gabsat Temraig iar
C*r*emthand do neoch ro adnacht isin Brug ro ch*um* Cináed h*ua*
hArtacan in laid sea. .i. dia fallsigud na mathi ro n-adnacht 4115
isin Bruig.~

Án sin a maig Me*i*c ind Óc
    fairsiung do rót rethaib cét
forolgais mór flathe fír
    do aicme ce*ch* ríg mót rét   4120

Rot brecai cach n-ingnad n-án
    a clár findglan fictib slúag
a thír ferach fénach féig
    a íath n-énach n-indsech n-úag

Tech Me*i*c ind Óc ós do dind   4125
    rigda fót fri féle find.
taircet éim os do lind duind
    geill a sidib Hér*end* ind

ᵃ .i. oc Ferta Conaire [H]   ᵇ .i. in Dagda 7 a thri me*i*c 7 Lug 7 'Oe 7 Ollam
7 Ogma 7 Etan 7 Corp*r*e mac Etaine [M]   ᶜ .i. Cataír cona chlaind 7 na rig
rempo [M]   ᵈ .i. sil Conaire 7 Ernai [M]   ᵉ .i. Dergthene [M]⁴

¹⁻¹ *in ras. by* **H.**   ² *fracture here; top of* 7 *and of* n *traceable;* 7 *ní H 3. 17.*
³⁻³ *written above first line of col. b by* **H.**   ⁴ Dercthene *Facs.*

Ingen Araind fort lár luind
4130   [caín[1] mál[2]] bá molbthach[3] in mind
furri ro lád in tor thall
ni gand i[n][4] gnod ós do chind

Atchíu lind find Féic na Fian
frit aníar ni tim in gním
4135   co lá brátha brígach bág
méraid hi fán rátha ríg

Lánamain contuiled sund
ria cath Maigi Tuired tall
in ben mór in Dagda dond
4140   ní duachnid a n-adba and

Cnoc in Máthai[a] iarna guin
léir fort a Bruig breccas graig
a chnáim ro chorbai in muir
dia tá Inber Colbtha cain

4145 Sechi bó Boadain búain
os gruaid a[5] líac budi bain
termond na fían fedeil féig
im reid airthir Nemid nair

Hi Fertai na Failend fand
4150   is and ro maided in glond
mór in[6] gnim n-úalle do rind
echt Find for fein Lúagni lond

Génair inneot mellach mac
Cellach ro slat leirg for Lorc
4155   bá túalnge trebe rot chacht
co n-appad éc n-ualle fort

A barc brainech na tor trom
tathig trethan trom do dind
otha Chremthand Níad co Niall
4160   bá tú relec na fían find

---

[a] .i. Matha Mallcosach, *between columns, pale yellow ink, not retouched,* **H** ?

[1] *in ras.* **H.**   [2] *a subscr.*   [3] molbthuch *Facs.*   [4] n-*stroke lost in erasure.*
[5] *a subscr.*   [6] *add. above line.*

Fintan Feradach fecht fland
  ro thecht do thalam in trom
Tuathal Techtmar tríath ar cland
  foluing do land lechtach lom

Fedelmed Rechtach it rím   4165
  bá gein glecach fri cech toir
nidat écradach hi tír
  focheil Cond Cétchadach¹ cóir

Ni thoracht Art aidble uird
  immánaig tess² luirg for leirg   4170
ro gab lige n-uachal n-ard
  arg na laech i lLúachair Deirg

Ní thoracht Cormac cen lén
  déad na fírinni rod fír
ro gab foss os Boind báin   4175
  forsin tráig ic Ross na Ríg

Corpri Liphechair fort lar
  Fiachra rán roiptine³ réil
Muridach Tírech din Brí
  in rí Eochuᵃ [athair Neil]⁴   4180

Ní thoracht Niall núal nad gó
  dirsan dó in rian ro ra |
iar ndul do Elpa fo secht   52a
  rofes a lecht áit i tá.

Iar sin tánic cretem glan   4185
  for mag Fáil bes nirbo rom
co fail cách i rreilcib nóem
  dia scarad fri clóen fri col

Focheil cúani colma caín
  a mag Meic in Dagdai déin   4190
na der[n]sat⁶ adrad Dé móir
  andso dóib hi tát hi péin.

ᵃ .i.⁵

¹ sic.   ² tess or teis MS. read immanaigtis.   ³ = Sroiptine.   ⁴ in ras. H.
⁵ gloss over Eochu erased by H.   ⁶ n-stroke om.

Iatsom dimbúan tussu búan
immótreide ce*ch* slúag slán
4195 íatsom dosrogáed a mbés
tussu fogéba áes án.   an .s.

Boand bale roglas réil
mana sechut la séil sláin
cen ni*n*dais uí úabrig úaib
4200 Senbic a túaim immais áin.   an .s.

Congalach culli cond fían
dían a buille dond a dál
is búale rantor co rían
is cúane n-ardchon is án.   an .s.

TEMAIR na ríg is si bá dodgnas díles do cech ríg no gebed Herind. ar ba coit*chenn* dosom cána¹ ⁊ smachta ⁊ císa fer nErend dó connici sin. Bá coit*chenn* da*no* do feraib Her*end* tíachtain as cech aird co Temraig do chathim fessi Temrach ar cech samain. ar bá híat da comthinól airegda no bítis oc feraib 4210 Herend .i. fes Temra cecha samna. ar bá hís*id*e caisc na ngente. ⁊ óenach Tailten cech lúgnasaid. Cech smacht im̄ ⁊ cech recht no ortaigtheá ó feraib Her*end* i nnechtar díb sin ní laimthea a sarugud co tísed áigi na blia*dna* sin.

Baí trá móráenach mór fecht and hi Talltin la Goedelu. 4215 Iss é im̄ ba rí for Erind in tucht sin Díarmait m*a*c Fergusa Cerbeóil. Ro hordaigit trá fir Her*end* for foradaib ind oenaig .i. cách ar míadaib ⁊ dánaib ⁊ dlestunus and am*al* bá gnath co ssin. Baí da*no* forud ar leith ocna mnáib im dá sétig ind ríg Ba híat rígna bátár hi fail Diarmata in tan sin .i. Mairend Máel 4220 ⁊ Mugain ingen Chonchraid m*ei*c Duach Duind do feraib Muman. Baí tnúth mór oc Mugain fri Mairind. ⁊ asbert Mug*ain* frisin mbancanti dobérad a breth féin di día mb*en*ad a mind oir do chind na rigna. ar is amlaid boí Mairend cen folt conid mind rigna no bid oc foloch a lochta. Tanic trá in 4225 bancháinti co airm i mbuí Mairend ⁊ boí oc tothlugud neich *fu*rri. Asbert in rígan ná baí acci. Bíaid ocut so or si oc tarraing² in catbairr orda día cind. Día ocus Chíaran risside im̄ or Mair*end* oc tabairt a dá lám mo cend. Ní tharnic im̄ do neoch issin tslúag dercad *fu*rri in tan rosiacht áth a da himdad in folt 4230 fand flescach forórda ro asair furri tría nert Cíaran. Machthaigit in slog in mírbail ⁊ bá maith leo cen meblugud na rígna. Tuca Día friss or Mairend[a] corot imdergthar ind i fiadnaisi fer nEr*end*. ⁊ ro firad ón. |

Boí Mugain iar sin hi fail Díarmata ⁊ sí amrit. Bá torsech **52b** Mugain des*id*e ar ro midair in rí a trécud uli ⁊ da*no* bá torsi 4236 leisi inna mná aile bátár con ríg iats*id*e oc breith clainne

---

[a] .i. fri Mugain [M]

---

¹ cára *Facs*.   ² taraing *Facs*.

*

.i. Eithne ingen Brenaind Daill do Chonm*ai*c*n*ib Cúli Talad
in tinrud.¹ Bá hís*id*e máthair Colmain Móir 7 Brea² ingen
4240 Cholmáin m*ei*c Nemáin o Dún Súane máthair Colmain Bic.
Bá brónach trá Mug*ai*n de sin .i. a bith cen m*a*c cen ingin
7 in rí ic falmaisi a lecthi.³

   Dorala **[**⁴Finden Maigi Bili 7 eps*cop* Aed m*a*c Bric⁴ ⁵i mBregaib⁵**]**
Tánic in rigan dia saigid 7 boi oc etargudi **[**na⁶**]** clér**[**ech⁷**]** im
4245 fortacht dí. Ro b*en*nach **[**Fi*n*den⁸ ⁵7 eps*cop* Aed⁶**]** usci 7 tuc di
co n-essib. 7 bá torrachsi des*id*e. Iss *ed* tra roucsi don
torrchius sain úan. Am mairgsea des*id*e or Mugain .i. cethir do
chompert dam. ar nípam comchirtisea do neoch asa aithli.
Ni hed bías and or Finnén. acht bid cosecrad dot broind aní
4250 sin .i. intamail ind úain nemlochtaig ro hedprad dar cend in
chiniuda dóenna. Ro b*en*nach in clérech daríssi us*ci* di 7 bá
torrachsi des*id*e 7 iss *ed* ro chompir ands*id*e bratán airgdide.
Am mairgsea de seo ar si. Is mesti trá damsa ina ndéni a chlérig.
úair bid airdairc ic feraib Her*end* an dá gein sea. 7 ním thasa
4255 maith di síu. Ni hed bías and or in clérech acht bératsa in
mbratan airgdide 7 dogenait*er* m' ethla lim de 7 biaso m*a*c dá
cind. 7 forbéra a bráithriu. 7 bid lía rí úad for Érind andás
óna maccaib aile. Maith lem or Mug*ai*n acht coro comaltar
frim na rádi. Comall*tar*¹¹ or in clérech.
4260   Dogní iarom Finnen^a b*en*nachad na rígna 7 b*en*nachad in
tšil no genfed úadi. 7 atnaig usce ina chúach 7 atnaig don
rígain 7 ibis 7 fothraicis ass. Ro torrched trá in rígan de
sin 7 b*er*id m*a*c. 7 rop és*id*e Áed_Sláne. Maith tra in gen ro
compred and .i. Áed Sla*n*e. 7 at mathi a chland .i. Fir
4265 Breg .i. im gart im allud im ordan. im crúas im chána im
forlamus. im dírgi im dretlat im thoid*er*ci. im ord im brugas
im buci. im gnáis im alaig im sotlotus. im blad im báig
im cridechairi. im cruth im chéill im ergna. im míad⁹ im mathius
im roithinchi. ar rop é in síthbe óir dar in clár findruini síl
4270 Aeda Slani¹⁰ dar Bregmag. Ar cach maith mortheglach
mórecarthach do neoch as ulliu cech maith is co Áed Sláne

---

   ^a 7 eps*cop* Aed beus, *add. bet. cols. by* **H.**

   ¹ = tsainrud.   ² Breo *Facs.*   ³ *ligatured* ti, *owing to retracing resembles* u ;
lecu *Facs.*   ⁴⁻⁴ *in ras.*, **H** ; esp- *Facs.* ; Brio *Facs.*   ⁵⁻⁵ *add above line*, **H.**
⁶ *in ras.*, **H**; a *subscr.*   ⁷ ech *in ras.*, **H** ; clér *retraced with trace of asp. over* c.
MS. *originally had* in chlérig.   ⁸ Finden *in ras* **H** ; *a contraction stroke has been
left over* f. MS. *originally had* in clérech.   ⁹ muád *Facs.*   ¹⁰ la *faint.*
¹¹ comatt MS.

cutrommaigt*her*. ~ | Conid do chumnigud in gnima sin 7 día **53a**
thaiscid hi c*um*ni do chách ro chan in senchaid inso .i.
Fland Manistrech

> Mugain ingen Choncraid chain 4275
> me*i*c Duach don Desm*um*ain
> ro chre*n* fialgarta¹ cen faill.
> ben Diarmata me*i*c Cerbaill
>
> Cachtsus rosacht ind rigain
> bá fósalt co fírdígail 4280
> úair ná tarmaltad a suth
> co tarmartad a lécud
>
> And dolluid ba gialltach gnía
> úa féig in Fíatach Finnía
> i n-íath² Bregmaige co mblait 4285
> coár ṅdegduine co Díarmait
>
> Dolluid doch*um* in ríg rúaid
> cen dochund is cen dimbúaid
> nábad and bá cathalt blad
> and rod n-adacht in rígan 4290
>
> Ráidis fris ránic a les
> ní no ícad a ances
> dia chloí bad gell co nglicce
> ar baí trell i n-amrite
>
> Rodas be*n*nach Finnia féig 4295
> combad chennach dia cóemréir
> asa chuch forodail dig
> don mnaí forrain etrochtgil
>
> Íarom ba halacht Mugain
> slánalt rodá samsubaid 4300
> co mbert úan nárbo deilm di
> narbo dúal do deilb duini
>
> De ro dubaig dar gr*uí*ad nglan
> Mugain maith in morrigan
> ferr lé a fethim cen claind cirt 4305
> indá cethir do chompirt

---

¹ fialg *in ras*.   ² *stained*; rath *Facs*.

Na síreclaig de ar Día
ar in fírecnaid Finnía
taraill cosecrad do brond
4310 in t-úan alaind etrochtoll

Iarom bá halacht in ben
ropo máralt airmiten
hé maccan ro lamnad de
bratan algan airgdide

4315 Edprais do Finnia fond glan
ar in Día día fegfognad
a bratan os brí cía pé
is maccan dí dia ésse.

Dogníth la Findbarr fúaim nglan
4320 cumtach dindmall daigfethal
ba blatdál¹ cen bron ce pé
do bratan mór Mugaine

Compert Mugain mó cach claind
do mac cóir chubaid Cherbaill
4325 iarom os róen rúamach ré
in nÁed sáer sluagach Sláné

Segait for nert Fótla fía
feib dodarair[n]gert² Finnía
glana glórda im gním ngle
4330 clanna móra Mugaine

(   )s³ í seo cen betblaid mbrath
cétfaid araile senchad
cona ollaltaib cen ail.
bá do Chonnachtaib Mugain.   Mugain .i.

---

¹ *under* l *and the* c *of* cen *are the two curved strokes* ɔc, *used as a mark of separation.*   ² n-*stroke om.*   ³ I *lost in a marginal rent.*

[7 aided Chormaic¹]

CID dia tá cóechad Cormaic hi Temraig Ni *handsa* fer amnas
ro boí dona Déssib Maigi Breg .i. Óengus Gai buafnech
.i. gai nemnech co slabradaib. Teóra slabrada esti triar for
cech slabraid. Is airi atberthe Oengus Gai buafnech de .i. 4340
dígail gres cen*eoi*l dogníd .i. bale i ndénta fingal ɫ etualand
d'immirt for fannaib ní anedsom co n-indechad. Ruc Cellach
m*a*c Cormaic ingin a brátharsom .i. [Forrach ingen Sorait*h*ᵃ]²
Is and boi Oengus ic dígail gressi cen*eoi*l i cociud *Con*acht in
tucht sin. Téit Eogan d'insaigid Oengusa. | is rochlíamain **53b**
damsa m*a*c Cormaic a Oengus or se. Dó dotaig³ ar Óengus ar 4346
ní ricubsa co ndernur⁴ inní fris tánac. Tanic Oengus matan
moch iar sudiu 7 sé scíth ocurach iar barbad⁵ dremmi ro immir
in fingail. co mnaí 7 sí a hoenur⁶ oc ergnom cota methli.
Deoch 7 mír dam a ben or se doig am ítmar acurach. Ní 4350
[hairchisi⁷] th'opar⁸ or si andá opar in lochta asa cuit seo. Ba scíth
lasain mnaí a ndognid Oengus. Olc or si do dán bith oc
búadred na Her*end* 7 t'enech d'ácbáil fo bíad. Dochu lim. or si
andá dígail saraigthi do bratar écnigud óenmná dait. Nos⁹ geib
ferg 7 tomlid na hocht mbargi*n* 7 dob*eir* a dí láim fon mudi 7 4355
tocbaid fair 7 nir ét in ben a thairmesc. Fecid in ben ocá
cháiniud. Tócbaid in derba fair 7 dob*eir* bulli i*n* cend na mná
conid romarb. Gebid ferg 7 luindi 7 tic immach 7 tecmait da
sleig inna dib lethfoltaib cor scail a folt mo chend.

Luid iar sin do saigid Temrach Atchimsea or in dercaid 4360
láech orcnech garb grellíath 7 t*ur*i rígthigi fria ais 7 tarfas dam
gné fergi fair. Is é Óengus or Cormac 7 tabar d'oid hé. A
dalta hi farrad Óengusa .i. Corc Duibni m*a*c Corpri Musc me*i*c
Conaire me*i*c Etersceoil¹⁰ ro bois*id*e o feraib Muman i ngiallai

---

¹ *in ras.* **H.** *asp. mark om. Facs.*   ² *in ras* **H** ; *altered evidently from* Creide
ingen Eogain, *H.* 2. 15.   ³ *for* dot taig.   ⁴ ndernusi *Facs.*   ⁵ *sic, for* marbad,
second b altered from p.   ⁶ hoenur *followed by* 7 *expuncted* ; *preceding* sí *also has*
punctum delens in error.   ⁷ *in ras.* **H.**   ⁸ ar *perforated by erasure on verso, but*
traceable ; *added again at end of line.*   ⁹ Ros *Facs.*   ¹⁰ me*i*c Etersceoil, *which is also*
the reading of H. 3. 17, *is cancelled in darker ink* ; *read* meic Moga Lama, *H.* 2. 15.

4365 fri láim Cormaic I tech nÓengusa ro aithniset fir Muman a
ngiall dia airchisecht. Luid dī Óengus issa rígthech i rrabi
Cormac ní tharat iɱ Cellach i n-eslis Oengus. téit co mboí it*er*
Cormac 7 fraig. Cid not b*eir* and sin a gilli or Óengus la
tabairt forgoba inna bruinni co mboí isin cleith fris anall. Oc
4370 tabairt dó in gai a bruinnib in m*eic* taraill brefe na slabraidi
dar súil Cormaic co ndernai da leth di ina chind. Co n-ecmaing
a hirlond⁶ i n-étan ind rechtaire^a co mboí triana chend síar.
Immalle dorochratar in m*a*c 7 in rechtaire^b 7 ro mebaid súil
Cormaic 7 ní roacht g*r*eim fair co rránic a tech. 7 ro marb
4375 nonbor do churadaib Cormaic oca thofund 7 a dalta leiss .i.
Corc Duibni 7 atrulláes*id*e a giallai.

   Ní deochaid¹ dī Cormac hi Temraig ónd uair sin ar ni hada
rí co n-ani*m* i*n*ti² conid i nAchaill^c ar Themair ro boí. Issin
blia*dain* ar chind da*no* fúair Cormac aidid hi Tig Cletig.

4380   Doratsat tra na Dessi .uii. catha iar sin do Cormac 7
ro mebdatar forsna Desib. Batár tressiu f*or*tlisi fer nÉrend fo
deóid la Cormac. Bá maith cid a cen*e*lsom na nDessi .i. cland
Fíachach Suigthe m*eic* Fedelmede Rechtada m*eic* Thúath*ail*
Tech*tmair*. Oc Dumu Dér iss and celebraisit mná na nDessi
4385 do Themraig .i. dera fola ro teilcset oc scarad fri Temraig .i.
fría tír 7 fria talmain co bráth. I mMaig Inir is and tucsat in
cath ndédenach. is inir in cath sa innosse or Cormac. bid ed
54a ainm in maigi | 〖³co brath Mag nInir. Lotar na Desi iar sin co
mbátar oc Ard na nDesi i mMaig Liphi. 7 atraigsetar⁴ iar sin Lagin
4390 do gabail in tíri sin forro di cach leith. Ro bátar iar sin hi cosnam
fri Dunlang fri ríg Laigen 7 fri ilcenelaib ailib sechn*on* na Hérend. 7
dociuchratar a trénfir 7 a laith gaili and. Mór do chathaib tra
ro chuir Oengus 7 Corc Dubni and sin. Dorochair Oengus and sin i
lLaignib fri maccaib Corpri Lifechair .i. Fiacho Srobtine 7 Echaid
4395 Domlen 7 Eocho in chacaid i ndigal Chellig⁵ sula Cormaic.³〗 Lotár
dī co mbatár i ndesciurt Lagen 〖³na Desi³〗 .i. i tír aessa na
imirgi. Tíagait iar sin for muir aníar oc Miledoch .i. míle tige^d
doronsat and.

   Lotár iar sin la muir síar co rrancatár Tech nDuind iar
4400 ndErind. Sund rom altsa or Corc Duibni atrebom sund .i.

ᵃ .i. *marg.* .i. Sétna m*eic* Blaí. [H]   ᵇ .i. Setna m*a*c Blai [H]   ᶜ .i. áit hi fil
Scrín Cholaim Cille indiu [M]   ᵈ .i. i*n*de Milidach nó*min*at*ur* [H]

¹ *partly covered by a blot, but legible.*   ² m-*stroke covered by blot, and illegible,*
also the n-*stroke of* inti.   ³⁻³ *in ras.* H.   ⁴ ..atar *Facs.*   ⁵ *something om. here.*
⁶ hrelond *Facs.*

Corpri Músc mac Conaire dia tát Muscraigi Muman is é doroni
fria derfíair .i. fri Duibind ingin Conaire in tan ro boí i rrigi
Muman. Bátár mesaite a torthe. Gó na flatha fóteraso or
Corpri fingal aní doronus. In fil ní de fil da mac .i. Corc 7
Cormac i n-oentairbirt ructha. Ro chorc indala n-aí araile 4405
i mbroind a mathar. Loscther or fir Muman conná raib a
n-anfíal is tír. Tabar damsa or in druí ro boí isin dunud in
Corc ucut cono rucursa a Herind conná raib a n-anfíal and.
Doratad dó 7 rouc leiss i n-indsi 7 a chaillech. Boí a ainm na
calligi 7 bo find óderg leo. Dobertheá dinech for Corc for 4410
druim na bó cacha óenmaitni. A llá sin dano cind bliadna
conos lá in bó uadib issin muir co nderna carraic di issind
fairrce .i. gentliucht in meic dochóid furri. Bó Boí ainm na
cairrce 7 Inis Buí ainm na indsi. Tucad in mac iar sin i
nHerind afridise. Geib th'ua it ucht a Sárait or Boí fri ingin 4415
Cuind Cetchathaig.

> A Boí.
> céin bes in cethrur innuae.[a]
> cia no charthaso ba lat
> mac dot ingin mac dot mac.   4420

or Buí. Is and asbert Sárait fri Boí inso[b]

> Mo dá mac
> nirbo chóir a ngradugud
> Corpri Músc do dul coa fiair
> Corpri Niad dom sárugud[c]   4425

.i. a sarugud do Chorpri Rigfota im marbad a fir eter a dí láim
.i. Nemed mac Srobcind hi cath Grutine oc marbad Ingciuil
ro boí for inchaib Nemid co torcratár a nnís i cath Grutine la tri
maccu Conaire do dígail a n-athar for Ingcel. Hi fail Nemid
ro boí a mmáthairseom coro marb Corpri Rigfota eter a dí láim 4430
conid de sin ro gabsi in rand. Is é in Corc sin tra dodeóchaid

---

[a] t innui [M]   [b] .i. fri mummi a meic [H]¹   [c] .i. im marbad Nemid [H]¹

---

¹ written by **H** in spaces apparently left blank.

lasna Deise anair. ⟦¹Anaid Corc thess   Batar na Desi for fainnel
as ca*ch* inud na chéli o amsir Chormaic co amsir Óengusa me*i*c
Nad Fraich. Asbertatar a nd*ru*id friu conna gebtais fos acht tria
4435 ingin ríg Laigen d'ailemain doib. Conid é doratsat Ethni[a] cucu for
54b altrom | ( )b² doberthe di combad prapiti no asad E ( )³ .i. ingen
Cr*i*m*th*aind.⁴ Tabraid damsa for Oengus do mnaí¹ ( )³⟧ .i. for ndalta.
7 dobersa ferand duib ⟦¹na tinscra .i. ferand rig¹⟧ fíl damsa la
Osraige frind andes 7 is cet duibsiu a fo*r*singud foraib. Doberar
4440 dó ind ingen. Tiagait fodes i mmedon in tíre. acht chena
nírb áelid dóib ar buí in slúag forro for cech leth. Is amlaid ro
bátár am*al* mucca et*er* conaib. In rotach leósom im̄ for cach
leth. in cath di cech leith díb cech oenlathi in maidb⁵ remibseom
for cach leth. Cách fénnid 7 cach foglaid dodeochaid asa tir
4445 doberedsi ór 7 airget dóib ar cungn*am* risna Désib. Dil m*a*c uí
Creca o Druim Díl druí dall di Osraige is uad te*r*chanad⁶ forna
Deise co mmaided forro. Ingen uallach leis maith lei teglachas.
ro gab co Ethne. no aithiged co Ethni. Conas tarats*i*de doch*um*
fir dona Desib. Noco maith ⁷ar noediu⁷ or Ethne atá th'athair
4450 friar muintir. ni chumgaimsí am ni de or si⁸ Eírg damsa or
Ethne[b] 7 tabair múin imme dús in dingebad dí*n*⁹. Robad maith
a lúag duit. maith ám or si. Luid síar ind ingen co Díl.
Can so a ingen or se. ón Chasiul sa atúaid or si. In fír bith
duit hi fail na Ethni corpthi sin atúaid. is fir or si. Maith ám
4455 or se. Dotidnadso dodeocadsa or sí¹⁰ Pait meda ro gabussa ar
bith ós chind cáich. ataifetsa¹¹ tenid dait tomail co rrucursa do
bennachtain. Ibthi dī⁹ co maith. Ataig a díchelta ass iar sudiu.
Is olc or se¹² in sathe ro gab duib i cind for tíri¹³ .i. na Dessi.
Cumma sin or se¹⁴ ragait ass i mmedón laí i mbárach. Atósa ic
4460 tarchitul¹⁵ forsin dlaí ucut fil imm asso loiscfid*ir* in Inneóin
i mbar ()¹⁶ biaitseom i nUrd alláthíar co n-acatar a dé. Leicfidir¹⁷
bó mael derg taris síar. nos genat in óengair focichret. ragait
ass noco taidlébat a tir se co bráth. Maith or ind ingen cotail

---

[a] .i. Uathach [H]   [b] .i. Uathach [H]

1-1 *in ras.* **H.**   ² *about eight letters illeg.*   ³ *read* Ethne, *the margin is stained
and partly effaced.*   ⁴ etaind *Facs.*   ⁵ = maidm.   ⁶ *tri* . . *Facs.*   ⁷-⁷ níce|diu *Facs.*
⁸ amni [ ] *Facs.*   ⁹ dim *Facs.*   ¹⁰ or si, *stained, but traceable in good light.*
¹¹ . . etsa *legible against the light.*   ¹² or *faint, top of* s *traceable,* e *very faint.*
¹³ d *for* ti *Facs.*   ¹⁴ s *indistinct,* e *traceable* ; si *Facs.*   ¹⁵ . . ul *indistinct,*
tarcid[ ], *Facs.*   ¹⁶ *end of line, read* i mbarach ; bar *very faint,* ch *lost in rent.*
¹⁷ *final* ir *traceable.*

in tan bas mithig lat[1] Contule iarom. Berid ind ingen dloí ind
assa colleic co ranic Cassel ría matain. atnaig Ethne fades 4465
cosin dloí co ránic na Desse. Loiscthir in dloí seo for Ethni
7 tabar bó máel derg dun nicon frith in bó. Maith or in druí
dona Desib ragatsa i rricht na bó dom guin sair ar sairse ona
Dessib dom claind co brath. Dogníther amlaid. Leicthir[2] in
bo sair. Is and bátar Osraige i nIndiuin. Cid dogníat na 4470
Desse innossa or Dil. Tene do loscud 7 bó do lécud forsind
áth aníar. Nibo inmain[3] ní ón or se. In fil in dloí isind assa
or se. Nád fil or in gilla. Olc ón om or se. Ná gonat[4] ind fir
in boin or se nos lécet seco. Nos gonat gilli na n-ech iarna cúl.
Cissi gáir seo or se a gilli. Na gilli oc guin na bó. Fe ammae[5] 4475
mo carpat dam or se. A hOrd slatir[6] in Indiu ( )[7] o Indeoin
co Lainnin. nicon[8] bia tairisium fair. Ba f( )r[9] ón ro srainset
na Desse taris aniar[10] [ ].[11]

---

[1] lat *slightly above the line.* [2] *stained, but legible*; Luid *Facs.* [3] *in* . .
legible. [4] . . at *traceable in good light*; goin *Facs.*; gon *H.* 3. 17. [5] *traceable.*
[6] sladir *Facs.* [7] *very faint, read* Indiuin, *H.* 3. 17. [8] m-*stroke Facs.* [9] fír, í *illeg.*
[10] i *subscr., om. Facs.* [11] *end of leaf, breaks off.*

Táin bó Cúailnge inso sís.,[1]   [55a[1-29]

4480 TARCOMLÁD slóiged mór la Connachtu .i. la hAilill
7 la Meidb 7 hetha húaidib cossna tri chóiced
aili. 7 foíte techta ó Ailill co uii. *macu* Mágach .i.
co hAilill. co Ánlúan. co Moccorb. co Cet. co Én. 7
Bascall. 7 Dóche .xxx.a cét la cach n-ae. 7 co Cormac
4485 Cond Loṅgas *mac* Conchob*air* cona thríb cétaib boí for
condmiud la[a] Connachta. tecait uile íarum co mbátar
hi Crúachnaib Aí.

Trí luirg dī do Chormac oc tochím do Crúachnaib.
In cetna lorg broitt brecca i forcipul co filliud impu.
4490 For*t*íi bértha foraib. léini fo thairinniuth cota ṅglun
7 fotalscéith foraib 7 manais lethanglas for crúnd
midṡing i lláim cech fir.

In lorg tánaisi broit dubglasa impus*id*e 7 lénti co
ndercintliud co horcnib sís 7 moṅga tara cenna síar 7
4495 lubne gela foraib 7 slega cóicrinné[2] inna lamaib. Ni hé
Cormac beus or Médb.

Tic in tres lórc da*no* broitt chorcra ímpu 7 lénte
culpatacha fo dérggintṡlaid co traigthe 7 berthai slechtai
co guaille 7 crómscéith co faebraib condúala ímpu 7
4500 tu*r*re rígthige i llaim ca*ch* fir. is é Cormac inso hifechtsa
or Medb.

Doecmalta da*no* iar*um* .iiii. coiced Herend co mbatar
hi Crúachnaib Aíi. 7 nis téilcset a fáthi 7 a ndruíd ass

---

[a] † fó [M]

---

[1] 55a–b[33] *is written by the first hand* A. *The title appears to be in the hand-writing of* M. *On the lower margin of col. a a later hand has written* alemisi.
[2] *first* i *subscr. faint, om. Facs.*

sein co cénd cóicthigis oc írnaidi šeóin. Asbert Médb
íarum fria haraid a llaa documlásat. Cach óen scaras sund 4505
tra indiu ol si fria chóem 7 a charait doberat maldachtain
fórmsa úair is mé dorinól in slúagad sa. Ansu dī ol in
t-ara co n-imparrá in carpat deisel 7 co tí nert in tšeuin
ara tísam ar frithisi

In tan dī dosoí in t-ara forsin carpat 7 lotair do 4510
thecht ass. co n-accatár in n-íngin macdacht remib.
Folt buidi furri. Bratt brecc impe. Delg n-óir and.
Léine culpatach. co nderggintšlaid ímpe. Da assa co
foraíb óir impu. Agad fochoel forlethan. Dī broí
duba dórchaidi | Abrait duib daín co mbentaís foscod 55bᵃ
i⁸ mmedón a da gruaide. Indar latt ropo² di partaing 4516
imdéntai a beóil. Indar lat ba fross do nemannaib boí
inna bélaib .i. a fíaclai. Teóra trillsi fuirri .i. dī thriliss
immo cénd suas. trilis tara haiss síar. co mbenad³
a da colptha inna díaid. Claideb corthaire do fíndruine 4520
inna láim esnaid óir and. Tri meic imlisse⁴ cechtar
a dá súla. Gaisced lasin n-íngin 7 dá ech duba foa
cárput.

Cía do chomainmsiu ol Médb <⁵frisin n-ingin. Fedelm
banfili do Chonnachtaib mo ainmsea or ind ingen. Can dothéig 4525
or Medb. A hAlbain iar foglaim⁶ filidechta or ind ingen⁵.>
In fil imbass forósna lat or Médb. Fil écin or ind
ingen. Décai dámsa dī co bbia mo fechtas. dosnécce
ind íngen íarum. Is ánd asbert Médb. A Feidélm
banfaith⁷ co acciᵇ in slúag. Frisgart Fedelm co n-epert. 4530
Atchíu fordérg atchíu rúad. Ní fír són ém ol Médb.
Ar atá Conchobor ina chess i nEmain 7 hUlaid imbi

ᵃ *marg. sup.* Pro̅b̅atio pennae Mail Muri meic meic ( )¹ [M]   ᵇ .i. cinnas
atchí [A]

---

¹ *stained and illegible*; *room for a letter after* Mail, u *of* muri *obscure, might be*
a; *read* Cuind na mbocht. ² ropa *Facs.* ³ m̅beired *Facs.* ⁴ imlissē *Facs., but*
no trace of n-*stroke.* ⁵⁻⁵ *mostly in ras. by* M. ⁶ . .ain iar foglaim *not in ras.,*
projects into marg. ⁷ *faint traces of asp. mark discernible.* ⁸ m-*stroke om. Facs.*

co neoch as dech¹ a n-ócc 7 ráncatár mo thectasa co
tucsat fis scél damsa ass.

4535 Fedélm banfáith co acca ar sl*uag* ol Médb. Atchíu
forderg atchíu rúad ol ind íngen. Ni fír són ol M*edb*² ar
atá Celtchar m*ac* Guth*idir* co tríun hUl*ad* imbi i nDún
Lethglaisse. 7 atá Fergus m*ac* Roeich m*eic* Echdach
lenni sund for lo*n*gais co .xxx ( )³ chet imbi.

4540 Fedélm b*anfaith* c*o acca* ol Med*b*. Atchiu fordérg.
a*t*chiu r*uad* ol ind ingen ni baa aní sin tra ol Med*b*.
⁴Ar bit imserga⁴ 7 círgala 7 fuili fordérgga i cach slúag
7 i cach thaurchómrac dunaid móir. Déca atheruch
dund da*no* 7 abbair a fír frind. Feidelm b*anfaith* c*o acca*
4545 Achíu⁵ forderg atchíu ruad ol Fed*elm* [⁶conid and asbert

Atchiu fer find firfes¹⁴ cles
co lín crechta fora chnis⁷
luan láith i n-airthiur a chind
óenach mbúada a thulchind

4550   Fail .uii. ngemma láith *n*gaile
for lár a dá imlisse⁸
fil fuidrech fora glinni
fil leind ndeirg ndrolaig i*m*mi

Dofil gnúis as g*rato* do
4555   dob*eir* mod⁹ don bancureo¹⁰
duni óc is alaind dath
dofeith ¹¹deilb *n*d*r*acui*n* do*n* c*h*ath¹¹

Cosmail innas a gaile
fri Coin Cul*aind* Murtheimne¹²
4560   nocon fetar cúich in Cu
Culaind asa caini clú
¹³acht rofet*ur*sa amne
is forderg in sluagsa de

---

¹ d *faint and broken,* ec*h traceable.* ² m*ed* Facs. *for* m*e,* cp. 58a6. ³ *letter*
over xxx. *obscure*; a Facs., ? it. ⁴⁻⁴ *in ras.,* imferga Facs. ⁵ *sic.*
⁶ *The poem that follows is written in ras. by* H. ⁷ cris Facs. ⁸ imlissean Facs.
⁹ o *add. over* m. ¹⁰ bancured Facs. ¹¹⁻¹¹ *much rubbed or erased, but traceable*
in good light. ¹² m-*stroke rubbed and partly illeg.* ¹³ *between columns*
opposite ach*t, is a hooked* V-*shaped capital by* H. ¹⁴ sirfes Facs.

Atchíu fer mór forsin maig
dobeir tres dona slogaib¹   4565
cetri claidbini cles n-an
fil i cechtar a da lám ꝭ

Dá gáe bolga immosbeir   **56a**
cenmothá colg det i sleg²
ardaric³ imbert don tslúag   4570
sain gnim fristeit cach n-arm úad

Fer i cathfochrus bruit deirg
dobeir in cosmail cach leirg
ardaslig tar fonnad clé
cotagoin in ríastarthe   4575
delb domárfas fair co se
achiu⁴ imrochlad a gne

Ro gab toscugud don chath
mani airlestar bid brath
dóich lim iss e dobobsaig   4580
Cu Culaind mac Sualdaim

Slaidfid for slúagu slana
fochiuchra for tiugára
fáicfidi leis mili cend
ni cheil in banḟaith Fedelm   4585

Snigfid crú a cnesaib curad
do láim laich bid lanpudar
oirgfid ócu imregat fir
do clannaib Dedad meic Sin
beit cuirp cerbtha cainfit mná   4590
la Coin na certa atchiusa.   a.]

.r.⁵ In luan iar samain is and documlaiset iss ed dollotar
sairdes a Crúachnaib Aíi .i. for Muicc Cruinb. for Terloch
Teora Crích for Túaim Mona for Cuil Sibrinneᵃ for Fid. for
Bolga for Coltain for Glúne Gabair for Mag Trego for Tethbai 4595
túascirtᵇ for Tethbai descirt for Tíarthechta for Ord for Slaís fadess
for Indiuind for Carnd for Ochtrach. for Midi for Findglassa Assail
for Deilt. for Delind for Sailig. for Slaibre for Sléchtai selgatar
for Cúil Sibrinni for Ochuind fadess for hUatu fathúaid for Dub.

ᵃ .i. Loch Carrcin. 7 o Silind ingin Madchair ro ainmniged . ~[H].   ᵇ .i.
Carpri [H].

---

¹ aib *barely legible.*   ² = is sleg.   ³ ar faint.   ⁴ sic.   ⁵ .r. in marg. = retoiric ;
what follows to l. 4612 is written in two cols.

4600 for Comur fadess for Tromma for Othromma sair for Slani for
Gort Slani for Druim Licce fadess for Áth nGabla for Ard-
achad for Féraind fothúaid for Findabair. for Assi fadess for
Drúim Sálfind for Druim Caín for Druim mac nDega for
Eódond Mór for Eodond mBec for Methe Tog for Methe nEóin
4605 for Druim Cáemtechta for Scuaip for Imscúaip for Cend Ferna
for Baile. for Aile for Báil Scena for Dáil Scena for Fertse for
Ross Lochad for Sále for Lochmach for Ánmag for Deind for Deilt
for Dubglaiss for Fid Mór^a for Colbtha for Crond hi Cualngi
A Findabair Chúalngi is ass fodailte in tslóig Herend fón
4610 cóiced do cuingid in tairb. Ár ropo thairsíu sin dochótar céin
co ráncatar Findabair. Finit a titulrad incipit in scél iar
n-úrd.~ |

56b In scél iar n-urd inso sís

O dodeochatár a cétna n-ude¹ a Cruachnaib co mbátár hi
4615 Cúil Sibrinne.^b Asbert Medb fria haraid ara n-indled a noí
carpti^c dí coro lád cor isin dúnud co n-accad dús cía lasmboth
scíth^d 7 lasmboth laind techt in tslogaid.
Focress a phupall colléic for Ailill 7 sudigthe a thincur eter
choilcthe² 7 brothracha. Fergus mac Roich dí for láim Ailello
4620 isin phupull. Cormac Cónd Longas mac Conchobair fora láim sidi.
Conall Cernach fora laim side.³ Fiacha mac Fir Febe fora láim
side mac ingine Conchobair. Medb ingen Echach Fedlig fora
láim aili do Alill. Findabair ingen Ailella 7 Medbi fora laim
sidi.^e cenmothá fossu 7 timthirthidi insin.
4625 Tic Medb iar ndescin in tslóig 7 asbert ba n-espa do chách
dul in tslógaid dían teset in .xxx. cét Galión. Ced ara tansi na
firu or Ailill. Ni dá tánsem dam ol Medb it ána ind óic. In tan
ro mboí cách oc gním a sosta ro scáig dóibseom tuga a sosta
7 fune a mbíd. In tan ro mboí cách oc praind ro scáig praind
4630 dóibseom hi suidiu. 7 ro bbátár⁵ a cruti ocaó n-airfitiud. Is espa^f
dí ol Medb a techt is foraib bíaid búaid in tslóig. Is airiund
arbáget dano or Ailill. Ní regat lend ol Medb. Anat dí ol

---

^a .i. Trúalli [M]   ^b .i. áit hi fil Loch Carrcin indiu [H]   ^c .i. nonbor cairp-
thech⁶ no bídsi for leith arna salcad dendgur in morsluaig hisi [M]   ^d .i. lasmbad
dolig [M]   ^e Flidais fora laim sidi [H]⁴   ^f .i. is feles [H]

¹ rude *Facs.*   ² i *subscr.*   ³ lám MS.   ⁴ *add. in marg.* **H**; Flidaisi *Facs.*
⁵ rob *at end of line, shaft of* b *re-inked larger.*   ⁶ *asp. of* t *om. Facs.*

Ail*i*l. Nách ainfet da*no* ol Medb. Ficfit for*n*d iar tíachtain
ol si 7 gébtaít ar tír frind. C*eist* cid dogéntar fríu or Ail*i*l
innách maith a n-anad nách a techt A nguin ol Medb. ní 4635
chélam as banchomarle or Ail*i*l. ní maith a n-asb*ir*. La sanais
ón ol Fergus ní maricfe úair is áes comchotaig¹ dúinni nar
nUl*taib* acht ma non gontar uli. Cid ed ón dorigenmaísní⁽ᵃ⁾ ol
Medb. Ár atúsa sund mo sainteglach díb tríchtaib cét ol si.
7 atát na .uii. Mane .i. mo secht m*ei*c .uii. tríchait chét cotaroí 4640
a toccad ol si .i. Mane Math*ramail* 7 Mane Ath*ramail* 7
Mane Morgor 7 Mane Mingor 7 Mane Moep*irt* .i. iss eside
Mani Milscothach Mane Andóe. 7 Mane Cotageib Ule. Is es*i*de
tuc cruth a máthar 7 a athar. 7 a n-ordan dib línaib. Nipá fír
són ol Fergus. Atát .uii. ríg sund din Mumu 7 xxx.a cét la 4645
cech n-ae comchotach dúinni nar nUltaib. Dobérsa cath duit
ol Fergus for lár in dúnaid hi tam cosna .uii. trichtaib cét sin
7 com thrichait chét fadéin 7 co tríchait chét na nGalión Acht
ni thacersa aní sin ol Fergus. Arlifimni na hócu chena conná
gébat forsin tslóg. Secht .xxx. | chét deac lenni ol Fergus. **57a**
iss é lín ar ndúnaid cenmothá ar ndaescorslúag 7 ar mná. Ar itá 4650
a rigan la cach ríg sund hi comaitecht² Medba 7 cenmothá ar
maccáemu. Iss e in t-ochtm()d³ .xxx. chét déac inso .i. xxx.
cét na nGalión. Fodailt*er* fón slóg ule. Cumma lem ol Medb
acht na robat isin chaír chomraic i taat. Is *ed* dognith and 4655
iar*om* fodailte in Gali*ói*n fon slóg.

Dollotár ass arna bárach do Móin Choíltrae dosnáirthet⁴ ocht
fichit oss n-allaid and i n-óenalaim. Cúartait impu nos gonat
íarom. Nách airm thrá i mbuí fer donaib Gal*i*onaib is hé
arddaánaic. acht .u. oss arránic in slóg ule diib. Dotháegat 4660
iar sudiu i mMag Trego 7 scurit and 7 arfognat doib. Asberat-
som is and sin ro gab Dubthach in laíd seo.

.r.⁵ Atmaid nád chúalaid co sse
    costecht fri tress nDubthaige
    slúagad n-ímdub arubtha   4665
    fri Findbend mna Ailellá.

ᵃ ro fetfaimmais a denom [M]

---

¹ *com add. above line.*   ² *small inset here* {ll. 1-4}, *out of alignment;* ct *partly
scaled off.*   ³ *first stroke of* m *is traceable and portion of* d.   ⁴ ár *compendium Facs.*
⁵ *in marg., om. Facs.*

                                    *

Doficfe in slúagadach
gébas ar cend éte Murthemne.¹
ibait fíaich lúgbairt lacht
4670 di gnáis inna muccaide.

Gébaid Crann fóitech frííthu²
nís léicfe i Murthemniu
con roisc opair fer Féne
isin tsléib túad Ochaíni

4675 Crib ol Ailill fri Cormac
taít co comsaigid far mac
ní tháet di maigib in búair
nach robda fuam in tslúaig

Bid cath inso iarsind úair
4680 la Meidb co tríun in tslúaig
bíait colnai de iné de
dianub thí in ríastarthé.

Dosfóbair thrá ind Némain^a la sodain 7 nip sí sin adaig bá
sámam dóib la budris ind athig^b triana chotlud. Foscerdat
4685 inna buidne fo chétóir 7 fochérd dírna mór din tslóg *co* luid
Medb día chosc. Dothíagat iarom co féotár i nGránairud
Tethba^c túascirt. Iar tabairt imthúsa fordallaig forsin slúag
dar grellacha 7 dar sruthra.

Dobreth robud o Fergus i suidiu co Ul*tu* ar chondalbi
4690 bátirsidé hi cess calléic acht Cu Chul*aind* 7 a athair .i. Sualtaim.
Dolluid Cú Cul*aind* 7 a athair íar ríachtain ind^d robaid o Fergus
co mbátár i nIraird Cuillend^d oc frecomét in tslúaig and. Atta
menma in tslóig ocom innocht ol Cu Chul*aind* fri^5 athair.
Orthá^e úan co rrobud do Ul*taib*. isim écensa techt i ndáil
4695 Fedelmae Noíchride .i. i ndáil a hinailte boí i comair
Con Cul*aind* i ndormainecht^f dim glinniu fadein dochóid friae.
Dogní id n-erchomail iarom ría techt 7 scribais ogum inna
menoc 7 focheird *im* úachtar in corthe.³
57b Dobreth dī tuus na conaire do Fergus ríasin slúag | Luid

---

^a .i. in Badb [M]   ^b .i. Dubthaig [M]   ^c .i. Gránard indiu [M]   ^d .i.
Crossa Caíl⁶ [M]   ^e .i. eirg [M]   ^f .i. fó chlith [H]

¹ n *altered from* t.   ² *first* i *added over* f *by later hand* (? **H**), *not the usual
hook of* M.   ³ chorthe *Facs.*   ⁴ ir|d *Facs.*   ⁵ *sic.*   ⁶ Cuíl *Facs.*

Fergus dī fordul mór fadess co fórs*ed* do Ult*aib* terchomrac 4700
slóig ar chondailbi doróniseom sin. Arigthi Ailill 7 Medb ba
and asbert Medb

A Ferguis is andam amne.
cinnas conaire cingme.
fordul fadess no fothúaid 4705
tiagmai tar cach n-ailetúaith.

Atotágathar dia mbrath
Ailill Aie lía slúagad.
ni tharat menmain co se
do thús inna conaire. 4710

Maso chondalbi dogní
na tuíd inna echraidí.
bés adchotar nech aile
do thosach na conaire.

ro recair Fergus. 4715

A Medb cid not medraisiu
ni cosmail fri mrath inse.
is la hUltu a ben trá
a tír tarndotuidisa.

Ní ar amlessaib in tslúaig 4720
tíagu cech fordul a húair.
do imgabail in mórgeine
immandig Mag Murthemne.

Ní[1] arná corad mo chiall
arna fordulu no tíag. 4725
dús i[*n*][4] ri*m*gaib ced iar táin
Coin Cul*aind* m*a*c Sualtaim.

Tecait trá co mbátár i nIraird Chuill*end*.[a] Eirr 7 Inell.
Foich 7 Fochlam[2] [3]a nda ara. Cethri[2] m*eic* Iraird m*eic*
Ánchinne[3b] It esidé no bitis remain resi[*n*][4] slog do i[*m*]didnad[4] 4730

---

[a] .i. is fris atberar[6] Crossa Cail[7] indiu [M]   [b] [*in marg.*] ł cethri m*eic* Nera
m*eic* Núado m*eic* Taccain ut in alis lib*ris* inuenit*ur*.~ [M]

---

[1] i *added below line.*   [2] *aspiration mark om. Facs.*   [3-3] *in ras.* [M] *and spread
out to fill line.*   [4] n-*stroke om.*   [5] m-*stroke removed here and l. 4731 by
erasure of preceding line.*   [6] asberar *Facs.*   [7] Cuil *Facs.*

a [*m*]bretnas 7 a fortcha 7 a mbrat ar nácha salchad dendgor in
dírma. Fogabats*id*e in n-id focheird Cú Cul*aind*. 7 arigsitár[a]
in geilt[1] geltatár ind eich. Ar geltatar dá ech Sualtaim a fér
cona bun a talam. Lelgatár[b] im̄ da ech Con Cul*aind* in n-úir
4735 co rrici na clocha i ndegaid ind feúir. sudit íarom co tánic in
slóg 7 aruspettet[c] a n-áes ciuil. Dosberat i lláim Fergusa m*ei*c
Róich in n-id arlégaside in n-ogum boí isind id. Asbert Medb
iar tíachtain cid frisin n-anaid and anmai or Fergus frisin n-id
n-ucut atá ogum inna menuc[2] 7 iss *ed* fil and ná tíagar secha co
4740 n-étar fer ro laa id samlaid cona óenláim 7 óenšlat día tá 7
friscuriur mo phopa Fergus. Fír ol Fergus Cu Chul*aind* rod la
7 it é a eich geltatar in mag so. 7 damb*eir* i llaim in druad
7 cachain Fergus in laid so sís.

	Id inso ced sloindnes dún
4745	ind id cía fo tá a rún
	cía lín ro lá insé
	inn úated nó in sochaide
	In déne erchóit don šlúag[4]
	má docoiset ude n-úad
4750	finnaid a druide ní ar sin
	cid frisi farcbad in t-id
in drui d*ixit*[3]	
	Crephnas churad caur rod lá
	lán aingces for erreda
4755	astúd rurech ferg i ndá
	óenfer co n-óenlaim ro lá[d]
	In nách día réir slúag ind ríg
	inge máro choilled fír
	conid ro lá[5] úaib nammá
4760	óenfer am*al* fer ro lá
	nocon ḟet*ur* acht insin
	ní frisi corthe in t-id. id inso .c. s.

Asbert Fergus íar*om* friu má saraigthe in n-id se[6] ol se nó
má thíastá secha cia beith i lláim duni no i taig fó glas ricfe

---

[1] ei *in ras. and re-inked;* i *altered to* l.   [2] menu*h* *Facs.*   [3] *between columns.*
[4] *sic.*   [5] *in ras.*   [6] so *Facs.*

i ndead ind fir ro scríb in n-ogum n-ind. 7 genaidside guin 4765
dune díb ría mmatain mani laa nech úaib id samlaid. Ní háil
dúinni ém guin dune dín fó chétóir ol Ail*i*ll. Regmai for
muncind ind feda móir ucut frind andes. 7 ni ragam tairiseom
eter. | Ra selgatár na budni iarom in fid resna carptib. Iss *ed* **58a**
ainm in puirt sin Slechta. Is and atá Partraige. Mad íar 4770
n-arailib i͞m ⟦dorala and so¹⟧ imacallaim et*er* Medb 7 Fedelm
banfáith¹ am*al* ro innisimar remoind. 7 ⟦da*no* is¹⟧ iarsind frecra
do⟦ratsi¹⟧ for Medb ro sl⟦echtad¹⟧ in fid .i. deca dam or M*edb* co
bia mo fechtas. is anso² dam or ind ingen níro láim súil toraib
isind fid. Is ar bías ón or Medb silsimini in fid. dognith*er* 4775
da*no* aní sin. conid sed ainm in puirt sin Slechta. Feotár
iarom i Cúil Sibrille^a ferais snechta mór forru co fernnu fer 7 co
drochu carpat.

Bá moch a mmatan arna bárach do érgiu nirbo hí sin adaig
ropa sám dóib lasin snechta 7 ní airgénsat³ bíada dóib ind 4780
adaig sin. Nipo moch d͞i dolluid Cú Chul*aind* asa bandáil.
anais co foilc 7 co fothraic.⁴ Dotháet iarom for lorg in tslóig.
Ní má lodmar dó ol Cu Chul*aind* ná mertamar Ultu ro léicsem
slóg forru cen airfius Cure airdmius dún tarsin slóg ol
Cú Cul*aind* fri Lóeg co fessammar lín in tslóig. Dogní Lóeg 4785
aní sin 7 asb*eir* fri Coin Cul*aind*. is mesc limsa ol se aní siu ni
ermaisim. Nípá mesc atchíu acht co risa ol Cu *Cul*aind. tair
isin carpat d͞i or Láeg. Tic Cú Cul*aind* isin carpat 7 focheird
airdmius forsin lorg iar céin móir. Cid tussu. or Láeg ní réid fort.
Is assu ém damsa ol Cu *Chul*aind oldás daitsiu. air itát tri búada 4790
formsa .i. búaid roisc 7 intliuchta 7 airdmessa. ro láosa d͞i tra
ol se fomus forsaní sin.^b Ochtricait⁵ chét deac inso ol se ara
rím acht forodlad in t-ochtmad .xxx. chet deac fón slóg n-ule
conid mesc fria rím .i. xxx. chét na nGaliön

Dolluid Cu *Chul*aind iarom timchell in tslóig co mboí oc Áth 4795
Grena b*en*aid gabail i sudiu óenbéim cona claidiub 7 saidsíus
for medón na glassi cona díchtheth carpa*t* friae di síu nách
anall. Dofuircet oco Eirr 7 Inell Fóich 7 Fóchlam a nda ara.

---

^a .i. Cennannas [M] ^b [*in marg.*] Is sí seo in tres árim is glicu 7 is dolgiu
dorigned i nHerind .i. árim Con Cul*aind* for feraib Her*end* ár Tána. 7 árim Loga
for sluag Fomórach ar Cath Maigi Tu*r*ed. 7 árim Ingciúil for⁶ slóg Bruidni Da
Dergae. ~[M]

¹ *in ras*. **H.** ² ansa *Facs.* ³ argénsat *Facs.* ⁴ *aspiration mark faint, om. Facs.*
⁵ *sic, for* ocht tríchait. ⁶ s̄ *Facs.*

Be*n*aidsom a cethri cinnu díb 7 focheird for cethora benna na
4800 gabla. Is de atá Ath nGabla.ª

Tiagait íarom eich in ceth*r*air i n-agid in tslóig. 7 a fortchai
forderga foraib indar leó bá cath boí ara cind isind áth
Dothéit buden úadib do déscin ind átha ni acatár ní and acht
slicht ind óencharpait. 7 in gabul cosna cethri cinnu. 7 ainm
4805 ogaim¹ íarna scribend ina tóeb Ric in slúag uli la sodain. In
diar muintirni na cenna ucut ol Medb. Is diar muintirni ón 7
is díar forclidib or Ail*i*l. Ardléga fer díb in n-og*um* ro boí i
tóeb na gabla .i. óenfer rod lá in gab*uil* cona óenláim 7 ní
théssid secce conda rala nech úaib co n-áenláim cenmothá
4810 Fergus Is machtad ol Ail*i*l a thraite ro bíth in cethror.
58b Nápad ed bas machdad | lat ol Fergus bád béim na gabla di
bun óenbéim 7 mássu óenleód a bun is crichidiu de 7 a intádud
in tucht sa ol ní claide ro clas rempe 7 is a íarth*ur* carp*ait* ro lád
co n-óenláim. Dingaib dind in n-ecin seo a Fergus ol Medb.
4815 Tucaid carpat damsa trá ol Fergus conda tucsa ass. co ndercaiss
inn óenleód a bun brissis Fergus iarom cethri carp*tiu* déac día
charp*tib*. combo assa charput fessin dosbert a talmain co n-aca
ba hoenleód a bun. Is tabartha do airi ol Ail*i*l indass in
cen*iuil* cosa tíagam. Érgnad cách úaib a bíad. Nírbo sám
4820 dóib irraír lasin snechta 7 innist*er* dún ní do imtechtaib 7
airscélaib in cen*iuil* cosa tíagam.

Is and sin trá adfessa dóib imtechta Con Cula*ind*. Imcomarc
Ail*i*l iar*om* inn é Conchob*ar* dorigni seo. Nach hé ol Fergus
ni t*er*gads*id*e co hor críche cen lín catha immi. C*eis*t inn é
4825 Celtchar m*ac* Uthidir. Nách hé ní thargadside co hor críche
cen lín catha imbi. C*eis*t inn é Eógan m*ac* Durtacht. Nach hé
ol Fer*gus* ni thargads*id*e² tar or cococriche¹ cen tríchait carpat
n-imrind imme. Is é fer dogénad in gním ol Fer*gus* Cu Chula*ind*.
Is é no be*n*fad a crand óenbémim di bun 7 no génad in cethrur
4830 ucut hi p*r*api ro mbíthá 7 doragad dochom críche 7 a ara.

³Inna formolta inso sís

Cinnas fir or Ailill in Cú rochúalammár la hUl*tu*. Cia háes
in gillai sin is irdairc. Ni *handsa* ém ol Fer*gus* inna .u. blia*dain*

ª .i. oc Beloch Caille Móre fri Cnogba atúaid [H]

¹ oguim *Facs.* ² thargats*id*e *Facs.* ³ *between columns*; ina *Facs.*, n-*stroke om.*
⁴ *sic, dittography*

luid dia cluchiu cosin macraid do Emain Machi. Issin tśess*ed*
blia*dain* luid do foglaim gaiscid 7 chless la Scáthaig.ª Isin 4835
tsechtmad blia*dain* gabais gaisced. Isin tsechtmad blia*dain*
déc a áes ind inbaid sea. Inn é sin as andsam fil la Ultu ol
Medb.¹ For cach n-aí ém ol Fergus ni fairgébasu ar do cind
láech bas andsu. ná rind bas áigthidiu ná bas altnidi ná
bas athlaimi nó láth bas luinniu. ná fíach bas feólchairiu. 4840
ná comlond a áesa ródsá co trían. ná léo bas feoc*ru* ná cláriud
comlaind. na hórd esorcthe ná comla ergaile. ná bráth for
buidne. ná ergaire mórslúaig bas inraici. Ní fuircébasu and
fer rosasad a áes. 7 a ás. 7 a erriud. 7 a erúath. a erlabra. a
áinius. a irdarcus. a guth. a c*ru*th. a chumachta. a c*rú*as. a chless. 4845
a gaisced. a béim. a bruth. a barand. a búaid. a brath. a búadrisi.
a *fo*raim. a fómsigi. a fíanchoscur. a déni. a tarptigi. a dec*r*ad.
co cliuss nonbair for cach rind am*al* Choin Culaind.

Ní dénaimsea baa de sin ol Medb. I n-óenchorp atas*ide*.| **59a**
fodaim guin. ní mou gabáil. lasanní is áes ingini m*a*cdacht 4850
insin 7 ní thángatár a fergníma beus. Ni ar ni són ol Fergus.
nibo machdad dagním do dénam dossom indiu. ar cid in tan
ba soosom batír ferdai a gníma. ∼

Na m*a*cgnímrada inso sís ∼

Altasom ém ol Fergus la math*air* 7 la ath*air* ocond 4855
dairggdig i mMaig Murthemne. Adfessa dó airscéla na
m*a*craide i nEmain. ár bíit trí chócait m*a*c and ol Fergus
oc cluchiu. Is amlaid domel Conchob*ar* a flaith. trían ind
laí oc déscin na m*a*craide. A t*r*ian n-aill oc imb*ir*t fidchille.
A t*r*ian n-aill oc ól chorma conid gaib cotlad de. Cia bemni 4860
for longais ní fil i nÉre óclaig bas amru ol Fergus.

Gudid Cú Cul*aind* día máthair dí a lécud dochom na m*a*-
craide. Ní rega ol a math*air* condit roib cáemtecht di ánrodaib
Ul*ad*. Rochían limsa anad fri sodain ol Cu *Ch*ul*aind*. Incoiscsiu
damsa ced leth atá Emain. fathúaid amne ol a math*air* 7 is 4865
doraid a n-ude ol si atá Slíab Fúait etruib. Dob*ér* indass fair
ol Cu *Ch*ul*aind* amim²

Teit ass iar*om* 7 a scíath slissen laiss 7 a bunsach 7 a lorg

---

ª [*between columns*] Obicit*ur* Tochmarc Emire de so. [M]

¹ Mēdb MS.   ² *sic*.

áne 7 a líat*r*ait. Focherded a bunsach ríam conda gebed ar loss
4870 resíu dorótsad a bun for lár Téit cosna maccu iar*om* cen
naidm a fóesama forru. ár ní théged nech cucu ina cluchimag
co n-arnastá a fóesam. Ni fitirsom aní sin.ª Non saraigedar
in m*a*c ol Follomon m*a*c Conchob*air* sech rafetamár is di
Ul*taib* dó. Argu[ntís do benaid foo.¹] Focherdat a trí cóecta
4875 bunsach fair 7 arsisetar isin scíath slissen uli lesseom.
Focherdat da*no* a líathróite uli fairseom. 7 nos gaibseom cech
óenliathróit ina ucht. Focher*dat* da*no* an tri .lll. lórg ána fair
araclichsom conach ráncatár hé 7 gabais airbir díib fria aiss.
Ríastartha immiseom i sudiu indar lat ba tinnarcan asnort cach
4880 foltne ina chend lasa comérge conérracht. Indar lat bá hoíbell
tened boí for cach óenfinnu. Iadais indara súil connárbo lethiu
indás cró snáthaiti Asóilgg alaile combo móir béolu midchúaich
Doérig día glainíni co rici a hou. A soilg a beólu coa inairddriuch
combo ecna a inchroes. Atreacht in lúan láith assa mull*uch*.
4885 B*en*aid fona maccu iarom. Doscara .l. m*a*c diib síu ristaís
dorus nEmna. Forrumai nonbor díib thoromsa 7 Conchobar
59b bámár oc imb*ir*t fidchille. | Lingidsom da*no* tarsin fidchill i
ndegaid ind n*ó*nb*air*. Gaib*id* Conchobar a rig. Ní maith
airrailt*er* in m*a*crad ol Conchob*ar*. Deithb*ir* damsa a popa
4890 Chonchob*air* ol se. Dosroacht do chlu*chiu* óm thaig óm mathair
7 óm*m*² athair. 7 ní maith ro mbatar frim. Cia th'ainmseo ol
Conchob*ar*. Setanta m*a*c Sualtaim atomchomnaicse. 7 m*a*c
Dechtere do phetharsu. Níba³ dóig mo chonpére sund. Ced náro
nass do foessamsu da*no* forsna maccu ol Conchob*ar*. Ní fetarsa
4895 aní sin ol Cú Cul*aind*. Gaib it láim mo fóesom airtho dī.
Atmu ol Conchob*ar*. La sodain doellasom forsin m*a*craid
sethnón in taige. Ced taí da*no* dóib innossa ol Conchob*ar*.
Coro nastar a foesom formsa da*no* ol Cu Chul*aind*. Gaib it
láim dī ol Conchob*ar*. Atmu ol Cu *Chulaind*. Lotár uli isa
4900 cluchemaig iarom 7 atarachtatár in maic hí ro slassa and.
Fosráthatar a mummi 7 a n-aiti.

Fecht n-and da*no* or Fergus in tan bá gilla ní chotlad i
nEmain Mach*a* co matain inndis dam ol Con*chobar* fris cid ná
cotlai. Ní dénaim or Cu Cul*aind* cen chomard frim chend

ª .i. in ges boí foraib [H]

¹ *in ras.* **H.**   ² *sic.*   ³ b *corr. from* n, a *corr. from* u.

7 frim chossa. Dobreth iarom la Conchobar coirthe fria chend 4905
7 araile fria cossa. 7 dogníth imdai fo leith dó etarro.

Luid in fecht n-aile dano araile fer día duscudsom co mbensom
dia dur[n]d¹ ina étan co rruc tulchlár ind étain co mboí forsind
inchind 7 cor thrascair in corthe cá rigid. Rofes or Ailill
robbó² dor[n]d¹ ³niad 7 ropo rig³ rúanada. O sin trá ol Fergus 4910
ní laimthesom do dúscud co ndusced a óenur.

⁴Aided na maccraide inso

Baí in fecht aile dano oc áni líatraiti i mmaig in cluche fri
Emain anair Do leith dano dó a óenur frisna tri cóectu mac
conbóing airthiu. iarom cach cluchiu ind indas sin caidche. 4915
Gabait in gillai oc sudiu imbirt a dor[n]d¹ foraib conid apad .l.
mac díib. Téit for teched la sodain co mboí fo adurt imdai
Conchobair conerget Ulaid imbi conergimse 7 Conchobar
laisseom. Conerigsom fón imdaí dano co corastar de in
n-imdaí cosin .xxx. láth ngaile ro boí indi co mboí for lár in 4920
tigi. Sedait Ulaid imbi la sodain isin tig. Córaigmitni iarom
or Fergus 7 sídaígmít in macraid friseom iar sin.

⁵Cath Eógain meic Derthacht do Concobar inso.

Boí imnisse chatha eter Ultu 7 Eogan mac nDurtacht.
Tíagait Ulaid don chath. Facabarsom inna chotlud. Maiti 4925
for Ultu Facabar Conchobar 7 Cuscraid Mend Macha 7
sochaide mór olchena. Dofúsciseom a ngol. Sínithi iarom
co memdatar in da liic ro batár immi. Hi fíadnaise Bricriu
ucut dorónad ol Fergus. Atraig la sodain. Cotricimse fris
i ndorus ind lis. 7 mé athgaíte. Fuit Dia do bethu a popa 4930
Fergus ol se. Cáte Concobar. ni etarsa ol mé. Teit ass iarom.
Ba dorcha ind adaig. Fóbair a n-armach. Co n-acca ara
chind in fer 7 leth a chind fair. 7 leth fir aile fora | muin. **60a**
Congna lem a Chú Chulaind ol se rom bíth 7 tucus leth mo
bráthar ar mo muin beir síst lim. Ni bér or se. La sodain 4935
focheírt in n-aire dó. Focheirdsom de. Immasínithar dóib.
Descarthar Cu Culaind. Cu cuala ní in boidb dinib collaib. Olc
damnae laích fil and fo chossaib aurddrag. La sodain fónérig
Cu Chulaind 7 bennaid a cend de cosind luirg áne 7 gabaid

---

¹ n-stroke om. ² o in ras. with erasure of a letter following. ³⁻³ in ras. M.
⁴ between columns. ⁵ in marg.

4940 imman liathraite riam dar in mag. In fail mo phopa Conchobar
isind ármaig se frisgairside dó. Téit chuci conid n-acca issin
clud 7 ro boí ind úir imbi do cach leth día diclith. Cid día
tánac isin n-ármag ol Conchobar co ndeochais uathbás and.
Tanócaib asin chlud la sodain ni thurcébad sesser linni di
4945 trenferaib Ulad ní bad chalma. Tair reond don tig ucut ar
Conchobar[1] díanom thísad mucc fonaithe robadam béo. Ragsa
conda tuc ar Cu Culaind. Téit ass iarom co n-accai in fer
ocond fulucht i mmedón ind[2] feda indara lam dó cona gaisciud
inti ind lám n-aill oc funi in tuircc. Ba mór a úathmaire ind
4950 fir fanópairsom arapa 7 dobeir a chend 7 a muicc laiss. Loingid
Conchobar iar sin in torc. Tíagam díar tig or Concobar.
Condrecat fri Cúscraid mac Conchobair. Bátár dano tromgona
fairside dobeir Cú Chulaind fora muin. Dollotár iarom a tríur
co hEmain Macha.

4955 ³Aided na tri nonbor inso 7 in fath arna laimthé a nguin ina
cess.

Fecht aile dano bátár Ulaid inna noendin. Ní boí noenden
linni iarom for Fergus for mnáib 7 maccaib nách for neoch bís
fri crích nUlad anechtair nach for Coin Culaind 7 fora athair.
4960 7 ane ní lamar fuligud forrosom. Ar conscescing in cess for
intí nod goin. ɫ a meth ɫ a garséle. Tonnecat tri nónbor a
hinsib Faíche lottar for in n-íarless tan bamár inar noendin.
Égit in bantrocht isind liss. Boí in macrad i mmaig in
cluchi. Doíagatside fóna hegme amal atchoncatár in macrad
4965 na firu[a4] duabsecha. Tíagait ar teched ule acht Cu Culaind a
óenur. Imbertside na lamlecca foraib 7 a luirg áne foraib.
Marbaid nonbor diib 7 facbait .l. cned fairseom 7 documlat
ass iarom olchena. Fer dorigni inna gnima sin inraptar lán a
cóic bliadna nirbo machthad ce na[5] thísed[6] co hor cocríchi 7 ce
4970 no eisged a cinnu don chetror ucut.

³Aided con na cerda inso la Coin Culaind 7 aní día fil
Cu Chulaind fairseom

Rafetammár ém in gilla sin ol Conall Cernach 7 ní messaite

ᵃ duba *add. alongside by* **H.**

¹ *omission here through homoioteleuton, supply* co ndernai tenid dam and.
Ataiseom thenid moir do. Maith dī or Conchobar *YBL.*   ² *in* feda *Facs.*
³ *in marg.*   ⁴ *under* u *of* firu *is the separation sign* ɔc (r *Facs.*)   ⁵ a *subscr.*   ⁶ *in ras.*

fria fis is dalta dún. Nípu chían iarsin gním adchúaid Fergus
indossa co ndernasom bét n-aile. Dia forgéni Cauland cerdd 4975
oegidacht do Conchob*ur* asbert Cauland iarom nábad sochaide
no bertha chucai áir nípu du thír na ferund dó a fuirec dorigni
acht do thorud a dá lám 7 a tharnguir. Luid Conchob*ar* iarom
7 .l. ca*ir*p*tech* imbi do neoch | ba sruthem 7 ba haeregdu inna **60b**
caurad.   4980

Adell Conchob*ar* laiss iarom a cluchemag. Ba bés da*no*
dó do gr*é*s a n-adall 7 a tadall oc techt 7 oc tuidecht do
chuingid a bennachda¹ cosna maccu. Co n-accai iarom
Coin Cul*aind* oc áin líathroti frisna tri cóectu m*a*c 7 b*ir*t a
ráena forru. In tan ba háin phuill dognitis. no linadsom² in 4985
poll dia liathrotib 7 ni chumcaitis in m*eic* a ersclaige. In tan
batir heseom ule dobictis³ in poll arachlichedsom a óenur conná
téged cid óenlíathróit ind. In tan bá n-imtrascrad dognítís
dorascradsom na tri .l. m*a*c a oenur. 7 ni chomraiced imbiseom
lín a t*r*ascartha. In tan da*no* bá n-imdírech dognítis dosner- 4990
gedsom uli co mbítís tornochta. 7 nocon ructaísseom i͞m cid a
delg asa brotsom nammá.

Ba hamra la Concob*ar* aní sin. Asbertsíde in eta*r*bíad a
gnímu acht tis*ed* dóib co áes ferdatad. Asbert cách eta*r*dabíad.
Asb*eir* Concob*ar* fri Co[*in*⁴]Cul*aind*. Tair lem ol se dond fleid 4995
día tíagom dáig ot áegi. Nimda sátech dom cluchi béos a
bobba Conchob*air* ol in gilla   ragatsa in far ndíaid.

O ráncatár uli iarom don[d fleid.⁵] Asbert Cauland fri
Concob*ar* in frithalid nech infar n̈díaid ol se. Náthó ol
Conchob*ar*. nírbo chuman laiss⁶ dal a daltai inna díaid. Atá 5000
árchú*a* lemsa ol Culand. tri slabrada fair 7 triar cacha slabraide.
A hEspáin dosfucad. Leicth*er* de dáig ar n-indili 7 ar cetra
7 duntar in less.

Tic in gilla fo sodain. Fónópair in cú. Nos fethedsom a
cluche colleic. Focherded a líathróit 7 focherded a loirg ina 5005
díaid co mbenad in liath*roit*. Níbo moo in band oldas a chéle
7 focheird a bunsaid inna ndíaid conda gebed re totim. 7 niro
tairmesc a cluchi immi. ce ro boí in cú oca ascnam. Torbaís
Conchob*ar* 7 a muin*ter* aní sin connarbo et*ir* leo a ngluasacht

---

a .i. cú doratad⁷ dar muir .i. cuil*en* brotcon.∼ [M]

¹ *sic*, d *may be due to retracer.*   ² ro *Facs.*   ³ *sic.*   ⁴ *abbreviation stroke om.*
⁵ . , d fleid *in ras.* **H**   ⁶ lass *Facs.*   ⁷ dorucad *Facs.*

5010 indar léo ni faircbitís i mbethaid ara cind cid ersloicthe in less.
In tan dī dolluid in cú chucaiseom focheirdseom úad a líathróit
7 a loirg. 7 frisíndle in coin cona díb lámaib .i. dobeir indara
láim dó fri ubull bragat in chon. Dobeir araile fria chúl bentai
frisin corthe inna farrad co sescaind cach ball de a lethe. Mad
5015 iar n-arailiu im̄ is a líatróit ro lásom inna beolu co rruc a
inathar thrít.

Comérgit Ulaid ara ammus. araill dib for less. araill for
dorus liss. Damberat i n-ucht Conchobair. Fochertar armgrith
mór leo .i. mac sethar ind ríg do folmaisiu a báis. Dothéit
61aª Culand issa tech la sodain. | Fo chen duit a maccain fo déig
5021 cridi do máthar Messe im̄ ní mád airgénus fleid. Is bethu
immudu 7 is trebad immaig mo trebad i ndegaid mo chon.ᵇ
Conággaib ainech 7 anmain damsa ol se in fer muintire ruccad
úaim .i. mo chú. Robo dín 7 ditiu diar feib 7 ar n-indili.
5025 Ropo imdegail cacha slabra dún eter mag 7 tech. Ni mór bríg
sin trá ol in gilla ébéltair culén din chúani chétna lemsa duit 7
bíam cúsa do imdegail do chethra 7 dot imdegail féin colléic cor
ása in cú hísin 7 corop ingníma. 7 imdíusa Mag Murthemne
uile noco mberthar uaimse eit na halma ass manip aúrderg¹
5030 limsa. Bid Cú́Culaind t'ainmsiu íarom or Cáthbad. Maith
lem cid ed mo ainm ol Cú Fer dorigni sin amdar lána a .ui.
bliadna nipu machdad cé doronadside dagním ind inbuid sea
in tan ata lána a secht mbliadna déc ol Conall Cernach.

²Aided tri mac Nechta Sceni inso sís.

5035 Dogéni fecht aile dano ol Fiacha mac Fir Febe. Boí Cathbad
druí hi fail a meic .i. Conchobair meic Nessa. Cet fer ndéinmech
dó oc foglaim druidechta úad is é lín doninchoisced Cathbad.
Íarmifoacht araili dia felmaccaim³ do sudiu cid díambad maith
a llá sa. Asbert Cathbud ócláech no gébad gaisced and forbíad

---

ª *Along the upper margin a late hand has written:* Sengallócclach dimór
do b*h*i ag 'O Dómnaill .i. 'O Cuirrin iss é fuair Tobar I Chuirrin a nDun na nGall

ᵇ [*in marg.*] nirbo é in tres cú ro⁴ boí i n-inchind Congánchnis in cú sin amal is
cétfaid do foirind. ar is do dígail Con Roí for Ultaib dodeochaid Conganchnes⁵ 7 fota
a haithli⁶ na Tána cid heside 7 hi cind a secht mbliadna ro marbsom (.i. Cu Chulaind)
coin na cerda. ~ Conid bréc amlaid sin cétfaid na fairni út ar is a hEspain tucad cú
na cerda amal innister hi curp in sceoil., [M]

---

¹ d *corr. from* b.   ² *in marg.*   ³ *sic.*   ⁴ ra *Facs.*   ⁵ ḡ MS. ; g *asp. Facs.*
⁶ *asp. faint ; om. Facs.*

a ainm Herind co bráth ar gním gascid 7 no mertaís a 5040
airscéla co brath. Rochlunethar Cu Chulaind aní sin. Dothéit
co Conchobar do chuingid gascid. Asbeir Conchobar cía
dorinchoisc duit. Mo pobba Cathbath ol Cu Chulaind. Rofetam-
mar ém ol Concobar. Dobeir gai 7 scíath dó. Bertaigthus for
lár in taige conna ternó ní dona .u. gaiscedaib déc no bitís di 5045
imforcraid hi tegluch Conchobair fri maidm n-airm no fri
gabáil ngasced do neoch. Co tardad dó gaisced Conchobair
féin. Falloingside im̄ eseom 7 bertaigthi hé 7 bennachais in ríg
bá gaisced 7 asbert céin mair túaith 7 cenel díanid rí in fer assa
harm so. Dafic iarom Cathbad chucu 7 asbeir in gaisced gebes 5050
in gilla or Cathbad. ed ol Conchobar. Ní sirsan do mac a
máthar ém ol se. Ced ón nách tussu ém donarchossaig ol
Conchobar. Nách mé écin ol Cathbad. Cid do chana duit
in bréc do imbirt form a siriti ol Conchobar fri Co[in]¹Culaind.
A rí Féne ní bréc | ol Cú Chulaind. Is hé dorinchoisc dia **61b**
felmacaib i mbúaruch 7 rachúalasa fri hEmain andess 7 5055
dedeochadsa² chucutsu iarom. Is maith ane in laa ol Cathbad
is glé bid airdairc 7 bid animgnaid intí gebas gaisced and acht
bid duthain nammá. Amra brigi són ol Cu Chulaind acht ropa
airdercsa. maith lim cen co beind acht óenlá for domun. 5060
A lláa n-aile imchomairc araile fer dona druídib cid díambo
maith a lla sin. Nech no ragad hi carpat and for Cathbad
forbíad a ainm Herind co bráth. Roclunithar iarom Cu Culaind
sin. Dothetside co Conchobar co n-epert fris a popa Chonchobair
ol se carpat damsa Dobeirsíde carpat dó. Forrurim a láim eter 5065
di fertais in carpait co mmebaid in carpat. Brissis in dá carpat
deac in cruth sin. Doberar dó iarom carpat Conchobair.
Foloingside heseom Téit isin carpat iar sudiu 7 ara Conchobair
leiss. Imsoí in t-ara .i. Ibor a ainm side in carpat foíseom.
Tair isin charpat fechtsa ol in t-ara. It cóema na heich am 5070
cóemsa dano a maccán ol Cu Chulaind. Tair ríun timchell
nEmna nammá 7 rot bía a lúag airi. Téit ón dano in t-ara
7 cotnéicnigidar Cu Chulaind iar sudiu co dairled forsin slige do
chelebrad dona maccaib 7 condam bennachtaís in meic. Gáid
dó dano co tairled in sligid dorísi o tháncatár ón dano asbert 5075
Cu Chulaind frisin n-araid indaig brot forsin n-echraid trá ol se.
Ced leth ón ol in t-ara céin adindain in tslige or Cu Chulaind.

---

¹ *abbreviation stroke om.*   ² *sic.*

Tecait di sudiu co Slíab Fuait forreccat Conall Cernach and.
Do Chonall da*no* dorala imdegail in chóicid a llá sin fo bíth
5080 no bíid cach láth gaile do Ul*taib* a laa hi Sleib Fúait fri snádud
neich dothíssad co n-airchetul ɫ do chomroc fri fer combad
and sin condrístá fris arná teis*ed* nech doch*um* nEmna cen
rathugud. Do sónmigi si*n* tra or Conall. Rob do búaid 7
choscor. Eirgsiu trá a Chonaill don dún 7 rom leicsea oc
5085 fo*r*airiri¹ sund colléic or Cu C*hu*laind. Bid lór són or Conall
mad fri snádud neich co n-airchet*h*ul. Mád do chomruc fri
fer im̄ is rom són daitsiu co se beus. Bés nípu hécen ón et*ir*
ol Cu C*hu*laind. Tíagam etarphort ol Cu C*hu*laind do déscin
úan for fertais Locha Echtra. Is gnath airiseom óc féne and.
5090 Is maith lim or Conall. Tíagait ass íaro*m*. Focheirdseom
cloich asa thábaill co mmebaid fertas carp*ait* Conaill Cher*na*ig.
Cid frisind rolais in cloich a maccain or Conall do ph*r*omad²
mo lá*m* 7 dírge mo urchair or Cu C*hu*laind 7 is bés duibsi far
nUltaib ní réidid tar³ 〖églindne⁴〗 Aircsiu do Em*a*in aridisi a
5095 phopa Conaill 7 rom leicse sund oc forairi. Maith lim da*no*
62a or Conall. ni dechaid | Conall Cernach sech in magin iar sudiu.
Teit Cú C*hu*laind ass íarom do Loch Echtra. 7 ni fua*r*atar nech
and ara chiund. Asbert in t-ara fri Coin Culaind ara n-urthaítís
do Emain co tár.sitís ól and. Acc ol Cu C*hu*laind. Ced slíab
5100 inso thall ol Cu C*hu*laind. Slíab Monduir[*n*]d⁵ ol in t-ara.
Tíagam co risam ol Cu C*hu*laind. Tíagait iarum co rrancatár.
Iar riachtain dóib in tslébe. imchomarcair Cu C*hu*laind iarom
cia carnd ngel inso thall i n-úachtor in tslébe. Findcharnd ol
in t-ara. Ced mag aní thall ol Cu C*hu*laind. Mag mBreg ol in
5105 t-ara. Adfét dó da*no* ainm cech prímdune et*er* Themair 7
Cenandas. Adfét dó chetumus a n-íathu 7 a n-áthu. a n-airdirci
7 a treba. a ndúne 7 a n-arddindgnu.
Inchoscid dó da*no* dún tri m*a*c Nechta Scéne*ᵃ* .i. Foill 7
Fandall 7 Túachell a n-an〖mandaidi.⁶〗 Indat eside asberat or
5110 CuC*hu*laind nách móo fil do Ul*taib* i mbethaid oldás ro beótarsom

---

ᵃ .i. o Inb*er* Scéne [H]. [*in marg.*] Fer Ulli m*a*c Lugdach a n-athair 7 Nechtan
Scéne a mmáthair. Ulaid⁸ da*no* ro marbsat a n-athair iss air⁷ ro batár hi cocad
faraib. [H]

---

¹ = .forairi, MS. *has* air *siglum followed by* iri.   ² promat *Facs.*   ³ tar, ar
siglum, with cross stroke imperfectly erased, and followed by r.   ⁴ églindne *in ras.*
H; *read* églinde.   ⁵ n-*stroke om.*   ⁶ mandaidi *in ras.* **H**; n-anmand *Y.*   ⁷ *sic,*
for airi.   ⁸ Ullaid *Facs.*

dib. At é écin ol in t-ara. Tíagom conda risam or Cu Chulaind.
Is gúais dúnn em ol in t-ara. Ní día imgabáil ám tíagma ol
Cu Chulaind. Tíagait ass iarom 7 scorit a n-eochu oc commor
mana 7 aba allándess úas dún a chéle. 7 srethe in n-id boí forsin
corthe róut a láma isin n-abaind 7 leicthe la sruth dáig ba coll 5115
ngisse do maccaib Nechta Scene aní sin. Arigitside iarom
7 dothíagat a ndochum. Contuli Cu Chulaind iarom ocon
chorthe iar lécud ind ide frissin sruth 7 asbert frisin n-araid.
Nim dersaige fri úathad nom díusca im̄ fri sochaide. Bá himecal
im̄ in t-ara colléic 7 indlidsid[e]¹ a carpat 7 dosrenga a fortgae 5120
7 a forgaimniu ro batár for Coin Chulaind úair nach rolamar a
dúscud. Daig asbert Cu Chulaind friseom ar thús nách dusced
fri húated. Tecait iarom meic Nechta Scéne. Cia fil sund ol
fer díb. Mac bec dochóid indiu ar esclu hi carpat ol in t-ara.
Nipo do soinmige ol in láech 7 nirop do fechtnaige dó a 5125
chétgabáil ngaiscid. Na bid inar tír 7 na gelat ind eich and
ní as mó ol in láech. Atát a n-essi im láimsea ol in t-ara.
Nirbo latsu tollem écraite ol Ibar frisin laech. 7 attá dano in
mac ina chotlud. Nimda mac écin or Cu Chulaind acht is do
chuingid chomraic fri fer dodeochaid² in mac fil and. Is sain 5130
limsa ón ol in láech. Bid sain duitsiu innossa issind áth ucut
ol Cu Chulaind.

Is tacar dait trá or in t-ara foichle in fer dotháet ar do
chend³ Foill a ainm or se. ár mani thetarrais issin chetforgam
ni thetarrais co fescor. Tongu do dia toinges mo thúath nocon 5135
imberasom for Ultu a cles sin dorísse | diano tárle mánaís mo 62b
phopa Choncobair as mo laimsea. Bid lám deóraid do. sréthis
fair iarom in sleg co mmebaid a druim trít. Dobeir leiss a
fodb 7 a cend iar sudiu. Foichle in fer n-aile dano ol in t-ara
Fannall a ainm side. Ní trummu do[n]essa⁴ in n-usce oldás ela no 5140
fandall. Tongusa dano nocon imberasom for Ultu in cles sin
dorissi ol Cu Chulaind. Atconnarcsu ém ol se indas imatiagsa
in lind oc hEmain. Condrecat iarom issind áth. Gonaidsom
dano in fer sin 7 dobert a chend 7 a fodb lais. Foichle in fer
n-aile dotháet chucut ol in t-ara. Tuachell a ainm ni lessainm 5145
dó dano ar ní thuit di arm etir. Ondar dossom in del chlis día
mescad conid ndérna. retherderg de or Cu Chulaind. Srethius

---

¹ e added above line, by later hand, and in paler ink.   ² i subscr.   ³ cend
Facs.   ⁴ n-stroke om.

fair iarom in slig conid rallá ina *chom*sudiu Dolluid a doch*um*
iarom 7 be*n*naid a chend de.   Dobert Cú iarom a chend 7 a
5150 fodb laiss diaraid¹ fadessin co cúala íar sudiu foíd a mmathar
ina ndíaid .i. Nechta Scene.   Dob*eir* a fodb di sudiu 7 dob*eir*
na tri cind laiss inna char*put* 7 asbert. ní fuicéb trá mo choscur
ol se co rríus Emain Macha.

Docu*m*lat ass iar*om* cona coscor. Is and sin asbert Cu C*h*ulaind
5155 frisin n-araid Dorar[*n*]gertaissiu² dagérim dund ol Cu C*h*ulaind 7
rosnecam a less indossa diág in tressa 7 inna iarra fil inar
ndiaid. Imríadat iar*om* co Sliab Fúait. Ba hé lúas ind érma
donucsat iar mBregaib íar ngrísad ind arad co togrennitís³ ind
eich fón charpat in gaíth 7 inna heonu for luamain 7 co táirthed
5160 Cu C*h*ulaind in n-urchur dollécéd asa thailm riasú rísad talmain.

Iar riachtain dóib Slébe Fúait forrecat alma n-oss n-and
ara ciund. Cissi slabrai in díscer sa thall ol Cú C*h*ulaind.
Oiss alta ol in t-ara. Cia dé or Cu C*h*ulaind bad ferr la Ul*tu*
a mmarb 〔t͘ a mbeo⁴〕 do breith dóib. nó a mbeó. Is inganto
5165 a mbeó ol in t-ara dóib ní cach óen condric samlaid. a mmarb
im̄ ni fil úadibseom ónach ric Ní chu*m*cison⁵ a beó nach ae do
brith ol in t-ara. Cu*m*cim écin ar Cú. Indaig brot forsna
eochu issin monai. dogní in t-ara ón aní sin. Glenait ind
eich isin mónai iar*om*. Taurlaing Cu C*h*ulaind 7 gabaid in
5170 n-oss ba nessom dó 7 bá caimem díb. Slaittius sethnón na
móna 7 dammainti fo chétóir cu*m*rigis et*er* da fert in carp*ait*.

Co n-accatár ní eill ngésse ara ciund atheroch Cia de bad
63a ferr la Ul*tu* or Cu C*h*ulaind a mbéo nó | a mmarb dóib. Is a
mbéo be*r*es a n-as béodu 7 a n-as segundo ol in t-ara. Lát*r*aid Cú
5175 íarom cloich m̓bic forna héonu co mbí .uiii. n-éonu díb. Inláa
afrithisi⁶ cloich móir co mbí da en déc diib. Tria tháithbém*en*d
trá insin uli. Tecmall na heónu dún tra ol Cú fría araid.
Mád messe dig dia tabairt or se conclichfe in dam allaid fortso.
Ní réid dam a techt ém ol in t-ara ro dass*ed* imna heochu conna
5180 dichtim seccu. Ni étaim da*no* techt sech nechtar in dá roth*a*
iarndae in carp*ait* ara fáebraige 7 ni dichtim da*no* sech in dam
árolín⁷ a congna et*er* di fert in carp*ait* ule. Cingsiu ame*n*d dia
congno or Cú. Tongusa do dia toingte Ul*aid* clóenad clóenfatsa

---

ᵃ .i. fonnod [M]

¹ = dia araid   ² n-*stroke om.*   ³ togre͞rnitís *Facs.*   ⁴ *in ras., end of line*
H, *a substitution for* nach ae, Y.   ⁵ *sic.*   ⁶ *asp. om. Facs.*   ⁷ = ar ro lín.

mo cend fair ⁊ in tsúil dogensa fris nocon focher cor dia⁸ chind
riut ⁊ noco lémaith*er* a glúasacht. Dognít*h*¹ són iar*om* conrig 5185
Cu C*hu*laind inna esse ⁊ tecmala² in t-ara inna héonu. Conreraig
Cu C*hu*laind iar sin inna héonu di thétaib ⁊ refedaib in carp*ait*.
Conid samlaid sin luid do Emain Mac*ha*. Dam allaid i ndíaid
a charp*ait* ⁊ íall gesse oc folúamain uassa. ⁊ tri cind inna
carp*ut*.   5190

Recait iar sin co Em*ain*. Carptech dorét far ṅdoch*um* ol in
dercaid i nEm*ain* Ma*cha* ardailfe fuil laiss cach dune fil isind
lis mani foichlith*er* ⁊ mani dichset mná ernochta friss.³
Tossoísom iar*om* clár clé a carp*ait* fri hEmain ⁊ ba gess di
aní sin. ⁊ asbert Cu Ch*u*laind tongu do dia toigt*he*⁴ Ul*aid* mani 5195
étar fer do gleó frimsa ardailfe fuil cach n-áen fil isin dún.
Mná ernochta ara chend ar Conchobar. Tothéit iar*om*
bantrocht nEmna ara chend im Mugain*ᵃ* mnaí Conchob*air* m*ei*c
Nessa ⁊ donnochtat a mbruinni friss. It é óic inso condricfat
frit indiu or Mugain.*ᵇ* Foilgiseom a gnúis. La sodain atnethat 5200
láith gaile Em*na* ⁊ foch*er*dat i ndabaig n-úarusci. Maitti
immiseom in dabach hísin. In dabach aile da*no* in ro lád fichis
dornaib de. In tress dabach i ndeochaid iar sudiu fosngerts*ide*
combo ch*uim*si dó a tess ⁊ a fuacht. Dotháet ass iar*om* ⁊ dob*eir*
ind rígan iar sudiu .i. Mugain bratt ngorm n-imbi ⁊ delg n-argit 5205
n-and ⁊ léne chulpatach. ⁊ suidid fo glún Chonchob*air* iar*om*
⁊ ba sí sin a lepaid do g*ré*s iar sudiu. Fer dorigni sin inna
sechtmad blia*dain* ol Fíachna m*a*c Fir Febe nipo machdad
cia chonbosaide for écomlond ⁊ cia no tragad*ᶜ* for comlond in tan
ata lána a sé blia*dna* déc indiu.   5210

Slicht sain so*ᵈ* co aidid nÓrláim |

Tíagam ass trá hifechtsa or Ail*ill*. Roeca⁶ iar*om* Mag **63b**
Mucceda. Be*n*naid C*u* Ch*u*laind omnae ara ciund i sudiu ⁊
scribais og*um* ina taíb. Iss *ed* ro boí and arná dechsad nech
sechai *co* ribuils*ed* érr óencharp*ait*. Focherdat a pupli i sudiu 5215
⁊ dotíagat⁷ día leimim inna carptib. Dofuit .xxx. ech oc sudiu

---

ᵃ ⁊ im Feraig *secundum* alios [M]   ᵇ ⁊ or Férach⁵ [M]   ᶜ .i. cia no érged
[H]   ᵈ .i. sis [M]

¹ *stain over* t, *faint traces only of mark of aspiration*; dognit *Facs.*; dognid *Y*;
dognith *Eg.*   ² MS. *has* tecmalta *with punctum delens over* t.   ³ fris *Facs.*
⁴ *sic, for* toingte.   ⁵ Féraig *Facs.*   ⁶ *sic, read* roecat.   ⁷ at *written below line,*
probably by **H.**   ⁸ a *faint and partly illeg. owing to stain*; om. *Facs.*

7 brisit*er* .xxx. carp*at* and.　Belach nÁne iar*om* iss *ed* ainm na maigni sin co brath

Aided Fraich

5220　Biit and co ára bárach　congairther Fraech dóib　tonfóir a Fraích ol Me*db*.　Díscart dín in n-ecin fil fornd.　eirg dund ar cind Con Cul*aind* dús in comrasta fris.　Toc*um*lai ass mattain muich *nón*bor co mboí oc Áth Fúait co n-acca in n-óclaig oca fothrucud isind abaind.　Anaid sund or Fráech fria muintir.
5225 conid rolursa frisin fer n-uccut　ní maith i n-us*ciu* or se.　Tíscaid a étach de.　Téit isin n-usci a doch*um*.　Ná tair ar mo chendsa or Cú atbéla de 7 is tróg lim do marbad.　Ragat óm ol Fraech co comairsem isind usciu 7 bad chert do cluchi frim.　Co*m*mitti són am*al* bas maith latt or Cu C*hulaind*.　Lám cechtar náthar
5230 immáraile or Fráech.　Atnagait co céin móir oc imtrascrad forsind usci 7 bátir Fráech.　Tanócaib súas afrithisi in dul so or Cú in didma th'anacol.　Noco didém or Fráech.　Atnaig Cú foí atherruch conid appad Fráech.　Tocurethar for tír. berait a muint*er* a cholaind co mboí isin dúnud.　Ath Fraich iss *ed*
5235 ainm ind atha sin co brath.　Coínti a ndúnad n-ule Fraech co n-accatár banchur\[i n-inaraib úanib for colaind Fraích m*eic* Idaid.　Focessat úadib issa síd.　Síd Fraich ainm in tsida sin iarom.　Lingid Fergus darsin n-omnai ina charp*ut*.　Tíagait co mbátar oc Áth[Táiten²] Toscara Cú sessiur dib and .i.
5240 [sé Dúngail Irruiss³]
　　　Tíagait ass iarom hi Fornocht.　Culen la Medb Baiscne a ainm.　Lécid Cú irchor fair co mb*er*t a chend de.　Druim ainm inna maigni sin iarom o sin immach.　[⁵Mór in cuitbiud dúib ol Medb can tophund na erri angceóil ucut fil co *for* nguin.　Doberatsom
5245 iarom topund fair iar si*ni*⁴ coro brisiset fertsi a carpat oca⁵]

¹Aided Órlaim

Dothíagat ass da*no* tar ⁶Iraird Culend ara bárach⁶ ⁷Dosleci Cú Ch*ulaind*⁷ riam dofuric araid nOrlaim m*eic* Aile*l*lo 7 Medb*a* i Tamlachtai Orláim fri Dísiurt Lóchait antúaid bican oc béim
5250 feda and.　Mád iar n-araili slicht im̄ is fertas carp*ait* Con C*ulaind*

---

¹ *between columns.*　　² *in ras.* **H**; Meislir *Y.*　　³ *in ras.* **H**; Meislir 7 r̄t *Y.*
⁴ *sic.*　　⁵⁻⁵ *in ras.* **H.**　　⁶⁻⁶ *in ras.*; tar Airdd *Y.*　　⁷⁻⁷ *projecting into margin.*

ro maid 7 is do béim fertas dochóid in tan cotranic fri araid
nÓrláim. Is é in t-ara ros b*en* na fertsi mad íarsin tslicht sa.
Is nephnár a ndogniat Ul*aid* masat é file sund | tall ol Cú cein **64a**
file in slóg fora tairr. Teitseom cosin n-araid dia chosc indar
leis ba di Ul*taib* dó co n-accai in fer oc béim feda .i. fertas 5255
carp*ait*. Cid dogní sund ol Cu. Fertse carp*ait* do béim ol in
t-ara. ro brisisem ar carp*at* oc tofund na ailite ucut Con Cul*aind*.
Congná frim ol in t-ara. Déca namma i*n* bá teclaim na fertas
dogéna fa na n-imscotad. Bid a n-imscotad ém ol Cú.
Imscothis iar*o*m na fertse culind tria ladra. a glac hi fíadnaissi 5260
a cheli conda cermnastar et*er* rúsc 7 udbu. Nip sí th'opar
comadas dobiur fort ol in t-ara bád n-imomon side. Can duit
ol Cú *Chulaind* ara Órláim m*e*ic Aile*l*la 7 Med*ba* or se. 7 tussu ol
in t-ara. Cú Cul*aind* mo aiumse ¹ol se.¹ Romairgge són ¹ém ol
in t-ara. Ni agith*er*¹ ní ol Cu *Chulaind*. Cáit atá do thigerna 5265
or se. Atá isind fertai ucut ol in t-ara. Coisle dī as immalle
frim ol Cu *Chulaind* ar ni gonaimsea aradu et*ir*. Teit Cu *Chulaind*
dochom nÓrláim gontai 7 b*en*naid a chend de 7 ros ecroth a
c*h*end² frisin slúag. Dob*eir* in cend for muin ind arad iar sin
7 atbert b*eir* latt sin or Cú 7 tési don dúnud amlaid. Manip 5270
samlaid téis roticcba cloch úaimse asin tailm. A ndochóid
i n-occus don dúnud tisca a cend día muin 7 adfét a imtechta
do Me*id*b 7 Ail*ill*. Ní fríthid bid eissine ém ᵃ ol si. 7 asrubairt
mini thucaind for mo muin doch*o*m in dúnaid brisfed mo chend
formsa co cloich.   5275

³Aided tri m*a*c nGárách

Ansait iar sin tri m*e*ic Gárach fora n-áth it é a n-anmand
sidé .i. Lon 7 Úalu 7 Díliu. Mes Lir 7 Mes Láech 7 Mes Lethan
an⁴ tri araid. Ba foróil leu a ndorigni Cu *Chulaind* .i. da m*a*cdalta
ind ríg do goin 7 a m*a*c 7 crothad in chind frisin slóg. 5280
Co rubaitís Coin Cul*aind* tara ési 7 co ndergabtaís a n-oenur
a n-imneth sin din tslóg. Bentatar tri fidot día n-ardaib⁵ co
róiltis glied fris a ssessiur. Nos gegoinseom uli iar núair⁶
ro brisiset fír fer fair. Ro boí ara Órláim in tan sin it*er* Ail*ill*

ᵃ .i. ní inund 7 en do gabáil [H]

¹⁻¹ *apparently in ras. (and retraced), but by* M.   ² *mark of aspiration of*
unusual form.   ³ *in marg.*   ⁴ *sic, and* Y, *read* a.   ⁵ *sic, read* n-aradaib, Y.
⁶ iar|n*ú*air MS., *a wrong expansion of* iār uair ; *read* iar*o*m úair, Y.

5285 7 Me*id*b. Tanettat^a Cú cloich fair co mmebaid a chend co
tánic a inchind fora chlúasa .i. Fer Tedil¹ a ainm. Ní fir trá
amlaid sin na marbad Cú aradu. Ní marbad ém cen chinaid
cip innus.

²Aided in togmaill 7 in pheta eóin

5290 Bágais Cu C*hu*laind hi Methiu port iar sin i n-acciged
Ail*ill* ł Medb fochichred cloich asa thábaill forru. Dognísom
ón da*no* .i. doléci cloich assa thailm co n-ort in togmall boí
for gúalaind Med*ba* frisin n-áth andess is de atá Méithe Tog.
7 ort in n-én boí for gualaind Ail*ella* fri ath antúaid. Is de atá
64b Méthe nEóin. ł da*no* is for | gúalaind Medba batár immalle
5296 et*er* togán 7 én 7 is a cind be*n*tatár na urchora díb.

Báite da*no* Reuin ina loch is de atá Loch Reóin. Ní cían
úaib atá far céle or Ail*ill* frisna Mane ataregatside súas 7
immusdecat in tan siasatár[som da*no*³] atheroch be*n*aid Cú fer
5300 dib co mmebaid a chend fair. Bá mád lodsaid dó níbu ádas far
mbraisse or Maenén drúth. dob*er*aindse a cend de. Tolleci Cú
cloich dó co mmebaid a cend fair. Is amlaid trá ro marbthá in
luct sin Orlá*mm* chetumus⁴ ina dind. Tri me*i*c Gárach fora
n-áth. Fer Tedil ina dédlib. Máenán ina dind. Tongu do dia
5305 toingthe mo túath ol Ail*ill* fer dogena a écnach sund dagénsa dá
leth de. Táet ass et*er* laa 7 aidchi chena dund or Ail*ill* co rísam
Cual[*n*]gi⁵. Mairfid in fer sa da trian for slúaig fón n-innas sa.

Is a*n*d sin dosnancatár cruitti Caínbili o Ess Rúaid día
n-airfitiud indar leó ba⁶ du thoscelad forru o Ul*taib*. Doberat
5310 toffund forru co llotár rempo i ndelbaib oss iar*om* isna coirthib
oc Líac Mór antúaid. ar roptar druid co móréolás

⁷Aided Lethain

Dagéini^b da*no* Lethan fora áth for Níth la Conailliu. Anais
cadessin ara chind Con C*u*laind. Bá sáeth laiss a ndogéni
5315 Cu C*hu*laind. Ésgid da*no* Cu C*hu*laind a chend di sudiu
conid fácab laiss is de atá Áth Lethan for Níth. 7 memdaitir

---

^a .i. teilgid [M] ^b .i. tic [H]

¹ thedil *Facs.*, *but* MS. *has a dot, not the usual mark of aspiration.* ² *in marg.*
³ *in ras.* **H.** ⁴ *over* t, *the beginning of an aspiration mark.* ⁵ n-*stroke om.*
⁶ leóba *with the usual marks of separation,* ꝺc, *underneath* ; leosom ba *Y.* ⁷ *between*
columns.

a carpait leu oc comrac forsind áth inna farrad is de atá
Ath Carp*at*. Docer Mulcha ara Lethain isin gúala fil etarro
is de atá Gulo Mulchai. Céin bátár dī in tslóig oc tochim
Maige Breg forrumai Allechtu colléic. Noch is í in Mórrigan 5320
són i ndeilb eúin co mboí forsin chorthi hi Temair Cualṅgi
7 asbert frisin tárb.

     r.¹ In fitir in dub dusáim can eirc^a n-echdaig^b dál désnad
fiacht fíach nad eól ceurtid namaib ar túaith Brega bíth i ndaínib
tathum rún rofíastar dub día n-ísa maí *mui*n tonna fér forglass 5325
for laich lilestai áed ág asa mag meldait slóig scoith nía boidb bó-
geimnech feochair fíach fir máirm rád n-ingir cluiph Cualgni
coigde^c día^cc bás mórm*a*cni iar féic muintire do écaib.

     Luid in tarb iar*om* 7 .l. samasca imbi co mboí hi Sléib Chulind
7 luid a búachaill ina díaid Forgem*en* a ainm. Fochéird² de 5330
na tri .l. m*a*c no bitís oc cluchiu fair do g*ré*s 7 márbais da trían
a m*a*craide 7 *con*cechlaid búrach hi Tír Marccéni hi Cualṅgi re
techt. |

     Ni rubai Cu C*h*ulai*n*d nech et*er* na Sailiu Imdorthi hi **65a^d**
crich Conailli co rancatár Cuailngi. Baí Cu C*h*ulai*n*d iar*om* hi 5335
Cui*n*ciu^e .i. arbágais iarom in acciged Me*i*d*b* no tróistfed lais in
cloich fria c*h*end. Nírbo réid dosom ón ar is amlaid imtheged
Med*b* 7 leth in tslóig impe 7 amdabach scíath úasa cind.

³Aided Lócha inso

     Luid dī inailt do Medb Lóchu⁴ a ainm do thabairt uisce 5340
7 bantrocht mór impe. Indar la Coin Cul*ain*d bá sí Medb
Sráithius di cloich a Cuinciu⁵ conda ort ina réid is de atá
Réid Locha hi Cualṅgiu.

     A Findabair Chúalngi fosdáilset in tslóig 7 adachtatár in
crích hi tenid. Doinolat a mbaí di mnáib 7 maccaib 7 ingenaib 5345
7 búaib hi Cualngiu hi teclom co mbátár hi Findabair uli.
Ní ma lodsaid dó ol Med*b* ní acciu in tarb lib. Ní fil isin
choiciud^f et*ir* or cách. Congairth*er* Lóthar dóib búachaill do
Medb. Cáte in tarb or si in dóig latt. Isam ómun ara aisnéis

---

a .i. cen bréic [H]   b .i. éca [M]   c .i. cach die   cc .i. laa [H]   d [*marg. sup.*]
O Emani [M]   e .i. slíab [H]   f .i. isin chreich [H].

¹ *between columns.*   ² i *subscr.*   ³ *in marg.*   ⁴ *marks of aspiration over*
both o *and* c.   ⁵ C*h*uinciu *Facs.*

5350 ol in búachaill. Ind adaig or se dochótár Ulaid ina nóendin
dolluid 7 tri fichit samaisce imbi conid fil i nDubcairiu Glinne
Gatt. Ergid or Medb 7 berid gatt et*er* cach ndís úaib. Dogníat
ón iar*o*m is de attá Glend nGat ⟦forsin glind sein¹⟧ Doberat²
iar*o*m in tarb co mbaí i*n* Findaba*ir* áit i n-accai^a in búachail .i.
5355 Lothor tofóbair cucai co mb*er*t a inathar ass fora bennaib 7
tofóbair cona tri cóectaib samaisce a ndúnud co n-appad .l. laech
laiss. Conid aided Lóthair ar Tána ⟦sin. Luid uadib in tarb
iar sin asin dunud 7 ní fetatar cid dochóid úadib 7 bá méla léo.³⟧
Ro íarfacht Medb in buachaill dóig leiss cáit i mbaí in tarb.
5360 Dóig lem bád i ndíamraib Slébe Culind no beth. Tintaíset
iar*o*m amlaid sin íar n-indred Chual*n*gi 7 ní fuaratár in tarb
n-and. Conéracht Glaiss Chruind fríu i n-enna crand co féotár
fuirri.^b 7 asbert Medb fri drécht día muintir ara tístais taris.

⁴Aided Úaland

5365 Luid láech amra ara bárach Úalu a ainm gabais liic móir
friais⁵ do thecht darsin n-usce dochorastár in glaiss for cúlu oss é
cona liic fora thairr. Atá a lecht 7 a lia forsin tsligi ocon glais .i.
Lia Ualand á ainm.

Lotar iar*o*m timchell Glaisse Cruind co rrici in topor 7
65b docóes|tis et*er* a topor 7 slíab. acht nád étad o Me*id*b ba ferr
5371 la sudi techt tar slíab ara marad a slicht and co bráth ar sár for
Ultu Ansait tri laa 7 tri aidchi and sin co cechlatár a n-úir
remib B*er*nas Báu Cualngi.

Is and sin geogain Cú C*h*ula*in*d Crond 7 Cóemdele 7 ro fer
5375 fuire n-imnaise Atbath .c. n-ánrod friss ri*n*d ríg imRoán im
Roae im da senchaid na Tána. Cethri ríg ar secht fichtib ríg
atbath laiss forsin nglais chétnai. Dollotar iar*o*m for B*er*nas
Bó Cualngi co folodaib 7 indilib Cúalngi co féotár hi nGlind
Dáil Imda hi Cúalngi. Botha a ainm in puirt sin úair dogénsat
5380 botha forro and. Doíagat árna bárach do Cholptu. fanópaít⁶ tri
anfót conerachtside friu da*no* co mb*er*t .c. cairptech úadib dochom
maro iss *ed* ainm in tíre i*n* robáte Clúain Carp*at*. Lotár timchell
Colb*ta* iar*o*m dochu*m* a thopair do Belut Alióin co féotár oc

---

^a .i. in tarb [M] ^b .i. fora bru [H]

¹ *in ras.* H ; iarsin slicht sin *Y.* ² obe*r*at *in ras.* ; atchoncadar *Y.* ³ *in ras.* **H.**
⁴ *in marg.* ⁵ = fria ais. ⁶ *sic.*

Líasaib Liac iss *ed* ainm in puirt sin úair dori*n*gset líassu fora
loegu and et*er* Chúalngiu¹ 7 Conailliu. Dollotár iaro*m* dar 5385
Glend nGatlaig conérracht da*no* Glaiss Gatlaig friu. Sechaire
a ainm ríam. Glas Gatl*aig* o sein úair ba i ngataib dobertatar
a llóegu co feótár i nDruim Féne la Conailliu. It é sin trá a
n-imthechta o Chúalṅgi co Machairi iarsin tslicht sa. Dogniat
im̄ augtair 7 libair aile corugud aile fora n-imthechtaib a 5390
Find*abair* co Conaille .i.

[²Órgain Chualngi inso sis]

Atbert Medb iar torachtain cáich cona gabáil co mbatár
uli hi Findabair Chual*n*gi. Randtar in dúnad sund or Medb
ni rucfaide*r* ind imirgi se for óenchoí. Tíat Aili*l*l la leith na 5395
immirgi for Midlúachrae. Ragmaine 7 Fergus for B*er*nas
nUl*ad*. Ní ségda or Fergus in leth donroacht dind imirgi.
Ní rucfaite*r* na bai tarsin slíab cen raind dogníth ón conid de
atá B*er*nas Bó nUl*ad*.

Is and sin asbert Aili*l*l fria araid³ Cuillius. Finna dam 5400
indiu Meid*b* 7 Fergus ní fet*ur* cid rodanuc don choibdin se 7
bid fó lim doní*sed* comartha n-úait.⁷ Dotháet Cuill*ius* in tan
bátar hi Cluichrib. Ansait ind lánamain fo deóid 7 lotar ind
óic remib dotháet chúcu Cuill*ius* 7 ní forchúalatár⁴ in⁵ fer fo*r*csi.
Ecmaic boí a chlaideb⁶ hi farrad Fergusa. Tánísca Cuillius asa 5405
thruaill 7 fófácaib in trúaill fás. Dotháet Cuill*ius* co Aili*l*l.
Ameind or Ail*ill* amne da*no* or Cuill*ius* undar dait sund
comartha. Is maith sin trá or Ail*ill*. Tibid cechtar de fria
chéle am*al* dondruiminso or Cuill*ius* is amlaid fosfairnecsa hi
comlepaid. Is dethb*ir* disi or Ail*ill* is ar chobair ocon Táin 5410
dorigni | Bá maith bláth in claid*ib* lat or Ail*ill*. atnaig fót suide **66a**
isin carp*ut* 7 anart léined imbi. Atraig Fergus dia chlaid*iub*
iaro*m* aill amai or se. Cid no taí ol Medb. Olc gním doríg*n*ius
fri Ail*ill* or se. Indnaidid sund co tísa asind fid or Fergus 7
níp machdad lib cid cían co tísor. Ecmaic ni fitir Med*b* tesbaid 5415
in claid*ib*. Téit ass 7 berid claidiub a arad laiss ina láim.
Dogní claidiub craind isind fid Is de atá Fid Mórdrualle la
Ul*tu*. Tiagam ass i ndíaid ar céle or Fergus. Cotrecat isin

---

¹ n *add. above line.*   ² *in marg.* **H.**   ³ ar *in ras.*   ⁴ . . ár *originally the*
ar *siglum, with cross stroke erased and* r *written after, then a couple of letters erased.*
⁵ i *and first stroke of* n *in ras.*   ⁶ d *corr.* b.   ⁷ úait*h Facs.*

maig a slógaib ulib.   Arrócbat a pupli.   Congairth*er* Fergus
5420 do Ail*ill* do imb*i*rt fidchille.   In tan dolluid Fergus don phupull
gabaid Ail*ill* gári fris.   Asbert Fergus

¹.r. Fergus d*í*x*it*

Fó fer fris tibth*er* manip sceó mera mórgnimo merthar
airbiur² mo chlaidib mache mind mosdísem calga de galión gáir
5425 manip ed búaid mná mis rálastar di dáil dondlecht sceó gaib
gen*in* almi ét ar mórslúag murechaib fester do sleib auí Nessa
níth do slóg co mbríg cosrife medrathu³ fer.

¹.r. Ail*i*l d*í*x*it*

Na fer baig or Ail*ill* dit díth claidib sceó airdib áth brond
5430 rig m*en*monfait ces sóe fére frit gallnai gáir dait deim Medb
ar iltúatha dothoing fíad ni fairis lim de debuid ar mnáib
étsechaib ar cía denat torruídet scéo thadet di cach airm ar
céo mórglonnaib fechat.   Suid sís trá or Ail*ill* co n-imberam
fidchell is fo chen do thíchtu.ª

5435   ¹.r. Ail*i*l d*í*x*it*

Imb*ei*r fidchill sceó búanbach ar bélaib ríg sceó rígnai cluche
arafuiretár fo mórslúagu dulecha níbecaumu⁴ frit cia thochill
b*er*ae ar is di íarnantaib cungnas ar rígnaib ingenaib am mareóla
bés ni gáubu cetchinta for mnaib meldrígi scéo chara Findabair
5440 Fergus rodanae ar búaib burechaib co slogaib móraib timchella
di thuataib techtmóirib⁵ co n-ilc*ru*th ríg co mbruth dracon co
n-anáil nathrach co mbeim léoman dethairith tossaig Fergus
mac Rossa Róich.   Gabsait imb*i*rt na fer fithchill*e* iar*om*
adrethsat na firu óir 7 argait tarsin clár crédumae.

5445   ¹.r. *co* clos Ail*ill*

Ni cóir ríg cóel caíni tria rind umae báis berair is aldu sceó
clár airbule islú ataurrid a Medb mórglonnach sceó fer sanais
fri Fergus ar imdígirt cliche cíambre.

¹.r. *co* cloth ní Medb

5450   Léic de bríathra athig ní déroig rub*en* sceó atúar atmib
m*a*crath mín in éri chuairm nita cailtech esbrethach fritoing di
thúatha nitat neúit éiti ar buaib sceó foicherthar⁶ di gnússi
glanfidir Fer*gus*.   *Co* cloth Fer*gus*. |

ª ni agais ni *added in marg.* **H**

---

¹ *in marg.*   ² u *written over* i.   ³ t*h added above line.*   ⁴ a *added above
line.*   ⁵ techt móirib, MS.   ⁶ foicher*tar Facs.*

¹.r. Fer*gus* d*ixit* **66b**

All am*ai* or Fergus na bríathraib ilib imgonm ar bélaib 5455
iltúath sceó anassaib ailfitir sceó sétaib sebortir scéo² gáib
glanfitir sceó rígaib imgenait*er* deraga rofír .i. dogéntar do ríar.
Anait and ind aidchi sin co cúalatár Ail*ill* isin matin ara bárach.

¹.r. Ail*ill* d*ixit*

Tofil mórglond ar bélaib morslúaig fri Cruind uisci ui Nessa 5460
níthu donteilgfet Fir Ol n-Écmacht ar fir fuilglassa de fulib
méderath fri dáil dondlechtaig sceó mórfer taurcbat iltonna fri
níach n-amaulach di Ultaib ticfa. Medb d*ixit*.

¹.r. Med*b* d*ixit*

Na fer immorrain a m*ei*c Máta mórúallaig scéo g*re*s erreth 5465
a ardaib auralig drongtar fir fertar mná búaib remib cennaib
slúag dem*en*satár claidib cech u*i* muint*er* céochlessaib imbret
sceó damaib ágat scéo mnaib berat arbertat mórslúaig di ro*i*
Chúalngi contolat in tslúaig.

¹.r. *co* cloth Fer*gus* 5470

Gremmaigth*er* mórchend for bruinniu drochol tíagait ria
ríagaib in braiss mórm*en*mnaig di thúathaib toinget di rígnaib
báiget fri namte agat.

Co cloth ní Medb. déntar dentar a n-asb*eir*.

¹.r. Medb d*ixit* 5475

Fót mám midedar de ilšluagaib cengat cen bá Ail*ill* fót
chommus tabairth*er*. Toc*um*lat ass do Glaiss Cruind*con* co
cualatár Mane m*a*c Ail*ella*.

¹.r. Mane d*ixit*

Díam dían léicthir ar fir find cless scéo máthair athair ar 5480
búaib b*en*nachaib arciuchlais co rrís mod de carp˘ arscin di
búaib ardchles no silis ro*i*.

¹.r. *Co* cloth ní Fergus

Na téig a m*ei*c mórglonnaig ni bad chomarli berat co ticfa
dít chend dit mun*i*ul berthair la gilla n-amulach totáet imardda 5485
fri ro*i* búrethar f*or*toing glaiss boccit cuillte ar silestár i rrichtu
airchecht mórglond usci f*or* bádfae di dameib³ mórslúag arit
guinfa dimecfit*er* Medb ilgnússi archel a rro*i*b rindechaib.

Rom lecidsa com loingis hi tossuch or Fergus ar náro brist*er*
fír fer for in gillae 7 na bai ríund 7 in slúag inar ndeóid 7 na 5490
mná ina ndiaid s*id*e. *Co* cloth ní Med*b*.

---

¹ *between columns.* ² scéo *added above line here and retraced by a recent
hand.* ³ damelb *Facs.*

¹.r. Med*b* d*ix*it

Cluinte a Ferg*us* dit inchaib anmain ar búaib aurscaig cot
slúagaib maithib ní thelce Ultu di thnutaib tairbertha tarcoba
5495 a gári i mMag nAí forb*er*i dáil slicht.

¹.r. Ferg*us* d*ix*it

Aill amai or Fergus a Medb co mbaísse nat guth cluniur
fo thuáthaib nim thorais ar nim thá m*a*c moethlig fri gailte ar
Emuin. Mórbulli for túathaib ní biu rom léic dit leccaib
5500 nam iarrair*ª* cosin nalaide² cúlaid di maith*ᵇ* lessa ar fechtaib. |
67a   Tothét Cu C*h*ulaind co mboí oc Áth Chruind ara chind. a
popa Loíg ol se fria araid dofil na sluagu dún.

³.r. Lóeg d*ix*it

Artungsa déu ol in t-ara firfassa ardchless ar bélaib eirred
5505 hi cocill chumucc for echaib sengaib co cungaib argit co
ndrochaib órdaib for búada bertair cichis ar chennaib ríg a
conicim toberat búaid aráu scindairecht. Cu C*h*ulaind d*ix*it.

³.r. Cu Cul*aind* d*ix*it

Émde a Laíg or Cu C*h*ulaind co *n*gaba eissi fri mórbúaid⁴
5510 Mache ni srengat tar drong fri umed mná muidme tíarmaig
derúich m*a*c sceó aitti ailmi fri etnai eoc*r*ith sceó Ail*ill* Medba
melleth fri imtecht di éiss roslúagaib. A deochosa*ᶜ* or Cu C*h*ulaind
inna husci do chongnam frim. A teoch nem 7 talmuin 7 Cruinn
in tsainrethaig.

5515   Gaibid Crón cóidech fríu
          nis leicfe Muirthim[*n*]iu⁵
          co rroirc⁶ monar Féne
          isin tSléib túath Ochaíne.

La sodain cotnoccaib in t-usci súas co mboí i n-indaib
5520 crand.

Téit Mane m*a*c Ail*ella* 7 Med*ba* ria cach araslig Cu C*h*ulaind
forsind áth 7 bátir .xxx. marcach dia muintir isind usci. Toscara
Cu C*h*ulaind da sé ndéc ndaglaech díb aith*er*roch immon n-usciu.
Focherdat a puiple icond áth sin. Totháet Lugaid m*a*c Nóis ⁷uí
5525 Lomairc Allchomaig⁷ᵈ do acallaim Con Cul*aind* .xxx. marcach.

ª .i. nan tiagar [M]   ᵇ .i. dirorb*en* [M]   ᶜ .i. atgi*m* [H]   ᵈ .i. techt
taidecht [H]

¹ *between columns.*   ² dala nde *Y.*   ³ *in marg.*   ⁴ bu *corr. from* na [M]
⁵ n-*stroke om.*   ⁶ *sic, read* co rroisc.   ⁷⁻⁷ *in ras. and spread out, but apparently
by* M ; uí L. *om. Y.*

Fo chen dait a Luig*id* ol Cu *Chulaind* dia foígela énflaith Mag
Mur*them*ni rot bía caud^a co lleith alailiu. Día¹ to*m*na^b da*no* iasc
indb*i*ru rot bia éu .i. bratán co leith arailiu. Rot bíat na tri
gaiss .i. gass biroir *gass* fochluchta *gass* trechlaim. Rot bía fer
i n-áth tart chend. Is torisse or Lug*aid* feba túathe don m*ac* 5530
dodúthracar. It caíni for slúaig or Cu *Chulaind*. Nibu dirsan dait
do úati ara cind or Lug*aid*. Imgéna fír limsa 7 daglaechdacht
or Cu *Chulaind*. A popa Lug*aid* inim áigetarsa in tslúaig.
Tongu do dia or Lug*aid* ni laimethar óenfer ná días úadib
tabairt a fúail i n-imecht*ur* in dúnaid mani bet² fichtib ł tríchtaib. 5535
Bid sain ní dóibsom ón or Cu diand ragbasa díburgud asin tailm.
Bid adas dait a Lug*aid* in chocélisi fil dait la hUltu dianom tisse
bríg cach fir. Apuirseo trá cid as áil dait ol Cú. Conom raib
cairte lat frim budin. Rot bía acht ro pé comarthae f*ur*ri.
7 apair frim popa Fergus bíd comardae fora mbudin. Apair 5540
frisna legi bíth comardae fora mbudin 7 toinget anmchomet
frim 7 domiced bíad cach n-óenaidche úadib.

Téit Lug*aid*³ úad. Ecmaic buí Fergus hi pupaill l⁴ Ail*ill*
Cotgair Lug*aid* imach hé 7 ráti fris insain. *Co* cloth ní Ailill. **67b**
⁵.r. Ail*ill* d*ix*it 5545
Cáir iss i sanassaib ferthair hi meltmuigib nimrath morslúagaib
díar tuathaib ticset fo bíth fir Róich aisnethar díndethar fíadon
falnathair ar Meid*m*⁶ meldulig tonfáir mórchob*air*. Tíagam
úath*ad* slúaig co pupaill móirscoith 7 scor anacol di leccaib
artuirb imfóit ar dálaib díamraib tascnae tanicc. Tongu do dia 5550
nim thá ar Lug*aid* cen athchomarc don gillu. Tomair a Lugaid⁷
eírg cuici dús in rága Ail*ill* .xxx.a. cét cuc*um*sa im budin b*eir*
dam co tinni dó 7 taulchuma fína. Téit chuci iar*o*m 7 ráti fris.
Fó limsa ón or Cu *Chulaind* cia théis.

Cotrecat a ndi budin iar*o*m. Bít and cot ádaig. Brisid 5555
Cu Chul*aind* .xxx. láech díb cosin tailm. ł co mbetís .xx.
aidchi and sin am*al* itberat araili libair. Bit olca far n-imtechta
ol Fergus toficfat Ul*aid* assa noíndin 7 cotomélat ar múr 7
grían is olc in chúl catha inon fil.

ª .i. cadán [? H]   ᵇ .i. día tí [H]

---

¹ a *subscr.*   ² *mark of asp. erased over* t.   ³ āg *Facs.*; *small oval inset here,
unevenly re-inserted. Facsimilist misread* L *as first stroke of an open* a (= u), *the
second stroke being concealed in a fold ; now visible.*   ⁴ = la.   ⁵ *between columns.*
⁶ *sic,* for Meidb.   ⁷ Luguid *Facs.*

5560   Taít ass do Chúil Airthir   ecmaic dochúaid Cu Chula*ind* in
n-aidchi sin do acallaim Ul*ad*.   Scéla lat or Concob*ar*.
    ¹.r. Cu Cul*aind* d*ix*it
    Mná brataitir ol Cu C*h*ul*aind* éti agatair fir gonait*ir*. ciche
brata cíche áig ciche goin. Bertius buchae fuile fuirtbe gainne .i.
5565 cend fuirtbi áir berthius Ail*ill* m*ac* Matae 7 Fergus m*ac* Róich
rodána roda clecht claideb conda *co*scar eochridi Conchob*air*
cáich 7 codescarfa.

    Ní mór torbai dait or Conchob*ar* ind*í*u tonánic ar tinorcain
in chétnae.   Téit ass iar sudiu úadib co n-accai na sluagu o²
5570 scuchud*ᵃ* ass
    ¹.r. Ail*ill* d*ix*it
    Aill amai or Ail*ill*. Atchiu carp*at con*dathrind táut*h*at slúagu
is bodbdae ardibi‚ firu i n-áthu argéba bú curetha bith a tríchait
imb*er*a iar tudecht slúag dí búanaib .i. di Laignib. sreithfid fuil
5575 a mméderad dofóetsat oc imorráin ar búaib Ul*ad* issin n-áth.

    Gonaid Cú Ch*u*l*aind* .xxx. láech díb for Áth Duírn.
Ni roachtatár iar*o*m conid adaig rancatár Cúil nAirthir.
Gonaid tricha dib sudiu 7 focherdat a pupli and.   Buí ara
Ail*ella* .i. Cuillius oc nigi na fondad issind áth mattain
5580 B*en*tiseom co cloich conid ro marb.   Is de attá Áth Cuillne
hi Cúil Airthir.   Rosagat trá co feótár i nDrúim Féine la
Conaill*iu* am*al* atrubr*um*ar remoind.

    Dosnet*h*at Cu Cul*aind* suidiu orggaid .c. fer cacha aidche
diib na .iii. aidchi mbatár and   gabais tabaill dóib a hOchainiu
5585 inna farrad.   Bid dimbúan ar slóg la Coin C*u*l*aind* in cruth sa
ol Ail*ill*.   Berar imarchor comai úan dó .i. ra mbía comméite
68a Maige Murtemne ̩di Maig Aíi 7 carpat bas dech | bess i nAii 7
timthacht dá fer déac.   Airg mad ferr laiss in mag sa in ro halt
7 tri .uii. c*um*al 7 adgignethar dó cách ní atbath airi dia thribi
5590 7 indili 7 imgéntar laiss immi. 7 táet im gelsini sea is ferr dó
oldás celsine óctigernd. Cia ragas fris sin. M*ac* Roth sund ucut.

    Luid for sin do Delga M*ac* Roth techtaire Ail*ella* 7 Medba
is é timchellas Herind i n-óenló.   Is and bad dóig la Fergus
bith Con Cul*aind* i nDelga. Atchíu fer chucund or Láeg fri
5595 Coin C*u*l*aind*   b*er*rad bude fair. Fethal línda imbi.   Lorg
anfaid inna láim.   Calg dét fóa choim   Léne culpatach co

ᵃ .i. oc techt³ [H]

¹ *between columns.*   ² = oc *Y*.   ³ tect *Facs.*

ndergintliud imbi. Cia do láechaib ind ríg sin or Cu *Ch*ulaind.
Imcomairc M*a*c Roth do Láeg cia díambo chéli. Céle dond fir
uccut tís or Láeg. Boí Cú *Ch*ulaind sudiu isin tsnechtu¹ co rrici
a di leiss cen meth*er* imbi oc escaid a léine. Atb*eir* da*no* 5600
M*a*c Roth fri Coin C*u*laind cia diarbo chocéle. Céle Concoba*ir*
m*eic* Nessa or Cu *Ch*ulaind. Indad fil slondud bas derbu. Is lór
sin or Cu *Ch*ulaind. Anáu cia airm sund hi tá Cu Chul*aind* ol
M*a*c Roth. Cid ros berthá fris or Cú. Adfét dó in n-imarchor
n-ule am*al* asrubartmár. Cía no beth Cú i n-occus ní dingned 5605
insein. Ní rriri bráthair a máthar ar rig n-aile.

Doét*h*⁶ chucai afridisi 7 asbreth friss² dó a mbad soírem na
mban 7 a mbad seisc dind folud arna imbreth in tabaill forroib
i n-aidchi cía nos gonad fri dé. Ni dingén or Cú dia ructhar
ar mna dóera úan biait ar mná sáera for bróntib. 7 beimni cen 5610
blicht má ructhar ar mbai blichta úain. Doéth⁷ cucai afridissi
7 asberar friss ra mbíat na mná dóera 7 na bai blichta. Ni
dingén or Cu *Ch*ulaind dobérat Ul*ai*d a mná dóera chucu i llige³
7 bertair dóerm*ai*cni dóib iar*o*m 7 imbérat a mblichtach do
feólaib hi [*n*]gaimred⁸. In fil na aill dī ol in techtaire. Fil ol 5615
Cú *Ch*ulaind 7 ni ep*ér* fritsu. Dothiasar fair ma atchosse nech
dúib. Rafetarsa or Fer*gus* damsa ararocles in fer a foilsigud
7 im̄ ni less doibsi. 7 iss *ed* inso in choma or Fergus⁴ .i. áth
forsi ngénathar a gléo 7 a chomrac fri óenfer arna ructhar ind
éit de sin laa co n-aidchi dús in táir cobair Ul*ad* foo. 7 machdad 5620
limsa ol Fergus a fot co tecatside assa cessaib. Is assu ém
duinni or Ail*ill* in fer cech laí andás a cét cach n-aidchi.

⁵Aided Etarcomail 7 imarchor n-athisc fer nErend i mbéolo⁹
  Fer*gusa* do Coin *Ch*ulaind.

Luid Fergus iar*o*m forsin n-imarchor n-ísin. Lil*a* di sudiu 5625
da*no* Etarcomol m*a*c Eda¹⁰ 7 Létrinne m*a*cdalta Ail*ella* 7 Med*ba*.
Ní haccobor lem do t*h*echt⁶ or Fergus 7 ni ar do miscais.
Scíth lim namá comrac dúib 7 Cú *Ch*ulaind. Do sotlacht 7 do
saisle¹¹. luinne*b* | 7 ansirce drús 7 tarpige 7 dechrad do chéli .i. **68b**

ᵃ .i. lenaid [M]   ᵇ [*in lower marg.*] ame*n* [H ?]

¹ s *add. above line.*   ² *supply* doleicfithe, *Eg. Y.*   ³ llege MS., i *corr. above*
line.   ⁴ *the* e *in* Fergus *is by* H, *who evidently erased something between*
lines 34–35, *probably a gloss, and re-inked the letters partly obliterated.*   ⁵ *in marg.*
⁶ *faint traces of asp. mark*; *om. Facs.*   ⁷ h *in ras. foll. by erasure.*   ⁸ *n-stroke om.*
⁹ mbéola *Facs.*   ¹⁰ Edā *Facs., mark over* a *accidental*   ¹¹ saiŝle *Facs.*

5630 Con C*ula*ind. Ni bia maith do *for* comruc. Cáni set*ir* latsu mo
ṡnádud. airi or Etarcomol. Seit*ir* da*no* ol Fergus acht nammá
ni tharda a rad fri díardain. Tecait de i ndíb carptib do Delga.
Baí Cú *Chula*ind ind úair sin oc imb*ir*t búanfaig fri Láeg a dí
chulaidseom fríu 7 enech Laíg. Atchíu dá charpat chucund or
5635 Láeg fer mór dond isin carp*ut* toísech folt dond c*r*aaebach¹ fair.
Brat corcra imbi. eú óir and. leni chulp*atach* co nderg*intl*iud
imbi. Cromscíath co fáebur chonduala fair di findruini. Manaís
bréfech o mimusc co hadairc ina² láim. Claideb sithidir loí
churaig fora díb slíastaib. Is fás ind laí mór sin doberar lam
5640 popa Fer*gus* ol Cu *Chula*ind ar ni fil claideb ina intiuch iṅge
claid*eb* craind. Atchoas dam da*no* ol Cu *Chula*ind ro gab Ail*ill*
a mbáegul inna cotlud héseom 7 Medb. 7 dorétlaistir a claidiub
ar Fergus 7 dorat día araid dia toscaid 7 doratad claid*eb* craind
ina intech.

5645   Tic Fer*gus* fó sodain. Fo chen sin a phopa Fer*gus* ol Cú.
-Dia tí íasc i n-inb*era* rot bía hé co lleith araile. Dia tí iall a
mmag rot bía caúth co lleith alaili. Dor[*n*]d³ birair ł femair.
Dornd fochlochta. deog de ganim. Techt i n-áth ar cend fir
má thecra t'imaire co comthala rat bia. Is tarise lim ol Fergus
5650 ní do bíad dorochtamar   rofetamar do threbad sund. Arfoím
Cu *Chula*ind iarom in n-imarchor o Fergus. Téit Fer*gus* ass
iar*o*m.

    Anaid Etarcomol oc déscin Con Cul*aind.* Cid do*f*écai ol
Cú. tussu ol Etarcomol. Mós tairchella⁴ ém súil tar sodain
5655 ol Cú Cul*aind.* Is ed ón atchíu ol Etarcomol. Ní fetar ní
ardott áigthe do neoch. Ní acim di gráin na héruath ná forlond
líno latt   maccáem tuchtach amne co ngaisciud do íd 7 co
clessaib ségdaib atotchomnaic. Cía nom cháne ol Cú *Chula*ind
nít génsa fo bíth Fergus*a*.² Manipad do ṡnádud im̄ roptís do
5660 renga rigthi 7 do chetramain scaílte ricfaitís úaim dochom in
dúnaid i ndegaid do charpait. Náchim thomaid im sodain ol
Etarcomol in cor amra ro nenaisc .i. comrac fri óenfer is messe
cíatacomraicfe frit di feraib Her*end* i mbárach. Teit ass iar*om.*
    Tintaí afrithisi ó Méthiu 7 Cethíu. A n-asbert fria araid.
5665 Ro bágus ol se fíad Fergus comrac fri Coin C*ula*ind i mbárach.
Ní hassu dún dī a idnaide. Toí forsna heochu asin telaig
dofrithisi. Atchí Láeg aní sin 7 asb*eir* fri Coin C*ula*ind. Dofil

---

¹ *sic.*   ² inda *Facs.*   ³ n-*stroke om.*   ³ *asp. om. Facs.*   ⁵ Fērgus, MS.

in carp*at* afrithisi. 7 dorala clár clé frinn. Ní fíach opaid ol Cú.
Ní accobor lem ol Cú a condaigi fórm. | is écen daitsiu ón or **69a**
Etarcomol. Benaid Cú C*hulaind* in fót baí fo chossaib co 5670
torchair ina lige 7 a fót fora tairr. Aírg úaim or Cu *Chulaind* is
scíth lem glanad mo lam inniut. Fotdáilfind i n-ilpartib o
chíanaib acht m*ani*bad Fergus. Ní scarfom in cruth sa ol
Etarcomol co rrucsa do chensu¹ ɫ co farcabsa mo chend latsu.
Is ed ón ém bias andsom ol Cu *Chulaind*. Ben*t*ai Cu C*hulaind* 5675
cona clai*diub* asa díb n-axalaib² co torchair a étach de 7 ni
f*or*bai ima cnes. Colla trá ol Cu *Chulaind*. Aic ol Etarcomol
Danaidle Cú iar*om* co fogaid in claid*ib* co sebaind a folt de am*al*
bíd co n-altain no b*er*thá ní forroim cid drisiuc for toind dó.
O ropu tromda iar*om* 7 ropo lenamnach in t-aidech bentai hi 5680
fossud a mullaid conid rorand co rrici a imlind. Co n-acci
Fergus in carpat secha 7 in n-óenfer and. Tintaí Fergus do
debuid fri Coin Cul*aind*. Olc dait a siriti ol se mo díguin. Is
garit mo lorg latt ol se. Naba lond frim a popa Fer*gus* ol Cú
Chulaind. 5685
.r.³ Fri baga b*er*ai fri náimtiu ascada cen claid*eb* fa allud
is hé tororáid ar Ul*tu* aigid sceó slechtfa ailtu tairbirt fo mám
Etarcomol úallaig dimrén esbláthaib in neoch nam accae ar bail
uallchas fo chemdib fíalum forsaid ligu fortchi *for* carp*at* cotlud
ná longud ní sám lam balcbrain na fer aithb*er* form a popa 5690
Fer*gus*.

Talléci inna sléchtain co ndechaid carp*at* Fergusa taris co fo
thrí. Iarfaig día araid in mé fódrúar. Náthú ecin ar a arasom.
Asrubairt ol Cu *Chulaind* ní regad co rrucad mo chendsa no co
farcbadsom da*no* a chend lemsa. Cía de bad assu latsu a popa 5695
Fer*gus* or Cu *Chulaind*. Is assu ém lemsa a ndorónad ar Fer*gus*.
úair iss éseom ropo uallach. Atnaig Fer*gus* iar*om* id n-ercho-
mail tria a di pherid 7 b*er*thi i ndead a carp*ait* fadessin don
dúnud. In tan no theiged tar carrce no scarad a leth olailiu.⁴
In tan ba réid conrictís affrissi. Danécai Medb ní boíd ind 5700
imb*er*t moithchulióin sin a Fer*gus* ol Medb. Ni tocrád dam
da*no* in t-atechmatud ol Fer*gus* glieid frisin coin mór nád
n-árgarad.

Cladar a fert iarom sátir a lia. scribthair a ainm n-ogaim

---

¹ *sic.* ² *second and third* a *subscr.* ³ *in marg.* ⁴ = o alailiu.

P

5705 agair a gubae. Nis dibeirg Cú Chulaind da*no* dádaig assa
thábaill[a]

¹Aided Nath Crantail inso sís

Cia fer fil lib ar cend Con Cul*aind* i mbárach or Lugaid.
Daberat daitso i mbárach or Mane m*a*c Ail*ella*. Ni étom nech
5710 ara chend or Med*b* ro bíth essemón laiss co comthastár² fer dó
atchotad ón da*no*. Ced leth ragthar úaib or Ail*ill* do chuingid
ind fir sin ar cend Con C*u*lai*nd*. Ni fil i nHére or Medb
adchotar dó mani thuicth*er* Cú Roí m*a*c Dáre ɫ Nad Crantail
fénnid. Boí fer di muintir Con Ruí isin phupaill. Ní th*er*ga
5715 Cú Roí or se is leór leiss dodeochaid dia muint*ir* and. Tíagar co
Nad Crantail dī | [b]

69b   Téit Mane Andoí cuci adfíadat a scéla dó. Tair lind di
giull di inchaib Connacht ní rágsa ol se inge má doberthar
Findabair dam. Totáet leó iarom doberat a gaisced hi carr a
5720 hairthiur Chonnacht co moí isin dúnud. Rot bía Findabair or
Med*b* ar dul ar cend ind fir uccut. dagén or se. Totháet Luig*id*
co Coin C*u*lai*nd* in n-aidchi sin. Dotháet Nad Crantail ar do
cendso i mbárach is dirsan duit ní fáelais. Ní bá sin or
Cu Ch*u*laind. *Com*bad and sin no chanad Cu *Chulaind.*

5725   ### Ma dofoetsad Nath Crand*tail*

Teit Nad Crandtail arna bárach asin dúnud 7 berid .ix. mbera
culind fúachtai follscaidi laiss. Is and boí Cú i sudiu oc f*or*oim
én 7 a carp*at* inna farrad sríd Nad Crantail biur for Coin
C*u*laind. Clissis Cú *Chulaind* for rind in bera hísin 7 ni nderbai
5730 di forimim inna n-én. A chumut na hocht mbera aili. In tan
focheird a nómad mbir techid ind iall o Choin Chul*aind* i sudiu.
Luid Cu *Chulaind* iarom for slicht na hélle. Cingid iar*om* for
rindriis³ na mbera am*al* én di cach biur for araili i n-íarmóracht
na n-én arnách elaitís. Glé la cách i͞m ba for teched luid
5735 Cu *Chulaind* remiseom. F*or* Cu *Chulaind* uccut ol se dochóid

---

[a] 7 dobertar a mna 7 a ingena do 7 leth a bó 7 doberthe bíad do fri dei.~ *add.*
between columns by **H**, *pale ink.*   [b] *along lower margin in a late (? 16th cent.)*
hand is the following quatrain :—

B*eith* at altrai*nn* d'ardrig Alba*n*.
ni hail linn a luad id díaíd.
t*u*c clu ar do dalta os na daltaib.
alt*r*a tu ac Baltair a B*r*iain

---

in marg.   ² *written in space between columns.*   ³ *first* i *subscript.*

reomsa for teched. Deithb*ir* són ol Medb ma ranistaís dagóic
ní gébad in siriti fri feta. Ba saeth la Fergus co nUl*taib* aní
sin. Dotáet Fiacha m*a*c Fir Feibe úadib do chosc Con Cul*aind*.
Apair fris ol Fer*gus* bá fial dó buith arnaib ócaib céin dogeni
calma. Is féli dó im̄ ol Fergus a imfolach in tan teches ría 5740
n-aeniur ol nípo móo a g*ress* dó andás¹ do Ul*taib* archena. Cia
ro maidi sin ol Cu *Chulaind*. Nad Crantail ol Fíacha. Ced ed
no maidedsom a cless dorigniusa fíada nipu anféliu dó or Cu
Chulaind. Nícon maídfedsom em acht no beth árm ina láim.
Rafetarsu ém ní gonaimse nech cen arm. Taet tra i mbárach ol 5745
Cu *Chulaind* co mbé et*er* Ochine 7 muir 7 cid moch donté
fomricfasa and 7 ní téis riam.

Tairnic Cu *Chulaind* iar*om* a dáil 7 focheird fáthi n-imbi iar
cathais na haidchi 7 ni airigestár in corthe már baí ina farrad
comméte friss fessin. Daratailc etir 7 a brat 7 saidid inna 5750
farrad Tic Nad Crandtail fo sodain hi fénai bretha arm la suide.
Cáte Cu *Chulaind* ol se undse sund tall or Fergus. Nípu samlaid
domarfás indé ol Nad Crantail. In tú Cu *Chulaind*. Oc*us*
massu² mé da*no* or Cu *Chulaind*. Másu thú ém ar Nad Crandtail
noco rucaimse cend úain bic don dúnud ni b*ér* do chend ngillai 5755
n-amulaig nicon messi et*ir* ol Cu *Chulaind*. Eirg a dochum
timchell ind aird. Totháet Cu *Chulaind* co lLáeg commail uilchi
smerthain damsa latt. Ni hétar | forsin trénfer comrac frim cen **70a**
ulchi. Dogníthe dó. Téit ara chend forsin taulaig. Coru lim
ón or se. Déne cóir ngascid frím trá ol Nad Crant*ail*. Rot bia 5760
són co fesamar or Cu *Chulaind*. Fochichursa aurchor dait or
Nad Crant*ail* 7 ní n-imgaba. Ní n-imgeb acht i n-arddai or
Cu *Chulaind*. Focheird Nad Ch*r*ant*ail* aurchor dó. Lingid
Cu *Chulaind* i n-arddi ríam. Is olc dait a imgabail ind aurchora
or Nath *Crantail*. Imgabaso mo aurchorsa i n-ardda da*no* or 5765
Cu *Chulaind*. Légid Cu *Chulaind* in ngae fair acht bá i n-ardda
conid anúas tocorastár inna mullach co lluid trít co talmain.
Amai ole is tú láech as dech fil i nHerind or Nath Cr*antail*.
Ataat .iiii. m*ei*c fichet damsa isin dúnud. Tiagasa co n-ecius
dóib a fil lim di foilgib 7 doragsa co ndernaso mo dichennad air 5770
atbelsa dia talltar in gae as mo chind. Maith or Cu *Chulaind*

ª [*in upper margin*] probatio³ pennae Mail Muri *in*so O 'Ema*n*uel [M]

¹ dó an *in ras.* ² *over* m *an accidental stroke, paler ink.* ³ i *subscr., om. Facs.*

dotéis dorissi. Téit Nath *Crantail* iar*om* don dúnud. Dotháet
cách ara chind. Cáte cend ind riastarthi lat or cách. Anaid
a láechu co n-écius mo scéla do*mmo* maccaib 7 co ndeochus
5775 dorissi co ndernar comrac fri Coin C*u*la*ind*. Tiat ass di saigid
Con Cul*aind* 7 dolléci a claid*eb* for Coin Cul*aind*. Lingidside i
n-arddae co mbí in¹ corthe co mmebaid in claid*eb* i ndé.
Síartha im Choin C*u*la*ind* am*al* dorigni frisna maccu i nEmain
7 lingid Cu *Chulaind* fora scíathsom la sodain co mbí a cend de.
5780 Bentai aitheroch inna méde anuas co imlind. Dofuitet a cethri
gábaiti for tal*main*. Is and si*n* iar*om* asbert Cu C*h*ula*ind* inso.

Má dorochair Nath *Crantail*
bid formach dond imargail
apraind cen chath i*n*sind úair
5785 do Medb co triun in tslúaig.

Fagbáil in tairb iarsin tslicht sa so sís

Is and sin luid Medb co tríun in tsloig le hi Cuib dó chuingid
in tairb 7 luid Cu *Chulaind* ina ndiaid. for sligi Midluachra dī
dochoidsi do indriud Ul*ad* 7 Cruthne *co* dice Dún Sobarche.
5790 Co n-accai ní intí Cu C*h*ula*ind* Bude m*a*c Báin o Sléib Chul*ind*
cosin tarb 7 u. samaisci deac imbi .lx. láech a lín de muintir
Ail*ella*. Brat hi forcebul im cach fer. Dotháet Cu *Chulaind*
chucu. Can tucsaid a folad ol Cu C*h*ula*ind*. on stleib² ucut ol in
láech. Cei*st* cate a mbúachaill ol Cu *Chulaind*. Ata am*al*
5795 fóndráncamár ol in láech. Focheird Cu *Chulaind* tri bidcu ina
ndíaid oc saigid acallma forro co tice in n-áth. Is and sin asbert
frisin toísech. Cia t'ai*n*msiu ol se. Nachit aiss nachit chara
Bude m*a*c Báin ol se. Are in gaise for Bude ol Cu *Chulaind*.
sraithe di*n* chertgai co lluid i nderc a oxaille co mmebaid i nde
5800 ind óe altarach resin gai. Gontai sin fora áth. Is de atá Áth
70b mBude. Berair in tarb isin | dúnad³ la sodain. Imráidset iar*om*
nípád ansu Cu C*h*ula*ind* acht tuctha a cletíne airi.

⁴Aided Redg cáinte inso

Is iar*om* luid Redg cainte Ail*ella* a comarli chucai do
5805 chuingid in cletine .i. gai Con Cul*aind*. Tuc damsa do gai or in
cánte. Acc óm or Cú acht dab*ér* seótu dait. Nad gébsa ón ar

---

¹ i*m* *Facs*.   ² *sic*.   ³ n *resembles* r; dúrad *Facs*.   ⁴ *between columns*.

in cainte. Gegnasom da*no* in cáinte úair nad fáet úad a targid
dó 7 asbert in can*te* na berad a enech mani berad in cletíni.
Focheird Cu *Chulaind* iar*o*m in cletine dó co lluid triana chend
forstarsnu. Is tolam[a] in sét se ém ol in cante. Is de ata Áth 5810
Tolam Sét. Atá da*no* áth friss anair airm i n-arrasar a n-uma
don cletiniu Humarrith ainm ind atha sin da*no*. Is and sin tra
geguin Cu C*hu*laind inna hule sea asrubartmar hi Cuib .i. Nath
Coirpthe occá chrannaib. Cruthen fora áth. Maccu Búachalla
ocá carnd. Marc ina thelaig. Meille ina dind. Bodb ina th*ur*. 5815
Bogaine ina grellaig.

Tintaí Cu *Chulaind* aith*eruch* i mMag Murthemne ba diliu
laiss imdegail a mennato fessin. iar tíachtain iarom geogain
firu Crochine[b] .i. Focherda .xx. fer focherd de   dosnetarraid oc
gabáil dúnaid dóib .x. ndeogbaire 7 .x. fénnide. Tintaí Medb 5820
aitheruch atúaid ó ro an coícthiges oc inriud in chóicid 7 o
ro fich cath fri Findmóir[c] mnaí Celtchair me*i*c Uthidir. 7 dosbert
.l. ban iar togail Dúin Sobarchi furri hi crích Dail Ríatai. Nach
airm trá i Cuib in ro saidi Medb echfleisc is Bile Medba a ainm.
Cach áth 7 cach dingnai ocár fíu is áth 7 dindgna Medba a ainm. 5825
*Con*drecat uli iar*om* oc Focheird et*er* Ail*ill* 7 Medb 7 in fiallach
timtacht in tarb. Acht gabais a mbúachaill a tarb dib conid
timachtatár taris i mbernai cumaing la crand for scíathu. Conid
bertatar cossa na slabrai triasin talmain. Forgem*en* ainm in
búachalla. Atá and iarom   conid hé ainm in cnuic Forge- 5830
m*en*.

Ni baí imneth foraib trá isind aidchi sin acht adchota fer do
dingbáil Con *Cu*laind for áth namá úadib.

[[¹]Guitt*er* cardi chlaidib úand for Coin *Cu*laind or Ailill   Tíat Lugaid
fris ol cach. Téit iarom Lug*aid* dia acallaim. Cinnas atusa innosi ocon 5835
tslóg for Cu *Chu*laind. Mór ém in cuitbiud condiachtais forro for Lug*aid*
.i. do mná 7 t'ingena 7 leth do bó duit. 7 is tr*um*mu leo a nguin 7 do
bíathad indá cach ní Dothuit fer cach laí leis co cend sechtmaini
and sin. Brist*ir* fír fer for Coin *Cu*laind láitir fichi i n-óenfecht día
saigid. 7 nos geogainsium uli. Eirg cuci a Ferg*us* for Ail*ill* conda 5840
raib claemchlód magni lais. Tíagait iarom co mbatár hi Crónig.

---

[a] .i. sét talman [H]   [b] ᚈ Croiniche [M]   [c] fri *add. at end of line* [H].

---

[1] Guitt*er* *to end of column in ras. by* **H,** *and the following leaf* (71–72) *inter-calated by* **H.**

Iss *ed* dorochair¹ leiss ar galaib oenfer isin magin sin .i. dá Roth dá
Luan dá banteolaid .x. ndruith .x. ndeogbaire .x. Fergusa. seser
Fedelmthe sé Fiac*r*aig. Ro bitha trá sin uli lesium ar galaib oenfer.
71a O ro láiset iarom a pupli hi Cronig ro imráidset cid dogén|tais fri
5846 Coin Cul*aind*. Rofetursa ol Medb a n-as maith and. Tíagair uaind
día saigid conda raib carti claidib úad frisin slóg 7 ra mbía leth na
mbó fil sunda. Berair iarom in fis sin chuci. Dogensa aní or
Cu Chul*aind* acht nar milt*er* úaibsi a n-arach.

5850   ²Comrac Con Cul*aind* fri Findabair inso

Immarchuirth*er* fris or Ail*ill* Findabair do thabairt³ dó 7 a dingbáil
dona slogaib. Téit Mani Aithramail a doch*u*m Teitside co ILáeg
hi tossiuch. Cia díandat céliusiu ol se. Ní n-arlasair Láeg da*no*.
Asbert Mani fris fo thri in cruth sin Céli do Choin Chul*aind* for se 7
5855 nacham forraig nad n-ecma nad benur do chend dít. Is lond in
fer so ol Mani la soud úad Téit iar*o*m do acallaim Con Cul*aind* is and
ro boí Cu Chul*aind* ⁴iar béim dei⁴ a lened 7 in snechta immi ina sudiu
co rici a c*r*is 7 ro lega in snechta immi ferc*um*at fri méit brotha in
miled. Asbert Mani da*no* ón mud chetna frisside fo trí cia díambo
5860 cheli. Celi Conchobair 7 nacham forraig. Dianam forgea i͞m ní bas
siriu bithu₃ di chend dít am*al* tíscar di lun. Ni réid ⁵ol Mani⁵ acallaim
na desi seo. Teit Mani úadib iarom 7 adfet do Ail*ill* 7 do Med*b* a
scéla.

Táet Lug*aid* chuci or Ail*ill* 7 ara n-airlathar dó in n-ingin. Teit
5865 Lug*aid* iar sudiu 7 adfet do Coin Chul*aind* aní sin. A poba Lug*aid* ol
Cu Chul*aind* is brec sin. Is bríathar ríg assidrubairt for Lug*aid* ní bía
bréc de. Dentar amlaid ol Cu Chul*aind*. luid Lug*aid* úad la sodain
7 adfet do Ail*ill* 7 do Medb a n-atesc sin. Táet in drúth im richtsa or
Ail*ill* 7 mind ríg fora cind 7 fasisidar di chéin Coin Cul*aind* arnacha
5870 n-aithgné 7 teiti ind ingen leis 7 aranaiscea dó hi 7 tecat ass ellom fon
c*r*uth sin. 7 is dóig i*m*merthai ceilg fón c*r*uth sin conná fostba sib
céin co tí la hUltu don chath.

Téit iarom in drúth cuci 7 ind ingen lais. 7 ba di chein arlastar
Coin Cul*aind*. Teit Cú dia saigtin. ecmaic atgeoinsium for erlabrai
5875 ind fir combo druth. srethis liic telma boí ina láim fair co*n* sescaind
ina cend co tuc a incind ass. Tic dochum na ingini be*n*aid a dí trilis
71bᵃ di 7 sadid liic triana brat 7 tríana lénid 7 sádid corthe | tría medon in
druith. Atat a ndí chorthi and .i. corthi Findabrach 7 corthi in
druith. Facbais Cu Chul*aind* fón c*r*uth si[*n*] íat. Tiagair o Ail*ill* 7 o

---

ᵃ [*in upper margin*] am*en* [H]

¹ ar- *comp. Facs.*   ² *in marg.*   ³ *asp. om. Facs.*   ⁴⁻⁴ *in ras.*   ⁵⁻⁵ *added*
between columns and in margin.   ⁶ n-*stroke om.*

Medb do íarmóracht a mmuntiri ar ba fota leó ro mbátár co n-accassa 5880
iarom isin tunidi sin.   Atchlos iarom fon dunchaire uli aní sin.   Ni
baí tra carti dóib la Coin Culaind iar tain.

¹Comlond Munremair 7 Con Roi inso

A mbátár in tslóig and trath nóna co n-accatar docurethar in lia
forru anair 7 a chéli aníar ara cend.   Condrecat isind aer. no thuititís 5885
eter dunad Fergusa 7 dúnad n-Ailella 7 dunad Nerand.   Ro both ocond
reib sin 7 ocond ábairt on tráth coraile.   7 ro bátár in tslúaig inna
seseom 7 a scéith fora cennaib día sáerad for barnib na cloch combo
lan a mmag² dina lecaib.   Is dé ata Mag Clochair.   Ecmaic im̄ iss e
Cú Ruí mac Dairi dorigni insin dodeochaid do chobair a muntiri 7 5890
boí hi Cotail for cind Munremar³ meic Gerrcind   doluidsidé o Emain
Macha do chobair Con Culaind co mboí i nArd Róich.   Rofitir Cú Roí
ní boí fer fulaing Munremair insin tslóg.   It é dī dorigensat ind abairt
sin etorro a ndis.   Guitter ón tslóg forro bith na tost.   Dogniat corai
iarom Munremur 7 Cu Rui 7 téit Cu Ruí dia thig 7 Munremur do 5895
Emain Macha.   7 ní thánic Munremur co lá in chatha.   Ní thánic dano
Cú Ruí co comrac Fir Diad.   Apraid fri Coin Culaind ol Medb 7
Ailill conda rabni claemchlod magni leis.   Doberar dóib iarom 7
claemchlóit⁴ inad.   Ro scáich noínnin Ulad fo sodain.   Ar in tan
dofiuchtraitís asa cess tictis drecht díbbeus forsin slóg conos gabad a 5900
tindorcain doridisi.

¹Aided na macraidi inso

Ro imraidset iarom macrad Ulad i nEmain Macha oco.   Tróg dún
ar siat ar popa Cu Chulaind cen chobair dó.   Ceist em ol Fiachna
Fulech mac Fir Febi derbráthair side do Fiachaig Fíaldana mac Fir 5905
Febi rom bíasa cethern lib co ndeochsaindsea do thabairt cobra dó
de sin. | Tíagait tri coecait mac leis cona lorcaib ání 7 be sé sin trian **72a**
macraidi Ulad.   Atací⁵ in slóg cucu tarsa mag.   Tofil slóg mór tarsa
mag cucund or Ailill.   Teit Fergus día ndescin araill do macraid Ulad
inso for se 7 do cobair Con Culaind tecait.   Eirged buden ara cend or 5910
Ailill cen fis do Choin Chulaind ar di⁶ comairset fris ní faelsaid íat.
Tíagait tri cóecait laech ara cend.   Immacomthuit dóib conná
tadcith⁷ nech díb i mbethaid ass do gleri na mmac oc Liic Tuill.   Is
de sin atá Lia Fíachrach meic Fir Febi. ar is and sin ro thuit.

Dénaid comarli for Ailill   gudid Coin Culaind⁸ imófor lecud asind 5915
inud sa ar ní ragaid ar ecin tairis uair rod leblaing a lon laith. ar bá

---

¹ in marg.   ² an mag Facs.   ³ ar-comp., read Munremair.   ⁴ claemchlóid Facs.
⁵ second a subscr.   ⁶ read dia.   ⁷ i add. above line.   ⁸ in ras.

bés dos*om* in tan no linged a lon laith ind imreditis a t*r*aigthi iarma 7 a
escata remi 7 muil a orcan fora lurgnib 7 indala súil ina chend 7
araili fria chend anechtair. Docois*ed* ferchend fora beolu. Nach
5920 findae bíd fair ba háthithir delc sciach 7 banna fola for cach finnu. Ni
aithgnead cóemu na cairdiu. cumma no slaided riam 7 iarma. Is
de sin doratsat Fir nÓl nÉcmacht in riastartha do anm*aim*¹ do
Coin Cul*aind*.

²Banchath Rochada inso

5925   Foídis Cu C*h*ulaind a araid co Rochad m*a*c Fátemain di Ultaib co
tísad día chobair. Ecmaic da*no* ro carastar Findabair Rochad ar
iss es*id*e óclaech as aildem ro boí la Ultu ind inbaid sin   Teit i*n* gilla
na doch*um* Rochad⁶ 7 asbert fris techt do fóritin Con Cul*aind* ma
dodeochaid asa noennin. Co tartaitis ceilc immon slóg fri tarrachtain
5930 drechta díb día n-airlech. Dotháet Rochad atúaid cét láech dó.
Décaid dún a mmag indiu for Ail*ill*. Atchíu dírim tarsa mag ol in
dercaid 7 máethócláech etarro   ní thacmainget dó ind óic acht co rici
a gualni. Cia sút a Fer*gus* for Ail*ill*. Rochad m*a*c Fatheman for se
7 is do cobair Con Cul*aind* dotháet. Rofet*ur*sa a n-as maith dúib fris
72b ol Fer*gus*. Táet cet láech úaib lasin | n-ingin út co ria medon in
5935 maigi 7 teit in³ ind ingen remán remib. 7 téiti marcach día acallaim co
tí a óenur do acallaim na ingini 7 tabrait*er* láma tairis 7 immacurfi sin
fogail a muntiri dind. Dognith*er* iar*o*m amlaid sin. Téit Rochad ar
cend in marcaig. Dodeochadsa o Findab*air* ar do chendso co
5940 ndechais dia hacallaim. Téit iarom dia hacallaim a óenur. Mutti
don tslóg immi di cach leith. nos gabar 7 fochertar lama tairis.
Maidid da*no* día muntirseom for teched. Lecairsium iarom ass 7
fonascar fair can tudecht forsin slog co tisad ar oen fri Ultu uli.
Dorairngired dó da*no* Findabair do tabairt do 7 immásoí úadib
5945 iar sudiu. Conid banchath Rochada insin

⁴Aided na rigam*us* inso

Guitt*er* da*no* cairdi chlaidib dún for CoinCul*aind* for Ail*ill* 7 Medb.
Teit Lug*aid* fris sin 7 dob*eir* Cu C*h*ulaind in cartini. Tabar fer for ath
damsa i mbarach for Cu C*h*ulaind. Batár sesiur rígamus la Meidb .i. se
5950 rigdomnai do chlannaib Dedad .i. tri Duib Imlig 7 tri Deirg Sruthra.
Cid dún ar siat can techt i n-agid Con Cul*aind*. Tiagait iarom arna
bárach 7 geogain Cu C*h*ulaind a sesiur iat.

⁴Aided Cáuir⁵

Guitt*er* da*no* Cúr m*a*c Da Lath dóib im dula for cend Con Cul*aind*.
5955 inti assa teilceds*id*e fuil is marb re cind nomaide   Mad dia ngona ol

---

¹ an*m* MS.   ² *in marg.*   ³ *end of line, dittography* ; *omit.*   ⁴ *between cols.*
⁵ i *subscript.*   ⁶ *sic.*

Medb is búaid. Gid hé gontair and da*no* is dingbáil dromma do*m*¹
tslóg. Ní reid bith fris im longud ⸏ im ligi. Teit ass da*no*. Nirbo
maith lesside iar*o*m techt for cend siriti amulaig. Ní có ém ol se is
cert in bríg dob*e*rid⁶ dún. Ma rofesind combad ar cend ind fir se
nom faíte ním foglúasfind féin dia saigid ropad leór lem gilla a 5960
chomadais dom muntir na agid. Ecca sin for Cormac Cond Longas
ba hamra dúnni dia ndingbaitea ⸏essin he. Cipé cruth tra ol se ol is
formsa fein doberar imthesidsi isin matain i mbarach dia saigid.
Nim erchoisse guin na erri ucut. Teit iarom matain muich ara bárach
ara chend. 7 asbeir frisin slóg tarrgraige n-imtechta a séta rempo ar 5965
bá suba sliged dogénadsum di techt ar cend Con Cula*ind*. Luid² dó
iarom. Boí Cu Ch*u*la*ind* ac imbert chl*e*ss isind úair sin .i.]³ |

⁴Turim na cless inso sís **73aª**

⁵In t-ubullchless 7 faeborcless 7 fáencless 7 c*less* cletenach 7
tétcless 7 corp*chless* 7 cless caitt 7 ích n-erred 7 cor ndeled 7 léim 5970
dar néib 7 filliud err*ed* nair 7 gai bolga 7 baí brasse 7 rothchless
7 otar 7 cless for análaib 7 bruud gine 7 sian caurad. 7 beim co
commus^b 7 táithbéim 7 dréim fri fogaist co ndirgiud crette fora
rind co fornadmaim niad náir.⁵

Ro boí da*no* Cáur oc airimb*e*rt gascid hi túamaim a scéith 5975
co rrice trían ind laí frisseom 7 nicon tetarraid béim na forgab
fair la dechrad inna cless 7 nicon fitirseom in fer i n-imforgub
friss co n-epert Fíacha m*a*c Fir Febe fri Coin Cula*ind*. Fomna
in láech fodotb*en*. Danécai Cú secha sráithi in n-ubullchless
tarraid ina láim co lluid it*er* chobrad 7 bróin in scéith co lluid 5980
tríana chend ind athig síar. Combad i nImslige Glendamnach
da*no* dofáethsad Cáur iar n-araile slicht.

Tintai Fergus frisin slóg. mánop gaib far glinne ol se anaid
sund co bárach. Nip and ol Aili*l*l regmai diar sostaib afrithisi.

Guitt*er* da*no* Láth m*a*c Da Bró ara chend am*a*l ro ngess 5985
Cáur. Datuits*i*de da*no* cadessin. Dointáth da*no* Fergus beus
do chor a glinni forru. Ansait and sin trá co rrubad and Cáur
m*a*c Da Láth 7 Láth m*a*c Da Bró. 7 Foirc m*a*c Tri nAignech. 7
Srúb Gaile m*a*c Eóbith. ar galaib óenfer ro gáeta uli.

ᵃ [*in upper margin*] O Emanu*e*l [M]   ᵇ ⸏ co fomus [M]

¹ *sic* MS., *read* don.   ² d *add. above line.*   ³ *interpolation of* **H** *ends.*   ⁴ *in*
marg. Dirim *Facs.*   ⁵⁻⁵ *in three cols.* MS.   ⁶ dobīd *Facs.*

5990 ¹Aided Fer² Baíth inso

Collaa^a dún a popa Loíg issa ndúnad co n-airlith*er*^b Lugaid
m*a*c Nóiss ui Lomairc. Dús cía dotháet ar mo chend i mbárach.
Iarfaigth*er* co lléir 7 a imchomarc lat. Rosoich iarom Láeg.
Fo chen dait or Lugaid ní sirsan¹⁰ do Choin C*h*ulaind a n-imned
5995 i tá a óenur fri firu Herend. Ar cocele díb línaib amin mallacht
a gascid fair is é théte ara chend i mbárach Fer Báeth Doberar
Findabair dó airi 7 rígi a cen*iui*l.

³Soid Láeg afrithisi co airm i mboí Cu Cul*a*ind.³ Ni
forbáelid mo popa Laeg dia athiusc or Cu C*h*ulaind. Adfét
6000 Láeg dó uile aní sin.^c Ro *con*grad⁴ Fer Baeth hi pupull do
Ail*i*l 7 Medb 7 asb*er* fris suide for láim Findab*rach* 7 a tabairt
dó. ar ba hé a togu ar chomrac fri Coin Cul*a*ind. Ba hé fer a
ndingbála leó ar bá c*um*a dán dib linaib la Scath*aig*. Doberar
fín dó iarom corbo mesc 7 asb*er* fris bá cáem léosom a llind sin
6005 ní tobrad *acht*⁵ ere .l. fén leó 7 ba hí ind ingen no gebed láim fora
cuitseom de. Ni haccobor lem or Fer⁶ Báeth comalta 7 fer |
73b bithchotaig dam Cú C*h*ulaind. Ragatsa ar apa ara chend i
mbárach co topacht*ur* a ⁷chend de.⁷ Bid tú dogénad or Med*b*.
Asb*eir* Cú C*h*ulaind fri Láeg techt ar cend Lugdach dó co tísad
6010 día acall*aim*. Dotháet Luig*id* chucai. Fer Baeth ane dotháet
ar mo chendsa i mbarach or Cu C*h*ulaind. Eseom ón óm ar
Lug*aid*. Olc dia sin or Cú C*h*ulaind nicon béosa i mbethaid
di sudiu da chomais sind dá chomsolam da chutr*um*mae⁸ co
comairsem. A Lugaid celebor dam apair friss da*no* ní fír laech-
6015 dachta dó tuidecht ar mo chendsa. Apair fris táet ar mo
chendsa innocht dom acall*aim*. Ráti Luig*id* friss. In tan nád
rimgab Fer Baeth luid in n-aidchi sin do athchor a chairdessa
for Coin Cul*a*ind 7 Fíacha m*a*c Fir Febe lais. Attaich⁹ Cu
C*h*ulaind friss a chomaltus 7 a mummi díb línaib Scathaig. Isim
6020 egen tra ol Fer Baeth darindgult.^d Doṡella do chotach dī ol
Cú C*h*ulaind. Luid Cu C*h*ulaind fo luinni úad fornessa sleig

---

^a .i. erig [M]   ^b .i. co n-iarfaigea [M]   ^c .i. a athesc [M]   ^d .i. ro gellus
[M]

¹ *in marg.*   ² *sic, read* Fir.   ³⁻³ *in ras.* M ; *slightly out of alignment, and
so written after l. 35 was completed ; om.* Y.   ⁴ ɔ *with contraction stroke over it,*
MS.   ⁵ *contraction stroke,* s *apparently erased, faint outline traceable.*   ⁶ *only
the upper portion of* Fer *left, the remainder lost in an excision made by* H *on the
verso.*   ⁷⁻⁷ *in ras.*   ⁸ chut*h*rummae *Facs.*   ⁹ ch *corr. from* l, MS.   ¹⁰ sirsar *Facs.*

culind isin glind hi coiss Con *Cu*lain*d* co túargab¹ ocá glún súas
a cend. Dasrenga ass. Na téig a Fir Baith co n-aicther in
fríthi fónúarsa. Tochrae úait ar Fer Báeth. Focheird Cu
*Ch*ulain*d* in sleig n-iar*om* i ndegaid Fir Baíth *co n*-érrmadair áth 6025
a da chulad co ndeochaid fora béolo sair co torchair tara aiss
issa nglend   Focherd sin ém or Fer Báeth. Is de atá Focherd
Murthemne. ɫ iss é Fíacha asrub*ar*t is béoda do feocherd indiu
a Cu Ch*u*lain*d* or se   conid de attá Focerd Murthemne   Atbail
fo chétóir Fer Báeth isinn glind. Is de atá Glend Fir Baíth. 6030
Co cloth ni Fergus co n-ep*er*t.

> A Fir Baíth is báeth do fecht
> sin magin i tá do fert
> rosiacht coll⁶ do chombár and
> is crichid hi Cróen Chorand.   6035

> Fíthi ainmnigth*er* a n-ard
> co bráth bid Cróenech i mMuirthemniu
> ondiu bid Focherd a ainm
> ind airm i torchair⁷ a Fir.

>   a Fir Baíth. 7c̄.   6040

     Tarrochair far céle or Fer*gus*   eprid in n-ícfa in fer sin i
mbárach   ícfa écin or Cu *Ch*ulain*d*.   Foídid Cu *Ch*ulain*d* atheroch
Láeg do fis scél dús cia c*ru*th imtháthar isin dunud 7 *in* bo béo
Fer Báeth.   Asbert Luig*id* atbath Fer Báeth. 7 dotháet Cu
*Ch*ulain*d* iar n-úair do chomacallaim.   6045

²⟦Comrac³⟧ Lárine m*ei*c Nóis inso

     Nech úaib i mbárach ⁴co ellom⁴ ar cend far céle or Lug*aid*
ni faigebthars*id*e etir or Ail*ill* acht má dorónaid ceill^a occai
nách fer dotháeti⁵ chucaib tabraid fín dó corop maith a menma 7
asbertar friss iss *ed* nammá fil dond fín tucad a cC*ru*achnaib 6050
rosáeth linni do bithsiu for uisciu isin dúnad 7 doberthar
Findabair fora desreth 7 asberthar ragaid chucut dia tuicce cend
ind ríastairthe dúinni.

---

^a .i. ceilg [M]

---

¹ t'*ar*gab, *with* ur *symbol*, MS.   ² *between columns.*   ³ *in ras.* **H.**   ⁴⁻⁴ *appar-*
ently in ras. M; *om.* Y.   ⁵ é *caudata.*   ⁶ *letter erased after* l.   ⁷ i *of trigraph*
faint; *om. Facs.*

No foíté co cach láth ngaile a aidchi 7 no ráté fris aní sin.
74a No gonadsom | cach fer díb a úair. Ní féta nech leó ara chend
6056 assennad.

Conaīgth*er*¹ dóib Laríne m*a*c Nóiss olla² n-aile bráthair s*i*d*e*
do Lug*aid* ríg Muman. Bá mór a uallchas. Doberar fín⁹ dó 7
doberar Findabair fora desraid. Tossecai Medb a ndís is
6060 mellach lim ind lánamain ucut ol si ba coindme a comrac. Ní
gebsa dít ém or Ail*ill*. Ra mbia dia tuca cend ind ríastairthe
damsa. Dobér i͞m ar Láríne. Tic Lug*aid* fo sodain. Cate lib
i mbárach fer i n-ath. téite Lárine or Ail*ill*.

Dotháet Lug*aid* iar*o*m do acallaim Con Cul*aind* con*re*cat i*m*
6065 glend Fir Baíth. Ferais cechtar de comráichne friar*a*íle. Is dó
dodeochad dot acall*aim* or Lug*aid*. Atá atechmatud druth sotal
sund ucut ol se bráthair damsa Laríni a ainm dob*er* bréc
immón ingin cétnai. Fort chotach dī ní ruba é nacham fácbasa
cen brátair. Ár is airi doberarsom chucutsu ar dáig *co* forgén-
6070 maís ar ndis debuid. Maith lem chena cé no slaiss co léir ar is
dar mo th*er*thogu theite.

Téit Lár*í*ne ara bárach ar cend Con C*u*l*aind* 7 ind ingen inna
farrad. día nertad. Danethat Cu *Chu*laind iar*o*m cen arm laiss
Dolodside a árm n-airi ar écin. Gabaid iar*o*m et*er* a dí láim 7
6075 cotmeil 7 fochrotha co*n* sephaind a channebor ass combo
buad*a*rtha in t-áth día chacc 7 combo thruallnethe aér na
cethararda dia dendgur 7 focheird co mbaí it*er* da láim Lugdach.
Céin robo beo ní thaudchaid a brú for cóir.³ Ní robai cen
clíabgalar niro loing cen airchissecht.⁴ Iss é óenfer ar apaide
6080 adroinni drocht*er*nam úadsom di neoch cotranic friss ar Tána.

⁵Imacallaim na Mórigna fri Coin Cul*aind* inso

Co n-aca Cú in n-ócben cuc*hi*⁷ co n-etuch cach datha impe 7
delb roderscaigthe furri. Cé⁶ taísiu or Cu *Chu*laind. ingen Búain
ind ríg or si. Dodeochad cuc*h*utsu.⁷ Rot charus ar th'airscélaib
6085 7 tucus mo seotu lim 7 mo indili. Ni maith ém ind inbuid
tonnánac. Nach is olc ar mbláth amin⁸ gorti ni haurussa damsa
da*no* comrac fri banscáil céin no mbeó isind níth so. Bíd i*n*

---

¹ *sic, read* congairther. ² ot�† *Facs., mere smudge across* ll MS. ³ *shaft*
of r *lost in an erasure on line underneath* ; n *Facs.* ⁴ iss *in ras., but by M.*
⁵ *in marg.* ⁶ *under* Cé, *something like* i, *very short, perhaps unintentional.*
⁷ *sic.* ⁸ ainm *Facs.* ⁹ fínd *Facs.*

chobairse daitsiu[a] oc sudiu. Ni ar thóin mná da*no* gabussa inso.
Bi ansu daitsiu or si in tan doragsa ar do chend oc comruc
frisna firiu. Doragsa i rricht escongan fót cossaib issind áth co 6090
taíthis. Dochu lim ón oldas ingen ríg. Not gebsa or se im
ladair co mmebsat t'asnai 7 bía fónd anim sin. coro secha bráth
bennachtan fort. Timorcsa in cethri forsind áth do doch*u*msa i
rricht soide glaisse. Léicfesa cloich daitsiu asin tailm co
commart do suil it cind. 7 bia fónd anim coro | secha bráth **74b**
bennachtan fort. Torach dait i rricht samaisci maíle dérce 6096
riasind éit. co mensat[1] ort forsna ilathu 7 forsna hathu 7 forsna
linniu 7 nim aircechasa ar do chend. Tolecubsa cloich deitsiu
or se co mmema do fergara fót 7 bia foind anim sin coro secha
bráth bennachtan fort. La sodain téit úad. Combad sechtmain 6100
dosom for Áth Grencha 7 dofuitted fer cach laí i nÁth G*r*encha
laiss .i. i nÁth Darteisc.

    [2]Aided Lóich m*ei*c Mo Femis inso sís[b]

Gessa Lóch da*no* m*a*c Emonis am*al* a chéliu 7 dorairngired
dó comméte Maige Murthemne di mín Maigi Aí 7 timtacht da 6105
fer deac 7 carp*at* .uii. c*uma*l 7 nirbo fíu laiss comrac fri gilla
Baí brathair laiss Long m*a*c Ebonis cadessin. Dobreth do sudiu
a tinscra cétna it*er* ingen 7 dechelt 7 carp*at* 7 tír. Téitsidé ar
cend Con Cul*aind* Gontai Cu *Chulaind* co tobrad a marb ar
beólu a brathar .i. Lóich. Asberts*id*e da*no* dá fess*ed* acht 6110
combad fer ulcach nod ngonad no mairfedsom[3] he ind. Berid
grem catha chuci ar Medb fria muint*ir* tarsin n-áth aniar co
ndigsid taris 7 brist*er* fír f[er fair⁴].

Tíagait na secht Mane mílid i tosoch[5] conid n-accatar[10] for
bru ind atha an*í*ar. Gabaidsom a díllait n-óenaig imbi in laa 6115
sin. Iss and fordringtís na mná na firu día descin. Is sáeth
dam or Medb nách accim in gilla imma n-ágar sund. Niba
slániu de latt do menma or Léthrend echaire Ail*ella* dia
n-aicigth*er*. Dotháet iar*o*m doch*um* ind átha am*al* buí cía fer
sucut a Ḟerguis or Medb.   6120

.r.[6] Gilla araclich claideb co scíath ar búaib mór serig ar

---

[a] .i. dogénsa congnom latt [M]   [b] [*along lower margin in a later hand, not*
H] : Lóch Mór m*a*c Mo Femis (ɫ Emonis [*above line*]) ɫ m*a*c Mo Febis (.i. Febes
ainm a mathar [*above line*]). Lóch m*a*c[7] Luidech m*ei*c Ecach fir Áne m*ei*c Dúach[8]
Duind dailtai Deaid[9] m*ei*c Cairp*ri* Lusced. 7 día sil Ail*i*ll Olom íar tain.

---

[1] *sic, read* memsat.   [2] *in marg.*   [3] *mar.. Facs.; the* air *symbol.*   [4] **H** *partly
in ras.*   [5] tosach *Facs.*   [6] *between cols.*   [7] *first two strokes of* m *scaled off.*
[8] ch *add. above line.*   [9] = Dedaid.   [10] ac*h*catar *Facs.*

mnáib feraid fodil di fer lessaib ar óenathib Ulad imgóet caín
fera fodil di fodbaid ríg than m̄c̄ dían día ngarar Muirthemne
mag másu Cháuland Cú.

6125　Fordring Medb dano na firu la sodain dia déscin. Is and sin
asbertatár na mná fri Coin Culaind dognithe a cutbiud isin
dúnud úair nad baí ulcha laiss 7 nicon teigtís dagóic acht siriti
ara chend. Ba hassu dó ulcha smérthain do dénam leiss.
conid gnidsom aní sin ar dáig cuingthi comraic fri fer .i. fri
6130 Lóch.

[¹Gabais iarom Cu Culaind lán duirnd dind féor 7 dichacainª fair
combo hed domuined cách combo ulca baí lais. Fír or in bantroct
is ulcach Cú Chulaind is cubaid do niaid comrac fris. Oc gressacht
Loich ón dorigensatsom aní sin. Ni digéonsa comrac co cend secht
6135 lathi ondiu fris for Loch. Ní cubaid dúinni cen fóbairt ind fir frisin
re² sin ol Medb tabram fían láech cach n-aidchi do seilc faír dus in
³75a tairsimmis¹ | a baegul. Dogníther iarom samlaid Dotheged fían
láech cach n-aidchi do seilg fairsium 7 nos gonadsom uli. It e seo
im̄ anmand na fer dorochratar and. Secht Conaill .uii. nÓengusa
6140 .uii. nÚargusa .uii. Celtri. Ocht Féic. Deich nAilella .x. nDelbaíth
.x. Tasaig. It é insin gníma na sechtmaine sin dosom i nÁth
Grencha.

Conniachtᵇ Medb comarli dús cid dogenad fri Coin Culaind ar ba
aincis mór lei an ro bíth leis día slógaib. Is i comarli arranic áes
6145 feig forúallach do chor i n-óenfecht dia saichthin⁴ in⁵ tan ticfad i
n-airis dála di⁶ accallaimsi. Ar baí airesᶜ dála dissi ara barach fri
Coin Culaind do denam sída célci· fris dia tarrachtain. Foítisi techta
úadi día saig⁷ ar co tíasad na coinni. 7 bad amlaid tíasad 7 se anarma.
Fo déig ni ragadsi acht sí cona bantrocht día ailseom.
6150　Ludi in techtairi .i. Traigtrén co airm i mboí Cu Culaind 7 adfét
do aitesc Medba. Bágais Cu Chulaind co ndingned samlaid. Ced on
cinnas as áil duitsiu tect i ndáil Medba i mbárach a Cu Chulaind or
Láeg. Amal conniachtᵈ Medb dano ol Cu Chulaind. At móra glonna
75b Medbi ol in t-ara atágur lám ar cúl aci | Cinnas as dénta dun
6155 samlaid for se. Do chlaideb fót choim ol in t-ara arnachat fagthar i
mbáegul. Ár ní dlíg laech a enecland dia mbé i n-éċmais a arm.

ª .i. bricht [H]　　ᵇ .i. arranic [H]　　ᶜ .i. comdal [H]　　ᵈ .i. ro cuinnig [H]

¹⁻¹ *in ras.* **H.**　　² *an oval-shaped piece of vellum, replacing an excision, has
been inset here, extending to the lower margin ; the* n-*stroke and the upper portions
of* re *have flaked off.*　　³ *75-76 a smaller leaf intercalated by* **H.**　　⁴ -*thin in ras.,*
ti *pale ink, abbreviation stroke retraced.*　　⁵ *in prefixed to beginning of next line.
A correction from* dia saich, *cp.* día saig, *l. 6148.*　　⁶ *for* dia.　　⁷ *read*
saigthin.

Conid cáin midlaig no ndlig fón samail sin. Dentar amlaid iarom ol
Cú *Chulaind*. Is and iarom baí in chomdál i nArd Aignech. frisi
rat*er* Fóchaird indiu. Tic iarom Medb isin dáil ⁊ inlis cethri firu
déc día sainmuintir fessin do neoch as dech engno*m*ma baí díb fora 6160
chind. At íat so íats*i*de. Dá Glas Sinna da m*a*c Buccridi. Da Ardáin
dá m*a*c Licce. Da Glas Ogma da m*a*c Cruind. Drucht ⁊ Delt ⁊
Dathen. Téa ⁊ Tasc*u*r ⁊ Tualang. Taur ⁊ Glese.

Tic íarom Cu *Chulaind* ina dáil. Ataregat ind fir dó. Sretais¹
cethri goí deac i n-óenfecht fair. Nos ditin Cú iarom conná riacht 6165
toind ł fóescham fair. Imsoí foíthib iarom ⁊ marbthus íat a cethri
firu déac. Conid íat sin cethri fir deac Fócherda. ⁊ is iat fir Chrónige
ar isin Chrónig oc Foceird ro bíta. Conid de asbert Cu *Chulaind*.

.r.² Fóª mo c*h*erd láechdachta |
benaim beimend³ ágmara. **76a**
for slóg síabra sorchaidi. 6171
Certaim ág fri ilŝlúagaib.
im díth erred anglondach.
sceó Medbi ⁊ Ailella.
altai drochrún derchoblid. 6175
gossa dubrúin banmassa.
cengait celga úargossa.
fri ág erred anglonnach.
congeib dagrun degmessa
oc fir dia ndich dagarliud.ᵇ⁶ 6180
im anglonna fó. fó .m.

*Com*bad de sin da*no* rod lil a n-ainm as Focherd dond inud .i. fó
cérd .i. maith i*n* cherd gascid donecmaic do Choin Cul*aind* and sin.

Tánic da*no* Cu *Chulaind* ⁊ dosnetarraid oc gabáil dúnaid ⁊ bithus
dá Daigri ⁊ da Ánli ⁊ cethri Dúngais Imlich díb.⁴ Gabais da*no* Medb 6185
for g*r*essacht Loich andaide. Mór in cutbiud dait for si in fer ro márb
do bráthair do bith oc dithugud ar slóig cen techt do chomrac fris.
ar is derb lind ni déma siriti bras birda na letheti út f*r*i bruth ⁊ feirg
níad do letetisiu.⁵ ⁊ da*no* is o énm*um*mi forcetail conrotacht dan
dúib. | 6190

Tanic da*no* Lóch i n-agid Con Cul*aind* do dígail a bráthar fair ar **76b**
donadbacht dó ba ulcha boí lais Tair dond áth úachtarach or Loch
nipá isind áth escomon sa condricfem áit hi torchair Lo*n*g. Ó thánic
iarom do saigid ind atha bibsat ind fir na bú tairis. Bíaid tart eisc

---

ª .i. maith [H]   ᵇ .i. oca mbí degbríathar [H]

¹ *read* sretair.   ² *between cols.*   ³ i *subscr.*   ⁴ *add. above line.*   ⁵ *second*
e *corr. from* i.   ⁶ dagairliud (air-*compendium*) *Facs.*

6195 sund indiu or Gabran fili.   Is de atá Áth Darteisc ⁊ Tír Mór Darteisc
o sin forsin phurt sin.   O ro chomraicset iarom ind fir forsind áth ⁊ o
ro gabsat oc glíaid ⁊ oc imsesorcain and ⁊ o ro gab cach díb for
truastad a chéli.   focheird ind escongon tri olᵃ im cossa Con Cul*aind*
co mboí fáen for tarsnu isind áth ina ligu.   Danautatᵇ Loch cosin
6200 chlaidiub combu chróderg in t-ath dia fulriud.   Olc ón om for Fergus
a ngním sin hi fíadnaisi námat.   G*re*ssed nech úaib a firu for se fria
muintir in fer nár tháeth i n-ascid.   Atraig Bricriu nemthenga m*a*c
Carbatha ⁊ gabais for g*re*ssacht Con Cul*aind*.   Ro scáich do nert ol se
in tan is bratan bec dottrascair in tan dofil Ultu asa ces chucut Dolig
6205 duit gnim n-erred do gabail fort hi fíadnaisi fer nErend ⁊ laech ansa
77a do dingbail a gasciud fon samail.¹] | La sodain atraig ⁊ b*en*aid in
n-escongain co mebdatár a hasnai indi ⁊ co*m*boing in cethri
darsna slúagu sair ar ecin co mbertatár a puple inna n-adarcaib²
lasa torandcless darigénsat in da láth gaile isind áth.   Tanau-
6210 tatsom in tsod m*ei*c tíre doimairg na bú fair síar.   Léicidsom
cloich asa tailm co mebaid a súil ina cind.   Téite i rricht
samaisce maíle derge.³   muitti⁴ ríasna búaib forsna linni ⁊ na
hathu.   Is and asbertsom ní airciuᶜ a n-áthu la linni.   Leicid-
seom cloich don tsamaisc maíl déirg co memaid a gergara foí.
6215 Cáchain laíd la sodain.

> M'óenurán dam ar étib
> sech nís n-etaim nis léicim
> atú ar trathaib úaraib⁵
> m'oenuran ar iltúathaib

6220
> Aprad nech fri Conchob*or*
> cía domiss*ed* nibo rom
> rucsat m*ei*c Mágach a mbú
> conda randsat etarru.

> Ro bíi cosnom im óenchend
6225
> acht nad lassa na*ch* óencrand
> día mbetis a dó ḟ a trí
> lasfaitis a n-athinni

> Bec narom nítsat ind fir
> ar imad comlaind oenfir
6230
> ni rubaim níth n-erred n-án
> immar atú m'óenuran.   m'óen*uran* .d.

ᵃ .i. t*r*i curu [H]   ᵇ .i. búalis [H]   ᶜ .i. ni rochim [M ?]

¹ *interpolation of* H *ends*.   ² n *altered from* a.   ³ *first* e *and* r *characteristic*
of H, *due to retracing*.   ⁴ *first* i *subscr*.   ⁵ úa *in ras*.

Is and sin trá dogéni Cú Chulaind frisin Mórrigain a tréde dorairngert¹ di hi Táin Bó Regamna. 7 fichid Loch isind áth cosin gaí bolga doléic in t-ara dó lasin sruth. Gaibthi dó co lluid hi timthirecht a chuirp ar ba conganchnes oc comruc fri 6235 fer boí la Lóch. Teilg traigid dam or Lóch. Doléiciseom Cú Chulaind combo tharis docer. Is de atá Áth Traiged i Tir Mor.ª

Is and sin conbocht fír fer fairseom a llá sin día lotar in cóicfer cucaiseom fón oínme .i. dá Crúaid dá Chalad² Derothor. 6240 Nos ngeogain Cu Chulaind a óenur is hé sin Cóicsius Focherda 7 Coicer Óengoirt ɫ is cóic lá déc iss ed ro boí Cu Chulaind hi Focheird conid de atá Cóicnas Focherda isin Tána. Dosmídc Cu Chulaind a Delga conna cáemnacair anmanna de duniu na cethir ronucad a ainech secha fadess iter Delga 7 muir.   6245

³Slánugud na Mórrigna inso

Ocond aiscis mór sin trá do Coin Culaind danarraid in Mórrígan i ndelb na sentainne caillige 7 sí cáech losc oc blegón bó triphne coniachtsom dig furri. Dobertsi blegon sini dó iniam bid slán doduc ol Cu Chulaind bennacht dé 7 ande fort ol se. 6250 Déi leósom in t-áes cumachta andéi im̄ in t-áes trebtha. Íctha a cendsi iarom combo slán Dobeir blegon indala sini combo slán a súil. Dobert blegon in tress sini combo slán | a fergaire. 77b Combad ed atberadsom in cech ní dib sin bráth bennachtan fort or se. Atbirt frim trá or in Mórrígan nim bíad íc lat 6255 co bráth. Acht rofessin combad tú ol Cu Chulaind nit ícfaind tria bith sír. Combad ríamdrong Con Culaind for Tarthesc ainm in sceóil sea isin Tána.

Is and sin siacht Fergus fora glinne arna bristé fír fer for Coin Culaind. Is and sin iarom etha Cú ar galaib óenfer coicer 6260 Cend Coriss ɫ Dúin Chind Coross .i. Delgu Murthemne ind inbuid se Geogain Cu Chulaind and sin Fota ina roí. Bó Mailce fora áth Salach ina imliuch. Muinne ina dind. Lúar i lLethberaib. Fer Tóithle hi Tóithlib. Hit é a n-anmand na tíri sin co bráth cach bale i torcair cach fer dib sin. Ʉeogain 6265 Cu Chulaind dano Traig 7 Dornu 7 Dernu. Col 7 Mebul 7

ª [add. between cols. by H] benaid Cu Chulaind a cend de iar sudi

¹ air compendium, dorarngert Facs.   ² asp. om. Facs.   ³ in marg.

Eraise for Áth Tíre Móir de síu oc Méthiu 7 Cheithiu.
Di⁹ druíd insin 7 a teóra mná. Iar sin tra foídis Medb cét fer
dia sainmuintir do guin Con Cul*aind*. Nos geogainseom uli
6270 iar*om* for Áth Cheit Chuile. Is and asbert Medb. Is cuillend^a
dund ém ¹guin ar muint*i*re. Is de átá Glaiss Chráu¹ 7 Cuillend
Cind Duin 7 Ath Ceit Chúle.

²In carpat serda 7 in Breslech mor Maige Mur*themne* inso.

Ro gabsat trá cethri chóiced Her*end* dúnad 7 lo*n*ngport isin
6275 Breslig Móir i mMaig Murthemne 7 ro láiset a n-ernail búair
7 braite seoco fodess hi Clithar Bó Ulad. Gabais Cu C*hulaind*
icond ḟert i lLercaib i comfocus dóib. 7 ataís a ara tenid dó trath
nóna na haidchi sin .i. Loeg m*a*c Ríangabra. Itchonnaircseom
úad grístaitnem na n-arm nglanórda úas chind cethri cóiced
6280 nErend re funiud nell na nóna. Dofánic ferg 7 luinni mór ic
aicsin in tslóig re hilar a bidbad re himad a námat. Ro gab a
da sleig 7 a scíath 7 a claideb. Crothis a scíath 7 cresaígis
a slega 7 bertnaigis a chlaide*m*.³ 7 dobert a srém caurad asa
brágit coro recratár bánánaig 7 boccánaig 7 geniti glinni
6285 7 demna aeóir re úathgráin na gáre dosbertatár ar aird.
Cordas mesc ind Némain forsin tslóg.⁴ Dollotár i n-armgrith
cethri chóiced⁵ Érend im rennaib a sleg 7 a n-arm fodessin co
n-erbaltatár .c. láech díb do úathbas 7 cridenes ar lár in dúnaid
7 in longpairt in n-aidchi sin.
6290 Dia mbaí Láeg and co n-acca ní in n-óenfer dar fíartharsna
in dunaid fer nÉrend anairtúaid cach ndíriuch ina dochum.
78a Óenfer sund chucund innossa a Chúcán or Láeg. Cinnas | fir
and sin or Cu C*hulaind*. Ni *handsa* fer caín mór and da*no*
berrad lethan laiss folt casbude fair. brat uanide i forcipol
6295 immi. Cassán gelairgit isin brot uassa bruinne. Lene de sról
ríg fo dergindliud do dergór i cústul fri gelcnes co glúnib dó.
Dubscíath co calathbúali findruni fair. Sleg cóicrind ina láim.
Foga fogablaigi inna farrad. Ingnad ém reb 7 abairt 7 adabair
dogní acht ní saig nech fair 7 ní saigseom ⁶for nech feib
6300 nachas⁶ ⁷faiced nech hé.⁷ ⁸Is fir⁸ sin a daltan for se Cia dom

---

^a .i. is col lind [H]

¹⁻¹ *in ras.* M. ² *between cols.* ³ ai *perforated by an erasure on the verso.*
⁴ dslóg *Facs.* ⁵ *asp. om. Facs.* ⁶⁻⁶ *in ras.* M. ⁷⁻⁷ *between cols.* M. ⁸⁻⁸ *in marg.*
prefixed to following line, M. ⁹ *sic, read* Trí.

chartib síthcairesa sein dom airchisechtsa dáig ar bith foretatár-
som in t-imned már inam fuilsea m'oenur i n-agid cethri
n-ollchóiced nÉrend ar Tain Bó Cualñgi don chur sa. Ba fír
ém do Choin C*hu*laind anní hísin. A nad ránic in t-ócláech
airm i mboí Cú C*hu*lai*n*d argládais 7 airchississ de. Ferda sin 6305
a Chú C*hu*laind ar se. Ní mor side et*ir* for Cú C*hu*laind.
Dabérsa da*no* cobair dait ar in t-ócláech. Cía taisiu eter or
Cu C*hu*laind. Iss messe do athair a ssídib .i. Lug m*a*c Ethlend.
It tromda da*no* na fuli formsa ba héim dam mo íc. Cotailsiu
sin bic a Chu C*hu*laind or in t-ócláech do thromthortim 6310
cotulta hicond ferta Lerga co cend teóra láa 7 teóra n-aidchi
7 fífatsa forsna slógaib in n-airet sin. Canaid a chéle ferdord
dó contuli friss co n-accae nách crecht and ropo glan. Is and
asbert Lug.

.r. Éli Loga inso sís[1] 6315

Atraí a m*ei*c mórUlad
fót sláncréchtaib curetha
fri náimtiu fer melldarath
móradaig todonathar
dia ferragaib sligethar 6320
slúaig immenard nerethar
fortacht a síd sóerfudut
issin mruig ar conathaib
cot anmui*m*[4] arfucherthar
fóchiallathar óengillae 6325
arclith ar búaíb báifedae
slig delb silsa ríut.
[[2]Ni fil leó do nertsaegul
fer do baraind bruthaigte
co niurt for do lochtnamtib 6330
cingith carpat comglinni
is iar sin atraí.

atrai .a .m.[2]]

Teora[3] la 7 teora n-aidchi baí Cu Chula*in*d ina chotlod.
Bá dethb*ir* són ém ce ro baí do mét in chotulta boí do mét 6335
na hascísi. Ón lúan íar samain sainrud cosin cétain iar n-imolg

---

[1] *in marg.* [2-2] *in ras.* **H** *and retraced.* [3] *retraced, but* M. [4] anmuī (n-*stroke*) *Facs.*

niro chotail Cu *Chulaind* frisin ré sin acht mad m*a*ni chotlad
fithisin mbic fria gai iar medón midl*a*í 7 a chend fora dor[*n*]d¹
7 a dor[*n*]d¹ ima gai 7 a gai fora glún acht ic slaidi 7 ic slechtad
6340 7 ic airlech 7 ic esorcain cethri n-ollchóiced nÉrend frisin re sin.
Is and sin focherd in láech síde lossa 7 lubi íci 7 slánsen
78b i cnedaib 7 i créchtaib i n-aladaib 7 i n-ilgonaib | Con Cul*aind*
co t*e*rnó Cú *Chulaind* ina chotlud cen ráthugud dó et*ir*.

Is í sein trá amser i llotár in m*a*crad atúaid o Emain Macha
6345 tri .lll. m*a*c rig do Ul*t*aib im Follamain m*a*c Conchobair
7 dosberat teóra catha dona slúagaib co torchratar a tri comlín
leó 7 torc*r*atár in m*a*crad da*no* acht Fallamain m*a*c Conchob*air*.
Bágais Fallamain ná ragad ar cúlu co hEmain co bruinni
mbratha 7 betha co mberad cend Ail*e*lla leiss cosin mind óir
6350 boí úaso. Nirbo réid remiseom aní sin. Úair dofairthetár da
m*a*c Bethe m*ei*c Báin da m*a*c mumne² 7 aite do Ail*i*ll 7
rod gonsat co torchair leó. Conid Aided na m*a*craide Ul*ad*
insin 7 Falla*mna* m*ei*c Conchob*air*.

Cu Chul*aind* i͞m baí ina súantairthim cotulta co cend teóra
6355 láa 7 teóra n-aidchi hicond ferta i lLergaib. Atracht Cu Chul*aind*
iar sin asa chotlud 7 dobert láim dara agid 7 dorigni rothmúal
corcra o mulluch co talmain 7 ba nert leiss a menma 7 tíasad i
n-óenach. ł i tochim ł bandáil ł i cormthech ł i p*r*ímoenach do
p*r*ímóenaigib Er*end*. Cia fot atúsa isin chotlud sa innossi a
6360 óclaich ar Cu *Chulaind*. Tri lá 7 tri aidchi for in t-óclá*e*ch.
Ron mairgsea des*ide* or Cu *Chulaind*. Cid de ón or in t-óclá*e*ch.
Na slóig cen opaint frisin ré sin ar Cu *Chulaind*. Ní filetsom ón
om et*ir* or in t-óclá*e*ch. C*eist* cia arránic ar Cu *Chulaind*.
Lotar in m*a*crad antúaid o Emain Mach*a* tri .lll. m*a*c im
6365 Follom*ain* m*a*c Concobair do maccaib ríg Ul*ad* 7 dob*er*tsat
teóra catha dona sluagaib ri hed na trí lá 7 na trí n-aidchi
hi taisiu it chotlud innossa 7 torc*r*atár a tri comlín leó 7
torchratár in m*a*crad acht Follomain m*a*c Concob*air*. Bágais
Follo*main* co mb*e*rad cend Ail*e*lla 7 nirbo reid dósom ón ar
6370 ro marbad. Apraind ná bása for mo nirt des*ide*. Uair día
mbeindse for mo nirt ni tóethsitís in m*a*crad feb doroc*r*atár 7 ní
tóethsad Follo*main* m*a*c Concob*air*. Cossain archena a Chúcán
ni haisc dot inchaib 7 ni táir dot gasciud. Airisiu sein innocht
dún a óclaíg or Cu *Chulaind* ar co ndiglom malle in m*a*craid

---

¹ n-*stroke* om. ² *read* mumme.

forsna sluagaib. Nad anéb om ale for in t-oclaech uair cid mór 6375
do chomramaib gaili 7 gascid dogné nech hit arrad so ni fair
bías a nós nách a allud nach a irdarcus acht is fortso is aire sin
nad aniubsa acht imbirseo féin do gním gascid t'oenur forsna
sluagu úair ni léo atá commus t'anma don chur sa.

7 In carpat serda a mmo phopa Laíg ar Cu Chulaind in 6380
coemnacar a innell 7 innatá¹ a threlom má cotnici a innell 7 má
dotá a threlom no n-iinnill.² 7 mani fil a trelom nacha n-innill
etir.

Is and so atracht in t-ara 7 ro gab a fíanerred aradnachta
immi. Bá dond fíanerred aradnachta | sin ro gabastársom immi 79a
a inar bláith bíannaide is é étrom aerda³ is é súata srebnaide is é 6386
úagthe osslethar conna gebethar ar lúamairecht lám dó anech-
tair. Ro gabastarsom forbrat faind taris anechtair dorigni
Simón druí do Dair do ríg Rómán conda darat Dair do
Chonchobor conda darat Conchobar do Coin Culaind conda- 6390
rairbert Cu Chulaind día araid. Ro gabastar in t-ara cétna sin
dano a chathbarr círach clárach cethrochair co n-ilur cach datha
7 cach delba dara midguallib sechtair bá somassi dosom sin 7
nirbo thórtromad. Taraill a lám leiss in gipni ndergbudi mar
bad land dergóir do brondór brúthi dar or n-inneóni⁴ fri étan dó 6395
indchomartha a aradnachta sech a thigerna. Ro gabastár idata
aurslaicthi a ech 7 a del intlassi ina desra. Ro gabastár éssi
astuda a ech ina thuasri .i. aradna a ech. ina láim in chli re
imchommus⁵ a aradnachta. Is and so fochéird a lúrecha iarnaidi
intlassi immó echaib co ngebethar doib o thul co aurdornd do 6400
gaínib 7 bírínib 7 slegínib 7 bircrúadib corbo birfocus cach
fonnod isin charpat sin corbo chonair letartha cach n-ulind 7
cach n-ind 7 cach n-aird 7 cach n-aircind don charput sin. Is
and sin focheird bricht comga dara echraid 7 dara chomalta
connárbo léir do neoch isin dúnud 7 corbo léir dóibseom cách 6405
issin dúnud. Bá deithbir ém cé focherdedsom inní sin dáig ár
bith bátár teóra búada aradnachta forin n-araid in lá sin .i. léim
dar boilg 7 foscul ndírich 7 imorchor ndelind.

Is and so ro gab in caur 7 in cathmílid 7 in t-indell chró
bodba fer talman Cu Chulaind mac Sualtaim ro gab a chather- 6410
red catha 7 comraic 7 comlaind. Bá don catherred catha sin 7
chomraic 7 chomlaind. Ro gabsom immi .uii. cneslesti⁶ fichet

---

¹ sic, for indot tá. ² sic. ³ in ras., membrane perforated. ⁴ inneóin Facs.
⁵ asp. om. Facs. ⁶ sic, for cneslénti.

cíartha clártha comdlúta bítís bá thétaib 7 rothaib 7 refedaib hi
cústul fri gelcnes dó. arnacha ndecrad a chond nach a chiall o
6415 doficed a lúth lathair. Ro gabastár a chathcriss curad taris
anechtair do chotutlethar crúaid choirtchide do formna .uii.
ndamseched ndartada co ngabad dó othana a thaíb co tiug a
ochsaille ro bíth immi ic díchur gai 7 rend 7 err 7 sleg 7 saiget.
Dáig is cumma focherditís de 7 mar bad do chloich ł charraic ł
6420 congna ro chíulaitís. Is and sin ro gabastár a úathroic srebnaide
sroill cona cimais do banór bricc fria fri móethichtur a medóin.
79b Ro ga|bastár a dondúathróic ndondlethair ndegsúata do formna
cethri ndamseched ndartada cona chathchris do cholomnaib
ferb fua dara fúathróic srebnaide sroill sechtair. Is and so
6425 ro gabastár in rígnia a chatharm catha 7 comraic 7 comlaind.
Ba don chatharm chatha sin íarom.¹ ro gabastar a ocht claid-
bíni ima arm dét ṅdrechsolus. Ro gabastar a ocht slegini ima
sleig cóicrindᵃ Ro gabastar a² ocht ngothnatha má goth néit.
Ro gabastar a ocht cletíni ma deil cliss. Ro gabastar a ocht
6430 scíathu cliss imma chromscíath ndubderg ina téged torc taiselb-
tha ina tul tárla cona bil áithgéir ailtnidi imgéir ina hurtimchull
co tescfad finna i n-aigid srotha ar athi 7 ailtnidecht 7 imgeri
inbaid fogníth ind³ oclaig fáeborchless di is cumma imthescad
dá scíath 7 dá sleg 7 dá chlaideb. Is and so ro gab a chírchath-
6435 barr catha 7 comraic 7 comlaind ima chend asa ngaired gair
chét n-oclách do sírégem cecha cúli 7 cecha cerna de. daig is
cumma congairtis de bánánaig 7 boccánaig 7 geniti glinne 7
demna aeóir ríam 7 úaso 7 ina imtimchiull cach ed no téged re
testin fola na mmíled 7 na n-anaṇglond⁴ sechtair. Ro chress a
6440 celtar comga taris don tlachtdillat Tíre Tair[n]gire⁵ dobretha o
aiti druidechta.

Is and so cétríastartha imChoinCulaindco nderna úathbásách
n-ilrechtach n-ingantach n-anaichnid de. Crithnaigset a charíni
imbi imar crand re sruth ł imar bocsimin fri sruth cach mball
6445 7 cach n-alt 7 cach n-ind 7 cach n-áge de o mulluch co talmain.
Ro lae saebglés diberge dá churp i mmedón a chrocind.
Táncatár a traigthe 7 a lúirgne⁶ 7 a glune co mbatár da éis.

ᵃ 7 a saigetbolg *add. in marg.* **H**

¹ *in ras. and slightly out of line; uncertain if by* **H.**   ² a *corr. from* o.
³ iṅd MS., *with punctum delens over* n.   ⁴ *dittography, read* n-anglond.   ⁵ n-*stroke*
om.   ⁶ i *subscript.*

Táncatár a sála 7 a orcni 7 a escata co mbátár ríam remi.
Tancatár tulfethi a orcan co mbátár for tul a lurgan combá
métithir muldor[n]d⁴ míled cech mecon dérmár díbide. Srengtha 6450
tollfethe a mullaich co mbátár for coich a muineóil combá
métithir cend meic mís cach mulchnoc dímór dírim direcra
dímesraigthe díbide. And sin dorigni cúach cera da gnúis
7 da agid fair. Imsloc indara súil dó ina chend iss ed mod
dánas tairsed fíadchorr tagraim do lár a grúade a hiathor¹ a 6455
clocaind. Sesceing a setig co mboí fora grúad sectair.
Ríastartha a bél co úrtrachta. Srengais in n-ól don fídba
chnáma comtar écnaig a ginchroes. Táncatár a scoim 7 a
tromma co mbátár ar etelaig ina bél 7 ina brágit. Benais
béim n-ulgaib leóman don charput uachtarach fora forcli comba 6460
métithir moltchracand cech slamsrúam thened doniged | ina **80a**
bél asa brágit. Roclos bloscbéimnech a chride re chlíab imar
glimnaig n-árchon hi fotha ł mar leomain ic techta fó
mathgamnaib. Atchessa na kłne² bodba 7 na cithnella neme
7 na haible tened trichemrúaid i nnellaib 7 i n-aéraib uasa 6465
chind re fiuchud na ferge fírgarge hitrácht úasto. Ra chasnig
a folt imma cend imar craíbred ńdergscíach³ i mbernaid atálta.
Ce ro crateá rígaball fó rigthorad immi iss ed mod da rísad ubull
díb dochom talman taris acht ro sesed ubull for cach óenfinna
and re frithchassad na ferge atracht da fult úaso. Atracht in 6470
lúan láith asa étun comba sithethir remithir airnem n-óclaích
corbo chomfota frisin sróin coro dechrastár oc imbirt na scíath
oc brogad ind arad oc taibleth na slóg. Ardithir i͞m remithir
talcithir tresithir sithidir seólcrand prímlui[n]gi⁴ móri in buinne
díriuch dondfala atracht a fírchlethe a chendmullaig hi certairdi 6475
co nderna dubchíaich ndruidechta de amal chíaig do rigbrudin
in tan tic rí día tincur hi fescur lathe gemreta.

Iar sin ríastrad sin ríastarda im Choin Culaind is and sin
doreblaing ind err gascid ina chathcarpat serda co n-erraib
iarnaidib cona faebraib tanaidib⁵ cona baccánaib 7 cona bircrúa- 6480
dib cona thairbirib níath cona nglés aursolcdi cona thair[n]gib⁴
gaíthe bitís ar fertsib 7 íallaib 7 fithisib 7 folomnaib don
charpat sin. Is amlaid boí in carpat sin cona chreit chróestana
chróestirim chlesaird clangdírig caurata ara taillfitís .uiii. n-airm

---

¹ sic, for hiarthor. ² = coinnli, St. ³ ńderg add. end of line between columns,
scíach in ras., M. ⁴ n-stroke om. ⁵ tanaid Facs.

6485 n-indflatha co lúas faindle ⁊ gaíthe ⁊ chliabaig dar roe maige.
Ro suidiged in carpat sin for dá n-echaib díana dremna
dasachtacha cendbeca cruindbeca corrbeca¹ biruich bascind
bruinnedérg sesta suachinte sogabalta sodain fo grinnib áillib
²a fén.² Indara hech dibside ocus se lugaid lúathlemnech
6490 tresmar túagmar traigmar fótmar fochorsid. In t-ech aile ocus
sé casmongach cascháel coseng seredchoel airgdech.
Is and so focheird torandchless cét ⁊ torondcless da .c. ⁊
tor*andchless* tri .c. ⁊ tor*andchless* cethri .c. ⁊ tarrasair aice for
torand*chless* .u. cét. úair nírbo furáil leiss in comlín sin do
6495 thotim leiss ina chétch*um*scli ⁊ ina chétchomling catha for
cethri chóiced Her*end* ⁊ dotháet ass fón cumma sin d'insaigid
a námat ⁊ drobretha³ a charpat morthimchull cethri n-ollchóiced
80b nEr*end* ammaig anechtair ⁊ dosbert|fobairt bidbad fó bidbadaib
foraib. ⁊ dobreth seól trom fora charpat. ⁊ dollotar rotha⁴
6500 íarnaidi in carp*ait* hi tal*main* corbo leór do dún ⁊ do daingen
feib dollotár rotha íarnaide in charpait hi tal*main* uair is
cumma atrachtatár cluid ⁊ cairthe ⁊ carrce ⁊ táthleca ⁊
murgrían in tal*man* aird i n-aird frisna rothaib iarndaidib súas
sell sechtair. Is aire focheird in circul modba mórthimchull
6505 cethri n-ollchóiced nErend ammaig anechtair arná teichtis úad
⁊ ná scailtís immi coros tairs*ed* fri tendta fri tarrachtain na
m*a*craide forro. ⁊ dotháet isin cath innond ar medón ⁊ failgis
falbaigi móra do chollaib a bidbad morthimcoll in t*s*lóig
ammaig anechtair fo thri ⁊ dobert fobairt bidbad fo bidbadaib
6510 forro co torchratár bond fri bond ⁊ méde fri méde ba sí tiget
ind áirbaig. Dosrimcheli aridisi fa thrí in cruth sin co farcaib
cossair sessir impu fa mórthimchull .i. bond trír fri méde trír fó
chúaird timchill immón dúnad. Conid Sesrech Breslige a ainm
issin Táin. ⁊ iss *ed* tres ndíríme na Tána .i. Sesrech Breslige ⁊
6515 Imslige Glenna*m*mach⁵ ⁊ in cath for Gárig ⁊ Irgárig. acht ba
cumma cú ⁊ ech ⁊ dune and Iss *ed* atberat araili ro fich Lug
m*a*c Eithlend la Coin C*u*lai*nd* Sesrig mBreslige. Nicon fes im̄
a árim ⁊ ni cumangar a rím cía lín dorochair and do daescor-
slúag. acht ro rímthé a tigernai namma. It e seo⁶ a[*n*]mand⁷ side
6520 inna rurech ⁊ inna taísech .i. .r.⁸ Dá Chrúaid da Chalad da

---

¹ .. ca corrbeca *in ras.* M.   ²⁻² *in ras.* M, *old accent left over* ⁊.   ³ *read*
dobretha. ⁴ *membrane perforated at a by erasure on verso.* ⁵ *sic, for* Glennamnach.
⁶ *supply* a n-.   ⁷ n-*stroke om.*   ⁸ *between cols., and the names are in three cols.*

Chír dá Chíar da Ecell tri Cruim tri Caurith tri Combirgi cet*r*i
Feochair cet*r*i Furachair cet*r*i Caiss. cet*r*i Fotai .u. Caurith .u.
Cermain .u. Cobthaig .ui. Saxain .ui. Dáich .ui. Dári .uii.
Rocháid .uii. Ronáin .uii. Rurthig .uiii. Roclaid ocht Rochtaid
ocht Rindaich ocht Corpri ocht Mulaich. .ix. nDaigith .ix. 6525
nDári. .ix. nDámaig .x. Féic .x. Fiacaich .x. Fedelmid.

Deich ríg ar secht fictib ríg ro bí Cu C*h*ulaind i mBresslig
Móir Maigi Murthemni. Dírime im̄ olchena di chonaib 7 echaib
7 mnáib 7 maccaib 7 mindaínib 7 drabarslog. ar nír érno in tres
fer do feraib Her*end* cen chnáim lessi ɫ lethcind ɫ lethsúil do 6530
brisiud ɫ cen bithanim tria bithu betha. ¹7 dotháet úadib iar sin
iar tabairt in tressa sin forro. cen fuligud cen fordercad fair²
fein ɫ fora gillu ɫ for ech dia echaib¹ |

³Túarascbail delba Con Culaind so.,   **81a**

Dotháet Cu C*h*ulaind⁷ arna barach do taidbŕiud in tŝlóig 7 do 6535
thaisbenad a chrotha álgin alaind do mnaib 7 bantrochtaib 7
andrib 7 ingenaib 7 filedaib 7 áes dána   úair nír míad na mass
leiss ind úaburdelb druídechta tárfás dóib fair ind adaig sin
reme   is aire sin tánic do thaselbad a chrotha algin alaind in lá
sin.   Alaind ém in m*a*c thánic and sin do taselbad⁴ a chrotha 6540
dona slúagaib .i. Cu C*h*ulaind m*a*c Soaldaim.   Faircsi tri folt
fair dond fri toind cind.   Cródérg ar medón mind orbude arda-
tugethar.   Caín cocarsi ind ḟuilt sin *co* cure*n*d téora imsrotha im
claiss a chúlaid comba samalta 7 orŝnáth cach finna fathmain-
nech forscaílte fororda dígrais dualfota derscaigtech dathálaind 6545
dara formna síar sell sechtair   Cet caírches corcorglan do dergór
orlasrach imma brágit.   Cét snáthéicne don charmocol cum-
mascda hi timthacht fría chend.   Cethri tibri cechtar a da grúad
.i. tibre buide 7 *tibre* úane 7 *tibre* gorm 7 *tibre* corcra .Uii.
ngemma do ruthin ruisc cechtar a dá rígrosc .uii. meóir cechtar 6550
a dá choss .uii. meóir cechtar a dá lám co ngabáil ingni sebaic
co forgabáil ingne griúin ar cach n-aí fo leith ⁵diib sin.⁵

Gabaidseom da*no* a dillat n-óenaig n-imbi in laa sin. Baí da
étgud immi .i. fúan caín⁶ cóir corcorglan corthorach cóicdíabuil.
Delg find findárgit arna ecor d'ór intlassi úasa bánbruinni gel 6555
imar bad lócrand lánsolusta nad chumgaitís   suili doíni déicsin

---

¹⁻¹ *in ras.* M, *and re-traced; om.* Y.   ² *trace of old accent over* fair.   ³ *in marg.*
⁴ *first* a *altered from* o.   ⁵⁻⁵ *in ras.* M.   ⁶ a *altered from* o.   ⁷ *asp. om. Facs.*

ar gleoraidecht 7 glainidecht. Clíabinar sróil sirecda⁹ ré chnes
co ngebethar dó co barrúachtar a dondfúathroci donddergi míleta
do srol ríg. Dondscíath dondderg dondchorcra co cóicroth óir
6560 co mbil finddruini fair. Claideb órduir[n]d¹ intlasi co torceltaib
óir dérg i n-ardgabáil gaili fora chris. Gai fota fáeborglas re
faga féig fobartach co semmanaib óir orlasrach inna farrad issin
charpat .ix. cind isindala láim dó .x. cind isind láim aile.
Ros ecroth úad frisna slúagaib. Conid comram aidchi do
6565 Choin Chulaind sin. Is and sin frisócbat mná Connacht forsna
buidne 7 fordringtís mná firu do descin crotha Con Culaind.
Follaig im̄ Medb a hainech 7 ní lámair taidbsin a gnusi acht
boí fo damdabaig scíath ar omon Con Culaind. Conid de sin
asbert Dubthach Dóel Ulad.

6570 .r.² Masu hé in riastartha
bíait collai duíne [de |
81b Beite³] éigme im lissu.
biait fuind fri airisiu.

Biait corthi i llechtaib
6575 bid formach do rígmartaib
Ni maith no fichid in cath
i lleirg frisin n-oennenach

Adchíu in cruth immondnaig
ocht cind inna chuillsennaib
6580 ⁴Adchíu fodb leiss i mbrétaib
.x. cind ina rosétaib

Adchíu dofócrat far mná
a ngnúis tarsna ergala
⁴Adchíu⁵ ⁶far rígna in móir⁶
6585 ni toccair dond imforráin.

⁷Diambad me bad chomarlid
bíad⁸ slóg imme di cach leith

Conid and ro chan Fergus inso co n-ebairt.

---

¹ n-*stroke om.*   ² *in marg.*   ³ *in ras.* **H.**   ⁴ *large cap. in ras.; small* a
discernible underneath.   ⁵ adchíu *altered from* atchíu;   ⁶⁻⁶ *in ras.* M.   ⁷ *small* d
discernible under capital.   ⁸ a *subscr.*   ⁹ *scribe om. upper portion of* e; i *Facs.*

.r.[1] Ber ass Dubthach nDóeltengaid
iar cúl in tslóig na srengaid   6590
nicon dergeni nach maith
o geogain in n-ingenraith

Ferais écht [2]ṅdochla ṅdobail[2]
guin Fíachaig[3] meic Conchobair
nípau chaíniu rocloth dó   6595
guin Corpri meic Fedelmtheó

Rígi nUlad ni chosnai
mac Lugdach meic Casrubai
iss ed dogní fri doíni
a nad rubad cosaídi   6600

Bid olc la longais nUlad
guin a meic nad lánulach
costud Ulad ma dobí
adsuífet in n-imirgí

sirfid in noíndin hi fot   6605
do Ultaib co nderasot.

Bíait[4] techta scél mara
biait rígnai dermara
biait créchtai fuidb bechtai
biait buidne airlechtai   6610

Biait collai fó chossaib
biait brain for branfossaib
beti fáenscéith hi lergaib
bi[5] cumtach do díbergaib.

Roínfid[6] fuil féne fo don   6615
la slúag inna ndunechon
regaid ind longas hi fat
do Ultaib díanda rísat

ni geib coistecht arubthá
ber ass Dubtach nDoeltenga. ber .a.   6620

Sréid Fergus Dubthach úad iar sin co n-arrasair di sruib fri budin anall. Co cloth ní Ailill co n-ebairt.

---

[1] *between cols.*   [2-2] *in ras.* M.   [3] .. aig *in ras.,* .. ach *Y, LL.*   [4] *large capital in ras.*   [5] *sic, for* bid.   [6] oínfid *in ras.* M.

.r.¹ Na fer báig a Fergus ar buaib sceó mnáib Ulad aithgén
ara mbernaib beit mairt ili sund slig ceni silsiter acht i
6625 n-óenferaib ardeslig isind áth cach óenlathiu. Co cloth ní
Medb.

.r.¹ Comérig a Ailind co fíannaib fótrind ar duth² buaib
sceó genat m͞c melchib athaib i ngrenchaib móraib i llinib dubaib
forbrisfet comlund scéo Fergus dánae co loingis Ulad biaith and
6630 íartach i ndíaid in chatha memais caumu³ co filib⁸ Féne.

ᵃBanairle⁴ báetha nacha auchide. nacha co cloth ní Fergus
cluinte co teintib bláthaib sceó cholet muinter sceó chenel olca
anapthai rosrí a chialla consuidet na tádet. Co cloth Gabrán
file.

6635 .r.¹ Na briguid briathra sceó laidib⁵ rígnaib for bronnaib di
thuathaib déni dia messaib blassaib. dia fáebra fichi cessóe cía
bera na suí forellig na tulle miscais.

82aᵇ Na femdit far | céle taít ara chend isin n-áth or Fergus.
Aúchaide Ailill or Medb. co cloth ní Ailill.

6640 .r.⁶ Fergus rofitir morthúathaib for far muintir méilaith ní
imthecht ar far mbúaib acht cía far slig slattaib i mbúaib
dithoing ceóbera di far mór dí belgib brassaib ⁷Co cloth ní
Fergus.⁷

.r.⁶ Na fer a Medb mórscoith dit loingis buirr bráthu iar
6645 mbliadain sceó cháthig mná massa iartaige nád imdat dit
morchothaib día thúathaib tisccet.

⁶Imroll Belaig Eóin inso

Fíacha Fíaldána Dimraith dolluid do acallaim meic sethar a
máthar .i. Mane Andóe a ainm. Dolluid Docha mac Mágach
6650 la Mane nAndóe. Dolluid Dubthach Dóel Ulad la Fíachaich
Fialdána Dimraith. Docorastár Dócha gai for Fíachaig co lluid
i nDubthach. Focheird dano Dubthach gai for Mane co lluid i
nDócha. Dí fieir i͞m máthair Dubthaig 7 Doche. Is de atá
Imrull Belaig Eúin.

---

¹ between cols.   ² dath Facs.   ³ a subscr.   ⁴ ai in ras.   ⁵ i subscr. faint.
⁶ in marg.   ⁷⁻⁷ between cols.   ⁸ sic. for filedaib.

Ɨ is de atá Imroll B*elaig* Eúin .i. tíagait na sloig do Beluch 6655
Eúin anait a ndí dírim suidiu. Tic Díarmait m*a*c Conchob*air*
di Ul*taib* antúaid. Eirged marcach úaib or Diarmait co tí
Mane dom accallaim dís 7 ragatsa dís ara cend. Condrecat
iar*om*. Todeochadsa or Díarmait o Chonchob*ar* co n-erbora fri
Medb 7 Ail*ill* co relcet na bae ass 7 slán¹ uile a ndorónad and 7 6660
tabár in tarb aníar cosin tarb ille co comairset uair ro báge
Medb. Ragatsa or Máne co n-apror fríu. Ratis*id*e da*no* fri
Meidb 7 Ail*ill*. Ni hetar for Medb.² Ani siu or Mane. Dénam
cóemchlód dá gaisced dī or Diar*mait*.² Massu ferr latt. Maith
lim or Mane focherd cechtar de gai for araile conid apthatar a 6665
ndís. 7 conid Imroll Bel*aig* Eóin ainm na maigni sin. Maitti
a ndírím fó araill. Dofuittet tri fichit díb di cechtar dá lína. Is
de atá Ard in Dirma.

²Aided Tamuin druith inso.

Foruirmiset muinter Ail*ella* a mind ríg for Tamun drúth ní 6670
lamair Ail*ill* a beith fair fessin. Srédis Cu Ch*ulaind* cloich faír
oc Áth Tamuin co *mm*ebaid⁴ a cend de. Is de atá Áth Tamuin
7 Tuga i*m* Thamun.

³Aíded⁵ Óengussa m*ei*c Óenláma.

Dointaí iar*om* Óengus m*a*c Óenláma Caíme óclach dána di 6675
Ult*aib*. in slóg n-ule oc Modaib Loga. Is inund ón da*no* 7
Lugmod co tici Áth da Ferta nís léic secha 7 dosmbidc co
llecaib 7 asberat ind eóla*íg* i*m*neblaid^{a6} ríam remáin co tíastai*n*⁷
fo chlaideb oc Emain Macha acht bid ar gal*aib* óenfer conristá
friss. Brisit fír fer fair iar*om* 7 ra mbeótar i n-ecomlond. | 6680

⁸Comrac Ferg*usa* fri Coin Cul*aind*   **82b**

Táet nech úaib ar mo chendsa ar Cu Ch*ulaind* oc Áth da
Ferta. Nipa messe nípá mé ol cách assa magin ni dlegar
cimbid dom cheniul cía no dligthe ⁹nipad me⁹ dobertais tara
chend im cimbidecht.   6685
Is and gessa do Fergus m*a*c Roich techt ⁹ara cendsom.⁹

ª .i. ro fost [M] ; ro fóṣ *Facs.*, *but accent belongs to* ríam

¹ *in* ras.   ² *sic. omit stop.*   ³ *in marg.*   ⁴ co mebaid *Facs.*   ⁵ Oeided *Facs.*
⁶ *read* immusneblaid *Y.*   ⁷ *sic.*   ⁸ *between cols.*   ⁹⁻⁹ *end of line, more like* **H**
than M, *also* si*d*e da*no* dul *l.* 6687, *perhaps due to retracing?*

Opaids*id*e da*no* dul ar cend a daltai .i. Con C*ul*ai*nd*. Dobreth
fín do 7 ro mesca⁹ co trén 7 ro guded im dula isin comrac. Téit
ass iar*om* ó ro bás oca etargude co tromda. Asbert CuCh*ulaind*
6690 iar*om* is co*m* glinni dothéig ar mo chendsa a popa Fer*gus* ol se
cen claid*eb*¹ inna intiuch. Ar gatsai Ail*ill* ass ut pr*ae*d*iximus*.²
Is cumma limsa et*ir* or Fergus cia no beth claideb and ní
imbertha fortsu. Teilg traigid dam a Cu Chulaind or Fergus.
Teilgfeso da*no* damsa arisi ar Cu Chulaind. samlaid ecin or
6695 Fergus Is and sin dolléci Cu Chulaind traigid for culu re
Fergus co rrici Grellig nDoluid ara telced Fergus dósom traigid
i lló in catha. Tairbling CuChulaind iar*om* hi nGrell*aig* Doll*u*id.
ara chend dait a Fer*gus* or cách. Aicc ol Fergus ni ord erossa
is robeóda intí fil and conom thí de chind chúarda ni reg.
6700   Tíagait secha iar*om* Co ngabsat dunad hi Crích Ross.
Raclunethar són da*no* Ferchú loingsech buí for longais re
nAil*ill*. Dotháetside ar cend Con C*ul*ai*nd*. Tri fir déac da*no*
ba hé a lín. Gontai ³Cú Chul*aind*³ oc Cingit Fer*con*. atát a trí
líic déac and.

6705   [⁴Comrac Maind]

        Foídís Medb [⁵Mand Muresci m*ac* Dairi do Domnandchaib do
comrac fri Co*in* Cul*aind* derbrathair s*id*e 7 Daman athair Fir Diad. Ba
fer borb brogda iarom im longud 7 im ligi in Mand. Fer dothengtach
dobeóil am*al* Dubthach Dóel Ulad.⁶ Ba fer tailc trebur co sonairte
6710 ballraid. am*al* Munrem*ur* m*ac* Errcind. Trénfer tnútach am*al*
Triscod trénfer tigi Concobair. Ragatsa 7 mé anarma 7 conmel et*er*
mo lamaib hé ar ní míad ꞇ mas lem arm d'imb*ir*t for siriti n-amulach
amne. Luid iarom do saigid Con Cul*aind*. Is and bois*id*e 7 a ara
forsin maig oc frecomet in t*s*lúaig. Óenfer cucund sund or Láeg fri
6715 Coin Cul*aind*. Cinnas fír ol Cu Chulaind. Fer dubdond tailc tarbda
7 se anarma. Léic sechot ol Cu Chulaind. Tic cucu la sodain.
Do c*ur* chomlaind frit dodeochadsa ol Mand. Gabait iarom for
imt*r*ascrad fri ré cian 7 trascraid Co*in* Cul*aind* fo thrí Mand. Conid
greis in t-ara. Díambad curadmir do chosnam i nEmain duit for se
6720 ropadatren⁷ for ocaib Emna. Tic a férg niad 7 atraig a bruth miled
cor t*r*ascair Mand fón corthi coro scor i *m*mi*n*agib.⁸ Conid de atá
Mag Mandachta .i. Mand échta .i. écht Maind and.]¹⁰

---

¹ i *om. Facs.*   ² ꝼtc, *Facs.*, c *caudata.*   ³⁻³ *in ras. and out of alignment,*
but by M ; Fergus *Y.*   ⁴ *between cols. in ras.* H.   ⁵ *from this point to end of*
col. in ras. by H.   ⁶ U*ł*ad MS.   ⁷ *for* ropadat trén.   ⁸ ī mī *Facs.* ; *end of*
line, with erasure of one or more letters ; *reading obscure* ; mī, *if correct, apparently*
an alteration in ras.   ⁹ *sic.*   ¹⁰ *breaks off, lacuna in* MS.

83a¹⁻³²]   [TOGAIL BRUIDNE DÁ DERGA]

¹airiut. Naté em ol sesseom ní haurchur sáegail damsa in **83a**
breth ronucus. Ní crochfait*er* ind fir acht eirget senóri leósom
co rrálat a ndíbeirg for firu Alpan.   6725
    Dogníat ani sin. Tíagait ass forsin farrci co comarnectár
fri m*a*c ríg Bretan .i. Ingcél Caech h*ua* Conmaic. tri .l. fer
cona senorib léo co comarnectar forsind fargge. Dogníat
cairdes 7 tíagait la Ingcel co rrólsat a ndibeirg lais. Is í orcain
tuc á aínfén dósom. *Con*[*id*]² si adaig and sin ro curthea a 6730
mathair 7 a athair 7 a³ ui.⁴ nderbráthir do thig ríg a thúate.
Orta uli la Ingcél i n-óenaidchi. Dollotar⁵ trá forsin farci anall
hi tír nEr*end* do chuingid oirgne fón orgain ro dligestár Ingcél
díb.
    Lánsíd i nEr*ind* hi flaith Conaire acht boí imnesse catha et*er* 6735
da Corp*re* hi Túathmumain. Dá chomalta dosom íat. Ni boí
a córugud co ris*ed* Conaire. Geiss dosom techt día n-et*er*gleód
riasíu dorostais chuci. Téit iar*o*m ciarbo geiss dó 7 dogéni síd
n-etarro. Anais .u. aidche la cechtar de. Geis dosom da*no*
aní sin. Íar ngleod ind áugrai. ro boíseom oc saigid do 6740
Themraig. Is *ed* gabsait do Tem*ra*ig sech Usnech Midi co
n-accatár iar sain a n-indred anair 7 aníar 7 anes 7 atúaíd. 7
co n-accatár na buidne 7 na slúagu 7 ropo nem tened tír úa
Néill imbi. Cid ani seo ol Conaire. ni *handsa* ol a muinter ní
duachnid són is í in cháin ro mebaid and in tan ro gabad for 6745
loscod in tíre. Ce*ist* cid gébmani ol Conaire. Saerthúaid for a
muinter. Iss *ed* ro gabsat iar*om* deisiul Temra 7 tuaithbiul
Breg 7 tosessa lais clóenmíla Cernai. Ní accai corro scáig a
tofond. Is iat dodróni in smúitcheó ndruidechta sin di*n* bith
síabrai ⁶fo bithin ar ro corpait géssi Con*aire*.⁶   6750
    Immusrala⁷ trá in t-ómon mór sin do Chonaire co*n*nach rabi
dóib conar dochoistís acht for sligi Midlúachra 7 for sligi

---

¹ *acephalous, owing to lacuna in* MS., *the equivalent of a leaf wanting here.*
² *contraction stroke om.*   ³ a *om. Facs.*   ⁴ *read* uii.   ⁵ Dolotar *Facs.*
⁶⁻⁶ *partly in ras.* M, . . pait *add. at end of line,* géssi Con. *above line.*   ⁷ Immusra . .
add. in marg. before next line, a *subscr.*

Cual*and*. Is *ed* ro gabsat iar*o*m la hairer nEr*end* antúaid. Is
and asbert Conaire for sli*gi* Cual*and* cid ragma innocht ol se.
6755 Dommáir ada¹ Conaire for M*a*c Cecht m*a*c Snaide Teichid
cathmílid Conaire m*ei*c E*ter*sceoil. Bátar m*en*ciu fir Her*end* oc
do chosnomso cach n-aidche indás bith deitsiu for merogod tige
oíged.

Totháet meis fó amsera for Conaire. Boí cara damsa isin
6760 tír se for Conaire. acht rofesmais conair día thig. Cia ainm side
for M*a*c Cecht. Da Derga di Lagnib ol Conaire. Ránic
cucumsa em ol Conaire do chuingid aisceda 7 ní thuidchid co
n-éru. Rá n-írusa im chét mbó bóthána. Ra n-*írusa* im cét
83b muc* | muccglassa. Ra n-*írusa* im chét mbrat cu*n*gás clithetach.
6765 Ra n-*írusa* im chét ngaisced ngormdatha ngubae. Ra n-*írusa*
im deich ndeilci derca diorda. Ra n-*írusa* im .x. ndabcha déolcha
deich donnae. Ra n-*írusa* im .x. mogu. Ra n-*írusa* im .x. meile
Ra n-*írusa* im thrí .ix. con n-éngel inna slabradaib airgdidib.²
Ra n-*írus*a im .c. n-ech mbúada hi sed*re*gaib oss n-e*n*g. Ní ara
6770 maithem dó cia ris*ed* beos. Doberad a n-aill. is ingnad mád
brónach frimsa innocht. A mbása éolachsa ém dia thig side for
M*a*c Cecht is crich a tribe chuci i[*n*]³ tsligi forsa tai. Téit co
téit isa tech ar is triasin tech ata in tslige. Atát .uii. ndorais isa
tech 7 uii. n-imda it*er* cach dá dórus 7 ní fil acht óenchomlaid
6775 n-airi 7 imsoíth*er* in chomla sin fri cach ndorus dia mbí in gáeth.
Lín ataí sund ragai hit broí dírmai co tarblais for lár in tige.
Masu ed no théig tíagsa co n-árlór tenid and ar do chind.

In tan ro boí Conaire iar sudiu oc ascnam iar slige Chúaland
rataiges in triar marcach dochom in tige. Teóra léne dergae
6780 impu. 7 tri bruit dergae impu. 7 tri scéith der*ga* foraib. 7 tri gae
der*ga* ina lámaib. 7 tri eich der*ga* foa suidib. 7 tri fuilt d*er*ga
foraib. Dergae uile et*er* chorp 7 folt 7 etgud. et*er* echu 7 daíne.
Cía rédes riund for Conaire. Ba geiss damsa in tríar ucut do
dul reum for Conaire na tri deirg do thig Deirg. Cía ragas
6785 ina ndiaid co taessat i llorg cucumsa. Ragatsa ina ndíaid for
Lé. f*ri* Flaith m*a*c Conaire. Téit ina ndíaid iar*o*m for echláscad

---

^a *along lower marg. in a sixteenth cent. hand is the following quatrain, stained
and obscure at beginning and end :—*

A deg (?) ruithne*cht* am bulg dubh.   ni fudhan ni don min gil.
cia·a teimhen mo comainm.   is geal mo toigairm *for* nim.

---

¹ *sic, through homoioteleuton* ; a rad a Conaire *Y*. ² argdidib *Facs*. ³ n-*stroke om*.

7 nis n-arraid. Boí fot n-aurchora et*u*rro. Ach ní ruct*h*aisom
aireseom ní rucadsom foraibseom. Asbert fríu nad remthíastais
in ríg. Nis n-arraid acht ro chachain in tres fer laíd dó dara ais.

.r.¹ Én a m*ei*c mór a scél scél o brudin bélot lo*n*g lúaichet 6790
fer ngablach fíangalach ndoguir cnéd míscad mór bét bé find
for ndestetar deirgindlid áir. ²én .a.

Tíagait úad iar*o*m atároí³ astód. Anais in m*a*c ar cind in
tslúaig. Asbert fria athair a n-asbreth fris. Níbo ait laiss.
Ina ndíaid deit or Conaire 7 tairg tri dumu⁴ 7 tri tinni dóib 6795
7 airet beti im theglochsa ní bía nech etarru o thenid co fraigid.
Téit iar*o*m ina ndíaid in gilla 7 toirgid dóib aní sin 7 nis n-arraid
acht ro cháchain in tres fer laíd dó dara ais.

.r.¹ Én a m*ei*c mór a scél gerthiut gorthiut robruth ríg
eslabrae tri doilbthiu fer forsaid fordáim dám nonbair. én .a. 6800

Tintaí in m*a*c afrithisi co rragaib in laíd do Chonaire. Eirg
ina ndíaid for Conaire 7 toirg dóib .ui. dumu 7 .ui. tinni 7 mo
fuidellsa 7 aisceda i mbárach. 7 airet beite im thegluchsa ni
bía | nech et*u*rru o thein co fraig. Luid in gilla ina ndíaid 84a
íarom 7 nisraraid⁵ acht frisgart in tres fer co n-epert. 6805

.r.² Én a m*ei*c mór in scél scitha eich imáríadam imríadam
eochu Duind Tetscoraig a sídib cíammin bí amin mairb móra
airdi airdbi sáegail sasad fíach fothad mbran bresal airlig
airlíachtad fáebuir ferna tulbochtaib trataib iar fuin. én .a.

Tíagait úad iar*o*m. 6810

Atchíu niros astaís na firu for Conaire. Ni mé rod mert[a]
ém ol se .i. or Lé fri Flaith. Radis a n-aithesc ndédenach
asbertatár fris. Nirptar failte de. 7 Batár iar sain na míthaur-
rússa[b6] imómna foraib. Rom gabsatsa mo gessi uili innocht
ol Conaire. Úar óessa[c] indarbae in triar sin dochotár ríam 6815
dochom in tige co rragbaiset a suide isin tig 7 coro airgiset[d]
a n-eocho dergae do dorus in tige. remthochim na tri nderg
sin isin brudin.

Is ed ro gab Conaire cona slúagaib do Áth Chlíath. Is and
dosnarraid⁸ in fer máeldub cona óenláim 7 óensúil 7 óenchoiss. 6820
Mael gárb fo⁹ suidiu. Cía focerta míach di fíadublaib fora

---

[a] .i. ro follaig⁷ cen in techtairecht do denam [M]   [b] .i. drochmenmand [M]
[c] .i. nár fetad [M]   [d] .i. cor cengailset [M]

---

¹ *between cols.*   ² *in marg.*   ³ *supply* a n- *Y.*   ⁴ damu *Facs.*   ⁵ *read* nis n-arraid.
⁶ . . rúss *in ras.*   ⁷ ro follang *Facs.*   ⁸ dosnaraid *Facs.*   ⁹ *sic, for* for.

R

mulluch ní foichred ubull for lár acht no gíulad cach ubull díb
fora finnu. Cía focerta a srúb ar gésce immatairisfed dóib.
Sithremithir cuing n-imechtair cechtar a dá lurgan. Méit
6825 mulaig for gut cach mell do mellaib a dromma. Gabollórg
ia*r*irn¹ inna láim. Muc máeldub dóthi fora muin 7 sí oc síregim
7 ben bélmar már dub dúabais dochraid ina díaid. Cia focherta
da*no* a srúb ar gésce folilsad. Tacmaicced a bél íchtarach coa
glún. Tacurethar bedg ara chend 7 ferais failte fris. Fo chen
6830 dait a phopa Conaire cían rofess do thíchtu sund. Cia feras in
fáilte for Conaire. Fer Caille co muic duib daitsiu do thoccomol
arná rabi hi toichned[a] innocht. Is tú rí as dech tánic i*n* ndomon.
Cia ainm do mná ol Conaire. Cichuil ol se. Nách n-aidche
aile bas áil dúib for Conaire roborficba 7 sechnaid innocht
6835 duind. Nathó or in bachl*ach* ar rotficbam co port i mbía
innocht a phopan chain Chonaire. Téit iarom dochom in taige
7 a ben bélmar már ina díaid 7 a mucc máeldub dóithi oc
sírégim fora muin. Geiss dosom aní sin 7 bá geis dó diberg do
gabáil i nErind ina flaith.
6840　　Gabtha tra díberg la maccu Duind ṅDéssa 7 cóic .c. fo
churp a ndíberge. cenmota na rabi do foslúag leó. Baí láech
maith isin tír thúaid. Fén dar Crínach ba s*ed* a ainm. Is de
ro boí Fén dar Crínach fairseom. ár is cumma no cinged dara
84b cho|laind 7 no chess*ed* fén dar crínach. Gabtha díbé*r*g da*no*
6845 la suid*e* 7 .u. c. fo ch*ur*p a ndib*er*gae a óenur cenmothá fosluag.²
　　Bátár and iar sin fíallach bátár uallchu .i. uii. me*i*c Aile*lla* 7
Medba. 7 Mane for cach fir díb. 7 forainm for cach Mani .i. Mani
Athremail. 7 M*ane* Máth*r*amail. 7 M*ane* Míngor. 7 M*ane* Mórgor.
M*ane* Andóe. 7 M*ane* Milscotach. M*ane* Cotageib Uli. 7 M*ane* as
6850 Mó Ep*er*t. Gabtha díberg la suidib. Mane Math*r*amail da*no* 7
M*ane* Andóe cethri fichit déc³ fo ch*ur*p a ndíbergae. Mane
Athremail .l. ar ccc. fo ch*ur*p a ndib*er*gae. Mane Milscothach
.u. c. fo churp a ndíbergae. Mane Cotageib Uile .uii. c. fó
churp a díbergae. Mane as Mó Ep*er*t .uii. c. ⁴fo ch*ur*p a d*í*berg*ae.*⁴
6855 .u. c. fo churp díb*er*gae cach fir díb olchenae.
　　Baí triar trebland[b] di feraib Cúaland di Lagnib .i. tri
Ruadcoin[c] Cúaland. Gabtha⁵ dib*er*g da*no* la suid*ib* 7 dá .xx.

---

[a] .i. hi troscud [M]　　　[b] .i. gusmar [H]　　　[c] .i. Cithach 7 Clotach 7 Conall
a n-anmand [H]

¹ sic, for iairn.　　² ṡ add. above line.　　³ add. above line.　　⁴⁻⁴ in ras. M
⁵ t*h* in ras.

deac fó churp a ndibergae 7 dám dasachtach leó. Bátár
díbergaig trá trian fer nErend hi flaith Conaire. Ro boíseom
do nirt 7 cumachtai a n-innarbai a tír Herend do athchor 6860
a ndíbergae allánall. 7 tuidecht dóib dochom a tíre iar n-athchor
a ndíbergae.

In tan ráncatár formnae na fairgge cotregat fri Iṅgcél Cáech
7 Eic[cel 7 Tulchinni tri meic uí Chonmaic]¹ di Bretnaib for
dremniu na farrce. Fer anmin mór úathmar anaichnid in 6865
tIngcél. Óensúil ina chind lethidir damseche duibithir degaid
7 tri meic imlessen inte. Tri chét déc fo churp a díbergae.
Bátár lía dibergaig fer nErend andáti.

Tíagait do muirchomruc forsind airrce. Nábad ed dognethi
for Ingcél ná brisid fír fer fornd dáig abtar lia andúsa. Noco 6870
raga acht comlond fo chutrammus fortso forda² diberga Herend.
Atá ní as ferr dúib or Ingcel. Dénam córai ol atarrobradsiᵃ³
a tír Herend. 7 atonrárbadni a tír Alban 7 Brettan. Dénam
óentaid etrond taitsi conod roláid for ndibeirg im tirse. 7 tiagosa
libse conid ralór mo díbeirg in bar tírsi.⁴ Dogniat in comairle 6875
hísin 7 dobertatár glinni ind di síu 7 anall. It é aitire dobretha
do Ingcél ó feraib Herend .i. [Fer Gair]⁵ 7 Gaburᵇ 7 Fer Rogain
im orgain bad togaide do Ingcél i nErind. 7 orgain bad togaide
do maccaib Duind Déssa i nAlbain 7 i mBretnaib. Focres
crandchor forro dús cía díb lasa ragtha i tossoch. Dothuit dul 6880
la Ingcél dochom a thíre. Lotar iarom co Bretnu 7 oirḡ
athair 7 máthair 7 a .uii. nderbrathir amal ro ráidsem reond.
Lotar iar sin dochom nAlban 7 ortatár a n-orgain and. 7
doathlasat iar suidi˙dochom nErend.

Is and sin trá dolluid Conaire mac Etersceoil⁶ iar slige 6885
Chualand dochom | na brudne. Is and sin tancatár na díberga **85a**
co mbatár i n-airiur Breg comarda Étuir forsind farrci. Is and
asbertatár ná dibergae teilcid sís na séolu 7 dénaid óenbudin díb
forsind farrci ar náchbar accaister as tír 7 etar nach traigéscaid
úaib isa tír dús in fugebmaís tesorcain ar n-enech fri Ingcel. 6890
Orguin fón orguin dorat dún

Ceist cía ragas dond éistecht isa tír. Nech las mbeth na
tri búada .i. búaid clúaisse 7 buaid rodairc 7 buaid n-airdmiusa.

ᵃ .i. robar cured [H]   ᵇ ɫ Fer Lee [H]

¹ in ras. **H.**   ² sic, for fordat, cp. l. 6931.   ³ read atobrarbadsi.   ⁴ tírse
Facs.   ⁵ Fer in ras. **H**, Gair add. end of line **H**.   ⁶⁻⁶ in ras. **M.**

Atá limsa for Mane Milscothach bu*aid* clu*aisse*. Atá limsa da*no*
6895 for Mane Andóe bu*aid* rodeirc 7 airdmiusa. Is maith a dul
duib amláid forna dibercaig fóa n-i*n*nas sin.
Totíagat nonbor iar*o*m co mbátar for Beind Étair dús cid
roclótís 7 adchetís. Tá᷄ chein for Mane Milscotach. Cid sin
for Mani Andoí. Fuaim n-echraide fó ríg rocluiniursa. Atchíusa
6900 tría búaid rodeirc fora chéli. Ce*is*t cid atcísiu. hi suidiu.
Atchíusa and for se echrada ána aurarddai ailde agmara all-
marda fosenga scítha sceinmnecha. fégi faebordae feme*n*dae
foréim focrotha morcheltar talman doríadat ilardae uscib
indberaib ingantaib.
6905   Cit n-e us*ci* 7 ardae 7 inbera dorríadat. Ni *handsa*. Indeóin
Cult Cuilte*n*. Máfat Ammat Íarmáfat. Finne Goiste Guistine.
Gai glais úas charptib. Calga dét for slíastaib. Scéith airgdidi
úasa n-ullib. Lethruith 7 lethgobra. etaige cech óendatha impu.
Atchiusa iar sin sainlabra¹ saináithe remib .i. tri .lll. gabur
6910 ndubglas. Itt é cendbeca cor*r*derga biruich. baslethain. bolgróin.²
bruinnideirg. béolaide. saitside. sogabaldai. crechfobdi. fégi.
fáebordae. feme*n*dae cona trib cóectaib srían cruanmaith friu.
Tongusa a toinges mo thúath for fer ind rodairc is slabra᷄ nách
suthchernai insin. Is i mo airdmiusa de Is é Conaire m*a*c
6915 Et*er*scéle co formnaib fer nEr*end* n-imbi daróet in sligi.
Tíagait for cúlu iar*o*m co n-ecsetár dona díbergaib. iss *ed*
inso rochúalammár 7 atco*n*narcmár ar iat.
Bátár sochaide tra et*er* siu 7 anall in tsluaig se .i. tri .lll.
churach 7 u. míli chét indib 7 deich .c. in cach míli. Ro thocaib-
6920 set iarom na seóla forsna curchu 7 doscurethar docom tíre. co
ragbaiset hi Trácht Fuirbthi.
85b   In tan ro gabsat na curaig tír is and ro m|boí M*a*c Cecht oc
béim thened³ i mbrudin Dá Dergae. La fúaim na spréde
focressa na tri .l. curach co mbátár for formnu na fairrce. Tá
6925 chein for Ingcél samailte lat so a Fir Rogain. Ni fet*ur*sa ol Fer
Roga*in* manid Luchdond cainte fail i nEmain M*a*c*h*a dogní in
bosórguin se oc gait a bíd aire ar écin. ɫ grech ind Luchduind
hi Temair Lochrae. ɫ beim spréde M*ei*c Cecht oc átúd tened
ría ríg nEr*end* airm hi foí. Cach spréd tra 7 cach frass doleiced
6930 a tene for lar no fonaidfidé cét lóeg 7 di lethorc fria. Ní thuca

---

᷄ .i. clostid [H]   ᵇ .i. is cethir [M]

¹ = sainślabra.   ² = bolgsróin.   ³ *asp. mark om. Facs.*

Dia and in fer sinᵃ innocht fordat meic Duind Désa. Is líach a
bith.¹ Nibu liachu side limsa for Ingcel indás ind orcuin
doratsa duibse. Ba hé mo líthsa combad hé docorad and.
Toscuirethar a coblach dochom tíre. A ngloim ro lásat na
tri .l. curach oc tuidecht hi tír forrocrath brudin Dá Dergae 6935
conná rabi gai for alchaing inte acht ro lásat grith co mbátár
for lar in tige uli. Samailte lat a Chonaire cía fúaim so.
Ním thása a samail acht manid talam immidróe.ᵇ ł manid in
leuidán timchella in ndomon adchomaic a erball do thóchur
in betha tara chend. ł barc mac Duind Désa ro gab tír. 6940
Dirsan náptar hé bátar and. Bátár comaltai carthancha dúnd.
Bá inmain in fianlag nis n-áigsimmis² innocht.

Is and ránic Conaire co mboí hi faichthi na bruidni in tan
rochúala Mac Cecht in fothrond. Atar lais roptar óic táncatár
coa muintir. La sodain forling a gaisced día cobair. Aidblithir 6945
leó bid torandchles tri .c. a chluiche oc forláim a gaiscid. ní baí
báa di sodain de sin.

In barc íarom i mbátar meic Duind ba inte boí in caur
márthrelmach andíaraid inna braine na bárce. In leó uathmar
andsa Ingcél Caech mac uí Conmaic. Lethithir damsechi ind 6950
óensúil boí asa étun .uii. meic imlesain inte. Bátar duibithir
degaid. Méit chori cholbthaige cechtar a dá glune. Méit chléib
búana cechtar a dá dordn.³ Méit mulaig for gut mella a dromma.
Sithithir cuing n-úarmedóin cechtar a dá lurgan. Gabsat tra
na .u. míli .c. sin 7 deich .c. cacha mili hi Tracht Fuirbthen.⁴ 6955
Luid tra Conaire cona muintir isin mbrudin 7 gabais cách
a suide is tig eter gess 7 nemgess. 7 gab|sat na tri Deirg a **86a**
suide 7 gabais Fer Caille cona muic a suide. Tosnánic Da Dergae
iar sin tri .lll. óclách 7 fotolberrad co clais a dá chúlad for cach
fir díb 7 gerrchocholl co mell a ndá lárac. Berdbróca brecglassa 6960
impu. tri .lll. maglorg ndraigin co fethnib iarind ina lámaib.
Fo chen a phopa Conaire for se. Cid formna fer nErend dothaistis
latt ros bíad failte.

In tan bátar and co n-accatar a n-óenbandscáil do dorus na
brudne iar fuinud ngréne oc cuinchid a lleicthe issa tech. 6965
Sithidir claideb garmnai cechtar a dá lurgan. Bátár dubithir

ᵃ .i. Conaire [M]⁵ ᵇ .i. ro bris [M]

¹ supply fo dochur namat Eg. ² read áigfimmis. ³ sic, for dornd.
⁴ n-stroke om. Facs. ⁵ written over . . ca Dia.

druim ndaíl. Brat ríabach rolómar impi. Taicmainged a fés
íchtarach co rrici a glún. A beoil for leith a cind. Totháet co
tard a lethgúalaind fri haursaind in taige oc admilliud ind ríg. 7
6970 na maccóem ro bátar imbi isin tig. Ésseom fessin ataráglastar[a]
as tig. Maith a banscal or Conaire. Cid atchí dúnd massat
fissid. Atchiusa daitsiu iṁ ol sisi nocon érnába cern ná cárna
dít asind áit hi tudchad acht na mbérat éoin ina crobaib. Níbu
do chél célsammár a ben or ésseom ní tú chélas dún do grés.
6975 Cía do chomainmsiu or se a banscál. Cailb or sisi. Ní forcraid
anma son ol Conaire. Eché[b] it ili mo anmand chena. Cade
íatsíde ol Conaire. Ni handsa or si.

.r.[1] Samon Sinand Seisclend Sodb Saiglend Caill Coll
Díchóem Díchiúil Díthim Díchuimne Dichruidne Dairne Dáríne
6980 Déruaine Égem Ágam Ethamne Gním Cluiche Cethardam Níth
Némain Nóennen Badb Blosc Boár Huae Óe Aife la Sruth
Mache Médé Mod.

For óenchoiss 7 óenláim 7 óenanáil rachain[2] dóib insin uile[3] o
dorus in tige.

6985 Cid as áil dait ol Conaire. A n-as áil daitsiu dano or sisi.
Is gess damsa ol Conaire dám óenmná do airitin iar fuiniud
grene. Cid gess or sisi ní ragsa co ndecha[c] mo aigidecht dí ráith
isind aidchi se innocht. Apraid fria ol Conaire bérthair dam 7
tinne di immach 7 mo fuidellsa 7 anad i mmagin aile innocht.
6990 Má dothánic ém dond ríg or sisi co praind 7 lepaid óenmná inna
thig fogébthar na écmais o neoch aile ocá mbía ainech ma
ro scáig coible[4] na flatha fil isin brudin. Is feochair in frecra ol
86b Conaire. Dosleic ind cid gess | damsa. Buí gráin mór foraib
iar sin día haccallaim na mná 7 míthauraras. acht nad fetatár
6995 can boí dóib.

Gabsait na diberga iar sin tír 7 dollotar co mbátar oc Leccaib
Cind Ṡlébe. Bithobéle trá in bruiden is aire asberthea bruden
di ar is cosmail fri beólu fir oc cor bruidne. ł bruden .i. bruthen
.i. en bruthe inte.

7000 Bá mór in tene adsuíthe oc Conaire cach n-aidche .i. torc
caille .uii. ndoraiss ass. in tan doniscide[d] crand asa thoíb ba mét

---

[a] .i. ro aicill [H]   [b] .i. ní dorcha .i. is follus [M]   [c] .i. co ferur ł co rucur [M]
[d] .i. ro berthi [M]

[1] in marg.   [2] sic.   [c] uil Facs.   [4] i subscr.

daig ṅdáirthaige cach tob no théiged asa thaíb for cach ndorus.
Ro bátár .uii. carpait deac di charptib Conaire fri cach ndorus
don taig 7 ba airecnai[a] dond aes bátar oc forcsin ona lo*ng*aib[1] in
tṡoillsi mór sin tria drochu na carp*at*.   7005
  Samailte lat a Fir Rogain for Ingcél   cisi suillse mór sucut.
Noconom tha a samail for Fer R*ogain* acht manib daig do ríg.
Ní tuca Dia and innocht in fer sin is líach a orguin.   Cid ahé[b]
libse a flathius i[*n*]d[2] fir sin hi tír Er*end* ol Ingcél.   Is maith a
fla*thius* or Fer R*ogain*.   Ní thaudchaid nél dar gréin o gabais 7010
fla*thius* o medón erraig co medon fog*amair*. 7 ni taudchaid
banna drúchta di feór co medón laí. 7 ni fascna*m*[3] gáeth chair-
chech cethrae co nónae. 7 ní forruích ᶜm*a*c tíre ina ḟlaith. acht
tárag firend cacha indse o cind bli*adna* co araile. 7 atat .uii.
m*ei*c thíre i ngialnai fri fraigid ina thigseom fri comét ind rechta 7015
sin.   7 atá cúlaittiri iarna chúl .i. M*a*c Locc 7 is hé taccair tara
chend hi tig Conaire.   Is ina flaith atát na tri bairr for Er*ind*.
.i. barr días 7 barr scoth 7 barr messa.   Is ina fl*aith* as chombind
la cach fer guth araile 7 betís téta m*en*dchrot ar febas na cána 7
in tsída 7 in chaínchomraic[4] fail sechnon na Her*end*.   Ni thucca 7020
Dia and innocht in fer sin   is líach a orgain. Is mucc remithuit
mess is noídiu ar aís. is líach garrséle dó.   Ba hé mo lithsa for
Ingcél combad sé no beth and. 7 robad orgain fo araile insin.
Níbu andsa limsa andás mo athair 7 mo mathair 7 mo .uii.
nderbráthir 7 ri mo thuathi. doratussa duibsi ría tuidecht i 7025
n-athchor na dibergae.   Is fír is fír or in t-áes uilc ro bátár
immalle frisna dibergachu.
  Toscurethar bedg na díbergaig a Tracht Fuirbthen 7 doberat
cloich[5] cach fír leó do chur chairnd.   Ar ba sí deochair lasna
fíanna hi tossuch et*er* orgain 7 maidm n-imairic.   Corthe 7030
no chlantais in tan bad maidm n-imairic.   Car[*n*]d[2] i*m* focherti-
tís in tan bad n-or*gain* | Carnd ro láiset iar*om* in tan sin úaire **87a**
ba org*ain*   hi cíanfocus on tig on arna forchlótís 7 na haiccitis
ón tig.   Ar díb fátaib dorigset a carnd .i. ar ba bés carnd la
díb*eirg* 7 da*no* co fintaís a n-esbada oc brudin.   Cach óen 7035
no thicfad slán úadi no b*er*ad a cloich asin charnd.   Co farctais
i*m* cloch[6] in lochta no mairfitis[3] occi.   Conid as sin rofessatár a

---

[a] .i. ba follus [M]   [b] .i. dno [M]   [c] [*between* cols.] .z.

[1] lóg MS.   [2] n-*stroke om.*   [3] *sic.*   [4] *asp. of second* c *om. Facs.*   [5] l *added
above line.*   [6] *sic, for* clocha.

n-esbada. Conid ed ármit eólaig in tsenchas sa conid fer cach
clochi fil i Carnd Leca ro marbait dona díbergaib oc brudin.
7040 Conid din charnd sin atberar Leca i nUíb Cellaib.⁶

Ataíther torc tened la maccaib Duind Desaᵃ do brith robaid
do Conaire. Conid hí sin céttendál robaid dorigned 7 conid di
adairter¹ cech tendal robaid cosindiu. Is ed armit fairend aile
combad i n-aidchi samna no írrthá orgain bruidne 7 conid din
7045 tendáil út lentar tendál samna o sin co sudiu. 7 clocha hi tenid
samna.

Dorónsat iarom na díbergaig comarli bali in ro lásat a carnd.
Maith tra or Ingcél frisna héolchu cid as nesam dún sund.
ni handsa. Bruden uí Dergae rígbriugad Herend. Bátár dócho
7050 ém fir mathi do saigid a céli don brudin sin innocht. Ba sí
comarli na ndíbergach iarom nech úadib do déscin dús cinnas
ro both and. Cia ragas and do deicsin in tigi. Cía no ragad
or Ingcél acht mad messi úair iss mé dliges fíachu.

Tothéit Ingcel do thoscélad forsin brudin cosin sechtmadᵇ
7055 mac imlessan na hóensúla ro boí asa etun do chommus a ruisc
isa tech do admilliud ind ríg 7 na maccóem ro bátar immi isin
tig conda dercacha tría drochu na carpat.

Ro ráthaiged iarom as tig anall Ingcél. Docuirethar bedg
ón tig iarná ráthugud. Téit co rránic na díberga bali hi
7060 rrabatár. Fochress cach cúaird immalaile don díbeirg fri
éitsecht in sceóil. Airig na díbergae hi firmedón na cuardae.

ᵃ *Along the upper margins of pp. 87, 88, 89 the following verses are written by*
H *in a loose script resembling that of pp. 41b and 105a :—*

Monor secht mac Duind Désa inso.

Cain treith doadbanuur   oen for sesiuur sáerbrathar
macni Désa diberci   ba Duind denmig daforbaig
Fer Gair gnim fri reilforcsin.   Fer Lee fri cluaiscoistecht.
Fer Rogair réil fri roardmes.   Lomna domnais drechnatha.
Fer Rorogair fri niadnascaib   [p. 88] ba se in cing for comranna.
Gelfer fri gail n-oenduni   ²Glas fri seruad³ ²saerselca.
buaid ngelfini Galioin   co⁴ croderci cutechta.
brogsat brudni breogaili   caini turscur tareraid.
co saini suth saerni⁵   gnim glond gnatail⁷
maini muirni Maicniad.   mail macei⁸ [p. 89] cach mennota
cirt ba Cairpri cain.   cain .t. [**H**]

ᵇ ɫ cosin tres [M]

¹ air *symbol, read* adainter.   ²⁻² *in ras. to* saer ; *traces of former writing.*
³ sernad *BB* 369a.   ⁴ ' cob *BB*.   ⁵ saerniad *BB*.   ⁶ *sic.*   ⁷ gnataltaig *BB*.
⁸ i *subscr.* (?), *om. Facs.*; maice *BB*.

Batár hésidé Fer Gér 7 Fer Gel 7 Fer Rogel 7 Fer Rogain
7 Lomna Druth 7 I*ngcel* Caech. Sesiur i mmedon na cuardae
7 luid Fer Rogain día rithchomarc. Cinnas sin a Ingceóil for
Fer Rogain. Cip indas for Ingcél is rígda in costud islúagda¹ 7065
a sséselbe is flaithemda a fúaim cía bé céin co pé rí and gébatsa
a tech issinní no ndligim Dotháet cor mo diberga de.

Foracaibsemne fri láim daitsiu a Ingceóil fordat comaltae
Con*aire* nád n-íurmaís orgain co fesmais cia no beth inni

Ce*ist* in dercachasu a tech co mmaith² a I*ngceoil* for Fer 7070
Rogain. Ro lá mo súilse lúathchuaird and 7 gebait im fíachu
am*al* atá. Is deithb*ir* dait a Ing*ceoil* cía no | gabtha ol Fer **87b**
Rogain ar n-aiti uli fil and ardri Hér*end* Conaire m*ac* Et*er*sceo*i*l.
Ce*ist* cid atchondarcsu isind focluí féinnida in tige fri enech ríg
isind leith anall.   7075

³Imda Chormaic *Con*d⁴ Longas

Atchondarc and ol se fer gormainech már rosc nglan
ngleórda lais. Deitgen cóir. Aiged focháel forlethan. Lindfolt
find forordae fair. F*or*tí choir imbi. Mílech airgit inna brut.
7 claideb óirduir[*n*]d⁵ inna láim. Scíath co cóicroth óir fair. 7080
Sleg cóicrind ina laim. Coínso chóir chaín chorcorda lais os é
amulach. Ailmenmnach in fer sin. 7 iar sin cía acca and.

³Imda noí céli Chormaic

Atconnarc and tríar fer fris aníar 7 triar fris anair. 7 triar
ara bélaib ind fir chetnai. Atar let is óenmáthair 7 óenathair dóib 7085
It é comáesa comchore comalli cosmaile uli. Cúlmongae foraib.
Bruit úanidi impu uli. Tanaslaide óir inna mbrat*aib*. Cúarscéith
chred*umai* foraib. Sleg*a* druimnecha úasaib. Calg dét i lláim
cach fir díb. Óenreb léo uli .i. gabaid cach fer díb rind a claid*ib*
et*er* a dá mér 7 imdacuiret immá mér 7 noda sínet na claid*ib* 7090
a n-óenur iar sudi.

Samailti lat insin a Fir Rogain or Ingc*el*. Ni *handsa* damsa
a samail for Fer Rog*ain*. Cormac *Con*d³ Longas m*ac* Conchob*air*
insin. Laech as dech fil iar cúl scéith hi tír Her*end*. Is
ailmenmnach in m*ac* sin. Is fail ní atágethar innocht is láth 7095
gaile ar gaisced. is brigu ar trebachas. Is é in nonbor ucut fil

---

¹ = is slúagda. ² m-*stroke om. Facs.* ³ *between cols.* ⁴ 5d MS. ⁵ n-*stroke om.*

immiseom. na tri Dúngusa 7 na trí Dóelgusa 7 na tri Dangusa
.ix. céli Cormaic Con Longas meic Conchobair. Ní rubutar firu
ríam ara ndochur 7 niros anachtatar ríam ara sochur. Is maith
7100 in láech fail etorru .i. Cormac Cond Longas. Tongu a toinges
mo thúath totháetsat .ix. ndeichenbuir la Cormac inna
chétchumscliu 7 totháetsat .ix. ndechenbair lá muintir cenmothá
fer cech airm dóib 7 fer cech fir díb. 7 roindfid Cormac comgním
fri cach n-óenfer ar dorus na bruidne 7 maídfid búaid ríg ꝉ
7105 rígdamnae ꝉ airig díbergae 7 immaricfa elúd dó cid crechtach a
muinter uli.

Mairg íuras in n-orgain sa for Lomna Drúth cid a dáig ind
óenfir sin Cormaic Cond⁶ Longas meic Concobair. Tongusa
a toinges mo thúath for Lomna mac Duind Désa. mad messi
7110 conísed mo chomarli ní aidlébthai ind orgain cid dáig ind óenfir
sin nammá 7 ara léchet 7 ar febas ind laích. Ni chumthi
for Ingcel. néla femid dofortecat. Fir ṅgér ngúasfes da ngrúad
ṅgabair gébthair fris la lugi Fir Rogain ruidfes. Ro gab do
guth maidm fortsu a Lomnae ol Ingcel at drochlaechsu.
7115 7 rotetarsa   néla fémid dofortecat. Ambía basa lecht bas
88a briscem lurgu mais for traig maitne | do Thig Duind matin
moch i mbárach. Assu éc ernbais ar thromsluaigthig coddet co
teinnet co dered mbetha   ní aisnébat sin na senchaid dul damsa
ónd orgain corommé nos n-órr. Na haithber ar n-einech a
7120 Ingceoil for Gér 7 Gabur 7 Fer Rogain. iurthar ind orgun mani
má in talam fúe conon robarbtharni¹ uli occi. Aṅgo dano is
deithbir daitsiu a Ingceoil for Lomna mac Duind Desa. ni
daitsiu a domaine na orgne bera cend ríg alathúathe la thartbe²
alaile 7 toernae as do thriur derbrathar assind orgain .i. Ingcel
7125 7 Écell 7 Dartaid na Díbergae.

Is ansu damsa i͞m for Lomna Drúth. mairg damsa ría cách
mairg iar cách is mo³ chendsa cetna imcoicertar and innocht.⁴
iarsind uair eter fertsib carpat áit i comraicfét díabolnamat .i.
focicherthar insin bruidin co fá thri 7 dofoicherthar eisse co fá
7130 thrí. Mairg no thet mairg lasa tíagar. mairg cos tíagar Itroich⁵
no thíagat itróich⁵ cussa tíagat. Ni fil nád ró damsa ol Ingchel
inid mo mathair 7 mo athair 7 mo .uii. nderbrathir ortabairsi
limsa ni fail ní nád fóelusa o sin innond. Cid fín bárc totessed

---

¹ sic, for ro marbtharni.   ² second t added above line, read hartbe.   ³ o and
following ch in ras.   ⁴ . . nocht compressed and in ras. inocht Facs.   ⁵ = it troich.
⁶ ͡od MS.

treu ol Gér 7 Gab*ur* 7 Fer Rogain íurtar lat ind orgain innocht.
Mairg dosbéra fó lámaib¹ namat for Lomna. 7 Cia acca and 7135
iar sin.

²Imda na Cruthnech inso

Atconnarc and imdae 7 tríar indi. Tri dondfir mora. Tri
cruindb*err*tha foraib it hé comlebra for cul 7 étun. Tri
gerrchochaill dubae impu co ulni céinnidi fota forna cochlaib. 7140
Tri claidib duba dímóra leó 7 teóra dubboccóti úasaib 7 teórá
dubslega lethanglassa uassaib. Remithir inb*er* cairi crand
cach ae dib.
  Sam*ailte* lat sin a Fir Rogain. Is andsa damsa a samail.
Nis fet*ur*sa i nHer*ind* in triar sin. acht manid hé in triar 7145
ucut di Cruithentúaith dodeochatár for longais asa tír conda
fil hi tegloch Conair*e*. It é a n-anmand. Dubloinges m*ac*
Trebúait. 7 Trebúait m*ac* uí Lonsce. 7 Curnach m*ac* uí
Fáich. Tri laích ata dech gaibthe gaisced la Cruthentúaith
in triar sin. Dofáetsat⁶ .ix. ndechenbor leó ina chétch*um*scliu 7150
7 dofaeth fer cech airm léo cenmotha a fer fessin 7 conraindfet
comgnim fri cach tríar isin bru*din* 7 maidfit búaid ríg ɫ
airig dib*erge*³ 7 immaricfa élód dóib iar sin cidat crechtaig.
Mairg iuras in n-orgain cid daig in trir sin namma. T*ongu*
do dia tong*es* mo th*uath* mad mo chomarle dognethe and 7155
ní iurfaithe ind org*ain* for Lomna D*ruth*. Ni cumcaid for
I*ng*cel. Néla femid dofortecat. Fir ngér gúasfes 7 r̄. 7 cia acca
and iar sin. |

⁴Imda na cuslennach   88b

Atchonnarc and imdai 7 nonbor indi. mongae findbudi 7160
foraib. It é comálli uile. Bruit brecliga impu 7 noí tinne
cetharchóire cumtachtai uasaib. Bá leór suillse isind rigthig⁵
a cumtach fil forsna tinnib cetharchórib hísin.
  Sam*ailte* lat a Fir R*ogain*. Ni *handsa* damsa a sam*ail* for
Fer R*ogain*. Nonbor cuslennach insin doroachtátár co Conaire 7165

---

¹ lá *added at end of line by* **H** (?) *and erased from beginning of next line, where
accent and traces of* a *are still visible.*   ² *in marg.*   ³ diberg MS. *cp. l.* 7170.
⁴ *between cols.*   ⁵ thig *added above line, ink browner, not retraced.*   ⁶ th *Facs.*

ara airscélaib a Síd Breg it é a n-anmand. Bind. Robind.
Ríarbind. Sibe. Dibe. Deichrind. Umal. Cumal. Ciallglind.
It é cuslennaig ata dech fil isin domon. Dofoethsat .ix.
deichenbor leó 7 fer cech airm 7 fer cech fir. 7 maidfid cach fer
7170 dib búaid rig ɫ airig díberge. 7 immaricfa elúd dóib iarom ¹asind
orgain ar¹ bid imguin fri scáth imguin fríu. Génait 7 ni génaiter
úair is a sid dóib. Mairg íuras in n-orgain cid dáig ind nonbuir
sin. Ni cumcid for Ingcel. nela femmid dofortecat. 7 iar sin
cia acca and.

7175   ²Imda tuíssig teglaig Conaire

Atchonnarc and imdai 7 óenfer inti. mael garb for suidi.
Cia focerta míach fíadubull fora maíl ni fochriched ubull díb for
lár acht no giuglad cach ubull fora finna. A brat rolómar taris
isin tig. Cach n-imresain bís isin tig im ṡuidiu ɫ ligi is ina réir
7180 tíagait uli. Dofóethsad snatat isin tig rocechlastai a totim
in tan labras beós. Dubcrand mór uaso. Cosmail fri mol mulind
cona scíathaib 7 a chendraig 7 a irmtiud.
    Samailte lat a Fir Rogain insin. Ni handsa damsa ón.
Tuidle Ulad insin. rechtaire teglaig Conaire. Is écen aurthua-
7185 sacht a brethe ind fir sin. Fer conic suide 7 lige 7 bíad do
chách. Is í a lorg theglaig fail úasa feis libsi in fer sin.
Tongu a tonges mo thúath bit lia mairb leis na horgni andáte
a mbí. Totháethsat a thrí comlín lais 7 dofáeth féin and.
Mairg íuras ind orgain 7 r̄. Ni cumcid for Ingcel. Nela
7190 femmid dofortecat. 7³ Cia acca and iar sin.

        ²Imda Meic Cecht cathmiled Conaire

Atconnarc and imdae n-aile 7 tríar indi. Tri muil midrecht.
Moab⁴ díb in mael medonach. Múadblosc bráenach. Bairend-
chorp báirnech béimnech balcbuillech benas ar .ix. cétaib hi
7195 cathcomlond. Crandscíath odor iarndae fair co mbil chothut
condúala forsa talla certchossair cethri ndrong ndechenbair
ndedbol fora tairsciu tharlethair. Taul fair fortrend fodomain
cairi chóir chutrummae cetri ndam tollchruís tolberbud im
chethóra mucca midisi inna midchróes mórthaltu. Atát fría

---

¹⁻¹ in ras. M.   ² between cols.   ³ om. Facs.   ⁴ sic.

di n-airchind n-airidi. Dí nóe chúicsesschurach cutr*um*mae 7200
dingbála tri ndrong ndechenbair | cechtar a dá trénchoblach. **89a**
Gai laiss gormrúad glacthomside fora chrund comaccmaic.
Rosaig íar fraig for clethi conid fri talmain tairissidar. Foriarnd
fair dubderg drúchtach. Cethri traigid trethomsidi et*er* a dá
na( )g¹ imfáebair. Tricha traiged tromthomsidi i*n*² claid*iub* 7205
glondbéimnech o dubdés co iarnndor[*n*]d³ tadbat tuídle tentidi
forosnae Tech Midchúarda o cléithib co talmandae. Trénecosc
adchíu. Náchim rala úathbás oc imcaissiu in trir sin. Ni fail
ní bas decmaicci. Días máel and sin im fer co folt. Dá loch im
slíab. Da sechi im rolaig. Dá nóíne lána de delgib scíach for 7210
rothchomlai occaib. 7 is cosmail limsa fri cóelglais n-usci forsa
taitni grían 7 a⁴ trebán úadi sís 7 seche i n-ecrus iarna chúl
7 turi rigthaige co ndeilb lágin móir uassae. Dagere cuinge
sesrige a c*r*and fil indi.

Sam*aille* lat sin a Fir R*ogain*. Ni *hand*sa lim a sam*ail*. 7215
M*a*c Cecht m*a*c Snaidi Teichid insin cathmílid Conaire m*ei*c
Et*er*sceoil. Is maith in láech M*a*c Cecht. Inna thotam chotulta
ro boí fáen inna imdai in tan atchonnarcaissiu. In días mael im
fer co folt atconnarcsu. It é a dá glún immá chend. In da
loch im *s*líab atcond*arc* at é a dí súil imma sróin. In di sechi 7220
im rolaig atcond*arc* it é a dá n-o immá chend. In dá cóicsess⁵
for rothchomlae atcond*arc* at é a dí bróic fora scíath. In
chóelglais⁶ usci atcond*arc* fora taitni grían 7 a trebán úadi sís
iss é brechtrad a claid*ib* sin. In tseche i n-ecrus atcond*arc* fil
iarna chúl. is í truaill a claid*ib* insin. In turi rigthigi atcond*arc* 7225
is í a láginsom sin da*no*. 7 Cressaigthiseom in gai sin co comraicet
a da n-ind 7 doléice aurchur a ríada di in tan as n-áil dó. Is
maith in láech M*a*c Cecht. Totháetsat sé chét ina chetch*um*scliu
lais 7 fer cach airm dó cenmothá a fer fodessin 7 conraindfi⁷
comgnim fri cach n-óenfer isi[*n*]⁸ bru*din* 7 maídfid búaid 7230
ríg ł airig díbergi ar dorus brud*ne*. 7 immáricfa élúd dó cid
crechtnaigthe 7 in tan immáricfa ⁹élúd cid crechtnaigt*he*⁹
tuidecht foraib asin tig bit lir bomand ega 7 fér for faichthi
7 renna nime for lethchind 7 for lethclocind 7 caíp for n-incindi

---

¹ *letter or two erased here; only the first stroke of* a *(open) remains.* ² *sic, for*
ina. ³ n-*stroke om.* ⁴ a *subscript.* ⁵ *read* cóicsessch*urach : cp. l.* 7200.
abbrev. stroke om. ⁶ *asp. mark om. Facs.* ⁷ d *om. Facs.* ⁸ n-*stroke om.;*
inserted in Facs. ⁹⁻⁹ *sic, error caused by homoioteleuton; read* do *with* Y, H.

7235 7 for cnámradach 7 daisse do for n-apaigib combrutib laiss iarna
scaíliud dó fóna fuithairbi.

Techit iarom dar teóra fuithairbi la crith 7 omon Me*i*c Cecht.
Gabsait na haittiri etorro afrisi .i. Ger 7 Gab*ur* 7 Fer R*o*g*ain*.
Mairg íuras in n-org*ain* for Lomna D*ruth*.   Friscichset for
7240 cenna díb.   Ní ch*um*cid for I*n*gc*el* néla femm*id* dofor*tecat*.
89b Ango | da*no* a I*n*gceoil for Lomna m*a*c Duind D*e*sa. ní deit
atá a domai*n* na org*ne*.   Mairg damsa ind orgain ar bid hé
cétchend rosía i mbru*din* mo chendsa.   Is andso damsa or
I*n*gc*el* is í mo orgain doruided and.   Ango da*no* for I*n*gc*el*
7245 at mbía bása lecht bas briscem a[*n*]d¹ 7 r̄.   7 iar sin cia acca
and.

²Imda tri m*a*c Conaire .i. Oball 7 Oblin 7 Corp*ri*

Atcond*arc* and imdae 7 triar inti .i. tri móethócláig 7 tri
bruit sirecdai impu.   Téora bretnassa órdai inna mbrattaib.
7250 Téora monga órbudi foraib.   In tan folongat abairbthiu tacmoing
in mong orbudi dóib co braine a n-imdae.   Inbuid conócbat
a rrosc conócaib in folt connách ísliu rind a n-úae.   Cassithir
rethe copad.   Cóicroth óir 7 caindel rígthige úas cach ae.   Nach
duni fil isin tig artacessi guth 7 gním 7 bréthir.
7255   Sam*ailte* lat a Fir R*o*g*ain*.   Ro chí Fer R*o*g*ain* combo fliuch
a brat forá bélaib 7 ní hétas guth assa chind co trían na haidchi.
A bec*h*u or Fer R*o*g*ain* is deithb*ir* dam a ndogníu.   Oball 7
Oblini 7 Corpri Findmór tri me*i*c ríg Her*end* insin.   Ron mairg
masa fír in scél ordat me*i*c Duind D*e*sa.   Is maith in triar fil
7260 i*n*sind³ imdaí.   Gnása ingen m*a*cdacht léo 7 cride bráthar 7 gala
mathgamna 7 brotha léoman.   Cach óen bís ina ngnáis 7 inna
lepaid ní chotlai 7 ní loingthe co cend nomaide iar scarad fríu
asa n-ingnais.   It mathi ind óic ina n-áes.   Dotháetsat trí
dechenbair la⁴ cach n-ai díb ina cétchumscle 7 fer ce*ch* airm
7265 7 a tri fir fessin. 7 dofáeth in tres fer dibseom and.   Mairg iuras
in n-orgain fó bíthin in trir sin.   Ni⁵ c*um*cid for I*n*gc*el* nela
femm*i*d d*o*f*ortecat* 7 c̄.   7 cia a*cca* iar sin.

---

¹ n-*stroke om*.   ² *between cols*.   ³ *after second* i *traces of a letter erased* (?) i;
the writing has been clumsily retraced in this portion, including the initial n-*stroke*,
which may be due to the retracer, cp. l. 7355·   ⁴ *in ras*. la *corr. from* leó ; *let Facs*.
⁵ *an* m-*stroke partially erased over* i.

¹Imda na Fomórach

Atcond*arc* and imdae 7 triar inti .i. tríar úathmar anetargnaid
trechend. 7270

Tri fothuct Fomórach
nad ndelb dúine nduinegin
fora ndreich duichni díulathar
roda ler lond lathrastar
lánchend tri lorg línfíaclach 7275
o urbél co úae
Rechtaire múad muint*er* ce*ch* cétglonnaig
claidib tri slúag selgatar
roselt ar Borg mBúredach
bru*dne* Da Dergae turchomruc. 7280

Sam*aille* lat a Fir R*ogain*. is andsa damsa a samail ón
Ni fet*ur*sa di feraib Her*end* nach di feraib betha manip é in triar
thuc M*ac* Cecht a tírib na Fomóre ar galaib óenfer. Ní frith
do Fomórib fer do chomruc fris co tucc | in tríar sin úadib **90a**
conda fil hi tig Conaire hi ngiallnae nar coillet ith na blicht 7285
i nHer*ind* tara cáin téchta céin bes Conaire hi flaithius.
Is deithb*ir* cid grain a n-imcaissiu.² Tri luirg fíacal o huí
díarailiu inna cind. Dam co tinniu iss *ed* **[**mir³**]**ᵃ cach fir díb 7
is ecna in mír sin doberat inna mbéolo co teit sech a n-imlind sís.
Cúimm chnámaᵇ uli in triar sin. To*ngu* a to*nges* mo th*uath* 7290
bit lia a mmairb leó na org*ne* andáta a mbí. Tothétsat⁴ .ui.
c. láech leó inna cetch*um*scli 7 fer cech airm 7 a triar fessin
7 maídfit búaid ⁵ríg ł airig⁵ díb*er*gi. 7 ⁵níbá mó ł ó mir ł ó dúrnn
ł o lúa⁵ mairfes cach fer léo. Dáig ní léict*er* airm léo isin tig
úaire is i ngiallnai⁶ fri fraigid atát arná d*er*nat mídénom issin 7295
tig. To*ngu* a to*nges* mo th*uath* día mbeth gaisced foraib
arnonsligfitís co trían. Mairg iur*as* in n-org*ain* fo ndáig ni
comrac fri seguinni Ni ch*um*cid for I*n*gcel 7 r̄. 7 iar sin cia
acca and.

ᵃ .i. cuit [H]   ᵇ .i. cen alt intib [M]

---

¹ *between cols.*   ² n-imcuissiu *Facs.*   ³ mir (*in ras.*) *and the gloss above*
line, in pale ink, apparently by **H**, *final* s *of* iss *also pale ink, partly retraced.*
⁴ *sic.*   ⁵⁻⁵ *seemingly in ras.,* M.   ⁶ isi*n*ngiallnai *Facs.*

7300   ¹Imda Munremair^a 7 Birderg me*i*c Ruain. 7 Mail me*i*c
          Telbaind.

     Atcond*arc* and i*mda* 7 triar indi. Tri dondfir móra. tri
dondb*err*tha foraib. Buind cholbthae remrae léo. Remithir
medon fir cach ball díb. tri dondfuilt chassa foraib co remorchind.
7305 Téora lenna brecderga impu. Tri duibscéith co túagmílib óir.
7 teora slega coicrindni úasaib 7 claid*eb* dét² cach fir díb. Is sí
reb dogniat día claid*bib* fócherdat i n-ardae 7 focherdat na
trualli ina ndíaid 7 noda ṡamaiget³ isna trua*llib* riasíu tháirset
talmain. Focherdat da*no* na trual*li* 7 na c*laidbiu* ina ndíaíd
7310 ⁴7 atethat na trual*li* conda samaig*et*⁴ ⟦impu⁵⟧ a n-oenur riasíu
táirset tal*main*.

     Sam*ailte* l*at* s*in* a F*ir* R*ogain*. Ni *handsa* damsa a sam*ail*.
Mál m*a*c Telbaind 7 Muinremor m*a*c Gerrcind 7 Birderg mac
Rúain. Tri rígdamnae tri láith gaile tri laích ata dech íar cúl
7315 gascid i nHer*ind*. Toth*oethsat* c. láech léo ina cétch*um*scliu
7 conroindfet comgním fri cach n-óenfer isin brudin. 7 maid*fit*
buaid ríg ł airig d*iberge* 7 immáricfa élúd dóib iarom. Nípu orta
ind org*ain* cid dáig in trír sin. Mair⁶ iur*as* in n-org*ain* for
Lom*na*. Bá fer⁷ búaid a n-anacail oldás bu*aid* a ngona Cén mair
7320 noda ans*ed* mairg nodo géna. Ni c*um*thi for I*n*gcel 7 ŕ. 7 cía
acca and iar sin.

          ⁸Imda *Con*aill Chernaig

     Atcond*arc* and i n-imdae chumtachtae fer as chaínem do
laechaib Her*end*. Brat caschorcra imbi. Gilithir snechtae
90b indala g*rú*aid | dó. Brecdergithir sión a ngrúad n-aile. Is
7326 glasidir buga indala suil. Is dubithir druim ndaíl in tsuil aile.
Meit clíab búana in dosbili find fororda fil fair. Benaid braini
a da imdae.^b Is cassidir rethe coppad. Cía dóforte míach di
chnoib dergfuiscib fora mullach ni foichred cnoi díb for lár.
7330 Claid*eb* órduirn ina láim. Scíath cróderg robreccad do
semm*an*naib findruini et*er* eclannu óir. Sleg fota tredruimnech.
remithir cuing n-imechtraid a crand fil indi.

---

^a .i. me*i*c Gerrcind [M]   ^b .i. a da less [H]

¹ *in marg.* Munrema*r Facs.*   ² *supply* i lláim *Y*.   ³ ṡamaige*tur Facs.*
⁴⁻⁴ *in ras.* M, *with an accent left over* atethat.   ⁵ *in ras.* H, *end of line, ink pale.*
⁶ *sic, read* mairg.   ⁷ *sic, for* ferr.   ⁸ *in marg.*

Sama*ilte* lat. sin. a F*ir* R*ogain*. Ni *handsa* damsa on a s*amail*
ar rofetatar¹ fir Her*end* a*n* ngein sin.   Conall Cernach m*ac*
Amorgein insin.   Dorecmaing immale fri Conaire ind inbuid se. 7335
Is é charas Conaire sech cách fo bith a chosmailiusa fris. ar
febas a chrotha 7 a delba.   Is máith in láech fil and Conall Cer*nach*.
In scíath cróderg sin fil ara durnd ro brecad do semma*n*naib
findruini conid brec.   Ro nóeseged ainm dó la Ul*tu* .i. in Bricriu
Conaill Cher*naig*.   Tong*u* a to*nges* mo th*uath* bid imda bróen 7340
dérg tairse innocht ar dorus brud*ne*.   In tsleg druimnech sin fil
úasa bid sochaidi forsa ndáilfe deoga tonnaid innocht ar dorus
brud*ne*.   Atát .uii. ndoruis asin tig 7 arricfa Conall Cer*nach*
bith for cach dorus díb 7 ni bía a thesbaid as nách dorus.
Toth*oethsat* trí .c. la Conall ina chétch*um*scliu cenmotha fer 7345
cach airm 7 a fer fessin 7 conraín*nfi* com*gnim* fri cach n-óen isin
brud*in*. 7 in tan immaricfa tuidecht dó foraib asin tig beit lir
bommand ega for lethchind 7 for lethclo*cind* 7 for cnáma fó déis
a claid*ib*. 7 immáricfa élúd dó cid créchtach.   Mairg iur*as* in
n-org*ain* fo d*aig* ind fir sin nammá.   Ní c*um*gid for I*n*gcel. 7350
Néla 7 r. 7 iar sin c*ia* a*c*ca.

²Imda Conaire fessin

Atcond*arc* and   imdae 7   bá   caímiu   a   cumtach   oldáta
imdada in tigi olchena.   Seolbrat n-airgdidi   impe 7 cumtaige
isind imdae.   Atcond*arc*   triar n-inni.   In dias imechtrach 7355
díb finna díb línaib cona foltaib 7 a [*m*]brataib.³ 7 it gilithir
snechtae.   Rudiud roáloind fo grúad cechtar n-ae.   Móethóclách
etorro i mmedón.   Bruth 7 gním ruirech lais 7 comarli senchad.
Brat atconnarc imbi is cubés 7 ceó cétamain.   Isain⁴ dath
7 écosc cacha húari tadbat fair.   áildiu cach dath alailiu. 7360
Atcond*arc* roth n-óir isin brut ara bélaib adcomaic húa smech
cóa imlind.   Is cosmail fri tuídlig n-óir forloscthi dath a fuilt
di neoch atcond*arc* de delbaib betha is í delb as aldem díb.
Atcond*arc* a claideb n-órduir[*n*]d⁵ occo thís.   Ro boí airth*er*
láme din claid*iub* fria truaill anechtair.   A n-airther lámi sin 7365
fer no bíd i n-airthiur in tigi tíscébad frigit fri foscod in claid*ib*.
Is binni bindfogrogod in claid*ib* oldás bindfog*ur* na cuslend

---

¹ rofeta*r*tar MS., ar *symbol, with tail and cross stroke partially erased.*   ² *between*
cols.   ³ m-*stroke om.*   ⁴ = is sain.   ⁵ n-*stroke om.*

S

91a n-órdae | fochanat ceól isind rígthig.   Is and asbertsa. for
Ing*cel* acá déscin.

7370
     Atchíu flaith n-árd n-airegdae
     asa bith buillech búredach
     bruchtas róimse robortae
     rechtbruth caíncruth ciallathar.

     Atchiu clothrig costodach
7375
     cotngaib inna chertraind chóir comchet*h*buid¹
     o cr*u*nd co fraig foa suidi

     Achíu¹ a mind findflatha
     conid fri recht ruirech rathordan
     ruithen a gnúis comdetae.ᵃ

7380
     Atchíu a ndá ngr*ú*aid ngormgela
     conid fri fúamun find fuinechdae
     fordath sóerdath snechtaide
     di díb súilib sellglassaib
     glannu a rosc robuga
7385
     teinniu a chuinscliu caíntocud
     it*er* clethchor ndub ndóelabrat.

     Atchíu ardroth n-imnaisse
     imma chend cocorse
     conid fri fultu frithecr*us*
7390
     fordath n-órda n-ollmaisse
     fil úasa be*r*rad buidechas.

     Atchíu a brat n̈erg n-ildathach
     noítech siric srethchisse
     sluind ar delbthor ndímaisse
7395
     dind ór aúrdeirc ailbend
     alathúaith ndronaicdi.

ᵃ ꝉ comdéntae [M]

¹ *sic.*

Atchíu delg n-and olladbol
de ór uili intlaisse
lassaid ar lúth lanésci
lainne a chuaird corcorgemmach   7400
cáera crethir comraicthe
congaib ar dreich ndendmaisse
eter a dá gelgúalaind chóir

Atchíu a léine ligdae linide
conid fri sreband sírechtach   7405
scáthderc sceó deilb ildataig
ingelt súla sochaide
cotgaib ar méit muinenchor
sóerthus ar néim imdenam
ór fri siric srethchisse   7410
o adbrund co urglune.

Atchíu a chlaideb n-órduirn n-intlaisse
ina findiuch findargit
aisnéid ar cheirr cóicroth
conid fri crúaid n-aurdairc n-aister.   7415

Atchíu a scíath n-etrocht n-aílenda
fail úas drongaib dímes
tréthur di ór oiblech
ar thur sceó bil banbruth
forosnai líth lúachet.   7420

Turi di ór intlassi
lám ríg fris dess dingabar
fri tríeth tailc taurgaib
conid fri cernu crúadchassa
tri .c. chorae comlána   7425
úasind rurig rathrúanaid
fri boidb hi mbroí bertas
is brudin bróntig achiu.¹   atchiu flaith n-ard.

Ro boí iarom in móethóclach ina chotlud 7 a chossa i n-ucht
indala fir 7 a chend i n-ucht araile Doríusaig iarom assa 7430
chotlud 7 atraracht 7 ro chachain in laid se

---

¹ *sic.*

.l. .r.¹ Gáir Ossairᵃ
assir chumall
goin gair ooc
7435   i mmullach Thuil Gossi
gáeth úar tar fáebru eslind
adaig do thogail ríg ind adaig se.

Cotlais afridise 7 díuchtrais ass 7 canais in retoric se. |

91b   .l. .r.² Gáir Ossirᵇ
7440   ossar chumall
cath ro dlom
doerad túathe
togail bruidni
bróncha fíanna
7445   fir guíti
goíth imómain
imórchor sleg
sáeth écomluind
ascuir tige
7450   Temuir fás
forba n-aniúil
comgné caíniud Conaire
coll etha
lith ngaland
7455   gáir égem
orgain ríg Herend
carpait hi cucligi
dochraite ríg Temrach.

Asbert in tres fecht.

7460   .l. .r.² Dommárfás imned
immed siabrai
slúag fáen
fálgud námat
comrac fer for Dothrai
7465   docraite ríg Temrach
i n-oitid ortae.

ᵃ .i. cu Conaire [H]   ᵇ .i. messan Conairi³ [H]

¹ *in marg.*   ² *between cols.*   ³ Conaire *Facs.*

Sam*ailte* let a Fir R*ogain* cía ro cháchain in laid sin. Ni
handsa damsa a sam*ail* for Fer R*ogain*. ní ésce cen ríg ón im̅ is é
rí as an*em* 7 as ordnidem 7 as chaínem 7 as chumachtom thánic
i ndomon uli is hé rí as bláthem 7 as mínem 7 as becdu¹ dodánic 7470
.i. Conaire Mór m*a*c Etersceóil is é fil and ardri Her*end* uli.
Nicon fil locht and isind fir sin et*er* chruth 7 deilb 7 dechelt.
et*er* méit 7 chórae 7 chutr*um*mae. e² rosc 7 folt 7 gili [³et*er* g̅]aís
7 álaig 7 erlabrae. et*er* arm 7 eirriud 7 écosc. et*er* ani 7 immud
7 ordan. et*er* ergnas 7 gaisciud 7 cen*el*. Már a oítiu ind 7475
fir cháldae forbaíth conidralá ar gním ngaiscid mád día
nderscaigth*er* a bruth 7 a gal o beit fíanna fer nEr*end* 7 Alban
dó ar thig ní híurthar ind orguin céin bes inni. Tothóetsat
.ui. chét la Conaire ríasiu rosia a árm 7 tothóetsat secht cet
lais ina chétch*um*scliu iar saigid a airm. To*ngu* do dia a 7480
toi*nge*s mo th*uath* mani gabthar deog de céin co beth nách aile
isin tig chenae acht é a óenur tanairs*ed* in fer ó Thuind Chlidna
7 o Thuind Essa Rúaid sibsi ocon bru*din*.
   Atát noí ndorais forsin tig 7 dofáeth .c. láech lais cech
dorais. 7 in tan ro scáig do chách is tig airbert a gascid is and 7485
fochichersom ar gním n-aitherraig 7 día 'mairi do thuidecht
foraib asin tig. Bit lir bommand ega 7 fér for fagthi⁴ for
lethchind 7 for lethchlocind 7 for cnáimred⁵ fo fáebur a chlaid*ib*.
Is dochu limsa ní 'mmáricfa dó tuidecht asin tig. Is inmain
laisseom in días fil imbi isind imdae .i. a dá aiti Dris 7 Sníthi· 7490
Tothóetsat tri .lll. láech la cechtar de i ndorus na brud*ne* 7 nibá
síre traigid úaid ille 7 innond hi tóetsat.
   Mairg iur*as* in n-org*ain* cid daig na dessi sin 7 na flatha fil
etorro ardri Her*end* Conaire m*a*c Etersceóil bá líach díbdud na
flatha sin | for Lomna Drúth m*a*c Duind Désa. Ni c*um*cid for 92a
I*ng*cel néla femmid doforfecat 7 r̅. Is deithb*ir* daitsiu a 7496
I*ng*ceoil for Lom*na* m*a*c Dui[*n*]d⁶ D*esa*. Ní dait atá a domaín
na orgne ar béra cend rig alathúathe lat 7 doernaba fessin. Is
andso damsa chena ar bid mé cena⁷ ortábthar for bru*din*. Ango
da*no* for I*ng*cel adfía basa lecht bas briscium 7 r̅. 7 Cia acca 7500
and iar sin

---

¹ becda *Facs*.   ² *sic, read* eter.   ³ *in ras.* **H.**   ⁴ *sic.*   ⁵ n *add. above line.*
⁶ n-*stroke om.*   ⁷*sic, for* cétna.

¹Imda na culchometaide

Atcond*arc* and da fer deac for clíathaib airgdidib immón
n-imda sin immácúaird.   monga findbudi foraib.   Lente glassa
7505 impu. it é comaldi. comchróda. comdelba.   Claid*eb* co ndét i
llaim ca*ch* fir dib 7 nís teilget sís et*ir* acht it é echlasca fil² imon
imduí sin immacúaird.

Sam*ailte* let sin a F*ir* R*ogain*.   Ni *handsa* damsa ón. comé-
taide ríg Temrach and sin.   It é a n-anmand. tri Luind Liphe 7
7510 tri Airt Átha Clíath 7 tri Budir Búagnige 7 tri Trénfir Chúilne.
To*ngu* a toi*nges* mo th*uath* bát ili mairb occo immon mbru*din*.
7 immáricfa élud dóib ass cidat crechtnaig*thi*.   Mairg iur*as* in
n-org*ain* fo déig inna buidn³ sin. 7 iar sin cia acca and.

¹Lé f*ri* Flaith m*a*c Conaire asa sa*m*mail so

7515   Atcond*arc* and⁴ m*a*c brecderg i mbrut chorcra atá oc sírchoí
isin tig.   Bale hi fail in .xxx. c. gabthai cach fer a a⁵ ucht i
n-ucht.   Atá iar*o*m 7 cathaír glas airgdidi foa sudiu for lár in
tige oc sirchoí.   Ango da*no* it brónaig a theglach occa cloístin.
Tri fuilt forsin m*a*c sin it é tri fuilt ón .i. folt úani 7 folt corcorda
7520 7 fo*lt* fororda.   Nocon fet*ur*sa indat ilgné dochuirth*er* in folt fair
nó indat⁶ fuilt failet fair. acht rofetar is fil ní adag*ethar* innocht.
Adcond*arc* tri cóectu m*a*c for cathaírib argdidib immi.   7
ro bátár .xu. bonsimne i lláim in m*ei*c brecdérg sin 7 delg scíath⁷
a cind cach simni díb 7 ro bámárni .xu. feraib 7 ar cóic suili déc
7525 dessa do cháechad dó 7 in sechtmad m*a*c imblisen ro boi im
chindsa do cháechad do ol Ing*cel*.

Sam*ailte* l*at* s*in* a Fir R*ogain*.   Ni *handsa* damsa on a s*amail*.
Ro chi Fer R*ogain* co tarlaic a déra fola.   Dirsan dó ol se iss *ed*
gein n-imarbaga fil la firu Her*end* fri firu Alban ar gart 7 cruth
7530 7 deilb 7 marcachas is líach is mucc remitéit mess damna
flatha as dech tánic Her*ind* insin.   Noídiu Conaire m*ei*c
Et*er*sceoli .i. Lé f*ri* Flaith a ainm. .uii. mblia*dna* fil ina áes.
Ni indóig lim cid trú díag na n-ilgne filet forsind fult fil fair. 7
92b inna ndath | n-écsamail docorethar fair.   Is é a sainteglachsom
7535 sin na tri .l. maccóem fil imbi.   Mairg iur*as* in n-orgain for

---

¹ *in marg.*   ² *supply* ina lamaib *Y, etc.*   ³ *sic, for* buidne.   ⁴ *letter* (é ?)
erased after and, mac *in ras.*   ⁵ *sic, dittogr.*   ⁶ *supply* tni.   ⁷ *sic, for* scíach.

Lomna cid fó bíthin in meic sin. Ni cumcid for Ingcel nela femmid dofortecat 7 r̄. 7 iar sin cia acca and.

¹Imda na ndaleman

Atcondarc and sessiur ar bélaib na n-imdad² cétna. Monga findbudi³ foraib. Bruit úanidi impu. Deilge⁴ créda i n-aurslocud 7540 a mbrat. It é lethgabra amal Chonall Cernach. Focheird cach fer a brat immáraile 7 is lúathidir rothán m̄búaled is in̄g inda áirthet do súil.

Samailte lat sin a Fir Rogain. Ni handsa damsa ón. Sé dálemain ríg Temra insin³ .i. Úan 7 Bróen 7 Banna. Delt 7 7545 Drucht 7 Dathen. Nis dérband día ndáil ind reb sin 7 ní cluí a n-intliucht⁵ ocá ndáil. It mathi ind óic fil and. Tothoethsat a tri chumlund leó conraínfet comgním fri cach seser isin brudin 7 asluífet airib úair is a sídib dóib. It é dalemain ata dech fil i nHerind insin. Mairg iuras in n-orgain fo ndeig sin. Ni 7550 chumcid for Ingcel nela 7 r̄. 7 iar sin cia acca and.

¹Imda Tulchinne Druith

Atcondarc and borróclaech ar bélaib na imdae cetnae for lár in tige. Athis maíli fair. Finnithir canach slébe cach finna ásas tríana chend. Unasca óir immá ó. Brat breclígda imbi. 7555 .ix. claidib ina láim 7 noí scéith airgdidi 7 .ix. n-ubla óir. Focheird cech ai díb i n-ardae 7 ní thuit ní díb for lár 7 ní bí acht óen díb fora bois 7 is cumma 7 timthirecht bech i lló ánli cach ae sech araile súas In tan bá háni dó atconnarcus ocon chlis 7 amal dorecachasa⁶ fochartatár grith immi co mbátar for lár in 7560 tige uile. Is and asbert ind flaith fil isin tig frisin clessamnach cotráncammár órbat mac bec 7 ni ralá do cless n-airiut cosin-nocht. Uch uch a phopa chaín Conaire is deithbir dam domrecacha súil féig andíaraid fer co tríun meic imlisen foraicce dul noí ndro[n]g⁷ ní méti dosom a ndéicsin andíaraíd sin 7565 fichitir catha de or se Rofessar co dé brátha bas n-olc ar dorus brudne. Gabais iarom na claidbiu inna láim 7 na scéith airgdidi 7 na ubla óir 7 fochartatar grith imbi doríse co mbátár for lár tige uile. Dorat i mmoth aní sin 7 roléic a chles n-úad 7 7570 asbert.

---

¹ *between cols.* ² *read* himdad, n *due perhaps to retracing.* ³ *in ras.* ⁴ Deilgi *Facs.* ⁵ *partly in ras.* ⁶ dorechachasa *Facs.* ⁷ n-*stroke om.*

.r.¹ A fir Chaille comérig ná laig a slige sligairdbi do muic
fintai cía fail ar dorus tige do ámlius² fer mbruid*ne*.   .r.¹ Atá and
or se Fer Cualngi Fer Gar Fer Rogel Fer Rogain dlomsait
gnim nad lobur logud Conaire o .u. maccaib Duind Des*a* ó .u.
7575 comaltaib carthachaib.

Sam*ailte* lat s*in* a F*ir* R*ogain*.   Cia ro cháchain in la*í*d se.
Ni *handsa* limsa a sam*ail* or Fer R*ogain*.   Taulchinne r*í*gdruth
93 r*í*g Tem*rach* clessamnach Conaire insin fer comaic | ³⟦*m*óir in
fer sin.   Toth*ó*etsat tr*í* ⁴*n*ónbur ina chétcumscli leis⁴ 7 conrainfe
7580 comgn*í*m fri cach n-óen isin brudin.   7 immaricfa el*ú*d dó ass cid
crechtnaigthe.   Cid n*í* chena nibu orta ind org*ain* cid fo bithin ind
fir sin.   Cé*in* *mair* noda ains*ed* for Lomna.   Ni cu*m*cid for I*n*g*cel*.

⁵Imda na muccidi

Atconnarc triar i n-airthiur in tige tri dubb*err*thae foraib.   tri f*or*ti
7585 úanidi impu.   tri ⁶dublenna tairsiu.⁶ tri gabulgici úasaib hi toíb
fraiged.   se dubassi dóib ar cr*und*.   cia sút a Fir Rogain.   Ni *handsa*
ol Fer Rog*ain* tri muccaidi ind r*í*g sin Dub 7 Dond 7 Dorcha.   Tri
brathir tri m*eic* Maphir Them*rach*.   Céin mair nud n-ains*ed* mairg nod
ngéna ar bá mó búaid a n-anacail oldas a ngona.   Ni cu*m*cid for⁷

7590
⁵Imda na n-arad n-airegda

Atconnarc triar n-aili ara mbelaib.   téora lanna óir for airthiur a
cind.   teora berrbróca impu de l*í*n glas imdentai di ór.   tri cochlini
corcrai impu tri broit chrédumi ina l*á*im.

Samail let sin a Fir R*ogain*.   Rosfetar ol se.   Cul 7 Frecul 7
7595 Forcul tri pr*í*maraid ind r*í*g sin tri comais.   tri m*eic* S*í*dbi 7 Cuinge.
atbéla fer cech airm leo 7 conra*í*nfet búaid n-echta.

⁶Imda Chuscraid m*eic* Concobair

Atconn*arc* imduí n-aili.⁸ ocht*ur* claidbech inti 7 máethócláech
et*ur*ro.   máel dub fair 7 belra f*or*mend leiss contúaset áes na brudni
7600 uli a condelg.   aildem di daínib hé.   cáimsi imbi 7 brat gelderg.   eo
áirgit inna brot.   Rofet*ur*sa sin ol Fer Rog*ain* .i. Cuscraid Mend
Macha m*ac* Conchobair fil hi ngialnai lasin rig.   A chometaidi i͞m in
t-ocht*ur* fil immi .i. da Fland da Ch*um*main da Áed da Chrimthan.

---

¹ *between cols.*   ² dom*á*lius MS. m-*stroke over* o.   ³ *here a smaller leaf*
(*pp.* 93-94) *written in one wide column, has been intercalated by* **H** ; *the writing has
been retraced, with the exception of the marginalia, which are pale.*   ⁴⁻⁴ ónbur *to*
leis, *pale, not retraced, seemingly in ras.* ⁵ *in marg.* ⁶⁻⁶ *in ras.* ⁷ *supply* Ingcel.
⁸ *final* i *subscr., pale, not retraced.*

conroínf*et* comgním fri cech n-óen isin brudin 7 immaricfa élod dóib
ass fría ndaltai. 7605

¹Imda na foarad

Atchonnarc nonbur for craund siúil dóib. noí cochleni impu co
lubun chorcrai 7 land óir for cind cach ae. noí mbruit inna lámaib.
Rofet*ur*sa sin ol Fer *Rogain*. Riado. Ríamcobur. Ríade. Buadon.
Búadchar. Búadgnad. Eirr. Iner. Argatlam. noí n-araid foglomma 7610
la tri primaradu ind rig. Atbela fer cech ai dib 7 r̄.

¹Imda na Saxanach

Atcon*narc* isind leith atúaid din tig. nónbur. noí monga f*or*baidi
foraib. noi camsi fogarti impu noi lennae corcrai tairsiu cen
delgae indib. noí manaise .ix. cromsceith déirg úasaib. Rusfetamar 7615
ol se .i. Ósalt 7 a da chomalta. Osbrit Lamfota 7 a dá chomalta.
Lindas 7 a da chomalta. tri rigdomna do Saxanaib sin fil*et* ocond
ríg. conrainfet in lucht sin búaid ng[*n*]íma² 7 r̄.

¹Imda na ritired

Atcon*narc* triar n-aili. téora máela foraib. tri lenti impu 7 tri 7620
broit hi forcepul. sraigell i llaim cach ae. Rusfet*ur*sa sin ol se .i.
Echdruim | Echriud Echrúathar trí marcaig ind rig sin .i. a thrí 94
ritiri. tri brathir iat. tri me*i*c Argatroin. mairg iuras in n-orcain
cid fo dáig in trir sin.

¹Imda na mbreteman 7625

Atcon*narc* triar n-aili isind imdai ocaib. Fer caín ro gab a³ máelad
hi cetud. di oclaíg leis co mongaib foraib. Teóra lenda cummascdai
impu. eó argit i mbrot caech⁴ n-ai díb. tri gascid úasaib hi fraig.
samail let sin a Fir Rogain. Rusfetar son ol se. Fergus Ferde.
Fer F*or*dae. 7 Domaíne Mossud tri brithemain ind rig sin. mairg 7630
iuras in n-orcain cid fo deig in trír sin. Atbéla fer cach ae díb.

¹Imdaí na cr*u*tiri

Atcon*narc* nónbur n-aile friu anair noí monga cráebacha cassa
foraib .ix. mbroit glassa luascaig impu .ix. ndelce óir ina mbrataib
.ix. failge glano immá láma ordnasc óir im ordain cach ae. 7635
auchuimriuch n-óir mo⁵ chach fir. muince aircit im brágit cach ae
.ix. mbuilc co n-inchaib órdaib uasib hi fraig ⁶.ix. flesca findarcit
inna lamaib. Rofet*ur*sa sin ol se. noi crutiri ind rig insin. Side.
7 Dide. Dulothe 7 Deichrinni. Caumul 7 Cellgen. Ól 7 Ólene 7
Olchoí. Atbela fer cach ae leo. 7640

---

¹ *in marg.* ² n-*stroke om.* ³ a *subscr.* ⁴ *sic.* ⁵ *sic, read* i n-ó; i n-ói *Eg.*
⁶ .i. *add. Facs.*

¹Imdai na clessamnach

Atcon*narc* triar n-aile isind airidi.   Teora caimsi hi foditibᵃ impu. scíatha cethrocairi i*n*² ina lámaib co telaib óir foraib 7 ubla airgit 7 gai bic intlassi leu.   Rosfet*ur*sa ol se.   Cless 7 Clissíne 7 Clessamun
7645 tri clessamnaig ind ríg sin. tri comais. tri derbráthir. tri m*ei*c Naffir Rochlis.   Atbéba⁶ fer cach ae léo.

¹Imdai tri n-anmed ind rig

Atcon*narc* triar n-aili hi comfocraíb imdai ind ríg fessin.   Tri broit gorma impu 7 teóra caimsi co ndergintlaid tairsiu.   arrocabtha
7650 a ngascid úasaib hi fraigid.   Rusfet*ur*sa sin ol se .i. Dris 7 Draigen 7 Aittit.   trí anmed ind ríg tri m*ei*c Scéith Foilt.   Atbela fer cach airm leó.

¹Imdai na mBadb

Atcon*narc* triar nocht hi cléthi in tigi a tóesca fola trethu.   7
7655 súa*nemain* a n-airlig ara mbraigti.   rusfet*ur*sa sin ol se   tri ernbaid úagboid triar orgar la cach n-áim insin.

¹Imda na fulachtori

Atcon*narc* triar oc dénam fulochta i mberrbrócaib intlassib.   Fer findlíath 7 di oclaig na farrad.   Rusfet*ur*sa ³sin ol Fer Rog*ain*   tri
7660 primfulachtore³ ind ríg sin .i. in Dagdae 7 a da daltae .i. Séig 7 Segdae da m*a*c Rofir Oenbero.   Atbéla fer la cach n-ae díb 7 r̄.

¹Imda na filed

Atcon*narc* triar n-aili and.   teóra landa óir tara cend.   ³Tri broit bric impu.   teora³ camsi co ndergintlaid.   teora bretnassa óir inna
7665 mbrattaib.   teora bunsacha⁴ uasaib hi fraig.   Rófet*ur*sa sin or Fer Rogin.   tri filid in rig sin .i. Sui 7 Rodui 7 F*or*dui.   tri comais tri brathir tri m*ei*c Maphir Rochétail.   Atbela fer cech fir dib.   7 congeba cach dias búaid n-oenfir etorro.   Mairg⁵ iur*as* ind orcain 7 r̄. |

¹Imda na foschometaidi

95a   ³Atcon*narc* and dá oclaech ina sessom os cind ind ríg.   Dá crom-
7671 sciath 7 da bendchlaidiub mara occo.   lenna d*er*ca impu.   delci findairgit isna brataib.   Bun 7 Meccun sin ol se da chometaib⁷ ind ríg insin da m*a*c Maffir Thuill.³]

ᵃ .i. hi cenglaib [H]

¹ *in marg.*   ² in *bis, end of line.*   ³⁻³ *in ras.*   ⁴ *final a subscr., paler ink..*
⁵ *in ras.*   ⁶ *sic.*   ⁷ *sic, for* chométaid.

¹Imda na cometaidi ind ríg

Atcond*arc* nónbor i n-imdae and ar belaib na imdai cetnae. 7675
mongae findbudi foroib. berrbróca impu. 7 cochléne brecca
7 scéith béimnecha foraib. claid*eb* dét i lláim cach fir díb 7 cach
fer dotháet isa tech. fólóimetár a béim cosna claid*bib* ni lomethar
nech dul dond imdae cen airíasacht dóib.

Sam*ailte* l*at* s*in* a Fir R*ogain.* Ni *handsa* damsa ón. 7680
Tri Mochmatnig Midi. Tri Búageltaig Breg. Tri Sostaig Slébe
Fuait. nonbor cométaide ind ríg sin. Tot*hoeth*sat .ix. ndechenbair
leó ina cetc*um*scli*u* 7 r̄. mairg íuras in n-org*ain* fó ndéig sin.
ni c*um*cid for Ing*cel.* n*e*l*a* femmid 7 r̄. 7 iar sin c*ia* a*cca* a*nd.*

¹Imda Nia 7 Bruthni .i. da foss mési Conairi   7685

Atcond*arc* imdae n-aile n-and 7 días indi. It é damdabcha
balcremra. Berrbróca impu. It é gormdonna ind fir. culmonga
c*um*ri foraib It é aurarda for étun. It lúathidir roth búali
cechtar de sech araili. Indala haí dond imdai alaile don tenid.

Sam*ailte* l*at* s*in* a F*ir* R*ogain.* Ni *handsa* damsa. Nia 7 7690
Bruthni da foss mése Conaire insin. Is í días as dech fail
i nHer*ind* im less a tigernae. iss *ed* fótera duinni dóib 7 aurarda
dia fult athigid in tened co menic. Ní fil isin bith días bas ferr
ina ndán andáte. Tothoeth*sat* tri nonbor leó ina cétc*um*scli
7 conrainfet comgnim fri cach 7 immar*icfa* *el*u*d* doib. 7 iar sin 7695
c*ia* a*cca* a*nd.*

¹Imda Sencha 7 Dubthaig 7 Gobnend me*i*c Lurgnig

Atcond*arc* imdae as nesam do Conaire tri prímlaích inti it é
cétlíatha. Teora lenna dubglassa impu remithir medón fir cach
ball díb. Tri claid*ib* duba dímóra leó. siathir claid*eb* ngarmnae 7700
cach ae. No dídlastaís finnae for usciu. Lágen mór i llaim ind
fir medónaig .l. semmend trethe. Dagere cuinge sesrige a crand
fil indi. Cressaigthe in fer medónach in lágin sin. iṅgi ná tíagat
a huirc ecgi essi. 7 benaid a hurlond fria bais co fá thri.
Lónchore mór ara mbélaib méit chore colbthaige. Dublind 7705
úathmar and mescthus beós isin duiblinn isin. mád chían co tairi
a fob|dud. lassaid fora crund.² Indar lat is derc tentide bís **95b**
i n-úacht*ur* in tige.

---

¹ *in marg.*   ² crand *Facs.*

Sam*ailte* la*t* sin a F*ir* R*ogain*. Ni *handsa*. Tri laích ata
7710 dech gaibthe gaisced i nHer*ind* .i. Sencha m*a*c alaind Aile*l*la
7 Dub*thach* Dóel Ula*d* 7 Goibnend m*a*c Lurgnig. 7 ind lúin
Cheltchair me*i*c Utidir forricht hi cath Maigi T*u*r*e*d is sí fil
i lláim Duib*thig* Duíl Ula*d*. Ís bés dí ind reb sin in tan as
apaig fuil námat do thesin¹ dí. is écen core co neim día fábdud
7715 in tan frisáilt*er* gnim gona duine di   manis tairi sin. lassaid ara
durnd 7 ragaid tria fer a himorchuir no tría chomdid*a* ind
rígthaige. mád fúasma doberthar di mairfid fer cach fúasma
ó bethir ocond reib sin di ón tráth co araile 7 nis n-aidléba.
7 mád urchur mairfid nónbor cacha urchair 7 bid rí ɫ rígdomna
7720 ɫ aire díbergae in nómad fer. Tong*u* a tong*es* mo thúath bid
sochaide forsa ndailfe deoga tonnaid innocht ar dorus na bru*dne*
ind luin Celtchair me*i*c Guth*idir*. Tong*u* do dia tong*es* mo
th*uath* totoe*th*sa*t* tri chét lasin tríar sin ina cet*chumscliu*
7 conraínfet² comgním fri cach tríar isin bru*din* innocht 7 maid*fit*
7725 búaid ríg ɫ airig dib*ergae*. 7 immaricfa el*ud* dóib. Mairg iur*as*
in n-org*ain* for Lomna Drúth cid fó bíthin in triir sin. ní *cum*cid
for I*n*g*cel* 7 r. 7 iar sin c*ia* a*cc*a a*n*d.

³Imda trí n-aitech Fer Falga

Atcond*arc* and imdae 7 triar inti. Triar fer fortrén feramail
7730 fortamail nacha sella duini tairisethar fri án teóra drecha éitchi
androchta ara n-imómon imcissin úath   imdatuigethar celt
clithargarb finna *con*nách a chuirp imcháit ag*r*ind a rruisc
roamnais tría fróech finnu ferb cen étaige imtuige co certsála
sís. La teóra monga echda úathmara ségda co slissu laích luind
7735 lúatar claid*biu* balcbéimnechu fri bibdadu béim búrit fri teóra
sústa iarndae cona secht slabradaib tredúalachaib tréchissi cona
secht cendphartib iarndaib a cind cacha slabraide   trummithir
tinni deich brudamna cach n-ae. Tri dondfir móra. Culmonga
duba echda foraib rosegat a ndí sáil. Dá ndagtrían damseiche
7740 i mmedón cach ae. 7 it remithir sliastae fir cech dubdrolom
cetharchoir fordadúna. Iss *ed* étach fil impu celt asas tréu
Ro cessa trillse dia cúlmongaib 7 sithrogait íarnd sithremithir
cuing n-imechtair i lláim cach ae 7 slabrad iarind a cind cacha
96a loirge 7 pistul iairnd | asithremithir⁴ cuing n-úarmedóin a cind

---

a ɫ comsid [M]

¹ *sic, read* thestin, *Eg. etc.*   ² conráinfe *Facs.*   ³ *between cols.*   ⁴ *sic, for*
as sithremithir.

cecha slab*raide* 7 atát ina mbruc isin tig 7 is leór gráin a 7745
n-imcisin.   Ni fil isin tig ná beth ina foditin.

Sam*ailte* l*a*t s*in* a F*i*r R*o*gain.   Sochtais Fer R*o*gain.   Is
andsa damsa a samail   Ni fet*ur*sa do feraib betha manid hé in
tríar **[**aithech¹**]** ucut ro anacht Cu C*h*ula*ind* hi forbais Fer
Fálga 7 ro marbsat .l. láech oca n-anacol 7 ní relic Cu C*h*ula*ind* 7750
a mmarbad ara n-ingantai.   at é a n-anmand in trír sin .i.
Srubdairi m*a*c Dor[*n*]dbruige⁵ 7 Conchend Cind Maige 7 Fíad
Sceme m*a*c Scípe.   Toto*ethsat* tri chét leó ina cét*chumscliu* 7
conrain*fet* comgním fri cach tríar i mbru*din* 7 día tuidchet²
foraib immach bid intechta tría críathar n-átha bar mbrúar lasin 7755
n-innas dofíurat cusnaib sústaib iarind.   Mairg iur*as* in n-org*ain*
cid fó bíthin in trír sin ar nilach³ im ṡégond 7 is cendarraic
comrac fríu.   Ni c*um*cid for Ing*cel* nela f*emmid* d*ofortecat.* 7
iar sin c*ia* acca a*n*d.

⁴Imda Da Dergae   7760

Atcond*arc* imda n-aile and 7 óenfer inte 7 dá gilla ara
bélaib.   7 dí moing foraib   indala haí is dub.   alaile is find.
Folt derg forsind láech 7 abrait deirg lais.   Da ngrúad chorcorda
lais.   Rosc roglas rochaín occa.   7 brat úanidi immi.   léne
gelchulpatach co ndergintlaid imbi.   7 claid*eb* co n-imdurnd 7765
dét ina láim 7 arric airechtain cacha imdae isin tig di lind 7
bíud oss é cossalach oc timthirecht in tslóig uli.

Sam*ailte* l*a*t s*in* a F*i*r R*o*gain.   Ni *handsa.* Rofet*ur*sa inna firu
sin.   Da Derga insain is laís dorónad in bru*den* 7 ó gabais trebad
niro dúnait a doirse ríam o dorigned acht leth día mbí in gáeth 7770
is fris bís in chomla 7 o gabais trebad ní tuccad a chairi do
thenid acht no bíd oc bruith bíd do feraib Her*end.*   7 in días fil
ara bélaib dá dalta dosom in dá m*a*c sin .i. dá m*a*c ríg Lagen .i.
Muredach 7 Corpri.   7 totoet*hsat* trí deichenbair lasin triar sin
ar dorus a tigi 7 maid*fit* búaid rig ɫ airig dib*ergae* 7 immaricfa 7775
el*ud* dóib ass iar suidi.   Céin mair nodo ans*ed* for Lomna.   Bá
ferr búaid a n-anacail oldás búaid a ngona.   Bátár anachthae
cid fó bíthin ind fir sin.   bá túalaing a chomairgi in fer sin for
Lom*n*a Drúth.   Ní c*um*cid for I*n*g*cel.* nela.   7 iar sin c*ia*
acca a*n*d.   7780

---

¹ *in ras.* **H.**   ² *read* tuidchiset, *St., etc.*   ³ armlach *Facs., read* ní hilach *Y.*
⁴ *in marg.*   ⁵ n-*stroke om.*

¹Imda na trí níad a sídib

Atcondarc and imdaí 7 tríar indi. tri bruit dergae impu 7
teóra léne derga impu 7 tri fuilt derga foraib. derga uli cona
fíaclaib. Tri scéith derga úasaib. Tri gaí derga ina llamaib.
7785 Tri heich derga ina sríanaib doib ar dorus brudne.

96b   Samailte lat sin a Fir Rogain. Ni handsa. Tri nia do|rónsat
goí i sídib. Is í dígal doratad foraib la ríg síde a n-orgain co
fá thrí la ríg Temrach. Is é rí dedenach lasa n-orgiter la
Conaire mac nEtersceli. Asluífet airib ind fir sin. do chomallad
7790 a n-orgni dodeochatár   sech ní génaiter ní génat nech.   7 iar
sin cia acca and.

²Imda na ndorsairi

Atcondarc and triar for lár in tige ocon dorus.   Teóra lorga
brebnecha[a] inna lámaib.   Is lúathidir fíamain cach ae díb
7795 timchull araile dochom in dorais.   Berrbróca impu it é breca 7
bruit lachtnae leó.

Samailte lat sin a Fir Rogain. Ni handsa. tri dorsaide ríg
Temrach insin .i. Echur 7 Tochur 7 Tecmang tri meic Ersand 7
Chomlad. Tothoethsat an tri chomlín leó 7 conrainnfet búaíd
7800 fir etarro 7 immáricfa elud dóib cidat créchtaig. mairg iuras[3]
for Lomna Druth. ni cumcid for Ingcel 7 r. 7 iar sin cia
acca and.

²Imda Fir Chaille

Atcondarc and ocon tenid airtheraig fer maeldub co
7805 n-óensúil lais 7 óenchoiss 7 óenláim 7 mucc maeldub dóithe
laiss for tenid ocsí[4] oc sírégim. 7 ben bélmar már inna farrad.

Samailte lat sin a Fir Rogain. Ni handsa. Fer Caille cona
muic 7 a ben Cichuil. Atát a aídni thechta lasin n-aidchi
farrridse[5] innocht Conaire. Dirsan dond aígid ruidfes etorro. Is
7810 di gessib ém do Conaire Fer Caille cona muic. mairg iuras in
n-orgain for Lomna. ni cumcid for Ingcel. 7 iar sin cia
acca and.

---

[a] .i. tolla [M]

---

[1] in marg.   [2] between cols.   [3] end of line, supply in n-orgain.   [4] sic, for os sí.   [5] sic.

¹Imda tri mac mBaise di Bretnaib

Atcondarc and imdae 7 tri nónbor inti monga findbudi foraib it é comalli. cochléne dub im cach n-óenfer dib 7 cenniud 7815 find for cach cochull 7 cuirce derg for cach cenniud díb 7 delg n-íarind i n-aurslocud cach cochaill 7 claideb dub dímár fó brut cach fir díb 7 no dídlastaís finna for usciu 7 scéith co faebur chonduala foraib.

Samailte lat sin a Fir Rogain. Ni handsa. Diberg tri mac 7820 mBáithse di Bretnaib insin. Totoethsat tri nónbor leó ina cétchumscliu 7 conraínfet búaid fir etorro. 7 iar sin cia asca and.

¹Imda na fursiri

Atcondarc and tríar forchuitbidi hi cind tened tri bruit odra 7825 impu o no betís fir Herend i n-óenmagin 7 cé no beth colaind a mathar ł athar ar bélaib cach fir díb ni foelsad² nech díb cen gári impu. Coí hi fil in trichoit .c. issin tig ní ermada nech díb a suidi nách a lige lasin tríar cuitbidi sin. nách tan tosnaidle súil ind ríg tibid la cach ndéscin. 7830

Samailte lat sin a Fir Rogain. Ni handsa. Máel 7 Mlithi 7 Ádmlithi. Tri cuitbi³ ríg Hérend insin. Atbéla fer la cach n-ae 7 conraínfet búaid fir etorro. mairg iuras in n-orgain for Lomna 7 r̄. 7 iar sin cia acca and. |

⁴Imda na ndeogbaire 97a

Atcondarc and imda 7 triar indi tri bruit glaslúascacha 7836 impu. Cuach usce ar bélaib cach fir díb 7 popp do birur for cach cuach.

Samailte lat sin a Fir Rogain. Ni handsa. Dub 7 Dond 7 Dobur.ᵃ Tri deogbairi ríg Temrach⁵ insin⁶ ( )⁷ t( )⁸ meic Lai 7840 7 Aidchi. 7 iar sin cia aca and.

⁴Imda Náir Tuathchaích

Atcondarc and ⁹fer tuadcháech⁹ co súil millethaig cend mucce lais for tenid os sí oc sírégim

---

ᵃ ł Dorchae [M]

¹ between cols.   ² foelsat Facs.   ³ sic.   ⁴ in marg.   ⁵ a small oval inset here (ll. 5 and 6), the writing has flaked off in places.   ⁶ only top of s left.   ⁷ illeg., .i. Facs.   ⁸ illeg., tri Facs.   ⁹⁻⁹ partly flaked off, but traceable.

7845 Sam*ailte* lat sin a Fir R*ogain*. Ni *handsa* damsa a samail.
Nár Túathcáech sain muccid Boidb a Síd ar Fem*in* nach fled
oca rabi riam dodórted fuil occe.

Comérgid súas trá a fíanna for Ing*cel* dochom in tige.
Cotaéirget iar*om* la sodain na díbergaig dochom na brud*ne* 7
7850 fochartatar a ndord n-impi. Tá chéin for Conaire cid so. Fíanna
ar thig or Conall Cernach. Óic dóib sund ol Conaire. Ricfaider
a les innocht or Conall C*ernach.*

Is iar sin dolluid Lomna Drúth riasin slóg isin mbrud*in.*
Bensait in dorsaire a cend de. Fochres iar*om* isin mbrud*in* co
7855 fá thrí 7 dorralad eiste co fá thri feib dorair[*n*]gertsom¹ fessin.

Dothic iar*om* Conaire immach asin bruid*in* 7 drécht día
muint*ir* lais 7 ferait comlond frisin slóg. 7 dofuitet se .c. la
Conaire ríasíu rosassad a arm. Adaint*er* iar*om* in bruden co fá
thrí 7 dorróbdad anall co fa thrí. 7 rodet ní íurtha ind org*ain*
7860 mani gabtha gním n-aithergaib do Conaire. Dotháet Conaire
do saigid a harm iar sin 7 gebid a erred cathaigthe imme. 7
gabaid glés n-imberta a arm forsna diberga cosin mbudin ro boí.
Tofuitet da*no* sé chét lais iar saigid a airm inna chét*cum*scliu.

Ro gab roiniud forsna díbergae iar sudiu. Atrubartsa fribse
7865 for Fer R*ogain* mac Duind D*esa.* O beit fíanna fer nÉrend 7
Alban do Con*aire* ar thig ní iur*thar* ind org*ain* ma*n*i millt*er* a
bruth 7 a gal Conaire. Bid gar úar dosom ón or na druid ro
bátár immalle frisna dibergae bá hé milliud són dobertatár conid
ragaib roluigi dige

7870 Dolluid Conaire issa tech iar sin 7 conatech² dig. Deog dam
a phopa M*eic* Cecht for Conaire. Ní hé ord ro ngabus úait
co sse ém for M*ac* Cecht tabairt digi dait. Atát dálemain 7
deogbairi lat tuicet dig dait. In t-órd ro ngab*us*a úait co sse to
imditiu o beit fíanna fer³ nEr*end* 7 Alban deit imon mbrud*in*
7875 raga slan úadib 7 ní raga gai it chorp. Cuindig dig cot dálemnu
7 cot deog*bairiu* |

97b Is and sin conatecht Conaire dig coa dálemnaib 7 coa
deog*bairib* ro bátár isin tig. Nis fil and chetus ol seat ro dóirteá
forsna tenti na lennand ro batar isin tig. Ni fúaratar na
7880 deogbaire dig dó isin Dothrae.ª 7 ro boí in Dothra tríasin tech.

ª .i. aband [M]

¹ n-*stroke om.*   ² *sic, for* conatecht, *as below l.* 7877.   ³ *contraction stroke over*
fer.

Is and conaitecht Conaire dig aridisi. Deog dam a data¹ a
M*ei*c Cecht is cumma dam ce bát² é éc tíasur ol atbél chenae.

Is and sin tra ro lá M*a*c Cecht rogu di láthaib gaile fer
nEr*end* ro batár isin tig. dús in bad imchomet ind ríg bád
dethiten dóib. ɫ bád chuingid dige dó. Iss é ros frecair isin 7885
tig Conall Cer*nach* 7 ba lond laside in comram 7 baí fích dos*ide*
do gr*és* iar tain fri M*a*c Cecht. Léic dúinni comet ind ríg or
Conall 7 eirgsiu do chuingid na digi úair is cucut conaitegar.

Luid iar*om* M*a*c Cecht do chuingid na dige 7 gabais Lé f*r*i
Flaith³ m*a*c Conaire fo axail 7 in cuach órdae Conaire i mb*er*fide 7890
dam co tinni. 7 b*ir*t a scíath 7 a dá gai 7 a claid*eb*. 7 b*ir*t inb*er*
in chore .i. inber iairnd. Farrumaí immach cucu 7 dobert .ix.
mbulli dond inb*iur* iarind ar dorus na brud*ne* 7 tofuit nónbur
cacha buille. Dogní iar*om* fáenchles don scíath 7 faeborchles
don claid*iub* imma chend 7 tobert fobart ṁbidbad forro 7 7895
tofuitet sé .c. lais ina chétch*um*scliu. 7 teit iar sligi cét tría
budin sechtair.

Imth*ús*sa lochta na brud*ne* iss *ed* chestnigth*er* sund colléic.
Atraig Conall C*er*nach 7 gebid a gaisced 7 imsoí dar dorus na
brud*ne* 7 timchellaid a tech 7 dofuitet .ccc. lais 7 díchuirid na 7900
dib*er*ga⁴ dar teóra fuithairbi ó brud*in* sechtair. 7 maídid búaid
ríg 7 tintaíd i mbrud*in* 7 sé créchtach.

Tic Cormac Cond Longas 7 a noí céli malle fris. 7 doberat
a c*um*scliu forsna dib*er*ga 7 dothuitet .ix. ndeichenb*or* la Cormac
7 noí ndeich*enbor* la muint*ir* 7 fer ce*ch* airm 7 fer ce*ch* fir 7905
7 maídid Cormac lecht airig díb*er*ga. 7 immáric el*ud* dóib
cérbot crech*taig.*

Tecait in tríar Cruithnech a brud*in* sechtair 7 gabait gles
immerta a n-arm forsna díberga 7 dofuitet .ix. ṅdeichenb*or* leo
7 immaríc el*ud* dóib cíarbat crech*taig*. 7910

Tecait in nonbor cuslennach immach 7 imrubat a [*n*]gnim⁵
forsna dib*er*ga 7 immáric el*ud* dóib.

Cid fil and trá acht is fota fri haisnis is tophlíúin menman
is búadred do chétfaidib is emiltius fri hestidib is imarcraid
n-innisen tíachtain darna nechib inundaib fo dí. Acht tancatár 7915
iar n-urd lucht na brud*ne* immach 7 ro fersatár a comlonna
forsna dib*er*ga 7 dotuitset · leó am*al* ro radi Ḟer Rog*ain* 7

---

¹ *apparently in ras.* M.   ² *sic,* ligatured té.   ³ fl *of* Flaith *altered from* f*r*if
by M, *who repeated* f*r*i *inadvertently.*   ⁴ diḃg MS.   ⁵ n-*stroke om.*

T

98a Lomna Druth fri Ing*cel* | .i. no theiged lucht cecha imdae
béus co fertaís a comlond 7 imrulaítís ass iar sin. Connach
7920 farcaib i mbrud*in* i farrad Conaire acht Conall 7 Sencha 7
Dubtach.

Frisin mórbruth iarom 7 fri mét in cho*m*laind ro fer Conaire
dofic a mórthart ítad 7 aplis do thám arnach fúair a dig.
Ó 'tbath iarom in rí dotháegat in triar út a brud*in* immach
7925 7 nos gabat sáebglés ndíberge forsna díbergaib 7 imthíagat
o brud*in* co créchtach aithbris¹ 7 athgoite.

Imth*ú*ssa M*ei*c Cecht im̄ luids*i*de co ránic Tiprait Casra ba
occus dó i mbuí hi Crích Cúaland inna farrad 7 ní fúair lán
a chúaich inti di usci .i. in cúach orda Conaire ronuc ina
7930 láim. Dorimchell rígus*ciu* Her*end* ría matain .i. Buas. Boand.
Banna. B*e*rba. Neim. Luae. Laígdae. Sinand. Síur. Slicech.
Samaír. Find. Ruirthech. 7 ni fúair lán a chúaich di usci intib.
Toróchell da*no* prímlocha Her*end* ría matain .i. Dergderc.
Loch Luimnig. Loch Rí. Loch Febail. L*och* Mesca. L*och* nErbsen.
7935 L*och* Laíg. L*och* Cúan. L*och* nEchach. Mórloch 7 ní fúair lán
a cuaich di usci intib. Luid co ránic Úarán nGarad for Maig Aí.
Atroasidé a dícleth n-airi co tuc lán a chúaich ass 7 docer
in m*a*c foa choim. Dodeochaid iar sudiu co tánic brudin
Dá Dergae ría matain.

7940   In tan dodeochaid M*a*c Cecht triasin tres fuithairbi dochom
in tige is and ro boí días oc béim a chind do Conaire. Benaid
íar*om* M*a*c Cecht a chend dondala fir adchomaic a chend do
Conaire. Ro boí da*no* in fer aile oc élúd ass cossin chind
dochoemnacair coirthe cloche fo chossaib M*ei*c Cecht for lár na
7945 brud*ne*   toléice² dond fiur aile occa rabi a cend³ tara chóeldruim
co rróemid a druim and. Benaid M*a*c Cecht a chend de íar
sudiu. Dórtais M*a*c Cecht in cúach n-usci in n-airsci 7 i mméde
Conaire. Asbert iar*om* cend Conaire iar tabairt ind usci ina
médi 7 inna ersci.

7950   Maith fer M*a*c Cecht fó fer M*a*c Cecht.
            dob*ei*r dig conoí ríg dogní echt.

Luid M*a*c Cecht iar sudiu iarom⁴ i ndegaid in madma.

Iss *ed* tra ármit araile libair and so conna torchair acht
uathed mbec im Conaire .i. nónbor nammá. 7 ní mór ma

---

¹ *sic, read* aithbriste.   ² doléice *Facs.*   ³ c*h*end *Facs.*   ⁴ om *in ras.*

doerna sceóla indisen scél dona fíannaib ro bátár ar tig doib. 7955
Baile i rrabatár .u. míle .c. 7 x. c. in cach míli ní érna acht
óenchoiciuir díb ass .i. Ing*cel* 7 a dá bráthair* [¹.i. Ecell² 7
Tulchinne.ᵇ Luid iarom Ingcél i nAlbain iar tain | 7 gabais rigi **98b**
dar esi a athar ó ruc buaid ríg alathúathi leis dia thig.

Is¹]s *ed*³ im̅ is slicht i llebraib ailib and 7 is dochu combad 7960
fíriu. Cethracha ɫ coíca⁴ do thutim do⁸ lucht na brud*ne*. 7 teóra
cetraimthe do thutim dona díbergaib. 7 a n-áentrían nammá
do élúd ónd orgain.

In tan da*no* ro boí M*a*c Cecht fora áltaib isind ármaig cind
in tres laí co n-accai in mnaí sechae. Tadall lat ille a banscál 7965
for M*a*c Cecht. Ní laimim a dul ol in ben lat g*ra*ain 7 t'omun.
Ro boi úair damsa di sudiu a ben for M*a*c Cecht. Nod gaibim
for fir mo enig 7 mo ḟaesaim. Adella in ben chuice iar*om*.
Nocon fet*ur*sa ol se in cuil bá in corrmíl bá in sengán nom gaib
isin crecht. Ecmaing bá mongach m*ei*c thire ro boí and 7970
connici a dá gúalaind isin crecht. Ro gab in ben ar but 7
dosrenga asin crecht 7 dob*eir* lán a bél lais ass. Is sengan
sentalman ém or in ben aní seo. Tong*u* do dia toinges mo
thúath for M*a*c Cecht níbu mó limsa oldás cuil ɫ corrmíl ɫ
sengan sin. Atbath da*no* Lé f*ri* Flaith m*a*c Conaire fó oxail 7975
M*ei*c Cecht. [⁵7 ro leg bruth 7 allus in miled hé.

Dolluid M*a*c Cecht iar sin iar nglanad ind áir⁶] cind in tres laí 7
dosrenga Conaire lais fora muin co[⁶ro adnacht⁷ hi Temraig hé ut
alii dícunt.⁶] Doslui M*a*c C*ec*ht iar sin hi Conachtaᶜ co ndernad
a leges i mMaig Bréngair. conid de ro len in t-ainm a mmag 7980
do ingor M*ei*c Cecht .i. Mag mBrénguir.

Asluí da*no* Conall Cer*nach* o brud*in* 7 dochúatar tri .lll. gai
triasin láim i mboí in scíath dó. 7 luid iar sin co rránic tech a
athar 7 leth a scéith inna láim 7 a claid*eb* 7 brurech a dá gai.
Forránic iarom a athair i ndorus a liss hi Talltin. Lúatha coin 7985
dotroiphnetár a maccan for a athair friss. iss *ed* ron bí do
chomruc fri ócu ón a senlaích for Conall Cer*nach*. Scéla lat dī

ᵃ [*in marg.*] .i. tri m*ei*c uí Chonmaic [H]   ᵇ .i. Dartaid na Diberca [H]
ᶜ .i. ca chrích fessin [H]

¹⁻¹ *in ras.* **H.**   ² Ech*ell Facs.*   ³ *second* s (*om. Facs.*) *erased, but traceable*; *two
strokes over the large capital* S, *which has been retraced.*   ⁴ i *altered to* e; coéca
Facs.   ⁵⁻⁵ *in ras.* **H.**   *coarse large script, widely spread to fill space.*   ⁶⁻⁶ *in ras.* **H,**
partly retraced.   ⁷ *the mark of aspiration is over* t.   ⁸ don *Facs.*

na brud*ne* Da Dergae ol Amorgin.   In beó do thigernae.
Nocon beó im̄ for Conall.   Tongu do dia toingthe mórthúatha
7990 Ulad is midlachda dond fir dodeochaid ass i mbethaid íar fácbáil
a thigerna la náimtiu i mbás.   Nidat bána mo chrechtasa a sen-
laich ol esseom.   Doadbat a láim scéith dó forsa rabatár tri .lll.
crecht iss *ed* adcoimced furri.   In scíath trá immardítnestar iss
ed ros anacht.   Ind lám dess im̄ immarobrad for sudi co rrici a dá
99a cutru*m*mae.   Ro cirred iar*o*m|ind lám sin 7 ro hathchummad 7 ro
7996 crechtnaiged 7 ro críatrad acht¹ conácaibset na féthi frisin corp
cen etarscarad innád rabae in scíath ocá imdegail.   Ro fích ind
lám sin innocht a maccáin ol Amorgein.   Fír son a senlaích ol
Conall Cer*nach*   is sochaide día tard deoga tonnaid innocht ar
8000 dorus bruid*ne*.

Imthús im̄ na [*n*]dibergach² cach óen te*r*na díb o brud*in*
dollotar cosin carnd dodrónsat isind aidchi remideogaid. 7
bertatar cloic³ cach fir beógaíti leo ass.   Conid ed ro márbad
dib oc brudin fer cach clochi fil hi Carnd Leca.   Finit a*men* *finit.*

8005   Slicht Libair Dromma Snechta inso

O RGAIN Bru*d*ne Uí Dergae trá iarna remscélaib .i. iar
Tesbaid⁴ Eta*i*ne ingine Aile*l*lo 7 iar Tromdáim Echdach
Airemón 7 íar nAisnéis Síde M*e*i*c* Óic do Midir Breg Leith
ina síd.   Conaire m*a*c Ete*r*scéli m*e*ic m*e*ic Ier di Ernaib Muman
8010 is é ro hort isin brud*in* seo.   Mess Búachallo da*no* a máthair
ingen sidé Echdach Airemon 7 ingen ingine Étaine ut d*ix*ímus.
Conid Conaire ó máthair do Echdaig .i. Conaire úa hEcach .i.
m*a*c ingine ingine Echach hé.

Is *ed* fodrúair a orcain hi cinta Echdach ar is áes síde
8015 Breg Leith dorinólsat in n-orgain fo bíth tonaidbecht forro a
síd oc cuinchid Étaíne la Echdaig.   Ros dolbsat iarom lucht
in tsíde sin hi slúagu 7 dollotár do inriud Maige Breg 7 tarfás
samlaid do Chonaire.   Ecmaing ba tír dudlotar ar is hé rí insin
loingside siabrai.   Ar gabaissom⁵ flaith i ndíaid a athar 7 asbert
8020 Ninión druí bátar n-é airchoilte a flatha. ar ná hechtrad a
Temraig cach nómaid aidche 7 ní fuinmils*ed* gata ina flaith.

---

¹ achd *Facs.*   ² n-*stroke om.*   ³ *sic,* cloi*ch* *Facs.*   ⁴ baid *added above line,* M.
⁵ abais *in ras.* M.

7 na gabtha díberg. 7 ní áirs*ed* augra in dá túathmaíl túath
Maugnae. 7 ná foíed hi taig asmbad ecna soilse iar fuiniud
gr*é*ne 7 r̄.

Slicht na cíni béos.

8025

Mane Milscothach m*a*c Carbad 7 Gér m*a*c uí Nec*a*e 7 tri
m*ei*c uí Thoigse it é nod n-ortatar Conaire tre chomarli Ingceóil.
Dobreth Geer m*a*c ui Necae hi rráith fri Ingcél im orgain
no thogfad i nHére dó.   Roda nertsatside do chomollod fri
Ingcel a n-ebred Mani Milscoth*ach*.   Asbert Mani ba líach 8030
brud*en* do orgain fo déig Conaire.   Is de no geibed Ingcél
gr[úad¹] 7 fír ui Necae.   Tri .lll. ba hé a llin ocund orgain
Is *ed* dollotár riam i nAlpain do chor a ndíbergae and ar nír
léic greim Conairi doib a cor i nHere.   Cońid iar sin tancatar
Hérind a llín cétna 7 ortatár brud*in*.   Conid Bruden Uí Derga 8035
cona fúasaitib 7 cona slechtaib ²7 cona remscélaib am*al* adfiadar
i llebraib insin anúas a³ bith samlaid., ., ., |

---

¹ úad, *end of line, by* **H**, *ink paler*.   ² *This leaf is in two sections*; *the lower
of triangular shape, has been re-joined out of alignment, so that certain letters,
bisected, in both columns, recto and verso, do not meet*; *several are lost, cf. infra.*
³ *Facs. has* ar *siglum*; *but there is no trace of cross-stroke.*

99b Incipit Fled Bricrend 7 in Curathmír Emna Macha 7 in
Briatharchath¹ ban Ulad 7 Tochim Ulad do Chrúachnaib
8040   Ai 7 Cennach ind Rúanada² i nEmain Macha

BOÍ fled mór la Bricrind Nemthenga do Chonchobur mac
Nessa. 7 do Ultaib huile. Bliadain lan dó oc tinól na
flede. Dorónad iarom tegdas chumtachta lais fri frithailem
tomalta na flede. Conrotacht iarom a tech sin la Bricrind i
8045 nDún Rudraige fó .chosmailius na Cráebrúadi i nEmain Macha
acht nammá ro derscaigestar a tech so eter adbur 7 elathain.
eter chaími 7 chumtachtae. eter úatni 7 airinigi. eter lígrad 7
lógmaire. eter sochraide 7 súachnide. eter irscartad 7 imdorus
do thigib inna hamsiri sin uli.
8050   Is amlaid trá dorónad a tech sin sudigud Tige Midchúarta
fair .ix. n-imdada and ó thenid co fraigid .xxx. traiged i n-airdi
cacha hairinig crédumae co ndiórad óir friu uile. Conrotacht
rígimdae and íarom do Chonchobur i n-airinuch ind rígthige sin
úas imdadaib in tige uile co ngemaib carrmocail 7 lógmaraib
8055 archena 7 lígrad óir 7 airgit 7 charrmocail 7 datha cach thíre
combo chomsolus lá 7 adaig inti. 7 Conrotachtá dano dá imdaí
déc in dá erred déc Ulad impe. Ba comnart iarom indas in
gníma sin 7 ind adbair dobreth dó dénom in tigi. Sesrech oc
tabairt cecha clethi 7 mórfessiur di thrénferaib Ulad oc cor
8060 cacha hóenslaite. 7 .xxx.cha sáer do prímsáeraib Herend ocá
dénam 7 oca ordogud.
    Dorónad dano gríanán la Bricrind fodessin fó chomardus
imdaí Conchobair 7 inna láth ngaile. Conrotacht iarom in
gríanan sin do imdenmaib 7 cumtaigib sainamraib 7 ro
8065 sudigthe senistre glainide ass for cach leth. Conrotacht iarom
senester díb uasa imdaidseom fadéin combo fodirc dósom
imcissin in tige máir úad assa imdaí déig rofitirsom ni léicfitis
Ulaid isa tech.

---

¹ *above line in* bria= *is repeated by a recent hand, which has clumsily retraced*
bria *of the original.* ² *final* a *indistinct*; *in upper margin* ruanadha *is repeated by*
the same recent hand.

In tan tra bá urlam la Bricrind dénam a thige máir 7 a
gríanán 7 a n-errad díb línaib do brothrachaib 7 brecánaib 7 8070
cholcthib 7 cerchaillib 7 a tincor do lind 7 do bíud 7 nad rabi ní
bad esbaid úad et*er* deintrub 7 comadb*ar* na flede. Dotháet
iar sin co toracht Em*ain* Macha ar cend Conchob*air* co mathib
fer nUl*ad* imbi. Ba hed lá and sin iar*om* ro boí óenach la
hUltu i nEm*ain* Macha. Ferthar failti fris iar sudiu 7 dofess*id* 8075
for gúalaind Conchob*air*. Adgládastar¹ Concob*ar* co nUltaib
olchena. Taít limsa ol sé co tormail( )² ( )² lim. Maith limsa
da*no* ol Concob*ar* mad maith la Ul*tu*. Frisgart Fer*gus* m*ac*
Róig 7 mathi Ul*ad* archena co n-epertatár. Ní ragam ol seat
ar bit lia ar mairb oldáte ar mbí íarnar n-imchosait do 8080
Bric*rind* día tísam do thomailt a flede. Bid messu dúib ém ol
se a ndogensa céin co tísaid lim. Cid dogénasu³ | di sudiu ol **100a**
Conchob*ar* cén co tíasat Ul*aid* lat. Dogénsa ém ol Bric*riu*
imcossaít na ríg 7 na toísech 7 na láth ngaile 7 na n-ócthigernd
co 'mmáromarba cách díb a chéli m*ani* thísat lim do ól mo flede. 8085
Noco dingniumni airutsu sin or Conchob*ar*. Immacossaitiubsa
et*er* in m*ac* 7 a ath*air* co 'mmámuirfe dóib. Mani fet*ur*sa sin
da*no* or se immácossaítiub et*er*⁴ in n-ingin 7 a mmátair. Mani
fet*ur* sin da*no* or se immacossaitiub dá cích cacha óenmná la
Ul*tu* co 'mmatuaircfe dóib co mbrenfat 7 co llofat la sodain. Is 8090
ferr a techt ol Fergus m*ac* Róig bid fír sucut ol se. Denaid
immacallaim dī or Sencha m*ac* Aile*ll*a úathad do degdaínib
Ulad mád maith lib. Bíaid olc de ol Con*chob*ar cen co déntar
comarlí fris.

Tíagait iar*om* mathi⁵ Ul*ad* uli i n-imacallaim. Ba sí comarli 8095
Sencha doib da*no* ina n-imacallaim ⁶Maith tra ol Sencha uair
atabair ecen techt la Bric*rind* togaid⁶ ait*i*r*i*⁷ de 7 sudidigid⁸
ocht*ur* claidbech imbi im dul dó asin tig acht co taisfena a fled
dóib. Dochóid Furbaide Fer Bend m*ac* Conchob*air* lasin
n-athesc sin co n-écid do Bric*rind* in n-imacallaim uli. Maith 8100
lim ol Bric*riu* a denam samlaid. Tocum*l*at ass iar*om* Ul*aid* o
Em*ain* M*ac*ha cach drong immá rig. cach réim immá rurig.
cach buden immá t*ú*sech. Bá hálaind iar*om* 7 bá hamra in
tochim ronuicset in trénfir 7 ind láith gaile doch*um* ind
rígthaige. 8105

---

¹ Atgladastar *Facs.* ² *letters lost, only upper portions of* il *left*; *read* tormailte
fleid. ³ dogenasib *Facs.* ⁴ *added above line.* ⁵ mati *Facs.* ⁶⁻⁶ *in ras.*
⁷ *added at end of line.* ⁸ *sic*, de 7 sudi *added at beginning of line*, M.

Ro imráid iarom Bric*riu* inna menmain dús cinnas doragad
ar imchossaít Ul*ad* ó dodeochatar aitt*i*ri na trénfer tara chend.
O ro glé dī a imrádud 7 a scrútan uli inna m*en*main. Dolluid
co mboí i mbudin Lóegaire Buad*aig* m*ei*c Connaid m*ei*c Ilíach.

8110 Maith sin tra a Loeg*airi* Buad*aig* or se a balcbullig Brég.
a bráthbullig Midi. a bethir breóderg a búaid n-óc nUl*ad*.
Cid daitsiu nábad lat in curathmír Emna do g*ré*s. Mad ferr
limsa ém or se bid lim. Ríge láech nÉr*end* uaimse dait ol
Bric*riu* acht co nderna mo chomarlisea. Dogén im̄ or Láegaire.

8115 Mád lett ém c*auradmir* mo thigese bid lat caur*admir* Emna¹
do g*ré*s. Is cóir curath*mir* mo thige do cosnom or se ní
caur*admir* tige meraige. Atá dabach hi talla triar and di
lath*aib* gaile fer nUl*ad* iarna línad do fín acneta.ᵃ Atá torc
.uii. mbli*adna* and o ro léorc² becc ní dechaid inna beólu acht

8120 littiu lemnachta 7 menadach i n-erroch 7 fírcroith 7 fírlemnacht
100b i ssamrud. Eitne cnó 7 fírchruithnecht hi fogomur | 7 feóil 7
enbruthe hi [*n*]gemrud.³ Atá bó thúir and díandat⁴ slána a secht
mbli*adna* o robo lóeg bec ní dechaid f*ráech* ꞁ foigdech inna
beólu acht fírlemnacht 7 luigfér glasfeóir 7 arb*ar*. Atát cóic

8125 fichit bargen cruithnechta and iarna fuine tría mil. Cóic méich
fichet tra iss *ed* ro bronnad frisna cóic fichtiu bargen sin. 7 cethri
bargein di cach míach. Iss e sin dī cur*admir* mo thige or Bric*riu*.
Úair is tussu láech as dech fil la Ul*tu* is dait as chóir a thabairt
7 is dait donúthracarsa. In tan iarom bas urlam taisbenad inna

8130 flede deód laí érged do araso súas 7 bid dó doberthar in cur*admir*.
Beit fir marba and ꞁ dogéntar samlaid or Loeg*aire*. Fáitbestár
Bric*riu* la sodain 7 bá maith lais a menma.

O ro scáich do iarom imcossaít Loeg*airi* B*uadaig* dolléic i
mbudin Chonaill Cher*naig*. Maith sin a Chonaill C*hernaig* or

8135 Bric*riu* is tú láech na cernd 7 na comram. At móra na comrama
dait sech ócu Ulad olchena. In tan tíagait Ul*aid* for cricha
echtrand udi tri lá 7 tri n-aidche daitsiu remib for áthaib
7 ilathaib.⁵ Tú da*no* tara n-éssi dorísi ocá n-imdegail oc
tíchtain ass conna torgethar sechut na treót na torot. Cid

8140 daitsiu iarom nád bod latt cur*admir* Emna Ma*cha* do g*ré*s.

ᵃ .i. sainemail [H]

¹ *lower part of* e *lost.* ² oro *obscure owing to faulty re-joining of lower
portion of leaf (see p. 245, n²) and mutilation;* léorc *sic.* ³ n-*stroke om.*
⁴ díaat *Facs.* ⁵ il *apparently altered from* r.

Cerbo mór trá a mmuinbech dorat im Loegaire dorat a da
cutrummai im Conall Cernach.

Iar n-imchossaít Conaill Cernaig dó iar[o]m¹ amal robo
data lais dolléci i mbudin Con Culaind. Maith sin or se a
Chu Chulaind a cathbúadaig Breg. A lígbrataig Liphe. 8145
A macdretill Emna a lennán ban 7 ingen. ní lesainm dait
indiu Cú Chulaind úair is tú fer aurbága fil la Ultu dóeme a
mmórgressa 7 a mmóraurgala 7 saiges a chert do cech óen
la Ultu 7 ní nad roichet Ulaid uli rosoichisiu th'óenur 7
addaimet fir Herend uli do gail 7 do gaisced 7 do gníma 8150
úassaib. Cid daitsiu iarom in cauradmir do lécud do nách
aile do Ultaib uair ní túalaing nech di feraib Herend a chosnam
frit. Tongu a toinges mo thúath im̄ or Cu Chulaind bid cía
cen chend intí doraga día chosnam frim. Scaraid dano Bricriu
friu iar sodain 7 dotháet hi comaitecht a slóig amal na dernad 8155
etir in n-imchossaít.

Lotár iarom dochom in tige co rragaib cách a lepaid and
isind rígthig. eter ríg 7 rígdomna 7 airig 7 ócthigernd 7 maccóemu.
Leth in tige iarom do Conchobur co láthaib gaile fer nUlad
immi 7 a lleth n-aill do bantrocht Ulad im Mugain ingin 8160
Echach Fedlig mnaí Conchobair | Batir hé iarom bátár im **101a**
Chonchobar i n-airinuch in tige .i.

²Fergus mac Róich.	Feradach Find Fectnach	
Celtchar mac Uthechair	Fedelmid Chilair Chétaig	
Eogan mac Durthacht	Furbaide Fer Bend	8165
7 Dá mac ind rig .i.	Rochad mac Fathemon	
Fiacha 7 Fíachaig	Loegairé Búadach	
Fergna mac Findchoíme	Conall Cernach	
Fergus mac Leti	Cú Culaind	
Cúscraid Mend Macha mac	Connad mac Mornai	8170
Conchobair	Erc mac Fedelmthe	
Sencha mac Ailella	Illand mac Fergusa	
Tri meic Fiachach .i.	Fintan mac Neill	
Rus 7 Dáre 7 Imchad	Ceternd mac Fintain	
Muinremur mac Geirrgind	Factna mac Sencada	8175
Errge Echbél	Conla Sáeb	
Amorgene mac Ecit	Ailill Miltenga	
Mend mac Salchadae.	Bricriu fodein	
Dubtach Dóel Ulad		

---

¹ abbrev. stroke om.   ² arranged thus in two columns.

8180 7 formna láth ngaili Ul*ad* arcena 7 a maccaem 7 a n-áesa dána. Ardopetet iar*om* a n-áes ciúil 7 airfite céin both oc taisbenad na flede dóib.

O ro taisfeóin iar*om* Bric*riu* in fled cona imthórmaigib ulib forócrad do Bric*rind* fácbáil in tigi de inchaib na n-atairi. 8185 Atrachtatár na aittiri la sodain 7 a claid*ib* nochta na lámaib día innarba asin taig. Téit iarom Bric*riu* cona tegluch¹ assin tig dochom a grían*án*. Oc techt dó iarom fo díbí ind rígthaigi is and asbert. In caur*admir* ucut ol se am*al* ro aurgnad ni caur*admir* tige meraige. Láech bas dech lib do Ul*taib* 8190 damberaid dó. Fosfácaib la sodain.

Ataregat ind rannaire do raind in bíd la sod*ain*. Atraig iarom ara Loeg*airi* Buad*aig* .i. Sedlang m*a*c Ríangabra co n-epert frisna rannairib. Dale sechut ol se a cur*admir* n-ugut² do Loeg*aire* Bu*a*dach uair iss é no ndlig sech ócu Ul*ad* archena. 8195 Affraig da*no* Id m*a*c Ríangabr*a* ara Conaill C*h*ern*a*ig co n-epert a cétna. Affraig da*no* Lóeg m*a*c Ríangabr*a* co n-epert a cetna frisna ran*nairib*. Tucaid do Choin Chul*aind* sucut ol se ní mebul do Ul*taib* uli a thabart dó. is é gaiscedach as dech fil díb hé. Níbá fír sin or Conall Cer*nach* 7 or Loeg*aire* Búadach. 8200 Atafregat for lár tige 7 gabtait a scíathu foraib 7 taurlaingset a claid*biu* a tríur. Immanesoírg dóib combo nem tened indala leth dind rígthig lasna claid*biu* 7 la fáebru na ngaí. 7 combo 101b én|laith glégel a lleth n-aile di cailc na scíath. Foceird armgrith mór a rrígthech la sodain 7 ro crithnaigset³ ind láith 8205 gaile. 7 ro fergaigestar C*on*cobar⁴ fodessin 7 Fergus m*a*c Róig oc ascin ind étúalaing 7 ind anfír .i. in días do gabáil immón n-óenfer .i. Conall Cer*nach* 7 Loeg*aire* Bu*a*dach im Choin Culaind. Ní rabi la Ultu fer no lamad a n-etargaire co n-epert Sencha fri Conchobar. Etarscar na firu or se ar is é día 8210 talmaide ro boí oc Ul*taib* ind inbuid sin Con*chobar*.

Dolluid Con[*cho*]bar⁵ 7 Fergus etarro iar*om*. Dollécet a láma la tóeb fó chetóir. Dénaid mo reirse or Sen*cha* Dogen-amne ol seat. Is í mo ríarsa dī or Sencha in caur*admir* ucut ol se do fodail fón slóg uile innocht 7 techt immi iar sudiu i 8215 rréir nAil*ella* m*e*ic Mágach ar bid aingcess la Ul*tu* in dal so do gleód m*a*ni brethaigther hi C*r*uachnaib. Fodailt*er* iar sudiu

---

¹ teglach *Facs.*   ² g *perhaps due to retracer, cp.* ucut, *l. 8188.*   ³ a *subscript.*
⁴ MS. *has an abbreviation stroke over* o.   ⁵ *abbrev. stroke om.*

bíad 7 lind dóib 7 tairmchell dáil tenid leó 7 gabsus meisce 7
bátar failte. Bricc*riu* da*no* 7 a rígan ina grianán. Bá foderc dó
iarom assa imduí suidigud ind rígthige am*al* ro both and. Ro
scrút inna menmain cinnas doragad ar imchossait na mban 8220
am*al* dorigni imcossait inna fer.

In tan iarom ro scáig do Bric*rind* a scrutan ina menmain
am*al* doragad airi ba sí úair insin dolluid Fedelm Noíchride .l.
ban asind rígthig immach iar tr*u*mmi óil. Addaci Bricc*riu*
sechai. Maith sin innocht a ben Loeg*airi* Búadaig ní lesainm 8225
dait da*no* Fed*el*m Noíchri*de* ar f́ebas do chrotha 7 do ceille 7 do
cen*eoi*l. Conchoba*r* rí cóicid Her*end* do ath*air*. Loeg*aire*
Bua*dach* do chéle. acht nammá níbo ró lim dait conna tissad
nech di mnaib Ul*ad* ríut hi Tech Midchúarda 7 combad hit
íarsála no beth bantrocht Ul*ad* uile. Bá tú theis isa tech ar 8230
thus innocht doroimle caidche aís banrígnacht úas bantrocht
Ul*ad* uli. Téit ass Fed*el*m la sodain tar teóra fuithairbe ón
tig.

Tic immach iar sin Lendabair ingen Eógain me*i*c Derthacht
ben Conaill C*h*ernaig. Atgládastar da*no* Bric*riu* co n-epert. 8235
Maith sin a Lendabair or se ní lesainm dait ind Lenabair at
banlendan 7 at menmarc fer ndomain uli. ar do aíne 7
t'urdarcus. A n-ed ruc¹ do chéli do ócaib domo*in* ar gaisciud 7
cr*u*th roucaiseo di mnáib Ul*ad*. Cid mór tra a muinmech²
dorat im Fed*ei*lm dorat a dá cutr*u*mma im Lennaba*ir* fóa n-innas 8240
cetna.

Dolluid Emer immach fo sodain .l.³ ban. Slán seiss a Emer
ingen Forgaill Manach ol Bric*riu* a ben ind fir as dech i
nÉre. Ní lesainm dait ind Emer Foltchaín is húariud do rígaib
7 rígdomnaib Her*end* immut. A n-ed rucc grían do rennaib 8245
nime rucaisiu | de mnaib domain ule. ar chruth 7 deilb 7 cen*e*l. 102a
ar oíti 7 áni 7 irdarcus. ar allud 7 érgna 7 aurlabra. Cíarbo mór
trá a mainbech dorat imna m[*n*]á⁴ aile dorat a thri chomméit
im Emir.

Tíagait ass iarom na teóra bud*ne* co mbatár i n-óenmagin .i. 8250
téora fuithairbi on tig 7 ní fit*i*r nech díb for araile a n-imchossait
do Bric*rind*. Dotháegat dia tig la sodain. Tochim fossad
n-álaind n-ínmalla issin chetna fuitherbe. is ing ma rofuc nech
díb a choiss sech araile. Ind f́uithairbe tan*aise* im̄ bá miniu 7

---

¹ ruc*h* Facs.   ² only a trace of aspiration mark left.   ³ .i. Facs.   ⁴ n-stroke om.

8255 bá lúathiu a n-imtecht i ssudiu. Ind fuith*airbe* i͞m ba nessu don
tig is samlaid ruc cach ben dia seitche¹ ar écin 7 tuargabsat a
lénte co mellaib a lárac do imchosnom dul isa tech ar thús úair
iss *ed* atrubairt Bric*riu* fri cach ae timchell araile is si robad
banrígan in chóicid uli inti dib cétna ragad issa tech. Ba sí
8260 méit a fothraind tra oc imchossnam techta ar thossaig cách
ríana chéli am*al* bid fothrond .l. carp*at* dothisad and co forcroth
a rígthech n-uile 7 co raeblangtár ind laith gaile dia ngaisc*iud*
co folmastar cach díb aidid a chéle isin tig.

　　Anaid or Sencha nídat námait táncatár acht is Bric*riu*
8265 dorat imcossaít et*er* na mná dochótár immach. To*n*g*u* a
toi*n*g*es* mo thúath or se mani íatar a tech fríu bit lía a mairb
and andat a mbí. Íadait na dorsaide in comla la sodain. Rosaig
Emer ingen Forcaill Mánach ben Con Cul*aind* ar lúas ríasna
mnáib aile co tard a druim frisin comlaid. 7 co n-arlastár úadi
8270 na dorsaide ríasin ṁbantrocht orchena. Conérget a fir isin tig
la sodain cach fer² díib do oslogud ríana mnaí com*bad* a ben
cetna tísad issa tech ar thús. Bid olc ind adaig or Con*chobar*.
B*en*aid a cló n-argit ro boí ina láim frisin n-úaitni créduma inna
imda co ndesitar in tslúaig inna sudi. Anaid or Sencha níba
8275 cath co ngaisc*iud* dogentar sund acht bid cath co mbriath*raib*
la sod*ain*. Tolluid cach ben fo choím a céli ammaig conid
and sin dorónsat in briath*archath* ban Ul*ad*.

³Bríatharcath na mban inso

Asbert Fedelm Noicride ben Loeg*airi* B*uadaig*

8280　　　　　.r.³ Cotomb*er*tsa brú sóer
　　　　　　　　sruith dim chlaind comcen*eoi*l
　　　　　　　　cinsiu di churp ríg sceó rígnai
　　　　　　　　richt for caíni costud
　　　　　　　　conid cruth buidech berar úaim
8285　　　　　　noíthium cruth caín
　　　　　　　　consert la feba Féne
　　　　　　　　fogart geinsiu genas
　　　　　　　　luchthond lámderg Loeg*airi*
　　　　　　　　lín ṁband mbalcbúada
8290　　　　　　beras⁴ ar íath nUl*ad*

---

¹ i *subscr.*　　² fir *Facs.*　　³ *in marg.*　　⁴ *in ras.*

áurslaid¹ crícha comnart² comnámat
cen Ultu imbi.
Imúsdích | immustecrathar imgoin airriu　　**102b**
airdercu laechaib Loeg*aire*.
lín a búada bías úas cech láech.　　8295
Cid nabsin Fedelmsa Findchóem
chruthbúadach búageltach
cichs*ed* ría cach mnaí
hi Tech Midchúarda medrach.

Asbert Lendabair la sodain ingen Eógain m*eic* Dertacht ben 8300
Chonaill Cer*naig* m*eic* Amorg*in*.

　.r.³ Ar is mése cr*u*th chéill choṅgraimmim
　　coiblethar céim cr*u*th caín caurchasta
　　i Tech Midchúarta ríg
　　ría mnáib Ul*ad*.　　8305
　　Ar is mo chéle cáem
　　Conall coscorach cr*e*dmair
　　coibledar céim n-ard n-adguide
　　i n-uchtu ergal n-eirrind ría cach.
　　Caín tintaí chucum co cernaib co cennaib　　8310
　　co ruccai calca cr*u*aidae comraicthi Ul*ad*
　　arsaid cach n-áth conid día thuil t*a*rglaí
　　arslaid*h*⁴ a n-áthu arfich a ngressu
　　comaig láech arabí lecht líac
　　laimethar m*eic* áin Amor*gin* accalldaim　　8315
　　ar is Conall ar lín a cherd
　　cin*n*ges ría cach laech.
　　Cid nabbsin Lendabairse
　　lí súla cáich
　　cichsed ría cach mnai　　8320
　　hi tech ríg.

Asbert Emer ingen Forgaill Manach ben Con Cul*aind*

　.r.³ Cotomgabasa chéim cruth cheill congraimmim
　　coibliud búada báigthir cach delbchaín chuc*um*
　　conid mo rosc sóer setta doíne dom gnúis gné　　8325

ní fríth cruth ná córai ná congraim
ní frith gáes ná gart ná genus.
Ní frith luth seirce sóerligi
na celle conom   thicse
8330 ar is immumsa ochsatar Ulaid uile
is mé a cnú chridi
glé diammbése báeth fíad etarlu.
nimmar mbith ben úadib lía céle
on trath sa co alaile
8335 is Cu Chulaind mo chéle
ní cú ches
crithir fola fora crund
cobur fola fora claediub.
Caín forondar a chorp hi crú
8340 créchta ina chaíncnis
álta ina thóeb liss
caín feid a rosc rocheim inna chend síar
caín fúalaing fuither glaini sair
sírderg a sella
8345 ógdérg a fonnaid
fordeirg a fortgae
arfich ó aíb ech 7 analaib fer
foceird ích n-erred ind aíb
atetha cles dond cless dall cless n-eóin
8350 immelig loa usci
atetha cless nonbair
conboing catha cróchombág
falgai betho borrbuidne
brissid úath n-adarccna
8355 is fer seirgeis i lligu
is crón chutma cúaride¹
iss i richt mná siúil
sedda Ulaid uli
co rrici mo chélese Coin Culaind
8360 cró dond glé sin samlaitir
at salaig úantaind
at húanaind chrisalaig
at gairb chaithlig

---

¹ a subscr.

at cróna cutr*u*mma
at crothle garmilíne   8365
at búanaind bodelbae
is i r|⟦rechtaib bó 7 dam 7 ech   103a¹
settai mná Ul*a*d uli conom thicisea.

La sodain ba ed dogensat ind f̄ir batár sin tig .i. Loeg*aire* 7 Conall
Cer*n*ach o ro leblaing a luan laith iar closin imacallma na mban. 8370
Ro brisiset cleith di clethaib ind rigthige foa comartus immach conid
sí conar dollotar a mná chucu isin tech. Cu C*hu*laind im̄ tuargaib a
tech i n-aurchomair a imdaí comtar fod*er*ci renna nimi fon fraigid
immach anis con[*id*]² sí sin conar dolluid a be*n*som 7 cóeca ban
cechtarde na da ban aili 7 .l. ban a mná fodéin. connabad cut*hru*mmus 8375
disi frisna mna aili uair nirbo chutr*u*mmus dosom fri cách. Dolleci
Cu C*hu*laind a rrígthech sís iar sudi co ndechatár secht ferchubat di
senamain in tige i talmain co forcroth a ndún uli 7 cor t*r*ascair gríanan
Bric*r*end fri lár tal*m*an co torcair Bric*riu* fodein 7 a rígan co rrabatar
isind otruch for lar ind lis et*er* na conaib. Aill amai for Bric*riu* 8380
tancatar námait a ndún la eirgi súas co opund. Coro lá cor immán
rigthech co n-acca am*al* ro clóenad a thech conda tarla fora lethbeólu
uli. Adsoirg a bossa la sodain 7 léicthe isa tech iar sudi 7 ni rabi la
Ul*t*u fer asaithgned am*al* ro salchad conid ina labrad atgenatar.

Asbert Bric*riu* friu íar*om* do lar in tigi. Ni ma torch*o*mlodsa fleid 8385
dúib tra a Ul*t*u for se. Is ansu limsa mo thech oldás mo t*r*ebad uli.
Is geis dúib tra ol Bric*riu* ól t̄ longud t̄ chotlud co fargbaid mo thechsa
am*al* fondrancaibair for bar cind. Atregat laith gaile fer nUl*a*d uli
isin tig la sodain 7 doberat tría*m*nai don tig 7 nír thúargaibset cid
co tisad gáeth etorro 7 tala*m*. Robo cheist for Ul*t*u da*n*o aní sin. 8390
Nochonom thasa dúib ol Sencha acht in fer fodrácaib co claen aitchid
fris a facbail co diriuch. Asbertatar Ul*aid* fri Coin C*u*laind iar sudi a
tech do dirgiud. 7 asbert Bric*riu* a rí láech nEr*en*d for se m*a*ni
dirgisiu corop cóir nocon fil isin domun nod ndirgi. Doratsat Ul*aid*
uli impidi fair im thúaslucud na cesta. Afraig Cu C*hu*laind la sodain 8395
na betis áes na fledi cen ól cen tomoltus. | Dorat iar*om* Cu C*hu*laind 103b
triam dia t*ur*cbáil 7 foremmid Ro riastrad immi íarom iar sudi co rabi
banna fola i mbun cacha finna dó 7 ro súig a folt inna chend corbo
súas maeldub demis chas chirdub ba f*or*csi fair. 7 ro gab imbri bró 7
ro síni iar sudi co taillfed fertraig feroclaig et*er* cach da asna do.   8400

Tancatar a áes cu*m*achta 7 a lucht adartha na doch*u*m 7 tuargaib a
tech iar sudi 7 forruim co ria*ch*t a dirgi fesin inna cetna. 7 bá sám

---

¹ *This leaf* (pp. 103, 104), *worn very thin by abrasion, is by* H.   ² *abbreviation
stroke om.*

doib iarom oc tochatim na fledi .i. na ríg 7 na toisig isindarna leith
im Concobur clothamra im ardríg n-amra nUlad. Ind rigna im̅ isind
8405 leith araill .i. Mugain Aitencaetrech ingen Echach Fedlig ben
Conchobair meic Nesa. Fedelm Noícrothach ingen Concobair .i. noí
crotha no tadbantais furri 7 bá aildiu cach cruth araili. Fedelm
Foltchain dano ingen aili Conchobair ben Loegairi Buadaig. Findbec
ingen Echach ben Chethirnd meic Fintain. Bríg Brethach ben
8410 Celtchair meic Uthichair. Findige ingen Echach ben Eogain meic
Durthacht. Findchaem ingen Cathbad ben Amargin Iarngiúnaig.¹
Derb Orcaill ben Lugdach Ríab nDerg meic na Tri Find Emna. Emer
Foltchain ingen Forcaill Manach ben Con Culaind meic Sualdaim.
Lendabair ingen Eógain meic Durthacht ben Conaill Cernaig. Niab
8415 ingen Celtchair meic Uthechair ben Chormaic Cond Longas meic
Concobair. Is lia turem tra 7 aisneis ina mboí dí degmnáib and
chena.

Dorala in tech ina ráithsechaib briathar ocna mnaib doridisi oc
imarbaig eter a feraib 7 siat fesni. co folmaiset ind fir comergi debtha
8420 dorísi .i. Conall 7 Loegaire 7 Cu Chulaind. Atracht Sencha mac
Ailella 7 ro croith in craib Sencha 7 contoíset Ulaid uli fris conid and
asbeirsom oc cosc inna mban.

.r.² Cotobsechain a laíchessa
ána áurdairce airegda Ulad.
8425 anat for mbriatra bági
na banaiter fergnúsi
i ccruadaib comraicthib
tria úalle a nglond.
ar is tria chin mban
8430 bit fernai fer dlochtai
fir i n-irgalaib
immad már galgat
comlud ferglunni
ar is dia mbrígaib báesaib
8435 bés dóib dofurcbat nad íccat
imsuídet nad rairget
cotobsechain a laicesa
ana urdairci.

Is and asbert Emer oca frecra.
8440 .r. ²Deithbir damsa a Sencha uair isam bensa curad caín cotngab-
104a thus³ cruth ceill o ro damnad a forcetul | cen díchill. eter chles for

---

¹ Iarngiūnaig *Facs., but the stroke over* u *is not the usual* n-*stroke, and seems
recent.* ² *between cols.* ³ *asp. mark om. Facs.*

análaib 7 ubullchles 7 siaburcles 7 cles cúair 7 cles cait 7 dergfilliud
erred nair 7 gai bolcai 7 bai brasi 7 bruth ngene 7 sían curad 7 rothchles
7 faeburchles 7 dreim fri fogaist 7 dírgiud cretti for cach n-aí.

> Ní faigbistar fer and conmestar   8445
> a aes 7 a ás 7 a anius.
> a guth a gáes a chenel.
> a anius a urlabra.
> a ág a gal a gaisced.
> a bruth a búaid a búadirse.   8450
> a foraim a fómsige.
> a déni a tharpige
> a fíanchoscur co cles nónbair
> fo Choin Culaind comchosmail.

Fír inna radisiu a ben for Conall Cernach. táet ille in gilla clesach 8455
sin co comairsem. Nathó for Cu Chulaind am scith aithbristi indiu
conda esur bíad 7 coro chotlur ni dingon comlond. Ba fír ém dosom
dano ani sin fo dagin iss ed láa and sin immanarnic dosom frisin Liath
Macha hi taib Lindi Leith. hi Sleib Fúait. Ro selaig Cu Chulaind
chuci iar tichtain dó asind loch co tarat a di laim imma brágit. co 8460
ragaib etorro oc gleic coro thairmchellsat tír nÉrend fon n-innasin. co
toracht inn aidchi sin¹ cona eoch riata leis co Emain Macha. Is fón
n-innas cetna dano fuair in Dub Sainglend a Loch Duib Sainglend.

Is and asbert Cu Chulaind ani seo. Ro sirius indiu 7 in Liath
morbrugi Erend .i. Brega Midi Muresc Murthemni Macha Mag 8465
Medba Currech Cleitech Cerna Lia Line Locharna Fea Femen
Fergna Urros Domnand Ros Roigne Anm² Eó. Ferr cach cles
cotlud diliu lim longud oldás cach ni. Tongu do dia toinges mo
thúath díamsa saithech bíd 7 cotulta conid cles 7 cluchi lim comrac
fri óenfer.   8470

Immacomarnic tra dóib debaid do denam imman curadmir doridisi.
Dogní Concobur 7 mathi Ulad olchena a n-etrain coro glethe a
mbrethugud. Eircid for Concobar cussin fer folimathar for n-etrain
co Coin Roí mac nDáiri. conid and asbert.

> .r.³ Alid in fer   8475
> concerta do chách
> mac Dairi dúir
> caemroth Cu Roí
> conclecht fir forcoll
> mad fri góe gebitar   8480
> fer find fíren

---

¹ i *very faint*; *om. Facs.*   ² *sic.*   ³ *in marg.*

fer maith mormenmnach
brugaid ar brugachus
láech ar laimthenchus
8485 ardri ar airechus
concertfa fír foraib
feidm airg ailfes alid. alid.

104b Foemaimsea sin tra for Cu Chulaind. Cet lem dano for Loegaire | a
dula dano for Conall Cernach. Gabtair th'eich di¹ for Cu Chulaind 7
8490 indillter do charpat a Chonaill. Aill amai for Conall. Éche for
Cu Chulaind foritir cach amglicu t'echradsu mailli do cheim 7
t'innell imtrummu concingeng² do charpat co tocba clod cechtar a da
roth rocharpait con[id]³ slicht suachnid fri ed mbliadna do ocbaid
Ulad cach rot ríadas do charpatsu a Chonaill.
8495 Atclunisiu sút a Loegairi for Conall. Fe amae for Loegaire nacham
ail nacham imderg.

Am escidsea for atha for ilatha
co ucht anfaid irgaile
re n-ocaib Ulad.
8500 ni chuir formsa remthus rerig
conclechtaimse cairmteoracht
re n-arcaib ré n-erredaib ri oencairptib
i ndolgib i ndrobelaib
hi cailtib hi cocrichaib
8505 nad clechta err óencharpait
do imluad ar m'ési. a.

La sodain ro inled a charpat do Loegaire 7 ro leblaing ind 7
imreid dar Mag Dá Gabul dar Bernaid na Forairi dar Ath Carpait
Fergusa dar Áth na Mórrígna do Cháerthiund Clúana Da Dam hi
8510 Clithar Fidbaidi hi Commur Cetharsliged sech Dun Delca dar Mag
Slicech siar hi Sléib Breg. Ro gab tromcheó doborda dorcha doeo-
lais dó and sin connarb inríata dó in chonar. Anam sund for
Loegaire fria araid coro dígla in ceó dind. Tairbling Loegaire asa
charput. Ro chuir in gilla na eocho hi fergort boí hi comfocus dó.
8515 A mboí and in gilla co n-acca in scáilfer mór ina dochum. nirbo
segunda a tuarascbáil se mullachlethan belremur bolcsuilech grend-
etenach⁴ granna grucánach dosmailgech docraid adetig. sé tailc
talchar tinsensach sé sotal sucach séitfidach sé rengmar rigtrén
rochalma. sé borb brogda bachlachda. Mael dub demsidi fair arit

---

¹ trá eich duin Facs.   ² sic.   ³ abbrev. stroke om.   ⁴ gd, with two n-strokes over
g, Facs.; MS. has g with ē suprascr., and the t has been given a curved head so that it
forms a tall e, to read te; grenetnach, H 3. 17, grindednach Voss., grindétanach Eg.

odor immi inar co foph a thona im sodain senbrisca a salcha má 8520
chossa. Mátan maglorci móri fria ais am*al* mol mulind.

Cóichet na heich se a gilli for se la fegad co andíaraid fair. Eich
Loeg*airi* Buad*aig* for in gilla. Fír for se maith in fer asa eich. is
amlaid ro raid sin la t*ur*cbail a mátan fair ⁊ dobretha béim dón gillu o
adbrond co hó. Egis in gilla. Doroich Loeg*aire* fua. Cid dia mbá 8525
don gillu | ( )² Loeg*aire*. Hi cinta ind fergoirt do milliud for in 105a¹ᵃ
t-aithech (   )e³ fein ticfa for Loeg*aire*. Immacomsinitar dóib da*no*.⁴
Techid Loeg*aire* íar tain co ránic Emain Macha iar facbail a ech ⁊ a
gilli ⁊ a armgascid.

Nirbo chian iar tain co toracht Conall Cer*nach* in sligid cetna co 8530
ránic in magin in ro artraig in ceo d*ru*idechta do Loeg*aire*. Artraigid
da*no* in dubnel cetna dorcha doborda for Conall Cer*nach* connar
cungain nem † talmain. Tarblingis Conall iar tain ⁊ sc*ur*id in gilla na
eochu isind fergort chétna. Nirbo chían dó iar sudi co faca in scál
cétna chuci. Iarfaigis dó cia diambo cheli. Am celisea Conaill 8535
Cernaig for se. Maith in fer for in scál la tócbáil a lámi co tarat beim
dó ó hó cóa fodbrond. Íachtais in gilla. Tic Conall fo sodain.
Immacomarnaic dó ⁊ don scál. Tresi cluchi ind athig. Techis
Conall ón mud chetna am*al* ro theich Loeg*aire* iar fácbáil a armgascid
⁊ a ara ⁊ a ech co ránic Emain Machai   8540

Dolluid Cu Ch*u*laind iar sin forsin tsligid chetna co ránic in n-inad
cétna conos tarraid in dubchéo cétna feib tarraid in lucht remi.
Tarblingis Cu Ch*u*laind ⁊ berid Láeg na eocho sin fergort. Nirbo
chian dó co n-acca in fer cetna chuci ⁊ immafoacht de coich diambo
cheli. Celi do Choin Ch*u*laind for se. Maith in fer for in scal la 8545
f*ui*rmed in mátan fair. Iachtais Láeg. Tic Cu Ch*u*laind fo sodain ⁊
immácomarnaic dó ⁊ don scál. ⁊ nos tuarcend cách araili díb. Traitar
in scál coro dilsig na eocho ⁊ i*n* n-araid ⁊ co ruc eocho ⁊ aradu ⁊
armgaisced a coceli leis co ránic Em*ain* Macha cona morchoscur ⁊
dorat dia fíadnaib fein íat.   8550

Is letsu in curadmír ol Bricni fri Coin C*u*laind is follus as for
ng[*n*]imaib⁵ ni dligthi comardad fris et*ir*. Nibá fír ani sin a Bricr*iu*
for siat úair foretammarni conid áen di chardib sidchairechta dosfanic
do immirt mela ⁊ cumachta forni immon curadmír ⁊ ni léicfemni uaind
hé air sin. Femdit tra Ula*id* ⁊ Concoba*r* ⁊ Fer*gus* a n-et*er*gleod no ro⁶ 8555
c*ur*tis do saichtin Con Roí m*ei*c Dairi † do saichtin Ailella ⁊ Medba
co Cruchain⁶ Ai.

ᵃ in dei nomine *marg. sup. rec. man.*

¹ *col.* a *also by* H *in ras.*   ² *illeg., read* for.   ³ *illeg., read* is me.   ⁴ d *barely*
legible; a *is traceable, with a mark over it.*   ⁵ n-*stroke om.*   ⁶ *sic.*

Tochim Ul*ad* co Cruacain¹ inso

Dorónsat iarom Ul*aid* comarli a hoeninud im comuaill 7 im
8560 chomdimmus in trír curad sin 7 is i comarli doronsat mathi Ul*ad* im
105b Conchob*ar* do techt leo d'et*er*gleod a cesta co tech²**]** | nAilella me*i*c
Mágach 7 Medbi co Cruáchnaib Aí immá curadmír 7 im
imarbáig na mban.   Bá caín 7 ba haíbind 7 bá soc*r*aid a rréim
ronucset Ul*aid* do Cruachnaib.   Anais i͞m Cu C*h*ul*aind* colléic
8565 do éis in tslóig oc airfitiud ban nUl*ad* .i. ix. n-ubla clis 7 .ix.
cletíne clis 7 ix. scena clis 7 ní thairmescad nach ai alaile.

Luid Lóeg m*a*c Ríangab*r*a iarom a arasom Con Cul*aind* día
acallaimsom bale i rrabe oc na clessaib co n-epert fris.   A
claín trúaig or se ro scáig do gal 7 do gaisced   dochúaid úait in
8570 curathmír   rosíachtatar Ul*aid* Crúachain ó chíanaib.   Nír
rathaigsem et*i*r ém a Laíg.   Indill dún in carp*at* trá or se.
Indlis Lóeg iar*o*m in carp*at* 7 lotár for érim.   Rosíachtatar trá
slóig Ul*ad* archena in tan sin Mag mBreg.   Ro boí di lúas ind
ér*m*a ronuc Cu C*h*ul*aind* trá ó Dún Rudraige iarna grísad dond
8575 araid tucht imruláith in Líath M*ach*a 7 in Dub Sainglend fón
charput dar fot chóicid Concob*air* 7 tar Slíab Fúait 7 dar Mag
mBreg conid hé in tres carp*at* cetna ránic Cruachna Ai.

Lasa réim 7 lasa mborrfad tra ronucsat láith gaile fer nUl*ad*
uli im Chon*ch*ob*ar* 7 imón rigraid olchenae do Crú*a*chnaib Aí. ro
8580 lá armgrith mór di Cruach*n*aib co torchratar na hairm asna
fraigthib co rrabatár for tal*m*ain.   7 ros gab slúagu in dúne ule
conid samlaid ro mboí cach óenduine isind lis am*a*l bís curcas
fri sruth.   Asbert Medb la sod*ain* cosindiu da*n*o ol si ó gab*u*sa
Crúachna ní chúalasa in toraind cen na níulu and cosindossa.

8585 Luid Findab*air* la sodain ingen Ail*ella* 7 Med*ba* co mboí isin
ngríanan for fordorus in dúne. co n-érbairt. Atchíusa cairptech
issa mmag a mátharnait ol si. Cuire samla fair ol Medb a
cr*ú*th a écosc a chongraim delb a fir dath a ech tochim a
charpait.

8590   Atchíusa ém ol Findabair na dá ech filet fón charp*ut* dá ech
bruthmara brecglassa comdatha comchrótha commathi combúada
comlúatha comléimnecha biruich ardchind agenmáir allmair-
gablaich guipchúil dúalaich tullethain forbreca fosenga forlethna
forráncha cassmongaig casschairchig.   Carpat fidgrind féthaidi.

---

¹ Cruac*h*ain *Facs.*   ² *Interpolation of* **H** *ends.*

Da ndroch duba tairchisi.   Dá n-all n-áebda imnaissi.   Fertsi 8595
crúadi colgdírgi.   Cret noíthech¹ *noi*glinne.   Cuing druimnech
dronargda.   Dá n-all ndúalcha dronbudi.   Fer findchass folt-
lebor isin charp*ut*.   Folt dúalach tri ndath fair.   Folt dond fri
toind cind.   croderg a medón.   Mind n-óir budi in folt
fordatuigithar.   Ro lásat tri imrothu imma chend cocairse cach 8600
ae dib hi taíb alaile. | Fúan caín corcra n-imbi.   cóicroth óir 106a
airgdide and.   Scíath brec béimnech.   bil bán findruini.   Gilech
cúach cóicrind ar a dur[*n*]d² derglassid.   Aṅblúth n-én
n-etegnáith úasa creit charp*ait*.

Atgénammár asa samail in fer sin ol Medb.   8605

.r.³ Greit rí*g*
     senrechtaid búada
     barc bodbae
     bruth brátha
     breó digla   8610
     drech curad
     cúinsiu chórad
     cride ndracon
     altfad mbrochbúada for dun dibni
     in luchthond lámdérg Loeg*aire*   8615
     luth la fáebra foltchíp
     tond fri talmain tadbéim.

Tongusa a to*n*ges mo thúath ol Medb más co mbaraind debtha
totháet Loeg*aire* Buad*ach* cucund am*al* bentair foltchíb fri lár
tal*man* co n-altain áith bid sí sein glicci ind airlig dob*éra* forond 8620
lín atám hi Cruachnaib Ai m*an*i fochlith*er* a bruth 7 a bríg 7 a
borrfad fóa réir fodein co tlathugud a debtha.

Atchíusa da*no* carp*at* n-aile isa mag a matharnait ol ind
ingen ní mesu dotháetside,   cuire samla fair ol Medb. 7 r̄.
Atchíusa ém ol si indala n-ech file⁴ fon carp*ut*.   Gabur cenand 8625
cróndatha crúaid dían daigerda bedgach baslethan uchtlethan
be*n*as buille balcbúada tar áthu tar inberu tar aittiu tar imratiu
tar maige tar midglinni co ndasaid iar mbúaid midise a samlaib
én n-etarlúamain nis feid mo rosc rán indiut fora rríad rochéim
rám étruth.   Araile ech derg taullethan drondúalach dúalchass 8630
drúimlethan foṡeng feochair fond fortrend forrgethach athechtai

---

¹ noítech *Facs.*   ² n-*stroke om. or very faint.*   ³ *in marg.*   ⁴ fil *Facs.*

íath n-etarmaige et*er* mothru 7 amréthi. Ní fogaib and imdoraid
hi tír omna ríad róot. Carpat fidgrind fethaide día ndroch
finna umaidi síthfe find forargit cret aurard drésachtach cuing
8635 druimnech dronuallach día n-all dúalcha dronbudi. Fer
findchass foltlebor isin charp*ut*. Drech lethderg lethgabur
laiss. Fúamain find fuinechda brat gorm crónchorcra. Scíath
dond telbude. Bil chondúail crédumai. Luchair derg daigerdae
ara durn derglasaid. Anbluth ¹n-én n-etegnaith¹ úasa c*r*eit
8640 chroncharpait.
Atgenamár asa samail in fer ol Medb.

.r.² Oxad leoma*in*
londbruth loga
lía caín cermnae
8645 cern et*er* crethaib
curethar crúaid
chend ar chend
glond ar glond
gleó ar gleó.
8650 glé nodon sel
ní sladar iasc mbrec for ganim deirg
diambi fergi fúasnadar³
m*a*c Findchoimi frind

To*n*gu a toi*n*ge*s* mo th*uath* am*al* sladar iasc mbrec for licc
106b dergáin co sús|taib iarind bid si sin mi*n*i na hesorgni dob*é*ra
8655 Conall Cer*nach* forni día fúasnaith*er* frind.
Atchíusa da*no* carp*at* n-aile isa mmag. Cuir a samail duin
ol Medb 7 r̄. Atchiusa ém ol ind ingen indala ech fil fón
charp*ut*. Ech líath lesslethan lond lúath lúamnach londmar
8660 lugleimnech lebormongach maignech toirnech trosmar túagmong
ardchend uchtlethan lasaid fót fond bras fochuirse foc*rú*aid fóa
cruib calath cethardu dogreind almai énlaithe lúith búada berid
riuth for sét foscain úathu ech n-anailche. uiblech tened
trichemrúaid tatnit a cróes glomarchind.
8665 Araile ech círdub crúaidchend cruind coelchos cálethan
cobluth dían dulmar⁴ dúalach druimlethan dronchóchech
maignech aignech bairrnech balcceimnech⁵ balcbéimnech

lebormongach casmongach scúaplebor grind imma áig iar níth
aigi ech i n-íath.   Moscing srathu sréid sergi sétid maige
midglinne.   Carpat féthgrind fethaine dia ndroch ernbudi 8670
iarnda.   sithfe co féthain findruine   Cret chréda chromglinne.
cuing druimnech dronordae.   Dá n-all dúalcha dronbudi.
   Fer broínech dub isin charp*ut* as aldem di feraib Her*end*.
Fúan caín corcra cóir imbi.   heó óir intlaide uassa bánbruin-
nechur ina háthaurslocud fris mben lúthu láthbulli.   Ocht 8675
ngemma deirg dracondai for lár a da imlisen.   Da ngrúad
gormgela cróderca dofich uiblich tened 7 análaich.   Focheird
hích n-erred n-indnae cless níad nonbair úasa errid óencharp*ait*.
¹.r. Is banna² ría frais ón trá or si atgénammár asa samail in fer
sin or Medb.   8680

> Bráo mara
> bara bledmaill
> blog dergthened
> tond mairnech mathrúamdae
> mórbruth mborrbíastae   8685
> brisiud múad mórchatha
> comboing tar écrait n-écomlund
> allbach mbratha brógene.
> Bruth matho
> murt chét   8690
> for crethaib cuirethar
> glond ar glond
> cend ar chend.
> Canaid cóir
> coscrach cridemail   8695
> frisin *Coin Culaind* comchosmail.
> Cutanméla mulend múadmraich.

   To*ngu* a toi*nges* mo th*uath* ol Medb mád co féirg dothí Cú
Ch*ulaind* chucu[*n*]d³ am*al* meles muilend .x. fo*r*cél braich
rocr*ú*aid is amlaid cotomélani⁴ in fer sin a óenur ar úir 7 grían 8700
cía no betis fir in coícid uli immond hi Crúachain mani
fochlith*er* a bruth 7 a bríg.
   Ocus hifechtsa cinnas dothíagat ol Medb.   Dóit fri dóit or

---

¹ *between cols.*   ² banna, *in ras., light brown ink, small and compressed,*
probably by M.   ³ n-*stroke om.*   ⁴ cotomélam *Facs.*

ind ingen. leóit fri leóit. fúamain fri fuamain. gúalaind fri
8705 gúalaind. bil fri bil. fonnad fri fonnad. fid fri fid. carp*at*
fri carp*at* dosfil uli a báidmáthair.

.r.[1] Comlúd marc ṁbuada
maidm toraind tollchléthi.
trethan trom ainbthine
8710 allchlíu fri immalldu
fortacrith in n-írind
imtrén trómthuinset.

107a Mná finna fornochta fríu | ol Medb. aurchíche aurnochta
etrochta. co llín n-ingen n-aurlam n-*in*chomraic liss aurslocthi.
8715 Búirg[2] fáenbéla. Dabcha úaruisci dérguda indlithi biad glan
imda braichlind múad mescmar maith feinne fothud fo chen
in cath tothóet bess nín ortar tairis

La sodain dolluid Medb for fordorus ind liss immach isin
n-aurlaind 7 tri .lll. ingen lée 7 teóra dabcha úarusci don tríur
8720 láth ngaile dodánic resin slúag do tlathugud a mbrotha. Ro
lád roga dóib iar sudiu dús in bad tech for leth dobertha do
cach fir díb. ꞇ in[3] [4]tech dóib a triur.[4] A tech for leith do cách
or Cu C*hula*ind. Iar sudiu berthar i tigi[5] co ndérgothaib
sainamraib 7 a*n* robo dech leó dona tri *coct*aib ingen 7 dobreth
8725 Findabair la Coin Cul*aind* sech cách isin n-airicul i rrabi 7
tancatár Ul*aid* uli iar sudiu. 7 luid Ail*ill* 7 Medb 7 a teglach
n-uli coro fersat faelte fri hUltu. Frisgart Sencha m*a*c Ail*ell*a
is maith lind or se.

Tíagait Ul*aid* iarom isin dún 7 dolléicth*er* a rrígtech dóib
8730 am*al* dorímth*er* .i. uii. cúarda and. 7 uii. n-imdada o thein co
fraig. Airinich créduma 7 aurscartud dergibair. Tri stéill
chréduma i taulaich in taige. Tech darach co tugi slinned. Di
senistir déc and co comlathaib[6] glainidib friu. Imdui Ail*ell*a 7
Medba i mmedon in tige. Airinig airgdidi impe 7 steill
8735 chreduma 7 flesc airg*dide* ocond airinuch ar bélaib Ail*ell*a
adcomced midlisse in tige do chosc in teglaig do gr*é*s.
Tairmchellsat gascid fer nUl*ad* ón dorus díarailiu dond rígthig
7 ardopettet a n-áes ciúil céin both oc aurgnom dóib. Boí trá
día farsingi in tige i tallastár formna lath ngaile in choicid uli

---

[1] *between cols.* [2] *i subscr.* [3] ꞇ *in between cols.* M. [4-4] *in ras.* M. [5] *a final letter erased, evidently* b. [6] *second a subscr.*

im Conchob*ar*. Concob*ar* im̄ 7 Fergus m*a*c Róich i n-imda*í* 8740
Aile*ll*a 7 nonbor di láthaib gaile fer nU*lad* olchena. Tosnair-
nectár¹ fleda mora iar sudiu. Batár and iarom co cend trí lá 7
trí n-aidche.

Bá iar sudiu da*no* conacrad Ail*i*ll do Chon*chobur* co nUltu
immi cid dia rabi a rréim. Dorrími Sencha iarom in caing*in* 8745
immá tullatár .i. im chomúaill in trír chaur*ad* immá cura*d*mír 7
im chomúaill na mban immá tússigecht isna fledaib úair ní
rodmatár a mbrethugud i nnách baliu aili acht ocutsu. Sochtais
Ail*i*ll la sodain 7 nibu fáelid leis a menma. Nirbo chucumsa
ém or sé robo chóir dál inna caurath sin do thabairt m*a*ni 8750
tabrait*er* ar miscais Nibá nech bas ferr nod gléfe ém or se
ataisiu. Maith limsa ré scr*ú*tain dam² fris da*no* or Ail*i*ll.
Recamni a les ém ar curaid | ol Sencha ar is mór do midlachaib **107b**
a llóg. Lór limsa da*no*. tri lá 7 teóra aidchi fri sodain ol Ail*i*ll.
Ní forcraid cairde da*no* aní sin ol Sen*cha*. Timgartatar Ul*aid* 8755
celebrad iar sudiu 7 bátár budig 7 dober³at bennachtain do
Ail*i*ll 7 do Med*b*³ 7 dobertatar mallachtain do Bric*rind* úair iss
e fodrúair a n-imchossait. 7 lotar dia crích iar sudiu. 7 fácbait
Loeg*aire*. 7 Conall. 7 Coin C*u*laind día mbrethugud do Ail*i*ll.
7 dob*er*the praind .c. do cach fir díb cach n-aidche.   8760

Dobretha a cuit dóib ind aidchi sin 7 dolléicthe tri caittini a
húaim Crúachan dia saigid .i. tri bíasta druidechta. Techit
iar*o*m Conall 7 Loeg*aire* for sparrib na tigi 7 fácbait a mbíad oc
na bíastaib 7 fecit fón samail sin cusarnabárach. Nir theig
Cu C*h*ulaind assa inud frissin mbíasta rosiacht chuci. acht in 8765
tan do síned in beis⁴ a bragit cosin n-esair dounsi Cú Ch*u*laind
béim din claid*iub* na cend doscirred⁵ di mar bad do charraic.
No thairnedsi sís di sudi. Nir thomail 7 nír súan Cu C*h*ulaind
fon cr*u*th sin co matain. Ro thinsat na cait o robo maten. 7
atcessa iatsom fon cr*u*th sin ara barach. Nach leór a comram 8770
sin do bor mbrethugud or Ail*i*ll. Nátho or Conall 7 Loeg*aire*
ni fri biasta⁶ chathaigmitni⁷ acht is fri doíni.

Luid iar*om* Ail*i*ll ina airicul 7 dob*eir* a druim fria raigid 7
níbu sáim a menma 7 ba aingcess laiss in dál dodfánic 7 nír

---

¹ Tosnairne*ch*tar *Facs.*   ² dā *Facs.*   ³⁻³ *om. at first through homoioteleuton, but add.*
by M in marg. and above line; following 7 dober *prefixed to next line.*   ⁴ *sic, for*
beist.   ⁵ i *suprascr.*   ⁶ *what appears to be a mark of asp. added over* b *by the*
retracer.   ⁷ *mark of aspiration over* t *faint; om. Facs.*

8775 chotail 7 niro loing co cend tri lá 7 teóra n-aidche. Conid and
asbert Medb. is midlachda no taí ol si. ma*n*i brethaigeseo
brethaigfetsa. Is andsoᵃ damsa ém a mbreth*ugud* or Ail*ill* 7 is
mairg cosa tuced. Ní andsaᵇ im̄ ol Medb. Fó dáig or si na fil
et*er* cré*d*uma 7 fíndruini atá et*er* Loeg*aire* 7 Conall C*ernach*.
8780 A fil da*n*o or si et*er* findruini 7 dergór ata et*er* Conall C*ernach*
7 *Coin* Culaind. Ba hand sin tra conaccrad Loeg*aire* Bu*adach*
do Medb iar scrútan a comarli. is and sin asbert Medb fri
Loeg*aire*.

Fo chen a Loeg*airi* Bu*adaig* ol si is comadas caur*admí*r do
8785 thabairt dait. ríge láech nEr*end* dait úainne on trath sa 7 in
caur*admi*r 7 cuach cré*d*u*ma* 7 én¹ findruini fora lar. Conid
ruca lat sech cach hi comartha mbreithe. 7 ní n-accathar nech
aile occut conid tárfas isin Cráebruaid Conchob*air* deód laí in
tan doberthar in caur*admir* etruib bád and sin tadbae do
8790 chúach fíad mathib Ul*ad* uili. Bid lat in caur*admir* iarom 7 ní
chossena nech do láthaib gaile fer nUl*ad* olchena frit. Uair bid
comarda n-aichnid² la Ul*tu* uli aní no mb*era* latt. Iar sudiu
108a doberar in cúach do Loeg*aire* B*uadach* 7 a lán do fín | aicnetai
and. Ibid ina³ dig iarom for lár ind rígtaige a llind ro boí isin
8795 chuach. Atá a[*n*]d⁴ sin fled chaurad dait trá ol Medb doroimle
corbat cétach cetblíadnach ar bélaib óc nUl*ad* uli. Celebraid
Loeg*aire* iar su*diu*. 7 congarar Conall Cer*nach* do Meidb fo
n-innas cétna co lar ind rígthaige.

Fo chen a Chonaill C*hernaig* ol Medb is comadas caur*admir*
8800 .7 r̄. 7 cúach findruini da*n*o 7 én óir fora lár .7 r̄. Iar sudiu
da*n*o iarom doberar do Con*all* 7 a lan do fin .7 r̄.

Celebraid Conall Cer*nach*⁵ iar sudiu. 7 tíagair uadib ar cend
Con Culaind. Tair do acallaim ind ríg 7 na rigna ol in
techt*aire*. Bá and boí Cú C*hulaind* oc imb*ir*t fidchille 7 Lóeg
8805 m*a*c Ríang*abra* á ara fessin. Is dom chuitbiudsa ón or se
fuiris dobertha bréc im nach meraige. La sodain dolléci fer
dina feraib fidchilli don techtaire co mboí for lár a inchinne.
Conid ed dochóid for lic trascair a báis co torchair et*er* Ail*ill*
7 Medb. Aill amai ol Medb iúrthu*n*d Cu Chul*aind* or si día

ᵃ .i. is dolig [M]   ᵇ .i. ni dolig [M]

¹ 7 én *perforated by erasure of* H *on verso; very faint; om. Facs.*   ² d *per-
forated, only the lower part of the bow legible.*   ³ in *added slightly above line,
same hand.*   ⁴ n-*stroke om.*   ⁵ .i. *Facs.*

siabairth*er* immi. Atafraig Medb la sodain 7 luid co rránic co 8810
Coin C*u*laind co tard dí láim imma brágit. Tabair bréc im
nách n-aile or Cu Ch*u*laind. A m*ei*c amrai Ul*ad* 7 a lassar
láech nEr*end* ní bréc as áil dún immut ol Medb. Cía thíastaís
formna laech nEr*end* uile is duitsiu dobérmaís remib aní imo
mbethe. Uair atodaimet fir Her*end* úasaib. ar allud 7 gail 7 8815
gasciud ar áne 7 óetid 7 irdarcus.

Affraig Cú Ch*u*laind la sodain 7 téit la Me*i*d*b* co ránic a
rígtech. 7 feraid Ail*ill* fáelti friss co mór. 7 doberar cúach
dergóir dó 7 a lán do fín sainemail and 7 én do lic lógmair fora
lár 7 doberar cutr*um*ma a da súla⁸ do dracón dó leis sech cách. 8820
Atá fled chaurad⁹ dait sund tra ol Med*b*. Daromle corbat
cétach cétblia*dnach* ar belaib óc nUl*ad* uli. 7 is sí ar mbrethni
da*no* beós ¹[or Ail*ill* 7 ol Medb uair nachat filsiu fein hi cutr*um*mus
fri ócu Ul*ad* con*n*a be² do ben hi cutr*um*mus fria mná¹ ni forail³]
lind[a] corop si cetathe do gr*és* ria mnáib Ul*ad* uli ar thus hi tech 8825
n-óil. Ibid⁴ Cu Ch*u*laind iar*o*m ina óendig a llán ro boí isin⁵
cáuch 7 celebraid iar sudiu dond ríg 7 dond rígain 7 don tegluch
uli. 7 luid [⁶iar sin i ndegaid a cheli.

Atá cómarli lim ol Medb fri Ail*ill* fastud in trír churad út ocaind
innocht doridisi 7 fr*o*mtha aili do thabairt forro béus. Déna ol Ail*ill* 8830
am*al* as ad||laic let fessin. Fastaitir iarom ind fir. 7 b*er*ta⁷ hi **108b**
Cruachain iat 7 scurtir a n-eich.

Dobretha rogu dóib cid biad no ragad día n-echaib. Asbert
Conall 7 Loeg*aire* airthend da blíada*n* do thabairt dia n-echaib.
Grán eórna i͞m ro thog Cu Ch*u*laind día echaib. Feótar and ind 8835
aidchi sin. Rointir in banchuri etorro hi trí. Dobretha Findabair 7
cóeca ingen impi hi tech Con Cul*aind*. Dobreta Sadb Sulbair ingen
aile Ail*ella* 7 Medba .7 l. ingen impi hi farrad Conaill Ch*ern*aig.
Dobretha Conchend ingen Cheit m*ei*c Magach 7 .l. ingen malle fria
hi farrad Loeg*airi* Buadaig. No thathiged Medb fessin i͞m co 8840
gnáthach sin tech i mboí Cu Ch*u*laind. Féotar and ind adaig
sin.

Atragat iarom matain muich íarna barach 7 tíagait sin tech i
mbátar in m*a*crad oc c*ur* in rothclessa. Gebthi Loeg*aire* iarom in

---

[a] [*in marg.*] 7 is áil li*n*ni [H]

¹⁻¹ *in ras.* **H.** ² cona he *Facs.* ³ ni *in marg. prefixed to next line,* n *perforated,
only upper and lower portions le*f*t,* i *very faint as if erased.* forail *in ras.,* f
barely traceable; i *subscr. overlooked by retracer, who has altered* l *to* i, *reading*
orailind (*sic Facs.*). ⁴ d *altered to* t *by retracer.* ⁵ issin *Facs.* ⁶ *From this point
to end of col.* b *in ras.* **H.** ⁷ *sic, for* bertar. ⁸ sulu *Facs.* ⁹ chuurad *Facs.*

8845 roth 7 nos cuir i n-arda co ranic midlisi in tigi Tibit in macrad im
sodain 7 doberat gáir dó. Bá do chuitbiud Loegairí ón. Indar ra¹
Loegaire im̄ bá gair búada. Gebthi Conall dano in roth 7 ba do lár.
Focheird iarom in roth co hochtaig ind rígthigi. Focherdat in
macrad gair foa indar la Conall bá gáir chommaidmi 7 búada. Gair
8850 chuitbiuda im̄ lasin macraid ani sin. Gebthi dano Cu Chulaind in
roth 7 ba hetarbúas tarraid hé. Focheird dano in roth i n-ardi coro
laí a ochtaig on tig co ndechaid in roth ferchubat hi talmain fri les
anechtair. Tibit in macrad gáir commaidmi 7 búada im Choin
Culaind. Indar la Coin Culaind im̄ bá gair chuitbiuda 7 fonamait
8855 focerdat in macrad im sodain.

    Tic Cu Chulaind do saigid in bantrochta 7 berid a trí cóectu
snathat úadib. 7 nos díbairg na tri .l. snátat² cách i ndíaid araili díb
co tarla cach snáthat díb hi cró araili co mbatar ina líni fón samail
sin. Tic iarom dia saichtin doridisi 7 dosbeir a snáthait fein i llaim
8860 cacha hóenmná díb doridisi. Molsat ind óic dano Coin Culaind im
sodain. Timnait iarom iar sudi celebrad dond ríg 7 dond rígain 7 don
tegluch olchena.

    Eírcid ⁶ol Medb⁶ do thig m'aitisea 7 mo mummi .i. Ercail 7
Garmna 7 feraid for n-aigidacht innocht and. Lotar iarom rompo³
8865 iar cor graphand doib i n-óenach na Crúachna 7 ruc Cu Chulaind
109a⁴ buaid ind óenaig fo thri. Rosagat íarom | tech nGarmna 7 Ercoil 7
ferait faelti friu. Cid dia tudchaibair ol Ercail díar m̄brethugud
daitsiu ol iat. Eírcid co tech Samera ol se 7 dogena for mbrethugud.
Lotar dó iarom 7 focertar fíadain leó. Ferais Samera faelti friu.
8870 Dobretha Búan ingen Samera grad do Choin Culaind. Asbertatar
iarom fri Samera bá do brethugud dóib dodeochatár chuci. Foídis
Saméra iat iar n-urd cusna genitib glinni

    Luid Loegairi ar⁵ thus. fácbaiside a árm 7 a etach occo. Luid
dano Conall fon cumma cetna 7 fácbais a góo occo 7 dobretha a arm
8875 laích leis .i. a claideb. Luid dano Cu Chulaind in tres adaig. No
sgrechat na geniti dó. Immacomsinitar dóib. Brútir a gai 7 bristir
a sciath 7 rebthair a étach immi. 7 nos curat 7 nos traethat inna
geniti hé. Amein a Cu Chulaind or Láeg. a midlach thruag. a siriti
lethguill dochóid do gal 7 do gaisced in tan ata urtrochta not
8880 malartat. síarthar¹ co urtrachta im Choin Culaind andaide 7 imsoi
cusna húathaib 7 nos cerband 7 nos bruend iat combo lán in glend
día fulriud. Dobeir iarom bratgaisced a muntiri leis 7 imsoi co tech
Samera cona choscur co airm i mbátar a muinter. Ferais Samera
faelti fris conid andaide asbert.

---

¹ sic.   ² snathat Facs.   ³ rompa Facs.   ⁴ This leaf (pp. 109–110), worn
thin by abrasion, is by H.   ⁵ iarthus Facs.   ⁶⁻⁶ om. at first; ol corr. from do;
Medb do add. marg.

.r.¹ Ní dli*g* comraind curadmír   8885
ferbaᵃ brachtchiᵇ brothlochi
sceóᶜ mátaiᵈ moogthi
tre banna miach tortaideᵉ
fri i*n*mescad² cóemchóecat
fri Coin C*ulaind* clothamra.   8890
is cú ferna fodluigthe
is bran carna comramaig.
is torc tre*n* hi fothugud
traithaid³ nerta lochnamat
am*al* aedᶠ tria fithicén.   8895
is cú othair érEmna
is menmarc ban búaignigi.
is fland tedma tromchatha
méti cénid chocerta
nachasella sithethar   8900
Cimᵍ a fresib frithbera.
bati longbaird lcingsigther.⁴
is culmaireʰ bolgadan.ⁱ
is crú fechtaʲ modcernae.
is gnoeᵏ grianna gelfini   8905
cid dó arbad chutrummus
fri Lóegairi leoairrbi
ɫ fri Conall clothriatha.
Cid dond Emir úanfebli.¹⁵
nachasáil in nertnuadatᵐ   8910
ría n-andrib án ardUlad
no chinged ind ollbrigach
hi Tech medrach Midchúarda
conid de imrordaimse
a chomraind ni dlig.   ni dli*g* c*o*mraind.   8915

Is í mo brethsa dúib tra for se in cur*admir* do Choin C*hulaind* ⁊
tús dia mnaí ría mnaib Ul*ad*.   ⁊ a gaisced úas gaisce|daib caich **109b**
cenmotha gaisced Conchobair.

Lotár dó iar tain co tech Ercoil.   ferais*id*e faelti friu.   Feótar
and ind aidchi sin.   Fúacrais Ercoil comlond dó féin ⁊ dá eoch forro. 8920
Luid Loe*gaire* ⁊ a ech na n-agid   Marbais gerran Ercoil ech Loe*gairi.*
Fortamlaigid Ercoil for Lo*egaire* fessin ⁊ teciss*id*e remi   iss *ed* conair
rod ngab do Emain dar Ess⁶ Ruaid.   ⁊ iss *ed* ruc leis tásc a muintiri

---

ᵃ .i. bó [H]   ᵇ .i. methi [H]   ᶜ .i. acus [H]   ᵈ .i. mucci [H]   ᵉ .i.
bairgen [H]   ᶠ .i. tenid [H]   ᵍ .i. cís [H]   ʰ .i. is cairptech [H]   ⁱ .i.
dar berna [H]   ʲ .i. badb [H]   ᵏ .i. ségda [H]   ˡ .i. foltchain [H]   ᵐ .i. in ríg [H]

¹ *in marg., om.* Facs.   ² immescad *Facs.*   ³ *second* a *subscr.*   ⁴ loi*n*gsither *Facs.*
⁵ uan *in ras.*   ⁶ eis *Facs.*

do marbad do Erco*i*l.   Luid da*no* Conall fón cumma cetna hi teced
8925 remi iar marbad a eich¹ do gerrán Ercoil.   Iss *ed* dolluid Conall dar
Snám Ráthaind do saichtin Emna.   Ro báided da*no* Ráthand gilla
Conaill and sin isind abaind conid de ita Snám Rathaind o sin ille,

     Marbais in Líath Macha i̅m̅ ech Ercoil 7 nos cengland Cu
Chul*aind* Erco*i*l fessin i ndíaid a charpait leis co ránic Emain Macha.
8930 Luid tra Buan ingen Samera for lorc na tri carpat.   Atgéoin slicht
fonnaid Con C*u*l*aind* fo dáig nách sét cumung no théiged no chlaided
na muru 7 no fairsinged. 7 no linged dar bernadaib.   Ro lebling
ind ingen trá léim n-úathmar ina diaidsium for furis in charpait co
n-ecmaing a tul immon n-all combo marb de   conid de ainmnigth*er*
8935 Úaig Búana.   In aim tra ráncatar Emain Conall 7 Cu C*h*ul*aind* iss
and ro bas oca caíniud and ar bá derb leó a mmarbad.   iar mbreith a
tásca do Lóegairi leis.   Adfíadat iarom a n-imtechta 7 a scéla do
Choncob*ur* 7 do mathib Ulad olchena.   Bátár i̅m̅ ind² errid 7 ind
láith gaili olchena oc toibeim for Láegairi.   don badbscel ro innis o
8940 chelib conid and asbert Cathbath. inso sís

         .r.³ Dimbúaid sceóil
             fartbi ecland
             la borg dubaithech.
             dorar^a dusi^b la henechgris
8945   rúanad roUlad.
             Ní má rulaid Lóeg*aire*
             cosnam cirt curadmír
             iar ndorair a badbscélai.
             is Cu Cul*aind* dligetar
8950   arróet caincomram búadErcoil
             cenglathar err thréntnuthach
             i ndiaid erri óencharpait.
             ni chelat a márgnima
             adrollat^c a mororgni.
8955   is err threntairpech
             is cur caín cathbúadach
             is glond catha comramaig.
             is mortcend do ilslúagaib.
             is ríatai di rathbriugad.
8960   is tríath tailc tnuthgaile.
             conid de imrolaimse
             comraind curadmiri fris
             is dimbúaid sceoil.   *diambuaid sceoil*

---

     ^a .i. dochur [H]   ^b .i. trenfer [H]   ^c .i. innisit [H]
   ¹ i *subscr.*   ² *in add. above line, same hand.*   ³ *between cols.*   ⁴ c*h*omramaig *Facs.*

Ro ansat ind óic día n-imratib ⁊ dia radsechaib. Rosoich iarom
co praind ⁊ co tomaltus dóib. ⁊ iss é Sualdaim m*a*c Roig athair Con 8965
Culaind fessin ro frithaig Ultu ind aigchi¹ sin. Ro linad iarom ind
Aradach dabach Conchob*air* dóib. Dobretha a cuit i͞m inna fíadnaisi
iar sudiu ⁊ tíagait na randairi² dia raind. | La sodain ro gabsat ind **110a**
randaire in curadmir asin raind ar thús. Cid ná tabraid in caur*admir*
ucut ar Dubtach Dóeltengad do churaid úrdalta úair ní thudchatar in 8970
tríar ucut o ríg Crúachan can chomartha nderb leó do thabairt in
cur*admire* do neoch díb.

Affraig Loeg*aire* B*u*adach la sodain ⁊ túargaib in cuach cred*uma* ⁊
én airgit fora lár. is limsa in caur*admir* for se ⁊ ní chosna nech frim
hé. Nibá lat for Conall C*ernach* ní hinund comartha tucsam lind. 8975
Cuach cred*uma* thucaisiu³ c*u*ach findruini i͞m thuc*u*sa. is réil asind ed
fil etorro conid limsa in caur*admir*. Nibá la nechtar dé et*i*r for Cu
Ch*u*laind ⁊ atafraigs*i*de la sodain ⁊ asbert. Ní tucsaid comartha
tairces chur*admir* dúib for se acht nirb áil don rig ⁊ don rigain cusa
rancaibair tullem ecraiti frib a tind hi tend. Ni mó da*no* a cin frib ol 8980
se indás na tucsaid úadib. Bid limsa i͞m for se in cur*admir* úair is mé
thuc comartha suachnid sech cach.

Tanócaib súas la sodain in cuach nndercóir ⁊ én do liic logmair
fora lár ⁊ cutr*um*ma a dá sula do dracoin conid n-acatár mathi Ul*ad*
uli im Concob*ar* m*a*c Nessa. Is mesi iarom for se dlig*es* a caur*admir* 8985
acht m*a*ni brist*er* anfír form. Cotmidem uli ol C*on*chob*ar* ⁊ Fergus ⁊
ol mathi Ul*ad* olchena. is let a caur*admir* a breith Ail*e*lla ⁊ Med*b*a.
To*n*g*u* a toi*n*g*es* mo th*u*a*th* for Loeg*aire* ⁊ for Conall C*ernach* ni
cúach cen chreic dait in cúach thucais an⁴ ro boí di sétaib ⁊ mainib it
selbae iss *ed* doratais airi⁵ do Ail*i*ll ⁊ do Me*i*d*b* ar na ructha do bag it 8990
cend. ⁊ ná tarta in caur*admir* do neoch aili ar do bélaib. To*n*g*u* a
toi*n*g*es* mo th*u*a*th* for Conall C*ernach* níbá breth in breth rucad and ⁊
nibá lat in cur*admir*. Cotnerig cach díb diaraili la sod*ain* cusna
claidbib nochtaib. Tothaet Concob*ar* ⁊ Fergus et*u*rro iar sudiu.
Tollécet a lláma sís fó chétóir ⁊ doberat a claidbi ina trúallib. Anaid 8995
ol Sencha denaid mo ríarsa. Dogenam or iat. Eircid co Budi m*a*c
mBain for se coa áth ⁊ dogéna for mbrethugud.

Lotar iarom a tríur churad co tech mBudi ⁊ adfíadat dó a toisc ⁊
a n-imresain immá tudchatar. Nách dernad etercert dúib hi Cruachain
Aí la hAilill ⁊ la Meidb ol Budi. Dorigned om for Cú Ch*u*laind ⁊ ní 9000
daimet ind fir út fair eter. Ni didemam om oldat ind fir aili ar ni
breth et*i*r aní rucad dún. Ni ha*n*sa¹ do nách aili for mbrethugud da*no*
ol Budi. in tan na hantai for cocertad Medba ⁊ Ail*e*lla. Ata lim for
Budi nech folimathar for mbrethugud .i. Úath m*a*c Imomain fil oca

---

¹ *sic*.   ² ro*n*dairi *Facs*.   ³ *aspiration mark om. Facs*.   ⁴ ar *Facs*.   ⁵ *in ras*.

110b loch. Dó dúib iarom dia saichthin ⁊ dogena for cocertad. | Fer
9006 cumachta mori da*no* in tUath m*a*c Imomain sin no dolbad¹ in cach
richt ba halic leis ⁊ no gniad druidechta ⁊ certa commain. Ba sé sin
da*no* in siriti on ainmnigth*er* Belach Muni in tSiriti. ⁊ is de atberthe
in siriti de ara met no delbad i n-ilrechtaib.
9010 Rancatár iarom co Úath coa loch ⁊ fíadu o Budi leó. Atfíadat
iarom do Úath aní má tudchatar día saigthin. Asbert Úath fríu nod
lemad a mbrethugud acht co ndaimtis nammá fora breith. Fodémam
or iat. Fonaiscid forro. Atá cennach limsa for se ⁊ céb é uabsi
comallas frimsa hé bid hé beras in curadmír. Cinnas cennaig sin for
9015 siat. Bíail fil limsa for se ⁊ a tabairt i lláim neich uaibsi ⁊ mo chend
do béim dímsa indiu ⁊ mesi dia béim desium i mbárach.

Asberat i͞m Conall ⁊ Loeg*aire* na dingentais in cennach sin ar ni
boí occosom do chumachta a mbith beó iarna ndichennad acht m*a*ni
rabi ocasom. Obbsat iarom fair Conall ⁊ Loeg*aire* in cennach sin.
9020 cíatberat araili libair co nd*er*nsat cennach fris .i. Loeg*aire* do beim a
chind de in cétla ⁊ a imgabáil dó ⁊ Conall día imgabail ón mud
chetna. Atbert i͞m Cu Ch*u*l*aind* co ndingned cennach fris dia tuctha
dó in cur*admír*. Atbertsat i͞m Conall ⁊ Loeg*aire* co leicfitis dó in
cur*admir* dia nd*er*nad cennach fr*i* Úath. Fonaiscid Cu Ch*u*l*aind*
9025 forrosom cen cur*admir* do .chosn*am* dia ndernad cennach fri Uath.
fonaisccitsium fairsium da*no* a dénam in cennaig. Dobeir Uath a
chend forsin lic*a* do Choin Ch*u*l*aind* ⁊ dounsi Cu Ch*u*l*aind* béim da
bíail féin do co topacht a chend de. Luid íarom fon loch uadib ⁊ a
bial ⁊ a chend na ucht.
9030 Tic íarom ara barach dia saichtin ⁊ no sinithar Cu Ch*u*l*aind* dó
forsin licc. Tairnid fo thri in mbial fora mu*n*él ⁊ a cúl rempi. Atrai
a Cu Ch*u*l*aind* for Úath rigi láech nEr*end* duit ⁊ in cur*admir* cen
chosn*am* Lotar dó a triur churad co hEmain iar tain ⁊ nir daimset
ind fir aili do Coin Ch*u*l*aind* in breth rodnucad dó. Boí in t-imcosn*am*
9035 cetna beius imón cur*admir*. Ba si comairli Ul*ad* forro da*no* a cur do
saigid Con Roí dia mbrethugud. Fáemitsium da*no* ani hisin.

Dollotar iar sin sin matin arna bárach a triur churad co cathraig
Con Roí .i. Cu Cul*aind* ⁊ Conall ⁊ Loeg*aire*. scorit a ca*i*rp*tiu* i ndorus
na cath*rach* iar sin ⁊ tiagait isa rígthech ⁊ ferais faelti móir friu
9040 Blathnat² ingen Mind ben Con Roí m*e*ic Dáiri ⁊ ní rabi Cú Roí hi fus
ara cind ind aidchi sin ⁊ rofit*ir* co ticfaitis. ⁊ foracaib comarle lasin
mnaí im réir na curad co tísad don turus dia ndechaid sair hi tirib³
Scithiach fó³ bith níro derg Cu Ruí a claid*eb* i nErind o ro gab
gaisced co ndeochaid bás. ⁊ ni⁴ dechaid bíad nErend⁵ inna béolu

---

ᵃ .i. iar cor dó brechta hi fáebur i*n* bélae [H]

¹ *initial* d *retraced as* t ; t *Facs.*   ² Blath*n*at*h Facs.*   ³⁻³ .. rib *to* fó *in ras.*
⁴ i *smudged*; no *Facs.*   ⁵ n-*stroke om. Facs.*

cein ro mboí ina bethaid.¹**]** | o roptar slána a secht mblia*dna*. úair **111a**
niro thallastar a úaill nach a allud nach a airechas nach a 9046
borrfad nách a nert nach a chalmatus i nErind. Boí im̄ in ben
día réir co fothrocud 7 co folcud 7 co lennaib inmescaib 7 co
ndérgodaib sainamraib comtar budig.

O thánic dóib iar*om* co dérgud asbert in ben fríu iar sudiu 9050
cach fer díb a aidchi do fairi na cathrach co tissad Cú Ruí.
7 da*no* or si is amlaid atrubairt Cú Ruí a fari dúib iar n-aesaib.
Cipé aird do airdib in domain tra i mbeth Cui² Rui dochaíneth
fora chat*r*aig cach n-aidchi combo demithir³ bróin mulind conna
fogbaithe a ddorus do g*r*és iar fui*n*ud ng*r*ene.　　　　　9055

Luid iar*om* Loeg*air*e B*uadach* dond faire in chétaidche úair
is hé ba sinser dóib a tríur. Ro boí isin tsudiu faire iar sudiu
co dered na haidche co *n*n-aca in scath chuci aníar rodarc a
sula co fota dond farrci. Ba dímór 7 ba grainni 7 ba úathmar
laiss in scáith ar indar lais rosiacht co rrici ethíar a arddi 7 bá 9060
fodeirc dó folés na farrci foa gabul. Is amlaid tánic a doch*um*
7 lán a da glac lais do lommánaib darach 7 ro boí eire cuinge
sesrige i*n* cech lomchrund díb acus nir aith*err*acht béim do bun
chraind díb acht óenbéim co claid*iub* Tolléci gecán díb fair.
leicthe Loeg*air*e secha. Cóemcloíd fó di nó fó thrí 7 ní ránic 9065
cnes ná scíath do Loeg*air*e. Tolleci Loeg*air*e da*no* fairseom
gai 7 ní ránic hé.

Rigidsom a láim co Loeg*air*e iar suid*iu*. Boí tra dia fot
na lamae co rroacht tar na teóra fuithairbe ro bátár et*ur*ro ocond
imdíburcud conid iar sodain ro gab ina glaic Cíarbo mór 9070
7 cíarbo airegda tra Loeg*air*e tallastar i n-óenglaic ind fir
dodfánic feib thallad m*a*c blia*dna* 7 cotnomalt et*er* a di bois
iar sudiu am*al* tairidnider fer fidchilli for tairidin. Tráth ba
lethmarb iar*om* ind innas sin tolléci aurchor de la soda*in* tar
cathir ammuig co mboí for ind otruch i ndorus ind rígthige 9075
7 nír oslaiced in cathir and et*ir*. Doruménatár ind fir aile
tra 7 muinter na cath*r*ach uli ba léim ro leblaingseom tarsin
cath*r*aig ammuich día fácbail forsna feraib aile.

A mbátár and co deód laí co trath na faire. Luid Conall
Cer*nach* issa sudiu na fari úair ba siniu oldás Cu Ch*ulaind*. 9080
Fó n-innas cétna da*no* am*al* forcóemnacair do Loeg*air*e uli ind
adaig thússech. In tres adaig da*no* luid Cu Ch*ulaind* isi[*n*]⁴ sudi

---

¹ *Interpolation of* **H** *ends.*　　² *sic*; cu *Facs.*　　³ *sic.*　　⁴ n-*stroke om.*

fari.   Ba sí sin tra adaig ro dálsat na trí Glais Sescind¹ Úairbeoil.
7 tri Búagelltaig Brég. 7 tri meic Dornmair Cheóil do orgain
9085 inna cathrach.   Ba sí dano adaig ro boí hi tairngire don pheist
ro boí isind loch hi farrad na cathrach fordiuglaim lochta in
phuirt² uile eter daíne 7 indile.

Buí Cu Chulaind tra oc frithaire na haidche 7 bátar mí-
111b thurussa imda fair. | Tráth bá medon aidche dó íarom co cúala
9090 in fothrond chuci.   Alla alla for Cu Chulaind cía fil alla mástat
carait conná'musnágat mastat námait co'mmosralat conggairet
gairm n-amnas fair la sodain.   Conclith³ Cu Chulaind forro
iarom conid a mmárb tarraid talmain a nónbur. Ataig in cendáil
occo isin sudi faire mod nad mod i ndesid inna sudiu. Conggair
9095 nonbur aile fair.   Ro marb trá na tri nonboru fóa n-innas cétna
co ndernae óencharnd díb eter cendail 7 fodbu.

Amal ro mboí and iar sudiu co dered na haidche 7 ba scíth
7 ba torsech 7 bá mertrech⁴ co cúala cumgabáil in locha i n-airddi
amal bid fótrond farrci⁵ dimóre. Ni fordámair trá a bruth cach a
9100 raba di mét a thurse cen techt do descin in delmae móir rochúala.
Co n-acca in comerge dorigni in pheist.   Dóig leis dano ro boí
.xxx.cha cubat inne uasind loch. Tosnúargaib súas iar sudiu
isin n-aer 7 ro leblaing dochom na cathrach. 7 adrolaic a beólu
co ndechsad óen na rígthige inna cróes.

9105   Foraithmenatharsom² la sodain a foramcliss 7 lingthi i n-ardi
corbo lúathidir rethir fuinnema imón peist immá cuaird. Íadaid a
dá glaicc immá brágit iar suidiu 7 ro rigi a láim co rrici ina cróes
co tóerbaig a cride este. condarala úad for talmain. co torchair
béim n-asclaing don pheist asind aér co rabe for lár.   Imbeir
9110 Cu Chulaind in claideb fuirre co nderna minmírend di 7 dobeir
a cend co rabi oca isin tsudi faire ocon chendail aile.

Tráth ro mboí and iar suidiu oss é aithbriste tróg isin dedoil
na maitne co n-acca in scáth chuci aníar dond arrci .7 r̄.
Bid olc ind adaig ol se.   Bid messu daitsiu a bachlaig ol
9115 Cú Chulaind.   La sodain tolléci gégán díb fair.   Léicthi
Cu Chulaind.   Coemcloíd fó dí nó fó thri 7 ni ranic cnes na
scíath do Choin Chulaind.   Tolléci Cú Chulaind gai fairseom
dano 7 ni ranic. Rigidsom a láim co Coin Culaind iar suidiu
día gabáil îna glaic amal ro gab na firu aile.   Focheird
9120 Cú Chulaind cor n-íach n-eirred de la sodain 7 forathmenadar

---

¹ ses cind MS.   ² asp. mark om. Facs.   ³ sic.   ⁴ sic, read mertnech.   ⁵ fairrci Facs.

a foramclis 7 a claid*eb* nocht úasa mulluch corbo lúathithir
fíamuin oss é etarbúas imbi imma cúaird conid derna rothbúali de.
Anmain i n-anmain a Chu Ch*u*laind or se. Tabar mo thri
drindrosc dam da*no* ol Cu Ch*u*laind. Rot bíat ol se feib dothaí-
set latt ai*n*áil. Ríge laech nEr*end* dam on trath sa 7 in caur*admir* 9125
cen chosnam frim 7 tús do mmo mnaí ría mnáib Ul*ad* uli do
gr*és*. Rot bia ol se la sodain fó chetóir. Ní fitir cía arlaíd¹ úad
inti ro boí oca acallaim.

Immorádi inna menmain iar suid*iu* a lléim dochúatár a áes
comtha tarsin cath*raig* ar bá mór 7 bá lethan 7 bá hard a lléim. 9130
Ba dóig laisseom tra combad ó² lémum dochúatár ind laith
gaile tairse. Dammidethar fá dí día lémaim 7 forémid. Mairg
dorumalt a n-imned dorumaltsa custrathsa imma caur*admir*
ol Cu Ch*u*laind 7 a techt úaim la féimmed ind lemme dochúatár
ind fir aile. Bá sí tra báethir dogéni Cu Ch*u*laind ocna imratib 9135
se | no cinged fora chúlu etarbúas fot n-aurchora on cathraig. **112a**
Docinged da*no* etarbúas dorisi asin baliu hi tairis*ed* co mbenad
a thul cind frisin cath*raig*. No linged da*no* i n-arddi in fecht
n-aile combo foderc dó aní no bíd isin cath*raig* uli. No theiged
da*no* in fecht n-aile isin tal*main* connici a glún ar thru*m*mi a 9140
brotha 7 a neirt. In fecht n-aile da*no* ní thíscad a drucht do
rind ind feóir ar demni ind aicnid 7 lúthige ind láthair 7 méit
na gaile. Lasin n-adabair 7 lasin siabrad ro síabrad immi.
Fecht n-óen and cingthiseom tarsin cathraig ammuig co rrabi
thall i mmedón na cath*rach* i ndorus ind rígthige. Atá inad a 9145
da t*r*aiged isind lic fil for lár na cath*rach* bale i rrabi imdorus
ind rígtaige. Téit isa tech la sodain 7 tolléic a osnaid.

Is and asbert Bláthnat ingen Mind b*en* Con Roí. Ní hosnad
iar mbebail² ém or si is osnad iar mbúaid 7 coscor. Rofitir ingen
ríg Insi Fer Falga trá a ndo doraid tarraid Coin Cul*aind* isind 9150
aidchi sin. Nírbo chían da*no* iar sin co n-accatár *Coin* Roí
chucu isa tech 7 bratgaisced na trí nónbor ro marb Cu Cul*aind*
laiss 7 a cindnu³ 7 cend na bíasta. Asbert la sodain iar cor na
cendaile de asa ucht for lár in tige. Ba gilla comadas or se do
faire duine ríg do gr*és* in gilla sa ata chomrama óenaidche so ule. 9155
Aní immá tudchaibair imresain ol se imma caur*admír* is la
Coin Cul*aind* íar fírinne ar bélaib óc nEr*end* uile hé. Cia beth

---

¹ arluíd *Facs*.   ² *sic*.   ³ *sic, for* cindu.

nech bas chalmu and or sé ní fil rosía lín comram friss. Is í
breth ruc Cu Ruí doib iar suid*iu* in caur*admir* do Coin C*h*ulain*d*
9160 7 lathus gaile Góedel uile 7 tús día mnaí ría mnaib Ula*d* uile
hi tech n-óil. 7 dobert .uii. cumala di ór 7 airg*et* dó i llúag in
gníma óenaidchi dodrigni.

Celebrait iar suid*iu* do Choin Ruí 7 dollotar co ndemetár
Emain Mach*a* a tríur ria ndeód laí. Tráth tánic dóib iar suid*iu*
9165 co roind 7 dáil ro gabsat na rannaire in caur*admir* cona
fodai di lind riasind roind co rrabi ocaib for leth. Is derb
lind tra or Dub*thach* Dóeltenga ní fil imchosnam lib innocht
immá caur*admir*. ro lámair brethugud dúib intí ráncaibair.
Asbertatar in fíanlach aile fri Coin C*u*lain*d* iar suid*iu* ní thardad
9170 in caur*admir* do neoch díb sech a chéli. Mád in ra brethaigestar
i͞m Cú Ruí dóib a tríur ní ardamair ní de et*ir* do Choin C*h*ulain*d*
o rancatar Em*ain* Maca. Asbert Cú C*h*ulain*d* la sodain nárbu
santach fair caur*admir* do chosnam et*ir* fo bíth nárbu mó a
solod dontí día tibertha hé oldás a dolod. O sin níro rannad
9175 caur*adm*ír and co tánic cennach ind rúanada i nEm*ain* M*acha*.

¹Cennach ind ruanada inso

Fecht n-and do Ul*t*aib i nEm*ain* Macha iar scís óenaig 7
cluchi. Dolluid Con*cho*bar 7 Fergus m*ac* Róig 7 mathi Ula*d*
112bᵃ olchena asin cluchemaig ammuig co nde|setar thall isin Craeb-
9180 rúaid Conchob*air*. Ní rabi Cu C*h*ulain*d* and na Conall
Cer*nach* na Loeg*aire* Bu*a*dach ind aidchi sin. Batár i͞m formna
lath n̄gaile fer nUla*d* olchena. Am*al* ro bátar and trath nóna
deód laí co n-accatar bachlach mór forgrainne chucu isa tech.
Indar leó ní rabi la Ultu láth gaile rosassad leth méite fair.
9185 Bá úathmar 7 bá granni a innas in bachlaig. Senchodal fría
chnes 7 brat dub lachtna imbi. 7 dosbili mór fair méit gamlías
hi tallat .xxx.ait ngamna. Súili cichurda budi inna cind méit
chore rodaim cechtarde na dá sula sin fria chend anechtair.
Remithir dóit láma neich aile cach mér día méraib. Cepp ina
9190 láim chlí i rraibe ere .xx. cuinge do damaib. Bíail ina láim
deis i ndeochatár tri .lll. bruthdamna. Buí feidm cuinge² sesrige
ina samthaig. No thescbad finna fri gaith ar altnidecht.

ᵃ *in marg. sup. man. al.* in Dei no*m*ine amen

---

¹ *in marg.*   ² *c*huinge *Facs.*

Dolluid fond écosc sin co rrabi inna sessom i mbun na gabla
ro boí hi ciund tened.   In *cum*ce in taige duit ale or Dub*thach*
Dóeltengad frisin mbachlach in tan nád fagbai inad aile and. 9195
acht beith i mbun na gab*la* ma*n*id caindleóracht in tige as áil
duit do chosnam acht namá bid mó bas loscud don tig oldás
bas suillse don tegluch.   Cid hé mo dán da*no* bes cotmidfid*er*
cach a bé dim airddi combad coit*chenn* a suillsi don tegluch 7
connábad loscud don tig.   9200
    Acht namá or se ni hé mo dan do g*ré*s atát dána lim chena.
Aní día tudchad cuingid im̄ ol se nocon fúar i nÉrind nach i
nAlpain nach i nEoroip ł i nAffraic ł i nAssia co G*re*cia 7
Scithia 7 Insi Orc 7 Colomna Ercoil 7 Tor mBregoind 7 Insi
Gáid nech no chomollad fir fer frim imbi.   Úair roucsaidse for 9205
nUl*taib* or se do slúagaib na tíri sin ule ar grain[1] 7 greit 7
gaisced.   ar airechas 7 uaill 7 ordan.   ar fírinne 7 féle 7 febas.
Fagabar uaib óenfer chomallas frimsa in ceist immá tú.
    Ni cóir ém enech cóicid do brith or Fergus m*a*c Róich araí
óenfir do thesbaid díb oc denam a n-enig.   7 bes nipe nessu éc 9210
do suid*iu* oldás daitsiu.   Ní oca imgabail sin da*no* atúsa ol se.
Finnamár da*no* do cheist ol Fergus mac Róig.   Acht cor
damthar fír fer dam ol se atb*ér*.   Is cóir fír fer do chomollod
im̄ or Sencha m*a*c Aile*l*la ar ní fír fer do slúag mór muinterda
brisiud for óenfer n-anaichnid et*ur*ro 7 bád dóig lind da*no* ol 9215
Sencha mád costrathsa fogebthá óenfer dotdingbadsu sunna.
Facbaim Concob*ar* fri láim ol se dáig a rige 7 fácbaim Fergus
m*a*c Róig dáig a cotéchta 7 cipé díb or se lasim sétar cenmothá
in dis sin.   Táet co tallursa a chend de innocht 7 co talla | [2]

---

[1] *asp. mark add. Facs., is a smudge.*   [2] *breaks off, five leaves missing.*

113a   Siaburcharpat Con Culaind inso

9221 DOLLUID Patraic do Themraig do erail creitme for ríg
nErend .i. for Loegaire mac Néill ar is eside ba rí Herend
ind inbaid ar ni chretedsidé in Comdid ciano pridcaide dó.
Asbert Loegaire fri Patraic noco chretiubsa duitsiu nách do
9225 Dia nó coro dusce Coin Culaind damsa fó míadamla feib
adfíadar i scelaib conid n-acur 7 conid n-arladur ar mo bélaib
sund is iar sain no cretiubsa duitsiu. Is folaith do Dia aní sin
ol Patraic.

Tic techtaire iarom on Chomdid co Patraic co tairistis co
9230 arna bárach for dua na rátha .i. na Temrach 7 ticfad Cu
Chulaind a ndochum and. Is iar sin iarom luid Lóegaire do
acallaim Patraic iar taidbsin Con Culaind dó ina charput.

Asbert Patraic fri Loegaire innut tarfás ní. Domarfás¹ im
for Loegaire 7 nim thá cumac día aisnéis mani sénasu 7 mani
9235 chosecra mo gin. Ni senubsa ol Patraic do ginsu conom raib
mo ríar. arsénub im in n-aér dotháet as du ginsu co n-écis² in
tadbsin tarfás duit.

A mbása em for Loegaire oc dul dar Fán in Charpait do
Cnuc Síde in Broga hi Tulaig in Turchomraic i mBruig Meic
9240 ind Óc. Co n-acasa in gaíth n-úair n-aigidi amal chroísig dibroí
bec nád ruc ar folt díar cennaib 7 ná dechaid triund fodesin co
talmain. ro íarfacht in gaíth do Benén or Loegaire. Asbert
Benen frimsa is í gáeth iffir[n]d³ insain iarna oslucud ría Coin
Culaind. Co n-accamár iarom in tromchíaich máir doléic fornd.
9245 Ro iarfachtsa dano do Benén in tromchiaig sin. asbert Benén
bátar anála fer 7 ech immandeochatar in mag ríam. Co
n-acamar iarom in feóchúni mair uasund túas. Ba lán in tír di
sudib 7 ba heter nélaib nime bátár ara n-airde. Ro iarfacsa do
Benén aní sin. Asbert Benen batar fóit a cruib na n-ech bátár
9250 fó charput Con Culaind.

A mbámmár and iar sain co n-acammar fúatha na n-ech
triasin ciaich 7 na fer isin charput solam arae apri hesi for ard
síthbe sigidi eich doríadat séotu. Co n-accasa iarom in dá ech

¹ sic. ² conéc₃ MS. ³ n-stroke om.

commóra comaille acht nammá co sain delba 7 datha. comlúa-
tha comchóri comgníma boslethna deslethna biruich ardchind 9255
agenmair gobchuíl dúalaig dénmecha dathálli tullethain forarda
forána forbreca. At é cendbeca cruindbeca urarda aurderca
aurgastai. Bruinni derga beólaidi sulgi slemna saitsidi sogabalta
fégi fáeborda femenda cassmongaig cóiri caím casarcig broga
forfuil ina díaid inétside da ndroch duba tarchise. Dá roth 9260
chóiri cóicrisi. Fertsi crúadi colgdirgi. Dá n-all n-aphthi
n-intlasse. Síthbe findargit co fethan | findruine. Cuing **113b**
dron dru*m*nech fororda. Pupall corcorda. Fortche uanide.
Láech and isin charput sin súas máeldub demis fair for suidiu.
Atá lim is bó roda lig. Súil glas bannach ina chind. Fúan 9265
corcorgorm im suide a cetoraib orgait[1] óengil. Dulend dergóir
fora bruinnib ro leth dar cechtar a dá gúaland. Léni gelchul-
patach immi co nderginluth intlase. Claideb orduir[*n*]d[2]
i n-ecrus sésta fora šlíastaib. Manaís lethanglas for cru*n*d
miding ina láim. Foga fogér fóbartach ina farrad. Scíath 9270
corcorda co comrod argit co túagmílaib óir úasa díb n-imdadaib.
Atá limsa bá frass do nemannaib ro lád ina chend. Dubithir
leth dubfolach cechtarde a da brúad. Deirgithir partaing a beoil.
Ara ara bélaib isin charput sin araile forseng fánfota forbrec.
falt forchas forruad fora mulluch. Gipne findruine fora étan nád 9275
léiced a folt fó agid. Cuache de or fora díb cúalaid[1] hi taircellad
a falt. Coichline ettech immi co n-aurslocud ara dib n-ullennaib.
Bruitne di dergór ina láim. dia taircellad a eochu. Dóich limsa
bad hé Cu Chul*aind* 7 Lóeg a ara no beth and 7 Dub Sainglend
7 Liath Macha. no beth fón charpat.   9280

In creti Dia fodechtsa a Loeg*airi* ol Pat*raic* úair dodeochaid
Cu Chulaind dot acallaim. Mása é Cu Cul*aind* atconnarc is
garit limsa ro boí ic comaccallaim. Is folaid Dia ol Pat*raic*
mas éseom ro boí and dorega dot acallaimsiu afrithisi.

A mbátár and iar sin co n-accatár in carpat isin mag a 9285
ndoch*um* cona díb n-echaib 7 Lóeg m*a*c Ríangabrat[1] ina
farradnacht 7 Cu Chul*aind* ina erredacht. Secht ³cles lí ani³
fichet úasaib etarbúas. ⁴Tairmcles nónbai ⁴ .i. cles cait 7 cles
cúair. Cless daire. Dallchles n-eóin. léim dar neim. 7
dergfilliud⁵ erred náir. 7 gai bolga. 7 baí bresse. 7 bruth ngéine. 9290

---

¹ *sic.*   ² n-*stroke om.*   ³⁻³ *in ras. and retraced,* i *of* ani *altered from* e [M].
⁴⁻⁴ *seemingly in ras.* [M].   ⁵ *the dot is over following* i; *om. Facs.*

7 sían churad. 7 rothchles. 7 fáeborchles 7 ubullchles. 7 torand-
chles. 7 dréim fri fogaist. 7 dirgiud creitte fora rind 7 fonaidm
níath náir. 7 táithbéim. 7 béim co fomus. Immasleig cach la
be*ir*t immin n-araid gabáil na n-ésse biid¹ uasaib 7 análaib.
9295 Dolluid Cú Cul*aind* do acallaim Pat*raic* 7 bennachais dó.
is and sin asrubairt.

> Ateoch a nóem Pat*raic*
> itt arrad iteó.
> romucca lat ch*r*etmecho
9300 > hi tírib na mbeó.

Creit do Dia 7 do náem Pat*raic* a Loeg*airi* ná túadaig tond
talman torut ar ní síabrae rodatánic   is Cú C*h*ul*aind* mac Sóalta
ar is bith cach rúanaid recht ná talam cach ciúin celar cach
114a triúin | talam cach naib nem ar is dord síabrai cen midisiu
9305 is bith cáich ar úair immáredisiu.   Boí Cu Chul*aind* ina thost
7 ni arlasair Loeg*aire*. Cía rét Brega a Loeg*airi* cia suides
a fantu. Cia aires a n-áthu. Cía aithet a mna. Cia charat
a n-ingena. Ced duitsiu 7 damsa or Loeg*aire* a n-iarfaigids*íde*.
Ro boí tan a Loeg*airi* bá messe immátheged immatimchellad
9310 immidamthellech. Ba mesi alau cúrad cartais glonnaib arddaib
immanaigtís ro boí tan a Loeg*airi*. Ba messi dothéged a mar-
g*r*essa noruíned² a márcongala. Bá messi in Cú Chul*aind*
cathbúadach gnússachtach gesechtach rigderg roíglethan rogell-
ach no bíd ar Maig maínech Murthemne. Creit do Día 7 do
9315 Phat*raic* a Loeg*airi* ar ní siabrai dotánic³ acht Cu Chul*aind*
m*a*c Soalta. Mássa Chú fil and or Loeg*aire* adfét dúnd día
márgnímaib. Ba fír són a Loeg*airi* or Cu C*h*ul*aind*.

Bassa collid giallasa i n-airitin átha mo thúath. Basa
balcbémnech for níathaib 7 mórslúagaib. Imréidindsea a
9320 nggraige senlúatha mo námat isnaib lúac*r*achaib lánaib co
fagbaindse a n-eltae beómarbae isnaib slébib iar n-ardbiu
a comlund comardae na fer no bítís foraib.

Manus fil samlaid na gnima sin feib adrímiu batár gníma
erred latsu níptar gníma con.
9325 Bá fír són a Loeg*airi* ol seseom. Nipsa chúsa gabála lis.
Basa chúsa gabála uis. Nipsa cháusa cruib i n-aurchaill.
Bása chúsa comnart do chomlond. Nipsa cháusa imlomtha

---

¹ *second* i *add. below line.*   ² = no *s*rained. norúnied *Facs.*   ³ dot*h*ánic *Facs.*

fuidell. Basa chausa tairtbe buden. Nipsa causa ingaire gamna. Basa cháusa ingaire Emna.

Manus fil na gníma sain feib dodrímiseo bátár gníma erred 9330 latso.

Bá fír són a Loegairi ol Cu Chulaind bátar gníma erred limsa. Bása eirrsea. Bása aura. Bása ara carpait máir. Bása máeth fri maíthi. Basa imdenach frim tháir. Bása ennach mo námat. nipsa nemthenga mo crích. Bása chomrar 9335 cacha runi do andrib Ulad. Bása mac la maccu. Ba fer la firu. Bá dim chusc asrarath. Basa maith frim aír. Basa ferr fri[1] molad.

Mása é Cu Chulaind fil and or Loegaire adfét dún ní dona morgabthib ro gábi. Ba fír són a Loegairi ol Cu Culaind.   9340

> Immáredindsea márgraige
>   la Concobor crúaid
> bá i n-ailethúaith
>   aslingind cach mbúaid.

> Ro clisius for analaib   9345
>   uasa uíb na n-ech.
> ro mmebdatár riumsa
>   mórchatha cach leth.

> Ro brisius aurgala
>   for triunu na túath.   9350
> bá misi in caur claidebrúad
>   iar sligi na slúag

> Ro brisius a fáeborchlessa
>   for rindib a claideb.
> rosiacht a mórairgne   9355
>   ba tria daigte tened.

> Tairred n-aile dochúadussa   a Loegairi
>   acht ba sin úair.
> coro ferussa[2] márchatha
>   fri Lochlaind atúaid. | 9360

---

[1] fᵣimolad MS. *for* frim molad.   [2] a *formed from* ჳ, *inadvertently repeated.*

114b

Araile láech and domárraidsi
iar techt dam for sét.
trícha cubat a ardai
ba ed sin a mét.

9365

Iar sin ro selachsa
iar nglés dún fo thrí.
fochartsa a chend isin cath
co torchair ín rí.

Iar sin dorochratár
9370   ro thesbaid díb.
secht cóecait cach óenchatha
o ro gabthá a rrím.

Is íar sin ro nenascsa
foraib fora ndáil
9375   .uii. cét talland argait báin
¹im secht .c. talland óir
bá sí² sin in cháin¹

Tairred dochuadusa   a Loegairi
día lád hi tír Scaith
9380   dún Scáith and cona glassaib íarn
forurmius láim fair

Uii. múir imón cathraig sin
ba etig³ a dend.
sonnach íarn for cach múr
9385   forsin bátár nóe cend.

Dorse iarn for cach slis
frimna⁴ niro chosnoda.
atacomcussa com láu
condarrala i mbrosnacha.

9390   Buí cuithe isin dún
lasin ríg adfét
.x. nathraig doróemdatar
dara or ba bét.⁵

---

¹⁻¹ *written on space left in upper line*; im *to* si *seemingly in ras.* [M].   ² *accent*
converted into an n-*stroke by retracer*.   ³ g *altered to* d; d *Facs.*   ⁴ *sic, for*
frimsa.   ⁵ *erased space here, preceded by the usual* ſſ *signs.*

Iar sin atarethusa
cíar adbol a ndrong.
co ndernus a n-ordnecha
et*er* mo dá dornd.

Tech lán do loscannaib
dofarlaicthe dún.
míla géra gulbnecha
ro leltar im srúb.

Bíastai granni dracondai
cucund dofutitis.
tréna a n-amainsi
echdíli cíadcutís.

Iar sin atarrethusa
in tan bá fóm rois.
cotamfoltsa comtar me*n*bacha
eter mo dí bois.

Baí coire isin dún sin
lóeg na teóra mbó.
.xxx. aige ina chroes
nirbo luchtlach dó.

Taithigtis in cairi sin
bá mellach in bág.
ní théigtis úad for nách leth
co fácbaitis lán

Baí mór di ór 7 argut and
bá hamrae in fríth.
dobirt in cori sin
la ingin ind ríg.

Na téora bai dobertamár
ro snaidet a muir.
ba here desi di ór
la cách fora muin

Iar tudecht dún forsin farci
bá hadbol la túaith.
báite fairind mo churaig
lasin n-anfod crúaid.

9395

9400

9405

9410

9415

9420

9425

9430
Iar sin immórousa
gíarba gábud grind.
nonbur cechtar mo dá lám
xxx. for mo chind.ᵃ

9435
Ochtur form díb slíastaib
rom leltar dim churp.
bá samlaid sain ro snausa in farrci
co mboí isin phurt.

An ro chesusa d'imned
a Loegairi
9440
for muir 7 tír.
bá ansa damsa óenadaig
la demon co n-ír

Mo chorpan ba crethnaigthe
la Lugaid a búaid.
9445
roucsat demna m'anmain
isin richis rúaid

Immárubartsa in clétine⁷
gai bolgae do léir.
ro bása i comchétbúaid
9450
fri demon hi péin

Bá comnart mo gaiscedsa
mo chlaideb ba crúaid.
domrimartsa¹ in demon co n-óenmeór
isin richis rúaid

9455
Ind ríg consniat a rríge
cía beit co mméit a mbrigi.
ní cumcat ni² la mac nDé
acht a cubatt i ndire.³

Slúaig Ulad im Chonchobar
9460
calma in⁴ coraid.
nadasraiglet in demnae⁵
i n-iffur[n]d⁶ at brónaig.

ᵃ ꝼ for mo druim [M]

¹ domrimardsa *Facs.*   ² ni *faint*; cumcet *Facs.*   ³ . . att i *n*dire, *very faint.*
⁴ im *Facs.*   ⁵ in de*m very faint, but legible against the light.*   ⁶ r *converted into* n *by
retracer, and* i *add. over second* ſ, *to read* iffriund ; iffurd *Facs.*   ⁷ *final* e *stained*;
om. *Facs.*

Acht in rí mac Nessa
   arbáge ar mac Maire.
atát i pein iffrind¹   9465
   formna na lath ngaile.

Bá mád tulad dot brethir
      a Loegairi
fri Patraic iarrid uair.
conom thucadsa a hiffur[n]d²   9470
   conid dam[sa a búaid³]

Is búaid mór do Góedelaib
   co clothar in slúag.
⁴cech óen⁴ chreitfes do Patraic
   i nnim níbá trúag.   9475

Ceni cretindso a Loegairi do Patraic
   na creitfet Ulaid.
⁵an ro chesussa⁵ do imned
   ⁵bá mo turem.⁵ |

[Iss ed mo chosc do cach óen   115a⁶
   scarad fri peccad fri clóen   9481
cach óen cretfes do Patraic
   ragaid hi tír inna náem

Cach mac ríg rochluinethar
   di Ultaib i nHére   9485
creitted do Patraic for rith
   bad mór a dene

Dobeir bennacht for Patraic
   forul a llín
in cech óenaird i nHére   9490
   a mbia a síl.

Is búaid mór do Goedelaib
   no chluined in slóg
cach óen creitfes do Patraic
   for nim níbá tróg   9495

---

¹ rind very faint.   ² n-stroke om.   ³ in ras. **H.**   ⁴⁻⁴ om. Facs., though legible.
⁵⁻⁵ very faint, but legible against light.   ⁶ this and the following leaf (pp. 115–118)
written by **H** over a surface abraded to the point of perforation.

Is cian mór ó 'tbaltsa
ropu mór in túath
is cumachta mór domfuc
ar cend inna túath

9500   Is cían scarsu fri eochu
fri carpat foa lí
is cumacta mór domuc
amal atomchí.

Ind eich seo a Loegairi
9505   retha rith co mbúaid
is Patraic dodrathbeogastar
condat e ata lúaith

In carpat so atchisiu
i ndegaid na n-ech
9510   is Patraic ro cruthaigestar
conid hé as dech

Cosind étuch cosinn arm
cosin erriud clis
is cían mór o atrubaltsa
9515   o ro scarus fris.

In slúag mór donarrchomlais
file foa lí
nos mairfed Patraic for rith
connaptís bí.

9520   Dosraithbeoigfed aitherruch
robad mór in band
co mbetis i mbithbethaid
ar bélaib na cland

Atomchi a Loegairi
9525   atomglaithe leir.
mani crete Patraic
biasu hi péin.

Cid latsu bithbetho
talman cona lí.
9530   is ferr óenfocraic i nnim
la Crist mac Dé bí

> Ateoch a nóemPat*raic*
> it arrad nom theig
> romḟuca¹ !at chretmecho
> is tir immaréid. immar*edind*. 9535

Creit do Dia 7 do nóemPat*raic* a Loega*iri* arna tudaich tond
tal*man* torut. Doraga niba cumtabairt m*ani* crete do Dia 7 do
nóemPat*raic* ar ni siabráe dotanic is Cu C*hu*laind m*a*c Soaltai.
Ro ḟírad da*no* aní sin. dodeochaid tal*am* tar Loega*ire* adfiadar nem do
Choin Cul*aind*. Ro chreti trá Loega*ire* do Pat*raic* iarom. 9540
Bá mór trá a cumachta do Pat*raic* .i. todúscud Con Cul*aind* íarna
bith .ix. cét bliad*na* hi tal*main* .i. o flaith Conchobair m*ei*c Nessa iss
es*ide* ro genair hi comgein fri Cr*ist* co dered flatha Loega*iri* m*ei*c
Neill. m*ei*c Ecach. Mugmedóin m*ei*c Muredig Tír*ig* m*ei*c Fiacrach
Rop*tine* m*ei*c Corp*ri* Lip*hechair* m*ei*c Cormaic U*lfotai* m*ei*c Airt Óenfir 9545
m*ei*c Cuind Cet*chathaig* m*ei*c Fedelm*the* R*echtada* m*ei*c Tuath*ail*
T*echtmair* m*ei*c Feradaig Find F*echtnaig* m*ei*c Crimtaind | Niad N*air* **115b**
m*ei*c Lugdach Riab n*Derg* dalta s*ide* do Choin Chul*aind* m*a*c Soalda.

De gen*elogia* Con Cul*aind*.

Cú Culaind m*a*c Soaldaim	Ɨ ita gen*elogia* Con Cul*aind* 9550
m*ei*c Dubthaige	Cu Chul*aind* m*a*c Soaldaim
²m*ei*c Cubair.	m*ei*c Dubtaigi m*ei*c Cubair.
m*ei*c Lir m*ei*c Nelruaid^a	m*ei*c Lir m*ei*c Cusantin.
m*ei*c Cúsantin m*ei*c Adagair	m*ei*c Adachair m*ei*c Báetain
m*ei*c Boado m*ei*c Midgin	m*ei*c Midgni m*ei*c Úachaill 9555
m*ei*c Caiss m*ei*c Uacais^b	m*ei*c Cais Clothaig m*ei*c C*er*mata
m*ei*c Branaill m*ei*c Rethaig	m*ei*c in Dagdai m*ei*c Inde
m*ei*c Rindail m*ei*c Rindbailc	m*ei*c Dorain m*ei*c Nomail
m*ei*c Slóitgen m*ei*c Rothchlaim	m*ei*c Condlai m*ei*c Memn*ón*
m*ei*c Uacais^c m*ei*c M*ei*c Cuill	m*ei*c Samrith m*ei*c Buithe 9560
m*ei*c C*er*mata m*ei*c in Dagdai.	m*ei*c Tigerndmais
m*ei*c Elathan m*ei*c Delbaith	m*ei*c Follaig m*ei*c Eth*ri*óil.
m*ei*c Neit m*ei*c Induí	m*ei*c Íareóil Fátha
m*ei*c Alloi m*ei*c Thait.	m*ei*c Erimoin m*ei*c Miled Espai*n*.²]
m*ei*c Thabuirnd.~	9565

---

^a .i. nem*n*thig [H] ^b .i. mi*n*d [H] ^c toi [H]

¹ *mark over* ḟ *not so long as in Facs.* ²⁻² *arr. in cols. as above.*

ᚲCath Cairnd Chonaill ria Diarmait mac Aeda Sláni for Guari
Adni

D IARMAIT mac Aeda Sláne Sinech Cró rod n-alt. no bertis
Conachtai a búsi co taratsi imchosait móir eter Diarmait ⁊
9570 Guaire Aidne. Is and asbertsi.

A Diarmait a mallchobair
úamun Gúare fónfodair
ár it anmand cluithe cath
tair chucund a dunebath

9575
Leic de Díarmait mairid fris
in cath ni heól ní firdis
denid cóir dó mar atá
foid chuci dotathlebá

Rúanaid atberthe co sse
9580
    frisseom ar met a náire
indiu is lobrand i mMide
    Diarmait mac Aeda Sláne

Tricha tinne tricha bó
furec ceneoil Fergusso
9585
ícdai dartaid hi cind gait
inna forreith do Diarmait.   a.

Beit fir móra ar macáin bic
co tí ar cobair co Grip
bit daim ríata laíg ar mbó
9590
co tí cobair Diarmato. a Diarmait

Ro íc ní dissi im in cossait sin. Ro thinoil Diarmait slúagu ⁊
socaide leis do inriud Conacht. Iss ed iarom ludi Diarmait oc techt
hi Conachta co Cluain meic Nois. Dorigensat íarom samud Cíaran
cona n-abaid .i. Áedlug mac Commain etla fri Dia fair co tísad slán
9595 d'inchaib a coraigechtasom. Ro idbair in ri iarom Tóim nEirc cona
fodlaib feraind .i. Líath Manchan amal fót¹ for altóir do Dia ⁊ do
Chíaran. ⁊ tobert teora trísti for ríg Midi dia cathed nech dia
116a muntir | cid dig n-usci n-and   conid de sin na laim rí Midi a ascin ⁊
na laim nech dia muntir a bíad do chathim. Is de sin dano doráegart
9600 Díarmait a adnacul hi Cluain meic Nois conid iarom ro adnacht inti.

¹ fód Facs.

Dorat Diarma*it* laim dar Co*n*achta remi co ránic Aidni. Ro thinoil Gúairi firu Muman dia saigid. Roptar iat so rig tancatár hi forithin Gúari .i. Cuan m*a*c Ennai ri Muman ⁊ Cuan m*a*c Conaill rí H*ua* Fidgente ⁊ Tolomnach rí H*ua* Líathan. Doratad iarom cath Charnd¹ Chonaill etorro hi llo cengciges co ráemid for Gúari corro lad 9605 ár cend and. im Chuan m*a*c Énnai rí Muman. ⁊ im Cuan m*a*c Conaill ríg H*ua* Conaill. ⁊ im Tholomnach ríg H*ua* Líathán.ª

Cámmini Insi Celtra iss é dorat brethir for Gúari conná gébad fri ócu. ár ro boí Cámmini tri trath oc troscud fair im slanaigect hi tarat hé. ar ro sáraig Gúari² hé.   9610

Mad cóir la Dia ar Cámmine in fer fil hi comtairisem frimmsa níro thairise fri námtiu.

Dotháet Gúairi do aurgairi Chammini ⁊ sléchtaid dó. Doreilced in t-irchor sa or Cámmine ni chomraim a ostud. comluath sin da*no* for Cammini ⁊ doberat do réir duit in lucht ma*i*dfit maidm fort .i. 9615 doberat do réir duit fo chetóir. Is de asbert Cammin.

> I mbíat fáebra fri fáebra
> ⁊ finne fri finne
> biat aithrech a Guairi
> cléirchin fris tarlais tinne.   9620

> Iar réir doarbart M*a*c Dé
> fri athlad na óenúaire
> cride Guaire fo chinu
> inna trinu fo Gúaire.

Troisc limsa da*no* for Gúaire fri Cammin fri Dia co tarda itchi 9625 dam. Lotár iarom a triur isin n-eclais .i. Cammini ⁊ Guairi ⁊ Cummini Fota. Eclas mór dorónad la Cámmin is inti bátar. Batar iarom na clérig oc tabairt a chobsena for Gúari.

Maith a Guair[*e*]³ ar iat cid bad maith lat do linad na ecailsi sea hi

---

ª *Along the upper margin, also by* **H** :

> M*a*c Da C*er*ta cecinit
> Gort maccu Cirb cruth rod gáb
> ní adas na*ch* Mumanchlár.
> hi fil Galand rosoí dath
> dirsan son ar Talomnach

> Rí da Chônchend ri dá Chi
> doc*er* hi rroí Cendfotai.
> atá a lecht isind fan
> intí m*a*c Conaill Chuan.

---

¹ *sic, ar compendium.*   ² Gúa*i*ri *Facs.,* air *compendium.*   ³ *abbrev. stroke om.*

116b tám. ropad maith lim a llan di or 7 d'argut 7 ni ar | saint in tsáegail
9631 acht dia thidnacul ar m'anmain do náemaib 7 ecailsib 7 bochtaib in
domain. Dorata Dia fortacht duit a Gúaire ar iat. Dobérthar in
talam duit doidnais ar t'anmain 7 bát nimidech. Is bude lend or
Gúaire. Ocus túsu a Chammini or Gúare cid bad maith lat día linad.
9635 Ropad maith lim a linad do sáeth 7 gal*ur* 7 cech aingcis bád messo
do duni combad for mo chorp dobertais uli. Ocus tussu a Chummine
or Guaire cid bad maith lat día línad. Ropad maith lim a llán di
lebraib .i. dia tudecht do áes légind 7 do sílad brethre De hi clúasaib
cach duine día thabairt a lurg Díabail doch*um* nimi.
9640 Ro fírtha tra uli a n-imrati dóib. Doratad in tal*am* do Gúaire.
Doratad ecna do Chummin. Doratá sóetha 7 gallra for Cammine
conna deochaid cnaim de friaraile hi talam. acht ro legai 7 ro lobai
ri aingces cech galair 7 cach threblaiti. co ndeochatar ule doch*um*
nimi lía n-imratib.
9645 Techid tra Gúaire assin cath for leith 7 a gilla i rraith. Ro gab in
gilla bratan ríamnaige. ro fon 7 dorat do Gúari. conid and asbert
Gúari.

Atloch*ur* do Dia i n-etad
innocht dom ḟeis óenfeccad
9650 rom buise adaig aile
dombert secht mbú M*ac* Maire.

Dolluidseom tra do gíallad fri claideb do Diar*mait* intí Gúairi.
Maith or Diarm*ait* Cid ara ndéni Guairi in féli ucut .i. inn ar Dia fá
inn ar daini. Mád ar Dia dobéra ní innossa. Mad ar daíne ni thibre
9655 ol atá co feirg 7 londus mór. Dotháet chucu. Ní dam a Gúaire ol
in druth cingthe secha. ni damsa a Gúaire or in clam. rot bia or
Guaire. focheird a goo dó. Ní damsa or a chéli. focheird a scíath
dó. Ní damsa or a chéli aile. focheird a brat 7 a delg 7 a c*r*is dó.
Nit ain or Diarm*ait*. Tair fón claideb. Ní damsa a Gúaire for in
9660 céli Dé. An bic a Diar*mait* or Guaire co tallur mo lene dím don
chele Dé. Maith or Diarm*ait* ro giallaisiu do ríg aile .i. do M*ac* Dé.
117a asso mo giallsa duitsiu i͞m. Slechtaid | da*no* Diarm*ait* fo thrí do
Gúari. Níp anchobrai trá or Diarm*ait* co ndigis ar mo chendsa do
áenuch Tallten conda ragbat fir Her*end* do chomarlid 7 do chind
9665 athchomairc dóib. dogéntar or Gúar*e* Is and sin ro chan Sinech in
molad sa do Diarm*ait*.

Cach m*ac* tigirn timc*r*aidi
tathut airle limsa de
dothe desell mo roga
9670 leis fudell mo rúanado

Ní for brágtib dam na bó
clóthir colg mo ruanado
is for rigaib focheird feit
indiu dubchend la Diar*mait*

Gúaire *ma*c Colmain in ri   9675
ro chacc for craibiu Adní
ro lá búalta meit cind bó
ar ómon mo ruanadó

O ro breca bróenán cró
léni nde[*n*]dg*ui*rm¹ nDíarmató   9680
erred fir cluas catha
ni comtig cen ildatha

O ro breca bróenan cró
brunni gabra Diar*m*ató
usce asa negar Grip*a*   9685
ní lusta*b* fri sacarbaic

Ó doleict*er* immasech
cranna fanna for ca*ch* leth
nípo decmait ca*s*al cró
for cr*u*nd⁴ a duirnd Diar*m*ató.   9690

O dosernatár gai bic
hi tossuch a n-imairic
is í cétní and arric
a gai is a gabair la Diar*mait*

²a Guairi   9695

Adnuu ón adnuu
da reis Sinich co c*ru*u
nocos fáecebad la biu
atabiu com luu.

Adnuu or si   9700
ní ric Sinech co cruu
ni fil occu cá imochaid³
cid náci fitir nuu.

---

a .i. ech Diar*mata* [H]   *b* .i. ni glan [H].

¹ n-*stroke om.*   ² *in marg.; read* Ar.   ³ *second* i *subscr.*; caimchaid
Facs.   ⁴ crand *Facs.*

Diar*mait* rúanaid ¹maith in ri¹

9705 forbrid ¹ar cách tria lunni¹

forbrid ar cach n-óen ²do gnáth

in² rí co cuir³ bróen ar cách. *cach.*

Luidseom iarom intí Gúairi do áenuch Talten ar cend Diarm*ata* 7 míach argit leis día thabairt do feraib Her*end*. Maith or Diar*mait* in 9710 fer dotháet chucaib atethaid a innili oca thig. Isárugud⁴ damsa trúag ł trén isind óenuch do chuingid neich cuci.

Luidseom dī co mboi for láim Diarm*ata* for foradaib bít⁵ isind óenuch. In la sin tra ni chuinnig nech ní cucasom. Bá machdad leiseom aní sin. Maith a Diar*mait* or Guare eps*cop* do gairm cucumsa 9715 co tardsa mo choibsena dó. Cid so or Diar*mait*. Cid nách mana éca letso damsa a Diar*mait* áit hi tát fir Her*end* et*er* truag 7 trén na*ch* 117b cuinnig nech díb ní chucumsa. Níro gebthar fort or Diar*mait* | miach argit duit sunnút. Atá airget i͞m limsa ol Gúairi. Atraracht i͞m Gúairi 7 nos tairb*ir* assa díb lamaib. 7 asberatsom ba lethfota a lám 9720 ónd úair sin oc rochtain na céli nDé.

Dogniat iarom ógsid .i. Diarmait 7 Guaire. 7 ro gabsat fir Her*end* intí Gúairi do chomarlid 7 do chind athchomairc dóib ond uair sin tria bithu cein robo béo.

Bá maith iarom intí Guairi. Is dó doratad tría rath féli in bó co 9725 n-aib ítha 7 inna sméra sind fulliuch. Is é doróni in firt n-amra hi Clu*ain* m*e*ic Nóis día rucadsom dia adnacol di. Tánic in drúth dia saigid 7 ro gab algais de im athchuingid fair. Doratsom a laim darsin forbaid immach. 7 ro gab lán a duirnd don ganium 7·ro dibairc i n-uc*h*⁶ in druad co nd*er*na bruth óir dé. Conid hé sin enech 9730 dedenach Guairi. Conid Cath Diarm*ata* 7 Guairi Adni a scel sin anúas . ᵕ . ᵕ . ᵕ]

---

¹⁻¹ *seemingly in ras.* ²⁻² *in ras.* co *Facs.* ; gnát*h*in MS., *with marks of separation* (ɔc) *under* ti. ³ i *subscript.* ⁴ *for* Is sárugud. ⁵ bit*h Facs.* ⁶ *sic.*

[Comthoth Lóegairi co cretim 7 a aided adfét in scel so

BAÍ comthinol fer nErend hi Temraig i n-amsir Lóegaire me*ic*
     Neill.   Is de im̄ boí in comthinol sin occo im dála na creitmi.
O desid iarom ógi na cretmi la firu Her*end* 7 o ro pridcastar Patraic 9735
soscela dóib 7 ro sáraiged Loegaire cona drúdib hi fertaib 7 hi
mírbailib dermáraib do neoch doróni Pat*raic* hi fíadnaisi fer nEr*end*.
conid íarom ro chreti 7 forusestar Loegaire ógréir Pat*raic*.   Ro luic
da*no* in talam Loegaire druí tria brethir Pat*raic* conid na chend
chacait na huli coin tecait hi Temraig   9740
     Asrochongrad iarom o Loeg*aire* formna flathi fer nEr*end* do
thudecht i n-oenmagin fri hóentaid n-imacallma im chorus a mbescna
7 a rechtgai   Dochós uadib co Pat*raic* co tudchis*ed* don dáil   A llathe
dī re tichtain do Pat*raic* cucu immusnarlasatar fír Her*end* etorro
monetir.   9745
     Ce*ist* or Loegaire friu cid as andsam*ᵃ* ¹ lib ro pridchastar in clerech
dúib.   Ni *handsa*.   cáin dilguda or siat.   ár ond úair gébas cach duni
céill for dilgud dó aneich dogéna di ulc. ni bia commus for foglaid
de sin 7 genaid*ᵇ* | cach fer araile ár nibá hecal leis a aitb*er* fair   Ce*ist* **118a**
dī cid dogénaid fris sin or Loeg*aire*.   Cade do airlisiu immi ol íat. 9750
Is *ed* arric mo airse de ol se masa chomarli libsi .i. fr*o*mthar a aicned
fessin ocaind immon ní ro forcan. .i. gontar nech dia muint*ir* ara
bélaib.   mád día loga bemitni fora breith.   mani loga im̄ ní bemni
forsind recht sin.   Ro sudiged dī a comarli Loeg*airi* 7 fer nErend
²fer*ᶜ* sainrodach do guin ind arad boí ar bélaib Pat*raic* am*al* tísad 9755
isin dáil.   Dorigned iarom samlaid.
     Iarsindi dī ro bíth in fer do muintir Pat*raic* ara belaib oc tairléim
dó asa carp*u*t.   Dorecacha Patraic doch*um* nimi ar ba hand boí a
socraiti.   La sin ro gab crith 7 talamchumscugud mór insi Her*end* 7
a firu 7 ro lá in slúag boí isin dáil tara cend 7 ros gab crith 7 ómun 9760
dofulachta 7 doronait marbtís máirb
     La ssin dī slechtais Lóegaire co dutrachtach co formnu fer nEr*end*
do Pat*raic*.   Ainmne ainmne a Pat*raic* oldat fír Her*end* ro pridchais
dilgud tabair dilgud dún.   Tuc iarom Pat*raic* óg ndilguda dóib.
Gabthus iarom Lóegaire ainmchairdine Pat*raic* and sin 7 bennachais 9765
Pat*raic* hé 7 a síl.

ᵃ .i. dolgi [H]   ᵇ .i. gonfid [H]   ᶜ [*in marg.*] .i. Nuadu Derg dalta Loegairi
iss e ros gon. ~ [H]

¹ andsa *Facs.*   ² .i. *add. above line, intended originally for gloss* ᶜ, *which is in*
marg.

Tabair tra oldat fir Her*end* fri Pat*raic* comarli dún immon ni sea .i.
im cangin dilgotha cid dogénam immi. Ar in caingen forsa tairisfe
ocainni innossa for siat is fair bías túath 7 eclas. 7 da*no* ol fir Her*end*
9770 recma*it* a les sudigud 7 ordugud cach rechta lind cid i n-ecmais na
caingni sin. A dénam samlaid ol Pat*raic* tasfenad cách a dán hi
fíadnaisi fer nEr*end*. Is and sin trá tarchomlad cach óes dána i
nHer*ind* cor tasfen cách a cherd fíad Pat*raic* 7 fíad firu Her*end*.
Rocu*r*it da*no* a forbonna and sin úadib 7 ro córaigit ina téchtu.

9775   Do Dubthach macú¹ Lugair da*no* ro herbad coceirt a mbreth
íarna bennachad do Pat*raic* 7 íar senad a gena co tanic rath in Spirta
Naim fair. Conid hé ro taisfen filidecht 7 brethemnas 7 recht fer
nEr*end* olchena hi fíadnaisi Pat*raic*. Nonbur airegda ro boí ocond
ordugud sin. Pat*raic* 7 Benen 7 Cairnech o eclais .i. tri epscoip.
9780 Loegaire m*a*c Neill rí Her*end*. 7 Dáiri rí Ulad 7 Corc m*a*c Lugdech
118b ri Muman na tri ríg. Dubthach m*a*cu Lugair² 7 Fergus | fili 7 Rus
m*a*c Tricim sui b*er*la Féni.

Is *ed* trá arrícht occo and sin im dála dilgotha .i. in bibdu 7 in
cintach na chinaid 7 logad da anmain .i. aithrigi do lecun dó 7 cen
9785 logad día churp .i. bás d'immirt fair. Ro ordaigs*et* da*no* fir Her*end*
a nemthiu and sin .i. cloc 7 salm do eclais. Geill do rígaib. Trefoclae
techtae do filedaib. Aithgabáil do fennethaíb.

Ni tabairthe³ tra co tanic Patraic⁴ erlabra acht do tríar .i. fer
comcni c*um*nech díambad eól fresneis 7 aisnéis 7 scélugud. Fer
9790 cerda fri molad 7 aír. Brithem fri brithemnas ar roscadaib 7
fasaigib. O thánic Pat*raic* i͞m is fo mámmus atát nahí seo .i. do fir in
b*er*lai buain .i. inna canoni naími.

Boí Loegaire trichait⁶ mblia*dna* iar sin i rrigi Her*end* hi comling fri
Pat*raic* 7 bá do réir Pat*raic* chena boíseom. Luid iarom Loeg*aire*
9795 slogad co Laigniu do chuincid na boromi foraib. Ro thinolset
Lagin 7 doratsat cath dó 7 maiti for Loeg*aire* in cath .i. cath Atha
Dara. Ro gabad Loeg*aire* sin chath 7 dobretha ratha fri Laigniu .i.
grían 7 esca usci 7 aer. lá 7 adaig. muir 7 tír. conna íarfad in
mboromi céin bad beó. Ro leced ass íarom.

9800   Is *ed* tra ro tair[*n*]gired⁵ do Loeg*aire* combad et*er* Erind 7 Albain
fogebad a aidid conid de sin na deochaidsium muirchoblach riam.
Luid tra Loeg*aire* doridisi slogad már co Laigniu do saigid na
boromi faraib. Ní thuc i͞m a ratha di oid. O ranic iarom Gr*e*llaig
nDa Phil for táeb Chassi i mMaig Liphi eter na dá cnoc .i. Eriu 7
9805 Albu a n-anmand atbath and sin ó gr*é*in 7 o gaith 7 ona ráthaib
a͞rchena. ar ní laemthe tudecht tairsiu isind amsir sin. conid de
sin asbert in fili.

---

¹ m͞c úlugair MS.   ² m͞c ulugair MS.   ³ t*h*abairthe *Facs.*   ⁴ nic Patraic *in*
ras.   ⁵ n-*stroke om.*   ⁶ ..it *stained ; om. Facs.*

Atbath Loegaire mac Neill
for táeb Chassi glas a tír.
duli Dé adroegaid raith   9810
tucsat dal báis forsin ríg

In cath ¹i nAth¹ Dara déin
i rragbad Loegaire mac Neill.
násad fír na ndúla de
iss ed ro marb Loegaire.   9815

Tucad dano corp Loegairi anes iar tain 7 ro hadnacht co
n-armgasciud isin chlud imechtrach airtherdescertach rigratha
Loegairi hi Temraig hé 7 a aiged fodes for Laigniu oc cathugud friu
ar ropo námasom na bíu do Laignib. Ba sí dano ráith Loegairi Tech
Midchúarta in tan sin 7 is airi conaitechsom a adnacul and.²] | 9820

---

¹⁻¹ īiath MS. *Facs.* iiath.   ² *interpolation of* H *ends.*

119a   Fástini Airt me*i*c Cuind 7 a chretem inso

L Á ro boí Art m*a*c Cuind ic selga i mBregaib Is and
   boíseom na sudi selca oc Duma Derglúachra .i. áit hi
fail Treóit indiu. A mbaí and iarom oc fegad ar ind radairc
9825 for cech leth co faca timthirecht na n-aingel súas 7 anúas and.
Dob*eir* di oíd aní sin 7 ro línad o rath in Spiruta Naím fó
chetóir. 7 tic rath fastini fair. 7 fallsigth*ir* dó cach ní no biad
dó iar tain. 7 a imscar 7 M*ei*c Con asin chath ro boí ar b*er*t oco.
Iss *ed* armit fairend conid ¹ara bárach luid do thabairt catha
9830 Mucrama día ndechaid in n-echtra do thig¹ Uilc² Acha in
goband díar chomraic fri Etain día ndernad Cormac. Conid
and ro togsom a adnacol isind inud sin fo déig na cretmi
ro bíad iar tain. Conid for slicht na fisi sin ro chansom na
runnu sa 7 ic tair[*n*]giri³ na cretmi. co n-epert.

9835   Caín do Denna*ᵃ* Den
                     doma addonrúacht
                  úas Brega brug drécht
                     Derglúachra cen uacht

                  Nibat fergaib fír
9840   con fóefet hi fos
                  imróefet fri b*er*la
                     o Róim*ᵇ* dítnib doss.

                  Sosod sóe *co* cned
                     aithne aingel ngel
9845   comrad clocán bind
                     ra lind tailcend treb

                  Treóit tréde fót
                     im thri fotu ind ríg
                  in tan bas bec cách
9850   and bas már a mbríg

ᵃ .i. Denna Dimor fer grada Airt [H, *between columns*]   *ᵇ* .i. imrádfit b*er*la
Románach [M]

¹⁻¹ *in ras.* [M] *and retraced.*   ² *add. in marg.*   ³ n-*stroke om.*

Básá már ar thús
ic Dia dígrais gail
básá bec bíaid úair
basa már iar tain.

No thogfaind mo chlíu[a] 9855
ma úir úarda band
for nim iar mbráth glond
don drong co*n*bía and

Ge fía dig[1] fa húir
as fír is ni gó 9860
la lúth aingel ngel
dobérthar nem dó

Bádat ail cach clúain
niptar dirna oiss[2]
immá duma dess 9865
hi tairndfet do chrois

Dána társind talcind
ropad amra in bríg
a Dé doní in muir
a Dé doní in tír 9870

Messi 7 M*a*c Con[b]
dín bat budig brain
torsi ac mnáib aníar
loing ac mnaib anair

La Lugaid mo lecht 9875
co*n*cab and mo ḟirt
dofóeth Eógan már
do láim Beinne Brit

Temair Fáil cen ríg
Eógan cen Chlíu Maíl 9880
bruig Banba fo lén
ni scél crotha caín. cain .d.

---

[a] .i. mo chorp [M]   [b] .i. Lugaid [M]

[1] gefía dig MS.   [2] i *subscr.*

Mo dumaᵃ mo dín
iar scarad ram slúag
9885   mo phort idan án
m' ilad 7 m'úag

Gid ébind bith sund
oc seilg ar cach fíad
aebni in maith iar cind
9890   ocond flaith find fíal

Mo labra ní lim
acht frisin flaith find
atchíther ní cam
ra ríg ríchid rind

9895   Ticfa in tailcend tend
cona muintir maith |
119b   nom¹ nigfea domm ucht
ar in phurt in flaith.

Faícfid acom sundᵇ
9900   nech dá tic mo dínᶜ
bid moti bas trén
mo scél hi tig ríg

Ic dígail ar cned
misi 7 mo náem
9905   bid mé in t-ere mór
is ma theneᵈ ram tháeb

Mairc ócán dom síl
asa holc donrúa
digeltar co prapp
9910   mairg a mac 's a úa

Mairg ríg co bráth brecht
gébas eill mo naím
do Themraig in trír
atchíd nibá caín.   cain .d.

ᵃ .i. Duma nDergluacra [M]   ᵇ .i. hi Treóit [M]   ᶜ .i. Lonan Treoti [M]
ᵈ .i. Lonan [M]

¹ rom *Facs.*

Rí Temrach in trír   9915
  gen Erind na laim
co bráth níbá ri
  noco tí nar ndáil

Trosced tréde sund
  a thol féin ros bía   9920
messi leiss com náem
  a thol féin ros bia.

Mo thonach co tric
  a tiprait in trír
mo chorpan glan glúair   9925
  isin cnocán caín.   *cain* .d.

Is mé Art a Dé
  cen mo *mac* hi crí
is sáeth lem in bith
  cen ith nó co tí   9930

Bid less d'Erind úair
  da farcbur in maín
dom echtra hi tech nUilc
  ría crad mo chuirp chaín.   caín .d.

Bíaid ¹com ḟoluch¹ án   9935
  iar tonuch mo tháeb
en co nertaib núal
  dar dercaib slúag saer^a

Atlochur dom ríg
  ría tochur ma náem   9940
bith dom churp co sáim
  isin phurt cháid chaín.   cain .d.

Arco fuin dom ríg
  ferr múin ná cach maín
mo chorp uag i n-úaig   9945
  cona chloich cruaid chaín.   cain .d.

---

^{a} .i. us*ce* dar súilib soercland ocom chainiud [M]

¹⁻¹ *in ras. and retraced, traces of* g *visible under* c *of* com.

Lúagni cen recht rim
  cen dola ar fecht lem
bád é luag ail^{a1} trom
9950   *co* soich bond is chend.

Dá t*r*ichait marc^b min
  cen tart do cech thaíb²
*con*certsa in dá sreith
  cen chleith níbá caín.   caín d.

9955 Tíagsa for cath coí
  mór bas bath dom ré
ar cach lá i tú i crí
  nad sechna tol Dé

Bas lir fidbad fér
9960   fir fuigset mo dind
slúag Dé do nim nél
  co n-etib én find.

Beth rom béra dráeth
  mo chen amlaid éc
9965 mese im lá má rith
  cid ba bith is bréc

Ní ní i nErind áin
  risi tabraim thóeb
ingi^c Athar M*a*c
9970   7 Spirut Náem

Bíaid dom thrucha trén
  uch uch is manúar
na bretha co sáeb
  na hetha na súan

9975 Mo thasi for coí
  bád masi la Día
a úaig dil fo dí
  mo chin ri co rría

---

^a .i. cloch [M]   ^b .i. ech [M]   ^c .i. acht [M]

¹ luagail MS., *with the marks of separation (ꝝ) retraced.*   ² taíb *Facs.*

Bása chell mo dind
     bád lem Érend íath   9980
bruig Temra na tuath
     contuil fedna fíach

Consoífi cruth cnáim
     úas lí mind cach maín
la hor betha búain   9985
     bad buaid cetha caín.   caín .d. |

Lecht me*i*c Cuind atchíd   **120a**
     co tuind dara thaíb
for brú in locha láin
     ní scél crotha caín.   caín do *Denna.*   9990

Ectra Condla Chaim meic Cuind Chetchathaig inso.

C ID día n-apar Art Óenfer. ni *handsa*. Lá ro boí Condla
Rúad mac Cuind Chetchathaig for láim a athar i
n-uachtor Usnig. Co n-acca in mnaí i n-étuch anetargnaid na
9995 dochum. Asbert Condla. Can dodeochad a ben or se.
Dodeochadsa for in ben a tírib beó áit inna bí bás nó peccad
na imorbus. Domelom fleda búana can rithgnom caíncomrac
leind cen debaid. síd mór i taam conid de suidib nonn
ainmnigther áes síde. Cía a gillai ol Cond fria mac acailli.
10000 úair ni acca nech in mnaí acht Condla a óenur. Ro recair
in ben.

.r.¹ Adgladadar mnaí n-óic n-alaind soceneoíl nad fresci bás
na sentaid ro charus Condla Rúad cotgairim do Maig Mell
inid rí Boadag bidsuthain rí cen gol cen mairg inna thír ó
10005 gabais flaith.

.r.¹ Tair lim a Condlai Rúaid muinbrec cainelderg barrbude
fordotá óas gnúis corcorda bid ordan do rígdelbae má chotu-
méitís ní² chrínfa do delb a hoítiu a haldi co bráth brindach.

Asbert Cond fria druid Corán a ainm side. ar rochúalatár
10010 uili an ro rádi in ben cenco n-acatár.

.r.¹ Not álim a Chorán mórchétlaigª mórdanaig forbond
dodomanic as dom moo áirli as dom moo cumachtu níth náchim
thánic o gabsu flaith mu imchomruc³ delb nemaicside coto-
méicnigidar immum macc rochaín d'airchelad tre thoathbandu dí
10015 láim rígdai brectu ban mberir.

Docháchain iarom in druí forsin nguth inna mná connach
cúala nech guth na mná 7 conna haccai Condla in mnaí ond
úair sin. In tan trá luide in ben ass re rochetul in drúad
dochorastár ubull do Condlu. Boi Condla co cend mís cen
10020 mir cen dig cen bíad. Nirbo fíu leis nách túara aile do thomailt
acht a ubull. Ní dígbad ní día ubull cacha tomled de acht bá

ª .i. canas chetla [M]

¹ *in marg.*   ² n *smudged.*   ³ muim chomruc MS.

ógṡlan beus. Gabais eólchaire íarom inní Condla imon mnaí
atconnairc. A llá bá lán a mí baí for láim a athar i mMaig
Archommin inti Condla co n-aca chuci in mnaí cétna a n-asbert
fris.   10025

.r.¹ Nallᵃ suide saides Condla ete*r* marbu duthainai oc
idnaidiu éca uathmair. Totchurethar bíi bithbi at gérat do
daínib Tethrach ardotchiat cach dia i ndálaib t'athardai ete*r* du
gnathu inmaini. |

Am*al* rochúala Cond guth na mná. asbert fria muint*ir* **120b**
gairid dam in druíd atchíu doreilced a tenga di indiu. Asbert 10031
in ben la sodain.

.r.² A Chuind Chetcathaig druidecht nís gradaigthe*r* ar is
bec rosoich for messu ar Trág Máir. firién co n-ilmuinteraib
ilib adamraib motáticfa a recht conscéra brichta drúad tardechta 10035
ar bélaib demuin duib dolbthig.

Ba ingnad tra la Cond nicon taidbred Condla aithesc do
neoch acht tíse*d* in ben. In deochaid ol Cond fót menmainsiu
a radas in ben³ a Condlai. Asbert Condla ní reid dam sech
cach caraim mo doíni. Rom gab da*no* eólchaire immón mnaí. 10040
Ro frecart in ben andside. co n-epert inso.

> .r.² Tathut airunsur álaib
>   fri toind t'eólchaire oḟadib
>   im loing glano condrísmaís
>   ma roísmais síd Boadaig.   10045

> .r.² Fil tír n-aill
>   nad bu messu do saigid
>   atchíu tairnid in gréin ṅgil
>   cid cían ricfam ría n-adaig.

> .r.² Is e*d* a tír subatar   10050
>   menmain cáich dodomchela
>   ni fil cen*el* and nammá
>   acht mná 7 ingena.

O tharnic dond ingin a haithesc. foceird Condla iar sudiu
bedg úadib co mboí isind noi glano .i. isin churuch⁴ comthend 10055

ᵃ .i. uasal [H]

¹ *in marg.* ² *between cols.* ³ *erasure after* ben. ⁴ churach *Facs.*

*com*maidi glanta.   Atconnarcatar úadib mod¹ nad mod¹ .i. in
fat rosiacht índ radairc a roisc.   Ro ráiset íarom in muir úadib
7 ni aicessa o sin ille 7 ní fes cid dollotar.   A mbátar fora
n-imrátib isind airiucht co n-aicet Art chucu.   Is a oenur d'Art
10060 indiu ol Cond dóig ni fil bráthair.   Búadfocol an ro radis or
Coran iss *ed* ainm forbia co bráth Art Óenfer conid de ro len in
t-ainm ríam o sin immach. , . , . ,

---

¹ o *suprascr.*

[CETHRI ARDA IN DOMAIN]

CETHRI arda in domain .i. tair 7 tíar tess 7 túaid. Bátar dano cethror intib .i. fer cech arda 7 is do mórad adamra 7 mírbaili dorigni Dia sin .i. d'innisin senchasa 7 inganta in 10065 betha do síl Ádaim.

Fintan mac Bócra meic Lamíachᵃ is é in tres fer tánic i nErind ría ndilind is eside ro chomét senchasa íarthair in betha .i. i nEspáin 7 i nErind 7 in cach conair dodeochatár Góedil archena .l. bliadna re ndílind 7 .u. c. 7 u. m bliadna íar 10070 [n]dilind¹ a aes co n-erbailt ac Dún Tulcha.

Ferén mac Sistén meic Íaféd meic Nóe is é ro chomét senchas tuascirt in betha iar [n]dílind¹ othá Slebi Riph atúaid co Muir Torrén fodes. Atbath for brú srotha Araxis i nAsardaib iar cathim do cethri .m. mbliadna. isin chóiced bliadain déc 10075 flathiusa Tibir Cesair atbath. acus² isin bliadain ro crochad Crist.

Fors mac Electra meic Seth meic Ádaim. is é ro chomét senchas ³tair otha in Muir³ nInnecda co rici Muir Torrén siar. atbath Fors i nGolgotha ri Hierusalem anair íar cathim do .u. 10080 m bliadna. isin bliadain⁴ .ui.⁵ ar .xx. flathiusa Octafín atbath .i. isin bliadain ro genair Crist.

Annoit mac Ethióir meic Cais meic Cáim meic Nóe is e ro chomét senchas tes otha⁶ in nOcian Cantaberda thes co Muir Torrían fothuaid. I n-amsir Cormaic hui Chuind atbathᵇ iar 10085 nglenamain cnáma mil móir ina bragit. Is íat sin tra in cethror ro chomet senchas in betha. Conid dib sin⁷ |

___

ᵃ [between cols.] ꝼ Fintan mac Libi meic Lamiach. [M] ꝼ Fintan mac Bóchrai meic Ethiair meic Púail meic Airrda meic Caim meic Noe. [H add. underneath] ᵇ .i. hi Corsic for Muir Torren [M]

___

¹ n-stroke om. ² very faint, feren .i. Facs. ³⁻³ very faint; asarda o muir Facs. ⁴ bli very faint. ⁵ almost illegible; isin seisidh bł. dég ar xx. Ferm.; ar .ix. Facs. ⁶ ota Facs. ⁷ end of leaf, breaks off.

X

[IMRAM BRAIN MEIC FEBAIL]

121a ¹ Lil in chertle dia dernaind boí in snáthe inna certle hi lláim
inna mná *con*sreng dochom poirt. Lotar iarom hi tegdais
10090 máir arránic imda cach lánamna and .i. tri .ix. n-imdae. In
praind dobreth for cach méis nír ircran díib

Ba blia*dain* donarfás dóib bith² and ecmaing batir ilblia*dna*
ni tesbi cach mblas. Gabais eólcaire fer diib .i. Nechtan m*a*c
Collbrain. Atchid a cen*e*l fri Bran ara tía leis dochom nErend.
10095 Asbert in ben ropad aithrech in fáboll dálotar cammae. 7 asbert
in ben arná tuinsed nech díb a tír 7 ara taidlitís léu in fer
fodnácaibset i n-Inis na Mell tar essi a chéli.

Dollotár iarom *co* tornachtatár in dáil hi Srúib Brain.
Iarmofochtatarside dóib cía dolluid in muir. Asbert Bran
10100 messe or se Bran m*a*c Febail. Ni beram achni aní sin ol a chéli
di híu. Atá i ssenchassaib lenni chena Imram Brain.

Docurethar úadib in fer asin churuch. Am*al con*dránics*i*de
fri talmannaib na Herend bá lúathred fó chetóir am*al* bid hi
talom no beth tríasna hilcheta blia*dna*. Is and cáchain Bran in
10105 rand so.

Do m*a*c Colbrain ba mór m*baíss*³
tórgud a láme fri aís
can nech dorratad toind usci glain
tar Nechtan m*a*c Collbrain.

10110 Adfet iar sin Bran a imthechta uli o thossuch co tici sin do
lucht ind airechtais 7 scribais inna rundnu so tre ogum 7
celebrais doib iar sin 7 ní fessa a imthechta ónd úair sin. ~ . ~ . ~

---

¹ *Beginning wanting* : *lacuna in* MS.   ² t*h retraced to look like* g ; lug*h Facs.*
³ .m. *add. between columns.*

Incipit Tochmarc Emere

BAÍ ri amra airegda i nEmain Macha fecht n-aill .i. Concho-
bur mac Fachtna. Boí már de amru inna flaith la hUltu. 10115
Baí síd 7 sámi 7 caínchomrac. Baí mess 7 claiss 7 muirthorud.¹
Baí smacht 7 recht 7 degflathius fria remis la hUltu. Boí mór
d'ordan 7 d'aerechas 7 d'immud isind rígthig i nEmain.

  Is amlaid iarom baí a tech sin .i. in Cráebrúad Choncobair
fó intamail Tige Midchúarda .i. noí n-imda o thenid co fraigid 10120
and .xxx. traiged i n-ardai cech airinig créduma boí istig.
erscar do dergibar and. Stíall ar chapur hé íar n-íchtur 7 tugi
slinded íar n-úachtur. Imduí Conchobair i n-airenuch in tigi
co stiallaib airgit co n-úatnib crédumaib co lígrad óir fora
cendaib co ngemmaib carrmocail intib combá comsolus lá 7 10125
adaig inti. Cona steill airgit uasind ríg co ardliss ind rígtigi.
In um no búaled Concobar co fleisc rígda in steill contoítis
Ulaid uli fris. Da imdai deac in dá erred deac immón n-imdai
sin imma cúairt. No thelltis im̄ láith gaile | fer nUlad oc ól 121b
isind rígthig sin 7 ni bíd nech dib hi comchetfaid alaili. Bá 10130
hán aircech aibind no bítis láith gaile fer nUlad isin tig sin.
Baí már do immud cach thurchomraic² isind rígthig sin. 7 do
airfitib adamraib. Arclistí 7 arsenti 7 arcantá and .i. arclistis
errid no chantaís filid. arsentis crutire 7 timpanaig Día
mbátar dī Ulaid fecht and i nEmain Macha la Conchobur 10135
oc ól ind ierngúali. Cét mbrothe no théiged ind de lind im
tráth cacha nóna. Ba si sin ól ngúala is sí no fired Ultu uli
i n-óensíst. No clistís errid Ulod for súanemnaib tarsnu on
dorus diarailiu isin tig i nEmain. Cóic traigid deac ar no³
fichtib ba hé mét in taigi sin. Tri chless⁴ dognítís ind errid .i. 10140
cless cleténech 7 ubullchless 7 fáeborchless. It é ind⁵ errid
dognítís inna clissu sin .i. Conall Cernach mac Amorgeni
Fergus mac Roich Rodáni. Lóegaire Búadach mac Connad.
Celtchar mac Uthidir. Dubthach mac Lugdach. Cu Chulaind
mac Soaldaim. Scél mac Barnéniª dorsid Emnæ Mache is de 10145

ª [in marg.] .i. a quo Belach mBarnini nominatur. [H]

¹ muirtorud Facs. ² thurcomraic Facs. ³ sic, for noí. ⁴ chles Facs. ⁵ int Facs.

atá scél Sceóil ar bá brasscelach s*id*e. Dirósced Cu Ch*ulaind*¹
diib uile ocon cliss ar áne 7 athlaime.

Ro charsat mná Ul*ad* co mór *Coin* C*ulaind* ara áni ocon
cliss ar athlaimecht a lémmi. ar febas a érgnai. ar binni a
10150 erlabrai. ar chóemi a gnússi. Ar sercaigi a drechi ar bátár
[sect² ³m*eic* imlesain ina rígrosc .i. a⁴ cethair³] isindala súil 7 a tri
hisin tṡuil aile do. Secht meóir⁵ cechtar a dá lam 7 a uii.
cechtarde a dí chos. Batár búada imda fair. Búaid dó chetus
a gáes *no* co ticed a lón láith. búaid clessamnachta. b*uaid*
10155 mbúanfaig. b*uaid* fidchellachta. b*uaid* n-airdmiusa. b*uaid*
fastine. b*uaid* céille.⁶ b*uaid* crotha. Tri lochta im̄ Con
Culaind a bith roóc ar níro ásatar⁷ a renga rodaim ⁸ar bá mote
concéistis óic anaichnid fair. a bith ro⁸dána a bith roalaind.⁹

Baí comairle la hUltu fo déig Con Cul*aind* ar ro charsat a
10160 mna 7 a n-ingena co mór hé ar ní boí setig hi fail Con Cul*aind*
in tan sin. Ba sí com*a*rli c*on*írset sétig bad toga la *Coin*
Cul*aind* do thochmarc dó ar bá derb leo comb[ad lugaiti]¹⁰ no
saigfed milliud a n-ingenraidi 7 faemad serci a mban fer día
mbeth setig a chomrestail oca. 7 da*no* bá sáeth 7 bá hómun
10165 leó mocherchra do bith do Choin C*hulaind* corb occobor leó ar
in fáth sin tabairt mna dó fo déig co farcbad comarba. Ar
rofetatár is úad fessin no bíad a athgein.

Dobretha iarom Conchob*ar* nonbor úad cacha cóicid i
122a nHerind do chuingid mna | do Choin C*hulaind* dús in faigébtais
10170 i nnách dunad ł i nnách prímbali i nHerind ingen ríg ł roflatha
ł briugad do neoch bad áil do Choin Cul*aind* do thoga 7 do
tochmarc.

Tancatar uli na techta dia blia*dna* 7 ní fúaratar ingin ba
toga la *Coin* Cul*aind* do tochmarc. Luid Cu C*hulaind* fessin
10175 iarom do tochmarc ingine rofitir hi Luglochtaib Logo .i. Emer
ingen Forgaill Manaich. Luid dī Cu C*hulaind* fessin 7 a ara
Lóeg m*a*c Riangabra^a inna charput. Is é óencharpat insin
nad foglentais dirmand na hec*r*ada di chairptib Ulad ara
deni 7 ara ani in charp*ait* 7 ind erred aridsuided and.

---

^a ł Remcobir [M]

¹ *asp. mark om. Facs.* ² *in marg., end of line,* H. ³⁻³ *in ras.* H. ⁴ *a subscr.*
⁵ *seemingly in ras.* ⁶ *something erased between lines, membrane perforated over* c.
⁷ *ásat*har *Facs.* ⁸⁻⁸ *in ras.* ⁹ *first a and i subscr.; traces of former writing.*
¹⁰ *ad lugaiti in ras.* H, ai *subscr.*

Forránic iar*om* Cu Ch*u*laind¹ in n-ingin inna cluchimaig cona 10180 comaltaib impe ingena són da*no* inna mbriugad bátár im Dún Forgaill. Batarside oc foglaim druine 7 deglamda la hEmir. Is í sin da*no* áeningen ba fíu lesseom do ingenaib Her*end* do acallaim 7 do tochmarc ar is sí congab na sé búada f*u*rri .i. búaid crotha buaid ngotha. bu*aid* bindisso. bu*aid* druine. 10185 bu*aid* ngaíse. bu*aid* ngenso. Asbert Cu C*hu*laind acht ingen bad chomadais dó ar aís 7 cruth 7 cen*el* 7 cless 7 solmi bad dech lámdai. di ingenaib Her*end* nad regad leiss 7 nábad chomdi dó do banchéli mani beth samlaid. Ar is í sin óeningen congebed uli na modu sin iss airi is dia tochmarc sainrud ludi 10190 Cu C*hu*laind.

Bá cona thimtacht óenaig dolu픲 Cu Ch*u*laind a llá sin do acallaim Emeri 7 do thaidbred a chrotha di. A mbátár inna ingena i sudiu³ for forod áenaig in duini co cualatar aní na ndoch*um*. Boscairi na n-ech. Culgairi in charpait. siangal inna 10195 tét. Dresacht inna roth. imorrain ind láith gaile. scretgaire⁴ na n-arm. Fecced óen uaib for Emer cid dotháet innar ndoch*um*.

Atchi*u*sa ém and for [Fíal ingen Forcaill.⁵] da ech commora comalli comchroda comluathu comleimnecha biruich ardchind agenmair allmair gablaich gopchu*í*l dúalaich tullethain forbrecca 10200 fosenga forlethna forráncha casmongaig casschairchig. Ech líath lesslethan lond lúath lúamnach londmar lugléimnech lebormongach maignech tornech trosmar túagmong ardchend uchtlethan lasaid fót fondbras fochuirse foc*rú*aid foa c*ru*ib calath cethardu dogrind almai énlathi lúthbuada be*n*aid rith 10205 for sét foscain úathu ech n-anailche. Uíblech tened trichemruaid tennes a c*r*áes glomarchind fil do desfertais⁶ in charpait. Araile ech cír|dub crúaidchend cruind cóelcossach calethan coblúth 122b dían dúalmar dulmar dúalach druimlethan dronchóechech maignech aignech bairrnech balccemnech balcbéimnech lebor- 10210 mongach casmongach scúaplebor drondualach tullethan grind immaáig iar níth aigi ech i n-íath. Moscing srathu sréid sergi sétid maige midglinne. Ni fagaib and imdoraid hi tír omná ríad róot.

Carpat fidgrind fethaide dia ndroch finna umaide. Síthbe 10215 find findairgit co fethaín fin'druine. Cret urard drésachtach sí chreda cromglindne Cuing dr*uim*nech dronorda. Da n-all

---

¹ *asp. om. Facs.*　² do luí MS., *for* doluid.　³ i *add. above line.*　⁴ *partly in ras.*　⁵ *in ras.* **H.**　⁶ desᶠfertais *Facs.*

dúalcha dronbudi Fertsi crúadi colgdírgi. Fer bróenach dub
isin charp*ut* as aldem di feraib Her*end*. Fúan caín corcra
10220 cóicdíabail imbi. Eó óir intslaide úasa bán bruinnechur ina
áth aurslocud fri mben luthu lanbulli. Leni gelchulpatach co
nderg*in*liud oir forlasrach. Secht ngemma deirg dracondai for
lár cechtar a dimcaisen.¹ Da ngruad gormgela croderga dofich
uiblich tened 7 analaich. Dofich ruithen serci ina dreich.
10225 Atá lim ba fras do nemannaib ro laad ina chend. Dubithir
leth dubfolach cechtar n-ai a da brúad. Claid*eb* orduirnd i
n-ecrus sesta fora dib śliastaib. Gai gormrúad glacthomsidi
la foga² féig fobartach for crannaib roiss rúamantai hi cengul
dá chréit³ cróncharpait. Scíath corcorda co comroth argit co
10230 túagmílaib óir úasa díb n-imdadaib. Focheird hích n-erred
n-indnae immad cless comluith úasa errid óencharpait.

Ara ara bélaib isin charput sin araile forseng fánfota forbrec.
Falt forchas forrúad fora mulluch. Gipne findruine fora etan
nád leced a folt fúa agid. Cúachi di ór fora díb cúladaib hi
10235 taircellad a folt. Cochline ettech immi co n-urslocud fora díb
n-ulendnaib. Bruitne di dergór ina láim dia tairchella*nd*⁴ a eochu.

Doriacht Cu C*hulaind* co airm i mbátár ind ingenrad foí sin.
7 bennachais dóib. Tócbaid Emer a gnúis caí*mcru*taig i
n-arda 7 dobreth aichni for Coin Cul*aind* conid andaide asbert.
10240 Dess imríadam dúib^a or si. Slán imreisc⁵ dúibsi^b ol eseom.

Can dolluidisiu ol si. De Intidiu Eómna^c ol se. Cia airm
hi febair ol si. Femmir ol se hi tig fir adgair búar Maige
Tethrae.^d Ce bú for fess and ol si. Fonoad^e col carpait dún
and ol se. Cissi chonar dolod ol si. Et*er* dá cotot feda ol se.
10245 Cid adgaibsid⁶ iarom ol si. ni *handsa* ol se. Di themi maro.
Fór amrun fer nDea. For úan da ech nEmnae. For gort na
Morrígnae. For druim inna mórmucce. For glend in
m(')dáim.⁷ Et*er* in dia 7 a fáith. For smiur mna Fedelmae.⁸
Et*er* in tríath 7 a sétchi. For to*n*gi ech nDéa. Et*er* ríg
123a⁹ nAnand^f 7 a gníed. Do mondchuilib | 〖cetharchuli domain.

---

^a .i.¹⁰ de*us* .i. Dia do redigud duib [H]   ^b .i. rop slán sibsi ó cach aisc [H]
^c .i. den mache na Emna [M]   ^d 7 i tig fir arclaid iasc i mmuir ethiíar¹¹ [H]
^e .i. ro i*m*mained¹² [H]   ^f ɫ nArand [M]

---

¹ = da imcaisen.   ² faga *Facs.*   ³ *asp. om. Facs.*   ⁴ = tairchellad (*cp. l. 9278*),
n-*stroke darker, probably added in error by retracer.*   ⁵ *in ras. and retraced.*
⁶ adgaibside *Facs.*   ⁷ = mór, or *lost in rent, but accent visible*; mor *Facs.*   ⁸ *upper
portion of* l *now lost.*   ⁹ 123-124, *a smaller leaf intercalated by* H, *and retraced.*
¹⁰ .i. *faint, om. Facs.*   ¹¹ ethiar *Facs.*   ¹² n *partly scaled off,* ro i*m*manad *Facs.*;
ro himfuined *Harl.*

For Ollbine. For tresc in márimtill. E*ter* dabaich 7 dabchini. Do 10251
Luglochtaib^a Loga. Do ingentib niad¹ Tethrach ríg Fomori
    Cade do slonnudsu a ingen ol Cú Chulaind.² ni *handsa* ém ol
ind ingen. Temair ban^b baine ingen inching gensa.^c gass nád
for†aemthar. d*er*caid nad decsenach^d doirb annir^e imnair.^f tethra tethra 10255
da lua lúachair nad imthegar.^g ingen ríg richis garta.^h conair nad
forémth*er* do chonair chaíl érmaim conid fri súan senbath srethaib
cerd adbchlosaib erred. arcotaim trénfir tíarmórset .i. atát lim trénfir
dodigenat⁵ m'íarmoracht cepe nom bera dar a terthogu cen forus mo
caingni chucu 7 co Forcall.   10260
    Citni trenfir dotiarmórsetsu a ingen ol Cu C*hu*laind. ni *handsa* ém
ol Emer. Da Lui. Da Lúath. Luath 7 Lath Goible. m*a*c Tethrach
Tríath 7 Trescath. Brion 7 Bolor. Bas m*a*c Ómnaig. octar Condlai.
Cond m*a*c Forgaill cach fer dib *co* nirt chét and 7 clis nónbair.
Forgall fessin da*no* ansu árim a ilc*u*machta tressiu cach gniaid éolchu 10265
cach druid amainsiu cach filid. Bid formach duitsiu cluchi caich fri
tressaib Forgaill fessin | ár atchota ilchumachtai ocai fri coibled 123b
fergním.
    Cid nácham airmisiu a ingen laisna trénfiru sin ol Cu C*hu*laind
Ma atchotat do gníma fessin da*no* ol ind ingen cid dam nachat 10270
airmébaind etorro. Forglim féin ém a ingen ol Cu C*hu*laind comba
luiet mo gnima et*er* clothaib neirt n-erred. Cade do nertsu da*no* ol
Emer. ni *handsa* ém ol se argair fichit fand mo chomraic lór do
t*r*íchait trian mo gaili. Ro fera cethrachait mo chomlund m'oenur.
argair .c. mo chomairche. Imgaibtir athai 7 ergala rém †úath 7 rem 10275
erud. Techit sluaig 7 socaide 7 ilar fer n-armach ri úathgráin mo
gnusi. At mathi na comrama máethmacaím sin ol ind ingen acht nad
ránac co nert n-erred béus. Máith ém rom ebladsa a ingen for se lam
popa Conchob*ur*. ní amal fogní athechán orbugud a chlainni. ní et*er*
lic 7 lossait † o thenid co fraig † for blai^i óenirlaindni rom altsa la 10280
C*on*concobur⁵ acht et*er* erredaib 7 ánrathaib. et*er* drúthaib 7 drudib. et*er*
filedaib 7 fissidib et*er* briugadaib 7 bíatachaib Ulad ro[*m*]⁶ forbaigedsa
co filet a mbésa 7 a ndána uli limsa.
    Citne and dī rott eblatar isna gnimaib sin maídi ol Emer. | ni 124a
handsa ém ol se. Rom ebail Sencha sobérlaid conidam trén trebar án 10285

---

^a .i. do gortaib [H]   ^b .i. am*a*l atá Temair os cach t*h*ulaig² sic itúsa úas cach
mnaí [H]   ^c .i. in genusa [H]   ^d .i. nom dectharsa o chách ar mo chaimi 7 ni
decaimse nech [H]   ^e .i. ben [H]   ^f [*in marg.*] .i. in tan fegthar³ in doirb⁴ is i
n-icht*ur* ind *u*sci thed [H]   ˙^g .i. ara caimi [H]   ^h .i. einech [H]   ^i .i.
faichthi [H]

¹ mad *Facs.* ² *asp. mark om. Facs.* ³ dechtar *Facs.* ⁴ d *blotted and indistinct.*
⁵ *sic.* ⁶ m-*stroke om.*

athlum athargaib.   am gáeth i mbretaib. nidam dermatach.   adgadur
nech ria túaith trebair arfochlim a n-insce. cocertaim bretha Ulad uli.
7 nis n-insorg. tria ailemain Senca¹ form.   Rom gab Blai Brigu chucai
for acci a threbi. coro ferad mo théchtai oca.   Conid iarom adgairim
10290 firu chóicid Chonchobair immá ríg nos biathaim fri re sechtmaini.
Fossudiur a ndána 7 a ndiberga farrid a n-enech 7 a n-enech-
gressa.

    Rom alt Fergus conid rubaim trénócu tria nert gaili.   Am amnas
ar gail 7 gaisciud conidam túalaing airer críchi d'imditin fri ecrata
10295 echtrand.   Am dín cach dochraid.   Am sond slaide cach socraid.
Dogníu sochor cach thrúaig.   Dogniu dochor cach thriúin tri altram
Fergusa form.

    Rosiachtus glún Amargin filed coro molaim ríg as cach feib i mbí
co ndingbaim oenfer ar gail ar gaisced ar gaís ar áine ar amainse ar
10300 chirt ar calmatus.   Dingbaim cach n-errid ní tullim budi do neoch
acht do Conchobur cách.

    Rom ergair Findchóem conid comalta comluid dam Conall
124b Cernach coscorach.   Rom thecoisc Cathbad cóemainech di ág | Dech-
tiri conidam fissid fochmairc hi cerdaib dé druidechta conidam
10305 eolach² hi febaib fiss.   Bád chumma rom altsat Ulaid uli eter araid 7
errid.   eter ríg 7 ollomain conidam cara slúaig 7 sochaide conid
cumma dofichim a n-enechgressa³ uli.   Isaer⁴ ém domrimgartsa ó Lug
mac Cuind meic Ethlend di echtra dían Dectiri co tech mBuirr in
Broga.
10310   Acus tussu dano a ingen ol Cu Chulaind cinnas rot altsu hi
Luglochtaib Loga. ni handsa ém ol ind ingen.   Rom altsa em ol
síadi la feba Féne. hi costud forchaíni. hi fogart genussa hi
comgraim rigna. i n-ecosc sochraid. conid chucum bagthir cach
ndelb sóer sochraid eter iallaib ban búagnithi.   At mathi ém na feba
10315 sin ol Cu Chulaind.

    Cinnas dī for Cu Chulaind nachar chomtig dun díb línaib
comrichtain. Ar ní fuarsa co sse ingin follongad i n-airius dala
imacallaim fón samail se frim

    Ceist in fil banceli lat ol ind ingen ar fomditin do threib dit eisi.
10320 Natho om ol Cu Chulaind.   Ni techtu dam dál fri fer ⁵ol ind ingen⁵
hi fiadnaisi na sethar as sinu andu .i. Fíal ingen Forcaill atchí imm
arrad sund is sí ro ben beim forais for in lámthorad.   Ní hí em ro
charusa for Cu Chulaind. 7 dano nír forfáemusa mnaí atgnead
fer | ⁶

---

¹ sencha *Facs.*   ² *ch add. above line.*   ³ *the contraction stroke is over g only.*
⁴ *in ras.* = Is saer.   ⁵⁻⁵ *in ras.*   ⁶ *chasm in the* MS. *here, equivalent to four*
leaves.

(	)s[2] hí	125a¹
(	)ai(	)nmain 10326
(	)dam[a] (	)ı[3]
(	) gíal(	)
Muin(	)ú([b]	)sin.[2]
(	)d(	)is 10330
(	)tí(	)d
(	)bad (	)a
(	) óen(	)nfir[4]
(	)muintir[5] (	)ic
(	). (	)g 10335
(	)air(	)adar
(	)or(	)seom
(	)eisseom[6](	)í
(	)í(	)Culaind
(	)cles (	)erred[6]	10340

7 cor ndeled. 7 leim dar néim. 7 filliud erred náir 7 gai bolca. **125b**
7 boí brasse. 7 roth*cless* 7 othar*cless* 7 *cless* for analaib. 7 brud
ngeme. 7 sían churad. 7 beim co fomus 7 táithbéim. 7 dréim fri
fogaist co ndirgiud crete fora rind[7] 7 carpat serda. 7 fonaidm níad
for rindib sleg. 10345

Tánic timgairi dó tíchtain dia crích fessin iar sin 7 timnais
celebrad. Asbert iarom Scatach friss iar sin aní aridboí dia forciund
7 arcáchain dó tria imbas forosnai conid and asbert na bríathra
sa dó.

Fo chen a scíth búagnigi 10350
[8]buadaig bágaig[8] urbágaig
úarc*r*aidi taiscea.
corraib fortacht fort.
nibá fortacht can recni.
nibá recni can decni. 10355
Imbé eirr óengaile.
Arutósa ollgabud.
úathud fri eit n-imlebair.[c]
óic C*r*uachna rascerasu.

---

[a] ( )sc [H] drinnruisc *Harl.*   [b] ( )maim [H]; *read probably* addamaim,
glossing atmur R, *which has been cut away.*   [c] .i. for Táin Bó Cúalṅgi [H]

[1] *This leaf* (125–26) *also by* **H.** *The first column has been cut off, only the letters
at the end of the lines being left.*   [2] *only the top of* s *left.*   [3] = *finial of* a.
[4] *finial only of* n.   [5] *finial only of* m.   [6] *only top of first* e *left;* eired *Facs.*
[7] *bow of* d *cut away.*   [8-8] *in ras.*

10360 Cotut curaid cellfetar.ᵃ
fortut brágit bibsat*ar*.
bied do cholg culbémend¹
c*ru*och fri sruth Setinti*ᵇ*
sennait rout ruadtressa.

10365 rinnib riscloífet cnámreda.
clárad im búaib¹ bendc*ru*di.
tithis fidoch fáeburamnas.
fethail feola fedclessaib.
ferbaᶜ doᵈ Breg bratfat*ar*.

10370 brágti do thúath⁴ tithsitir.
t*r*ean cithoch cóictigis.
cichis do búar mbealtu.
Ba hoín ar slóg sírrechtach
sírdochair sirdemin. sírguba.

10375 sifisᵉ do fuil flandtedmand.
fernaibᶠ ilib ildlochtaib
armaib scéo mnáib dergdercaib.
cródergfa arm armeth mellgléo.
fiaich fotha firfitir.

10380 arath croich crosfait*ir*.
recur serech sárlatir.
gáetar lunni loscudi.
Lin difedat ildamaib.
ilar fule firfitir

10385 ar Coin Cul*aind* cencolind.
césfe álag n-encraide.
ana doláth tetharbae.
dideirnᵍ bródeirg brufitir.
Brón ar cách dot bráthbreislig.

10390 día taib Maigi M*ur*themni.
día mbia cluchi tregaigi.
bruthaig fri toind tréchtidi.
frisin mbelend mband*er*nach.
belaig úathaig ochtclesaig.

10395 belend di chet clesamna
cichit biet banchuri.
bagthi Medb scéo Ailella.

ᵃ .i. giallfuit( )² [H]   ᵇ .i. pro*prium* no*men* Con Culaind [H]   ᶜ .i. bai [H]
ᵈ .i.³   ᵉ .i. selfa [H]   ᶠ .i. sciathaib [H]   ᵍ .i. dot gráin [H]

¹ *bow of final letter cut away.* ² *remainder cut off.* ³ *gloss erased.* ⁴ thúat *Facs.*

Árutossa¹ otharlige.
ucht fri echtga irgairce.
atchíu firfid Findbennach   10400
fri Dond Cúalnge ardburach.
Cuin dorega. cuin doriidfea.
ros do gaili gnáthgéri.
benfait bémend íarlebra
meic Roich rúadrindig ardurgna.   10405
naiscseta n-ollach n-óenellach.
lochta do tham doscura cetha.
Erig do loch lúrechda.
cuchtach écsi ilcomraic² |
selaig tanaig trubud   126a
cu tír nUlad ógérig.   10411
do mnáib Ulad oentomaim.
do scíath cnedach comromach
do gai túagach tairbertach trénturig.
do cholg dét dathbuthir   10415
a ndondálaib.
rasia th'ainm Albanchu.
ciach do gair gemadaig.
Aífi Úathach iachtfaitit.
alaind sethnach sóermilfa.   10420
etrocht soebrocht suanaigfe.
teora bliadna ar tréntrichait.
bat neirt ar do lochnamtib.
tricha bliadna bagimse
gus do gaili gnáthgeri.   10425
o sin immach ni fullimsea.
do saegul ni indisimsea.
eter búadaib banchuri.
ge garid gé étgene
dit álaib fo chen.   fo cen a scit .b.   10430

Dodeochaid Cu Chulaind iar sin ina lunga do saigid Erend. is iat
robo lucht oenlunga dó .i. Lugaid ⁊ Lúan da mac Lóich ⁊ Fer Báeth
⁊ Lárin ⁊ Fer Diad ⁊ Drust mac Serb. Lotar do thig Rúaid ríg na
n-insi aidchi Samna. Is and bátar i ssudiu fora chind³ Conall
Cernach ⁊ Loegaire Búadach oc tobuch a císa ar baí cís a hInsib Gall 10435

---

¹ Árut ossa MS.   ² tilcomraic MS., *with punctum delens over* t ; tⱨilcbᵛnaic *Facs.*
³ cind *Facs.*

do Ultaib in tan sin. Atchluin Cu C*hulaind* íarom in mbrón fora
chind oc dún ind ríg.

Cisi núal so for Cu *Chulaind*. ingen Rúaid berair hi cís do
Fomorib ar iat is airi fil in bron sa sin dún. Cait hi fil ind ingen ol
10440 se. fil isin tráig thís ol iat. Tic Cu C*hulaind* co mboí hi comair na
hingini isin tracht. Immáfoacht Cu *C'hulaind* scéla di. Adfét dó ind
ingen du léir- Can asa tecait na fir ol se. ond insi etercéin tall ol si
na bí sund fora cind na n-écland. Tarrasair and íarom fora cind 7 ro
marb na tri Fomóri. ar galaib óenfer. Ro chrechtnaig im̄ in fer
10445 dedenach díb eseom fora dóit. Dorat ind ingen breit dia hetuch¹ dó
ma crecht. Téitseom ass iarom cena slonnud dind ingein.

Tic ind ingen don dun 7 adfét día hathair in scél n-uli. Tic Cu
C*hulaind* don dún iar sin amal cach n-aigid. Ferait faelti fris iarom
Conall 7 Loegaire. Maídit sochaidi isin dún dano marbad na Fomori.
10450 acht niro creit ind ingen dóib. Dorónad fothrucud lasin ríg iar sin 7
dobretha cách ar úair chuci. Tánic dano Cu C*hulaind* cumma cháich
7 dorat ind ingen aichni fair. Dobér in n-ingin duit for Rúad 7 ícfat
féin a tinscra. Nathó for Cu Ch*ulaind* ticed dia bliadna co Herind
im degaid mad ail di 7 fogéba messi and.

10455   Tánic Cu C*hulaind* co | ²

127a³ (   )r⁴ in glond dorignis ol Emer in cét fer (   )⁵ach n-inchomlaind
do marbad. bid Glondáth a ainm (   )⁶ co bráth ol Cu *Chulaind*.

Doróich Cu C*hulaind* co Crufait Ráe Bán a hainm ar thús co tici
sin. Bentaiseom bráithbemenna mára forsna slúagaib isind inud sin
10460 coro maidset na srotha fola tarsi for cach leth, is fót cró in tilach sa
indiu lat a Cu *Chulaind* fors⁷ ind ingen   conid de sin dogarar Crufait
di .i. Crófót .i. fót cró.

Doróich in t-íarmóracht forro co hÁth nImfuait for Boind. Teit
Emer asin carput. dobeir Cu C*hulaind* tafond for in tóir coro
10465 sceindset na fóit a cruib na n-ech dar áth fothúaith. Dobeir tafond
aili fothúaid co sceintis na fóit a cruib na n-ech for áth fodes. Conid
de sin dogarar Áth nImfoit de dina fotaib adíu 7 anall. Cid fil and
tra acht marbaid Cu C*hulaind* .c. for cach áth o Áth Scenmend for
Ollbini co Boind mBreg. 7 comallastas⁸ ule na gnímu dorair[n]gert⁹
10470 dond ingin. 7 Téit slán iar sin co ranic Emain Macha fo demi ind
aidchi sein.

Atnagar Emer hisin Craebrúaid co Concobur 7 co mathib Ulad
olchena 7 ferait faelti fria. Boi fer duaig dothengtha do Ultaib istig
.i. Bricriu Nemthenga mac Arbad. Conid and asbertside. Bid dolig

---

¹ hetach *Facs*.   ² *col. b cut off.*   ³ *The entire recto and part of the verso*
(*col. b*) *of this leaf is in ras. by* **H**; *the membrane is much worn, and a section of the*
lower inner portion is lost.   ⁴ *margin mutilated, only top of* r *left, read* Is mór.
⁵ *read* n-armach.   ⁶ *read* dī *Harl*.   ⁷ *sic,* = for; ol and *Harl*.   ⁸ *sic*.
⁹ n-*stroke om*.

em or se la Coin *Culaind* aní dogentar and innocht .i. in ben tuc leis 10475
a feis la Concob*ar* innocht ar is leis coll cet ingen ria nUltaib do
g*re*s.   Nos fuasnaith*er* im Coin Cul*a*ind ands*i*de oca clostecht sin ⁊
nos bertnaigend co ráemid in cholcid boí foí co mbatar a cluma for
folúamain immón tech immá cúaird.   ⁊ téit immach la sodain.

Atá dolig mór and for Cathbad acht is geis dond ríg cen an ro 10480
raid Bricni do dénam do   Bíthus Cu C*h*ulaind i͞m intí fáefes lía mnaí.
Gairth*er* Cu *Chulaind* dún ol Concob*ar* dús in fetfaimmís talgud a
brotha.   Tic iarom Cu *Chulaind*.   Eirg dam ol Con*c*obar ⁊ tuc dam
lat almai fil dam hi Sléib Fúait.   Téiti¹ iarom Cu C*h*ulaind ⁊ nos
ti*m*mairg¹² leis ina fuair do muccaib ⁊ d'aigib alta ⁊ d'ernail cacha fíada 10485
olchena hi Sleib Fúait ⁊ dosb*eir* i n-óenimmain leis co mboí (   )²
faichthi na hEmna.   Téit da*no* a ferc la sodain for ( )ulu³ do Choin
C*h*ulaind.

Dogníther imacallaim oc Ultaib (   )⁴s í comarli arricht leó.
Emer (   )⁵aidchi sin ⁊ Fergus   Cathbad (   )⁶ ( )*h*omet³ enig Con 10490
Cul*a*ind. ⁊ bennacht (   )émad.⁷   Fáemaid (   )aid⁸ Concob*ar*
tinscra ⁹(   )¹⁰reth a enecland do (   )c(*h*)i¹¹ sin lia bancheli. ⁊ niro|
scarsat íar sudiu co fúaratar bás díb linaib.   **127b**

Atnagar cennacht m*a*craidi Ulad do Choin C*h*ulaind iar sin.   Is
iat so roptar m*a*crad i nEmain ind inbaid sin dia n-ebairt in fili oc 10495
tabairt a n-anmand ós aird.

     M*a*crad Emna alli sluaig
     inbaid batar sin C*r*aebruaid
     im Furbaide find in tslat
     im Chúscraid is im Cormac   10500

     Im Conaing in Glasni nglan
     im Fíachaig is im Findchad
     im Coin Culaind c*r*uadach ngle
     im m*a*c mbúadach nDecht*i*re

     Im Fíachna im Follomain and   10505
     im Cacht im Mane im C*r*imthand
     im secht Mane i Sléib in Chon
     im Bres im Nar im Lothor

---

¹ Téit *Facs.*   ² *read* for ; *last nine lines mutilated, a triangular piece
broken off; *cp. Harl. and D. iv. 2.*   ³ *very faint,* c *lost.*   ⁴ *read* immon
caingin sin. Is.   ⁵ *read* do feis la Conchobar in.   ⁶ *read* i n-óenlepaid
friu do.   ⁷ *read* Ulad don lanamain ara fáemad,   ⁸ ad *Facs.*; *read* ani sin ⁊
dogníther samlaid. Iccaid.   ⁹ *read* Emire íarna márach.   ¹⁰ *read* Dobreth.
¹¹ *mark of asp. illeg.*; *read* Choin Chulaind ⁊ fóidis in aidchi.   ¹² m-*stroke lost*
in perforation.

Im se maccaib Fergais and
im Ilarchles im Illand
im Fíamain im Bunni im Bri
im Mul im Chlaidbech im *Con*ri

Laegaire Cass Conall Claen
is¹ i*m* da Ether ardcháem
Mes Díad is Mes Dedad dil
clanna Amargin Giunnaig

Conchraid m*a*c Cais a Sleib Smóil
Conc*r*aid m*a*c Báid Be*r*nad Broin
Conchraid m*a*c in¹ Deirc m*ei*c Find
Conchraid Súana m*a*c Sailcind

Áed m*a*c Findeirg² ollach mbrec
Áed m*a*c Fidaig formna nert
Aed m*a*c Conaill cirrid cath
Áed m*a*c Duind Aed m*a*c Duach

Fergus m*a*c Lete lith ngle
Fergus m*a*c Deirg m*ei*c Dáire
Fergus m*a*c Rois luadit raind
Fer*gus* m*a*c Duib m*ei*c Crimthaind

Tri m*ei*c Traiglethain trén blad
Siduad Cu*r*rech is Carman
tri m*ei*c oc Uslend na n-ag
Naisi 7 Anli is Ardan

Tri Flaind tri Find tri Cuind ciúil
anmand do noí m*a*caib Sciúil
tri Fáeláin tri Collai cain
tri m*ei*c Neill tri meic Sitgail

Lón is Ílíach aille fir
comaltai Cormaic crichid
tri Dondgais m*ei*c m*ei*c Rossa
tri Dúngais tri Dáelgosa

Aes dána do Chormac ciúil
.ix. m*ei*c Lir m*ei*c Ete*r*sciúil
a trí cuslendcha cáem in band
Find Eochaid 7 Illand

---

¹ *add. above line.* ² Find deirg *Facs.*

A chornaire ciúil iar sin 10545
im dá Áed is im Firgein
trí drude denma glam ngér
Athírne is Drec is Drobél

A tri dálemain co mblaid
Find Eruath is Fatemain 10550
tri ú Chletig comol ngle
Uath Urud is Aslinge.

Aed Eochaid airdairc Emna
da mac aille Ilgabla
mac Bricrend ro brunned bla 10555
erdairc ic macraid Emna.　　macrad E. a.]¹|

---

¹ *Interpolation of* H *ends*; *remainder of column blank.*

Compert Con Culaind inso sís[a]

L ÁA n-áen ro bátar mathi Ulad im Chonchobur i nEmain
Macha. No thathigtis énlaith mag ar Emuin. Na gelltís
10560 conna facabtais cid mecnu na fér ná lossa hi tala*m*. Ba
tochomracht la hUltu a n-aicsiu oc collud a n-hírend. Imlaat
.ix. cairptiu día tofund laa n-and ar ba bés léusom forim en.
Conchob*ar* da*no* hi sudiu inna charput 7 a fiur Deichtine os sí
maccdacht. Is si ba hara dia brathair. Errid Ulad archenae
10565 inna carptib .i. Conall 7 Lóegaire 7 cách olchena. Bricriu da*no*
leu.

Fusrumat a n-éin remib día ndaim tar Slíab Fúait tar
Édmuind tar Brega. Ní bíd clad na hairbi na caissle im thír i
nHére isind amsir anall co tanic remis m*a*c nÁeda Slani acht
10570 maigi réidi. ar imad na treb da*no* inna remis *sid*e iss aire
conopartatar cocrícha i nHére. Ba hálaind tra 7 ba caín
in t-énlorg 7 in t-énamar boí leu. Noí fichit én dóib. rond argit
et*er* cach da én. Cach fiche inna lurg fo leith. noí luirg dóib.
Samlaid da én bátar rempu cuing airgit etarru. Toscartha tri
10575 eúin dib co haidchi lotir[b] remib hi cend in Brogo. Is and ba
hadaig for feraib Ul*ad*. Feraid snechta mór foroib dno. Asbert
Conchob*ar* fria muintir ara scortís a cairptiu 7 ara cuirtis cor do
chuingid tige dóib.

Luid Conall 7 Bricriu du chur cúarta¹ fofúaratár óentech
10580 nue. Lotar ind. Foráncatár lánamain and. Boithus failte.
Lotar ass coa muintir. Asbert Bric*riu* nibú fíu dóib techt don
tig cen brat cen bíad. Ba cumung da*no* cid ar indus. Lotar
dó cammaib.[c] Tub*er*tatár a cairptiu leu. ní gabsat na mmár
isin tig. Co n-accatar talmidu[d2] dorus culi friu. In tan bá
10585 mithig tabairt biid dóib batir faelti meisc iarom fir Ulad 7 ba
maith a thunithe.³ Asbert in fer fri Ultu iarom boí a ben fri

---

[a] a Libur Dromma Snechta [*added by* **H**, *paler ink, not retraced*]　　[b] ł a
[*add. above line, possibly by a later hand, and retraced*]　　[c] .i. doridisi [H]
[d] .i. iar sin [M]

---

¹ cúarta *add. between columns*, M.　　² talmi du MS.　　³ thumthe *Facs.*

idna inna cuili. Luid Dechtine a dochum atdises[a] birt m*a*c.
Láir d*ano* boí i ndorus in tige trogais[b] dí lurchuire[c]. Gabsit
Ulaith iarom in m*a*c 7 dobertsom na lúrchairiu do m*a*cṡlabri
don macc. Alt Deichtine in m*a*c. tráth bá maiten dóib | conda **128b**[d]
accatar ní i n-airthiur in ṁbroga cen(   )² eónu acht a n-echrada 10591
fadesin 7 a mm*a*c cona lúirc(   )³ Totháegat íar sin do
Emain. Alair leo a mmacc combu⁴ bláicce. Dafúabair galar
iar suid*iu*. Atbail de. Ferthair a guba. Bá már a sáeth la
Deichtine díth a daltai.   10595

Baísu luge do dig oc tintud ón gubu. Tothlaigestar dig a
llestar humi. Dobreth di co ndig nách mod donbered dia
bélaib dolinged míl mbec iarsin lind dochum a bél o rauccad o
bélaib nacc ní i nneuch scéinti lea hanail ho chud. Contuli
iarom dadaig¹² co n-accai ní in fer chuicci atagládastár asbert 10600
fria rubad torrach húad 7 bá hé nuda b*er*t a dochum don bruig.
Ba leiss fétir. Baí¹³ in m*a*c altae 7 ba hé tatharla inna broind 7
bid Setanta a ainm. 7 bá hésse Lug Lug⁵ m*a*c Ethnend. 7 co
n-altá ind lúirchaire din m*a*c.

Bá torrach dī ind ingen. Ba ceist mór lá hUltu nácon fes 10605
céle fora seilb dumet bá hómu*n*⁶ leó bá ó Chonchobur thré
mesci ar bá leis no foíed a ḟíur⁷. Arnenaisc iarom Concoba*r*
a ḟíair do Sualdaim m*a*c Róig. Ba mór a mélacht lea techt
cosin fer i n-imdaí os sí alacht. A n-am luide⁸ don chrund
siúil brúchtis bí a croith innallaili combu ógslán. Luid cosin 10610
fer iarom. Bá torrach atheroch ellam. Birt mac [°7 doberar
Setanta fair.

Is and sin iarom batár Ulaid hi comthinol i nEmain Macha in tan
b*er*ta¹⁰ in m*a*c. bátár iarom oc imchosnam cia dib no ebelad in m*a*c 7
lotar i mbreith Conchobair. Asbert Conchobur. B*eir* duit a 10615
Findchóem in m*a*c ol Concoba*r*. Doḟécai Findchoem in m*a*c iarom.
Carais mo chraidisea¹¹ in m*a*c so ol Findchoem conid cumma lem 7 bid
he Conall Cer*nach*. is bec duit etorro ol Conchoba*r* .i. do m*a*c féin
7 m*a*c do d*er*fethar⁷. Conid and ro cháchain Conchoba*r* inso.

---

¹ *lost in rent at end of line.*   ² *top of* e *and finial of* n *lost,* cu[   ] *Facs. ; read*
cen tech cen *H.*   ³ huirib *lost in rent.*   ⁴ *top of* u *lost*   ⁵ *sic, dittogr.,*
beginning of line.   ⁶ hóma*n* *Facs.*   ⁷ *asp. om. Facs.*   ⁸ laide *Facs.*   ⁹*From*
this point to end of page by H *in ras. Membrane perforated and mutilated (see*
note, p. 317).   ¹⁰ *sic.*   ¹¹ chraidise *Facs.*   ¹² ṅdadaig *MS. (* n *expuncted).*
¹³ *sic, for* ba aí.

10620
    .r.[1] Sochla brec becaltach
    búithig dág Dect*i*re
    domroet[2] ria sein secht carbtib
    sephaind[3] úacht domm eochraidib
    airunutathig[4] ernithib
10625
    donnuc[5] for set [6]Sétanta

Geib duit in m*a*c[6] ol Conchob*a*r beos fria fiair. .r.[1] Niba si nod
n-ebela em ol Sencha.[7] acht is messe nod n-ailfea. ar am[8] tren am[8]
trebar. am [9]an am[9] athlom athargaib. am ollom. am gáeth. nidam
d*er*matach[3]. Adgadur[10] nech ría ríg. arfochlim a insce. admidiur (   )[11]
10630 hi cath ria Conchob*a*r cathbúadach. concertaim bretha[12] Ul*ad* 7 nis
n-insorg. nim thorgnéa et*er* aite (   )[13]
    .r.[1] Cid messe ém nod ngaba ol Blai (   )[14] na héislis lemsa. ro
ferad[21] m(   )[15]. congairim firu coicid[16] Her*end* n(   )[17] sechtmaine
ł de( )ma(   )[18] dib*er*ga. forri( )t*h* a n(   )[19] or Fergus
10635 dorraegai[20]**]**

---

[1] *between cols.*   [2] *final letter fractured*, domroed *Facs.*   [3] *asp. om. Facs.*
[4] air *(trigraph) end of line with faint traces of letter* (?) u ; arrunu taing *Eg. 1782.*
[5] dom|nuc *Facs.*, *two recent dots misread as* m-stroke, *and tongue of* e *showing
through membrane from obverse misread as* n-stroke; donanicc *Eg.*, donfuc *D*[2].
[6-6] *formerly covered by tissue, now legible.*   [7] cha *fractured.*   [8] m-stroke om *Facs.*
[9-9] *barely legible.*   [10] *first* d *faint, end of line, on fracture.*   [11] *from this point on a
triangular section rent off*; sa ríg *D*[2].   [12] *first portions only of* b *and* r *left.*   [13] aili
inge Conchobar, *Eg.*, aile ingé mad C., *D*[2].   [14] Briugaig ni epelai faill, *Eg.*
[15] *only first stroke of* m *left*; mo thechta tosscoi (toscai *D*[2]) co Conchobar *Eg.*
[16] *first* i *subscr., om. Facs.*   [17] *first stroke only of* n *left*; Nos biathaim co cend *D*[2].
[18] ch, *etc., lost*; dechmaide. Fosuidiur a ndámha (ndano *Eg.*) 7 a ndiberga *D*[2].
[19] Forriuth a n-écnach (n-enech *Eg.*) 7 a n-enechgresa amin. Is ainle (anble *Eg.*)
sin *D*[2].   [20] ae *fractured, tail of* g *and portion only of* a; Dorroegai, *etc., Eg.* ;
breaks off, lacuna in MS.   [21] roferat *Facs.*

[TOCHMARC ÉTAÍNE]¹

athaigi 7 a gríanan co senistrib solsib² fri techt ass 7 tobreth **129a**
tlacht corcra impe 7 imchuirthe in gríanán sin lasin Mac Óc
cach leth no théged 7 ba and contuiled cach n-aidchi occa
chomaitecht do airec menman conda tanic a sult 7 a feth.   7 no
línta in gríanán sin do lubib boladmaraib ingantaib combo de 10640
forberedsi di bolod 7 blath na lubi sainemail logmar.

Atchúas do Fuamnaig a ngrád 7 a mmíad doratad di lasin
Mac Óc. Asbert Fuamnach fri Midir congarar deit do dalta
co ndernsai chorai fri dib línaib 7 co ndechos for iarair Etaíne.
Dotháet techt co Mac nÓc o Midir 7 luidsi día acallaim 7 10645
dolluid Fuamnach timchell calléic co mboí isin Bruig 7 tobert
in n-athaig cétnae fo Etaín conda bert asa gríanán for in
fúamain forsa rabi ríam co cend .uii. mbliadna fo Herind conda
timart athach gaíthe ar thrógi 7 lobrai conda corastár for cléthe
tige la Ultu i mbátár oc ól co torchair isin n-airdig n-óir ro boí 10650
for láim mná Etair in chathmiled o Inbiur Cichmaine a coiciud
Choncobair conda sloicside lasa loim gabais asind lestur co
mbertai di suidiu foa broind combo ingen iar tain.   Dobreth
ainm di .i. Etain ingen Étair.   Di bliadain déc ar mili trá o
gein tuissech Etaini o Ailill cosa ngein ndedenach o Étur.   10655

Alta iarom Etain oc Inbiur Chichmuini la hEtar 7 .l. ingen
impe di ingenaib tússech 7 ba hesseom noda biathad 7 no
n-eted ar chomaitecht Etaini a ingini do gres.   Lá n-and doib
a n-ingenaib uilib isind³ inbiur oca fothrocud co n-accatar in
marcach isa mmag cucu dond usciu.   Ech dond tuagmar foran 10660
forlethan casmongach caschairchech foa suidiu.   síd̄albrat⁴
uaine hi filliud immi.   7 léne fo derginliud⁵ imbi. 7 eo óir ina
brut rosaiged a gúalaind for cach leth.   Scíath argdidi co
n-imbiul oir imbi fora muin.   Scíatrach argit and. 7 tul n-oir
fair.   7 sleg coicrind co fethan óir impi o irlond co cró ina 10665
laim.   Folt findbudi fair co hetan.   Sníthe óir fria étan conná

---

¹ *acephalous, owing to lacuna in* MS.   ² *mark of erasure between* o *and* l,
probably of subscript i.   ³ sind *Facs.*   ⁴ *mark of asp. seems later, and is not
retraced.*   ⁵ dergī liud MS., *with space for* t, *probably effaced.*

teilged a folt fo agid. Assisedar sist forsin purt oc deiscin
na n-ingen 7 ro charsat na ingena uili. conid and asbertsom in
laid seo sís

10670
    Etain indiu sund amne
    oc Síd Ban Find iar n-Albai
    eter maccaib beccaib di
    for brú Inbir Cíchmuini.

    ( )s¹ hí ro híc súil ind ríg
10675
    a topor Locha Dá Líg
    is í asibed sin dig
    la mnaí nÉtair hi tromdig

    Is² tría ág dossib in rí
    inna héonu di Thethbí
10680
    7 báidfid a dá ech
    i llind Locha Dá Airbrech.

    Bíat imda coicthe ili
    tríat ág for Echaig Midi
    ( )íaid³ togal for sídib
10685
    7 cath for ilmilib. |

129b
    Is í ro loited is tír
    is í archosnai in rig
    is í Be Find fris dogair
    is í ar nÉtaín iar tain.   Etain indiu.

10690 .n.⁴ Dochúaid úadib in t-óclaech iar sain 7 ní fetatar can
dodeochaid ⱦ cid dochóid iar*om*. O ránic in M*a*c Óc do
acallaim Mid*i*r ní f*or*nic Fuam*n*a*ig* ara chiund 7 asbert^a^ fris
bréc dorat in ben imond 7 día n-ecastar dí Etain do bith i
nÉre. 7 ragaid do denam uilc fria. Domuiniur is dóig bid fír
10695 ol M*a*c Óc. Atá Étaín ocom thigsi isin Bruig o chíanaib isin
deilb hi tarfas uaitsiu. 7 bes is cuice forobart in ben.
    Dotháet M*a*c Óc día thig fora chulu co farnic a gríanán
nglainidi cen Etaín and. Immasoí in M*a*c nÓc for slict Fuam-

---

^a^ .ı. Mid*i*r [M]

¹ Is *Facs., initial capital now cut off.*   ² I *partly gone.*   ³ bíaid *Facs.*, b *now*
lost.   ⁴ *between cols.*; r *Facs.*

naige co tarraid for Óenuch Bodbgnai oc tig Bresail Etarláim in
drúad.   Fosnopair in Mac Óc 7 benaid a cend di 7 dobert lais a 10700
cend sin co rrabi for brú in Broga.   Acht chena iss *ed* islicht[1] i
*n*n-inud aile conid la Manandán ro marbait a ndís .i. Fuam*nach*
7 Midir i mBri Léith día n-ébrad.

> Fúamnach báeth bá ben Midir
> Sigmall is brí co mbilib   10705
> i mBrí Léith ba láthar lan
> ro loiscthe la Manandán.

---

[1] = is slicht.

¹Tochmarc Etaine inso beos.

GABAIS Eochaid Haeremon ríge nÉrend 7 argiallsat cóic
10710 coicid Erend dó .i. rí cach cóicid. Batár hé a rríg in tan
sin .i. Concobar mac Nessa. 7 Mess Gegra. 7 Tigernach
Tétbannach 7 Cú Ruí. 7 Ailill mac Mata Muirisci. Bátár hé
dúine Echdach .i. Dún Fremain i mMidiu 7 Dún Fremain hi
Tethbai. Fremain Tethbai bá inmainem lais do duinib Herend.
10715 Arfócarar o Echaid for firu Herend feis Temra do dénam in
bliadain iar ngabáil ríge fri commus a mbésa 7 a chisa dóib co
cend .u. mbliadna. Ba inond aithesc la firu Herend fri Eochaid.
Ní theclaimtís feis Temra do ríg cen rignai lais ol ni rabi rigan
hi fail ind rig in tan ro gab flaith. Foídis Echaid techta cach
10720 cóicid úad fo Érind do chuingid mná ¬ ingine bad aldem no
beth i nÉre dó. Ál asbert ní bíad ina farrad acht ben nad
fessed nech do feraib Herend ríam. Fofrith dó oc Inbiur
Chíchmuini² .i Étaín ingen Etair. 7 dosbert Echaid iarom ar bá
comadas dó ar cruth 7 delb 7 cenel 7 áni 7 oítid 7 airdarcus.
10725 It é trí meic Findª meic Findloga meic na rígna .i. Eochaid
Fedlech 7 Eochaid Airem 7 Ailill Anguba. Carais Ailill
Anguba iarom Etaín hi feis Temra íar feis di la Eochaid. Fo
dáig dognith ábairt dia sírsellad. 7 úair as descaid serci sírsilliud.
Cairigsi a menma Ailill don gním sin dogéni 7 níbá cobor dó.
130a Ba tressio tol aicniud. Focherd Ailill i serg de fó dáig | naro
10731 tubaide fria énech 7 nách erbart frisin mnaí fodesin.
Dobreth Fachtnai líaig Echdach día imcaisiu in tan ro ngab
céill for écaib. Asbert fris in líaig. acht nechtar na da idan
marbtha duine nád ícat lege .i. idu serci 7 idu eóit³ it é fil
10735 innutso. Ní árdámar Ailill dó ar bá mebol lais. Forrácbad
iarom Ailill hi Fremain Tethbai fri bás. 7 luid Eochaid for
cuaird nErend 7 forrácbad Étaín hi fail Ailella co ndernaitís a
thiugmaine le .i. cor clasta a fert coro hagtha a guba coro orta
a cethrai.

ª ¬ tri meic Findgait [marg. M]

¹ in marg.   ² Chichmaini Facs.   ³ ecít Facs.

A tech i mbith Ail*ill* ina galur dothéged Etaín cach dia día 10740
athreós 7 bá lugaite a gala*r*som ón do suidiu 7 céin no bíth
Étaín isin magin sin no bithsom ocá déscin.   Ráthaigis Etaín
aní sin 7 focheird a menmain airi.   Asbert Etaín frisseom lá
n-and a mbátár ina tig díb línaib cid día mboí fochond a gal*air*.
Atá dit seircseo ol Ail*ill*.   Dirsan a fot co n-erbart or sisi 10745
ropadat slán o chíanaib día fesmaís.   Cid indiu badam slánsa
mád áil daitsiu ol Ail*ill*.   Bid áil écin or si.

Dotéiged iar sin cach dia do folcud a chind 7 do thinmi bíd
dó 7 do aurgabáil usci fora láma.   Día teóra nómad iar*om* ba
slán Ail*ill*.   Asbertsom fri Étain.   7 a testá dom icsa cuin rom 10750
bía uaitsiu ol Ail*ill*   Rot bía i mbárach ol si acht níba issin
tossud na fírflath*a* dogéntar a col.   Totaisiu i mbárach im
dailsi cosin tulaig uasind lius.

Baí Ail*ill* oc frithairi na aidchi.   Contuli tráth a dála ní
dersaig co tráth teirt ara bárach.   Luid Étaín ina dailseom co 10755
n-accai in fer ara ciund co cosmailius crotha Ail*ella*.   7 coínis
i*n* lobra a gal*air*.   A n-aithesc rop áil do Ail*ill* iss *ed* ro
ráidseom.   Dofúsci Ail*ill* tráth teirt.   Fota fécais for torsi
tráth dodeochaid Étaín isa tech.   Cid dotgní torsech or si.   Do
foídiudsiu im dailse 7 ni ránac ar do chiund.   7 dorochair 10760
cotl*ud* form conom érracht innossa.   Isuachnid¹ ní rrodchad
mo ícsa.   Ni bá són ol Étaín atá lá i ndegaid alaili.   Gaibthi
frithairi na haidci sin 7 tene mór ara bélaib 7 usci na farrad do
thabairt foa súili.

Tráth a dála totáet Étaín ina dáil co n-accai in fer cetnae 10765
am*al* Ail*ill*.   Luid Etaín dia tig.   Fecis Ail*ill* oc cóí.   Dolluid
Étaín co fá thrí 7 ní arnic Ail*ill* a dáil.   Co fo*r*necsi in fer
cétna.   Ní fritso or si ro dálussa   cía so thú dodeochaid im
dáil.   In fer frisro dálusa ní ar chul ɫ amles ticht ara cend
acht is ar accuis tesairgne do mnai ríg Érend don gal*ur* fod- 10770
rubi². | Ba tochu dait tuidecht cucumsa ol in tan ropsa Étain **130b**
Echraide ingen Ail*ella* bá messi do chétmuint*er*.   Bá íar do
sárlúag do prímmaigib Her*end* 7 uscib 7 ór 7 arg*ut* co tici do
chutr*um*mae do fácbáil dar th' éis.   Ceis*t* ol sisi cia th' ainmsiu.
ni *handsa*.   Mid*ir* Breg Léith ol se.   C*eist* ol sisi cid ronn 10775
etarscar.   ni *handsa*.   fithnaise Fuam*naige* 7 brechtai Bresail
Echarlaim.   Asbert Mid*ir* fri Étaín in ragaso limsa.   Nathó ol

---

¹ = Is suachnid   ² fod*r*abi *Facs.*

sisi. Noco ririub ríg nÉrend ar fer ná fetar claind t cenel dó.
Is messi ém ol Midir dorat fó menmain Ailella do seircsiu co
10780 fota co torchair a fuil 7 a feóil de. 7 is messi thall cach
n-accobor collaide n-airi na beth milliud enech daitsiu and.
Acht téisiu limsa dom crích dia n-apra Eochaid frit. Maith lim
ol Étaín.

    Tic iarom dia tig. Is maith ar comrac or Ailill sech rom
10785 ícadsa afechtsa ni fil imlot n-einig daitso and. Is amra amlaid
or Étain.

    Tánic Eochaid día chúaird iar tain 7 atlaigestár bethaid a
brathar 7 budigthe fri hEtaín co mór a ndorigni co tánicsom

Tochmarc nÉtaine da*no* so sís.-

FECHT n-aile asraracht Eochaid Airem rí Temrach lá 10790
n-álaind i n-amsir samrata fosrocaib for sosta na Temrach
do imcaisiu Maigi Breg. Boí fó a lí 7 fó bláth cach datha. A
n-imracacha intí Eoch*aid* imbi co n-acca in n-ócláech n-ingnad
forsin tossad inna chomair. Fúan corcra imbi 7 mong órbudi
fair co braini¹ a da imdae. Rosc cainlech glas ina chind. Sleg 10795
cóicrind ina láim. Scíath taulgel ina láim co ngemaib óir f*ur*ri.
Sochtais Eochaid ar ní fit*ir* a bith isin Temraig in n-aidchi ríam
7 ní orslaicthe ind lis in tráth sin. Toll*uid* ar inchaib Eochoda
iar sain. Asbert Eoch*aid* iar*om* fo chen dond láech nád
athgénmár. Iss *ed* dorochtmár or in t-ócláech. Nit athgénmár 10800
or Eoch*aid*. Atotgénsa chetus ol in t-ócláech. Cía th' ainmseo
ol Eoch*aid* Ní airdairc són ol se Mid*ir* Breg Léith. Cid
dotroacht ol Eoch*aid*. Do imb*ir*t fidciile fritsu ol se. Am
maith se ém ol Eoch*aid* for fithchill A fromad dún ol Mid*ir*.
Atá ol Eoch*aid* ind rigan ina cotlud is lé in tech atá ind 10805
fithchell. Atá sund chenae ol Mid*ir* fidchell nad messo. Bá
fír ón clar n-argit 7 fir óir 7 fursunnud cacha hairdi forsin clár
di liic logmair 7 ferbolg di figi rond crédumae. Ecraid Mid*ir*
in fidchill iar sin. Imb*ir* ol Mid*ir*. Ni immer acht di giull
ol Eoch*aid* Cid gell bias and ol Mid*ir*. Cumma lim ol 10810
Eoch*aid*. Rot bia limsa ol Mid*ir* mád tú b*er*as mo thóchell
.l. gabur ndubglas it é cendbrecca. croderga biruich bruinleth-
ain bolgroin cosschóela. comrassa faeborda fem*en*dae aurárda
aignecha sostaidi so² |
　　Iar sin doberar uir 7 grian 7 clocha forsin monai. Fri etnu 131b³
dam da*no* bátár fedmand la firu Her*end* cosin n-aidchi sin. 10815
Co n-aicces la lucht in tsíde fora formnaib. Dogníth samlaid
la Eoch*aid* conid de atá dosom Ech*aid* Airem ar is aice toísech
tucad cuing for muinélaib dam do fer*aib* Her*end*. Iss *ed* dī and
focol ro boí i mbélaib in tslúaig oc denam in tócuir.   10820
　　r.⁴ Cuire i lláim tochra i llaim aurdairc damrad tráthaib

---

¹ brān *Facs.* ²*end of column, lacuna in* MS. ³ *col. a cut off.* ⁴ *in marg., om. Facs.*

Z

iar fuin fortrom ailges ni fes cuich les cúich amles¹ de
thóchur dar móin Lámraige.

Ni bíad isin bith tóchur bad ferr mani bethe oca ndéscin.
10825 Forrácbad de bochtae and iar*om*. Iar sin dolluid in rechtaire
co Echaid 7 adfét scéla in mórfedma atconnairc fíadai 7 asbert
nád rabi for fertas in betha cumachta dodrósce de.

A mbátar fora mbriathraib co n-accatár Midir chucu.
ardchustal 7 drochgné fair. Atraigestar Eochaid 7 ferais faelti
10830 fris. Is ed dorochtmár ol Midir. Is torcda 7 is díchéill no taí
frim mor decrai 7 mór aingcessa do thabairt form. Adethaind
ní bad maith lat chena acht is bairnech mo menma frit. Ní
bara fri búre daitsiu ón dogignestár do menma for Eochaid.
Gebthar dano ol Midir. In n-imberam fidchill for Midir. Cid
10835 gell bias and for Eochaid. Gell adcobra cechtar dá lína for
Midir. Berar tóchell nEchada a llá sin. Rucais mo thócell
for Echaid. Mad áil dam no béraind ó chíanaib for Midir.
Ceist cid adcobrai formsa for Echaid. Dí láim im Étain 7 póc
di ol Midir Sochtais Echaid la sodain 7 asbert tís día mís
10840 ondiu doberthar dait aní sin.

In bliadain ría tuidecht do Midir co Echaid do imbirt na
fidchille boí oc tochmarc Étaíne 7 nis n-étad leis. Is ed ainm
dobered Midir di Be Find. conide² asbert

A Bé Find in raga lim
10845
i tír n-ingnad hi fil rind
is barr sobarche folt and
is dath snechta corp co ind.

Is and nad bí muí na taí
gela det and dubai brai
10850
is lí sula lín ar slúaig
is dath sionᵃ and cech grúad

Is corcair maigeᵇ cach maín
is líᶜ sula ugai luin
cid caín déicsiu maigi Fail
10855
annam iar [n]gnáis³ Maige Máir.

ᵃ ɫ is brecc [M]   ᵇ ɫ lossa [M]   ᶜ ɫ is dath [M]

¹ a*m* les MS.   ² *sic, for* conid de.   ³ n-*stroke om.*

Cid mesc lib coirm Inse Fáil
is mescu coirm Tíre Máir
amra tíre tír asbiur
ní théit oac and ré siun

Srotha téithmillsi tar tir   10860
rogu de mid 7 fín
doíni delgnaidi cen on
combart cen peccad cen col

Atchiam cách for cach leth
7 nicon n-acci nech   10865
temel imorbais Ádaim
dodonarchéil ar araim

A ben día ris mo thuaith tind
is barr oir bias fort chind
muc úr laith lemnacht la lind   10870
rot bia lim and a Bé Find.   a B ( )¹

(b E)² matumchotaise³ om aith*ech* tige ragsa (   )⁴
fetai ni rag.

Is iar sin dolluid Mid*ir* | co Ech*aid* 7 dámair a thochell fó **132a**
chétóir co mbeth folo acai do Ech*aid* is airi ro íc na comada 10875
móra 7 iss airi is fó anfis conatig a gell. Conid iarsin giull
adrubrad. In tan trá ro boí Mid*ir* cona muint*ir* oc íc comad
na aidchi .i. in tóchor 7 dichlochad Midi 7 Luachair Tethb*ai*⁵ 7
Fid Darbre*ch* iss é seo anno foc*t* boí ocá muint*ir* am*al* atb*eir*
Leb*ar* Dro*m*( ) Sn( )⁶.   10880
Cuirthe i lland tochre i lland airderg damrad trom in
choibden clunithar fír ferdi. buidni balcthruim c*r*andchuir
forderg saire fedar sechuib slimprib sníthib scítha láma ind
rosc⁷ cloína fo bíth óenmna⁸ dúib in dígail duib in tromdáim
tairthim flatho fer ban fomnis fomnis in fer mbraine cerpae 10885
fomnis díad dergae fer arfeid solaig fri aiss esslind fer brón

---

¹ *end of line, only the shaft of* b *left, remainder cut off*; a be. f. *Facs.*
² *beginning of line,* MS. *mutilated*; *space for* Asbert Etaín, H, *top of* b *and of* E
left. ³ *only the finial of initial* m *left.* ⁴ *mutilated*; chugat. mana H. ⁵ *asp.*
om. Facs. ⁶ *end of line, cut off with col.* b *recto*; sn *written under* drom, *finial of*
n *cut off* = Dromma Snechta. ⁷ s *add. above line.* ⁸ *second* n *add. above line.*

fort íer techta inde[a] lámnado lúachair for di Thethbi[1] dí lecad
Midi indracht   cóich les cóich amles   *Tochur dar cech moin.*

Dalis Midir día mís. Fochiallastar[b] Echaid formna láech
10890 nÉrend co mbátar hi Temraig 7 an ropo dech do fiannaib
Herend cach cúaird imm araile im Temraig i mmedon 7
anechtair 7 is tig.   7 in ri 7 in rigan i mmedon in taigi. 7 ind
lis íatai fó glassaib ar rofetatar doticfad fer in márchumacht (   )[2]
Etáin boí ocon dáil ind aidchi sin forsna flathi ar ba saindán
10895 disi dál. A mbátar iarom fora mbriathraib co n-accatar Midir
chucu for lar ind rigthige.   Bá caínsom do grés ba caíni dano in
n-aidchi sin. Tosbert i mmod na slúag[3] atconnairc   Sochsit
uli iarom 7 ferais in rí faelti fris. Is ed dorochtmar ol Midir.
An ro gellad damsa or se tucthar dam. Is fiach ma gelltar an
10900 ro gellad tucus daitsiu. Ní imrordusa for Echaid aní sin co se.
Atrugell Étain féin damsa ol Midir ticht úaitsiu. Imdergthar
im Etain la sodain. Ná imdergthar imut for Midir ní
drochbanas duitsiu. Atusa ol se bliadain oc do chuingid co
mmaínib 7 sétaib at áildem i nÉre 7 ní tucusa comad
10905 chomarlécud do Echaid. Ní tría deóas damsa ce dotchotaind
Atrubartsa fritsu ol si conom rire Echaid nit rius. Atometha
lat ar mo chuit féin díanom rire Echaid. Nit ririub im for
Echaid acht tabrad a dí láim imut for lár in tige amal ro
gabais. Dogéntar for Midir. Atetha[c] a gaisced ina láim chlí[4]
10910 7 gabais in mnaí foa lethoxail deis 7 fócoislé[7] for forlés in tige.
Conérget in tslúaig imón ríg íar mélacht forro. Co n-accatar
in dá ela timchell na Temra. Iss ed ro gabsat do Síd ar Femun.
7 luid Echaid co formno fer nErend imbi do Síth ar Femun .i.
Síd Ban Find. Ba si comarli[5] fer nErend fochlaid cach síde
10915 (   )[6] tísed a ben dó úadib. Focechl (   )[8] |

---

[a] .i. more [M]   [b] .i. ro tinóil [M ?]   [c] .i. Midir [M]

---

[1] theth bi MS.   [2] *end of line, t partly cut off.*   [3] *sinuous stroke over* u, *due
doubtless to retracer.*   [4] clí *Facs.*   [5] ..a si com.. *not in Facs., but quite legible.*
[6] *end of line,* MS. *mutilated.*   [7] fócois lé MS.   [8] *top of* l *etc. lost in rent;
remainder wanting, col. b cut off.*

[COMPERT MONGAN]

^{1}decming a chobair di. di neoch bad chumacht. Asb*er*tsa^{2} **133a**
dagní dī ar atá do chéle i ṅgúais^{3} már^{2}.   Tucad fer húathmar
ara chend nad forsabatár^{4} 7 atbéla leis.   Dia ndernam mád tú
caratrad berae m*a*c de.   Bid amre in m*a*c bid Fíacnai da*no*.
Regasa dun chath firfidir i mbárach im theirt ara n-ícubsa 7 10920
fessa in mílid ar bélaib fer nAlban.   7 asb*er*t^{2} frit chéliusiu ar
n-imtechta 7 as tussu rom foídi día chobair.
      Dogníth samlaid.   I*n* tan reras in cath díarailiu co n-accatar
ní in tslúaig in fer sainigthe ar beolo catho Áedain 7 Fiachna^{5}.
Dolluid dochum Fiachna in tainredach 7 asbert fris accaldaim 10925
a mná a llá ríam 7 donindgell dia chobair isind uair sin.
      Luid iarom resin cath dochum alaili 7 fich in mílid 7
memuid in cath ria nÁedán 7 Fiachna 7 dointaí Fíachna día
chrích 7 bá torrach in b*en*^{a} 7 b*ir*t mac .i. Mongan m*a*c Fíachna
7 atlugestar a céli a ndogéni friss 7 addámirsi a imthechta uli. 10930
Conid m*a*c do Manannán m*a*c Lir intí Mongán césu Moṅgan
m*a*c Fiachnai dogarar dé.   ar foracaib rand lía máthair a llude
uadi matin a n-asbert

            Tíag^{6} dum daim
            dufail in matin bánglain   10935
            iss é Monindan m*a*c Lir
            ainm ind fir dutárlid.

---

^{a} .i. ben [H]

---

^{1} *Acephalous owing to a lacuna in the* MS.; *Compert Mongán* YBL. *Col. a,*
which is joined to col. b, appears to have been originally part of the leaf, the margins
having been cropped, carrying away portions of the capitals, etc. ^{2} *sic.* ^{3} i *add.*
below line. ^{4} *second a add. below line.* ^{5} c *corr. from* i. ^{6} *portion of* T *cut away.*

ᵃScel asa mberar combad hé Find mᴀc Cumaill Mongán 7 aní
día fil aided Fothaid Airgdig a scél so sís

10940 BAI¹ Mongan hi Ráith Móir Maigi Lini inna rigu. Dolluid
Forgoll file a dochᴜm. Boí leis for cui ilar lánomnae
ndó. Infeded in fili scél cacha aidche do Mongán. Bá sí a
chomsae a mboth samlaid ó samuin co béltaine. seóit 7 bíad
ho Mongán. Imcomarchuir Mongán a filid laa n-and cía
10945 haided Fothaid Airgtig. Asbert Forgoll goíte i nDᴜbthair
Lagen. Asbert Mongán ba gó. Asbert in fili nod n-aírfed dia
áithgiud 7 no áerfad a athair 7 a máthair 7 a senathair 7
docechnad fora n-usciu conná gébtha íasc ina inberaib. Do-
cechnad² fora fedaib conna tibertaís torad fora maige comtis
10950 ambriti chaidchi cacha clainde. Dofarraid Mongán a réir dó
di sétaib co tici secht cumala ɫ da secht .c. ɫ tri secht .c.
Torgid aṡennad trían ɫ leth a feraind ɫ a ferand óg aṡennad acht
a soíri a óenur cona mnaí³ Breóthigirnd mani forsulcad co cend
133b trisse. At|bobuid in fili uile acht mad cussin mnaí. Atdámuir
10955 Moṅgan⁴ fo bith a énech. Bá brónach in ben imme ressan. Ni
gattad dér di gruaid. Asbert Mongán fria arnábad brónach
bés dosnísed cobair.

Tánic de co tici a tres laa. Gabais in fili día nadmim.
Asbert Mongán anad co fescor. Boí Mongan 7 a ben inna
10960 ngríanan. Ciid in ben in tan bá nessam a n-idnacul 7 nád
accai a cobair. Asbert Mongan nadbad brónach a ben. Ásáe
fer dotháet indossa diar cobair adhaim⁵ a chossa hi Labrinni.
Anit etir.

Cích in ben aithiruch. Ná cíi a ben ásae fer dotháet diar
10965 cobair indosso adhaim a chossa hi Máin. No antais etᴇr cach
dá tráth in tucht sin. isind lóo no chiadsi asberadsa⁷ beus.
Ná cí a ben fer dotháet diar cobair indossa adhaim a chossa hi

---

ᵃ [in marg. mutiiated] (　　)air Dᴦoma⁶ [H], read Slicht Libair Dromma
Snechta.

---

¹ upright of B cut away.　² dochechnad Facs.　³ n-stroke faint over a, om. Facs.
⁴ dot over n-stroke om. Facs.　⁵ adhaim MS., second a altered from i apparently,
with traces of what looks like an m-stroke over it.　⁶ tᴦoma Facs.　⁷ sic.

Lemuin hi Loch Léin hi Samaír et*er* Uí Fidgente 7 Aradu hi
Siúir ar Femun Muman hi nEchuir hi mB*er*bi hi Rurthig hi
mBoind hi Níth hi Rig hi nOlarbi ar bélaib Rátha Móri.   10970
     In tan dunnánic adaig. boí Mongán inna chétud inna
rígthaíg 7 a ben fora déserud osí brónach. In fili oca fúacru
fora nglinne 7 a nadmand. Tráth mbátár and adfógarar fer
dun raith andes. A brat hi forcepul immi 7 dícheltir inna láim
nádbu érbec. Toling frissa crand sin tarna teóra ratha co mboí 10975
for lár lis di sudiu co mboí for lár ind rígthaige. Di sudiu co
mboí et*er* Mongán 7 fraigid fo*r*sind¹ adart. In fili i n-íarthur
in taige fri ríg aníar. segair in chest isin tig feád ind oclaig
dudánic. Cid dathar sund ol sudiu. Ro gellsom ol Mongán 7
in fili ucut im aidid Fothaid Airgtig. Asrubairtsom is i 10980
nDubthor Lagen. asrubartsa is gó. Asbert in t-óclách bá gó
dond filid. Bid aithlig² ol Forgoll cille da*no* dumm áithgeód.
Ni baa són ol in t-óclách. Proimfithir. Bámárni latsu la [³Find
ol in t-ócl*ach*³]. Adautt ol Mongán ní maith sin. Bámárni la
Find trá ol se dulodmar di Albae. Immarnacmár fri Fothud 10985
nAirgtech hi sund accut for Ollorbi. Fichimmir scandal n-and
Fochartso erchor fair co sech trít co lluid hi talmain friss anall
7 co facab a iarnd hi talam iss *ed* a ndíceltar so ro boí isin gai
sin. Fugebthar | in máelcloch día rolusa a roud sin⁴ 7 fogebthar **134a**
a n-airiarnn isin talam 7 fogebthar a ulad Fothaid Airgtig fris 10990
anair bic. Ata comrar chloche imbi and hi talam. Ataat a di
foil airgit 7 a di bunne doat 7 a muintorc argit fora chomrair.
7 atá coirthe oca ulaid. 7 atá ogom isin chind fil hi talam din
corthi. Iss *ed* fil and. Eochaid Airgtech inso. ra mbí Caílte i
n-imaeriuc fri Find.   10995
     Étheᵃ lasin n-óclaic aricht samlaid ule 7 fofrítha. Ba hé
Caílte dalta Find dodánic. Ba hé Find da*no* inti Mongán acht
nad leic a forndisse. ~ . ~

ᵃ .i. dogníther [M]

-----

¹ = f*ri*sin.   ² aith lig ms.   ³⁻³ *in ras.,* **H,** *and somewhat compressed, a space*
insufficient for ach *left between* ł *of* óclach *and stop.*   ⁴ n-*stroke om.* Facs.

Scél Mongán inso

¹¹⁰⁰⁰ DIA mboí dano Forgoll fili la Mongan fecht n-and. Luid
Mongan ar dún tráth di lóo fecht n and. Foric in
n-écsíne oc múnud a aiciuchta. Asbeir¹ Mongán.

Is búan.
huli hi fola lumne.
¹¹⁰⁰⁵ condarois íar techtu
inna drechtu im druimne.

Arceiss² Mongan iarom dond éicsíniu boí hi fola na lumne bá
terc cach n-adbar dó. Asbert friss dús imbad diuit 7 imbad maith
a thaírus conid tingell intamus dó. Aírg dī ol Mongán conrís
¹¹⁰¹⁰ Síth Lethet Oídni co tucae liic fil domsa and 7 dobérae pún
findairgit duit fadéin hi fíl di uṅgi deac rot bía occo. It hé do
huide² de sunde do Chnuc Báne. Forricfe fáelte and fom
bíthse hi Síth Chnuic. De sudiu do Dumu Gránerid. De
śudiu³ do Sith Lethet Oidni. Doberae damsa in liic 7 téissi
¹¹⁰¹⁵ do sruthair Lethet Oidni fogebai pun óir and i mbíat noi
n-ungi damberae damsa let.

Luid in fer a fechtas dofornic lanamnai sainredaig ara
chiund hi Síth Chnuic Báne fersat failte móir fri techtaire
Moṅgán Bá sí a dú luide foranic alaili hi nDumu Granerit.
¹¹⁰²⁰ Baíthi ind faelte chetna. Luid do Sith Lethet Oidni foránic
dano lánamnai n-aili hi sudiu. Fersait faelti móir fri muintir
Mongán. Ferthae a oígidecht co léir amalᵃ na haidchi aili.
Baí airecol amrae hi toíb thaige na lánamnae. Asbert Mongan
134b frisseom ara timgarad a echuir. Dogníth | samlaid. Dobreth
¹¹⁰²⁵ dó a echuir atnoilc. asbreth friss arná taibreth ní assin taig
acht a foíte leiss. Dagní dobert in n-eochair aitherruch dun
lanamain. Dobert im̄ a liic leiss 7 a pún airgit. Luid iarom do
sruthair Lethet Oidni dobeir in pún óir a sudiu. Dolluid
afrithisi doch( )⁴ Mongán dobreth. dobreth⁵ do Mongan a
¹¹⁰³⁰ liic 7 a o( )⁶ Beridseom a airget. Bátár hé sin a imtechtai.

ᵃ between cols. at end of line . m [M]

---

¹ asbert *Facs.*   ² i *subscript.*   ³ sudiu *Facs.*   ⁴ um *lost in rent at end of
line* ; *Facs. has however* m-*stroke over* c.   ⁵ *sic, dittography.*   ⁶ r *cut off.*

134b⁹⁻³⁵]   Tucait baile Mongán inso

E ÍSSISTIR[a] ben Moṅgan[1] .i. Findtigernd do Mongán ara
n-indissed di diuit a imtech( )[2] Gáidside di mithisse
.uii. ṁblia*dna*. Dognith tánic de in t-áge hísin. Baí dál
már la firu Herend i nUsniuch Midi blíadain éca Cíaran m*ai*c in 11035
tsaír 7 gona Tuatail Maíl Gaírb 7 gabala rigi du Díarmait·
Bátar in tslúaig for Usniuch. Tusfúabart cassar mór and. Bá
si[3] a mét. D prímglais deac foráccaib ind óenfross i nÉre co
bráth. Atrecht Mongán mórfessiur din charnd for leth 7 a
rígan 7 a senchaid Cairthede[b] m*a*c Marcáin. Co n-accatár ni in 11040
less ṁbilech mbroinech sainemail. Tiagait dó Con lotar issin
less tíagait isin n-arecol n-amrae and. tonnach crédumi forsin
taig. Grenán hoím( )ind[4] fora senestrecha. marfessiur deligthe
and. Tárgud amra isin taig do cholcthechaib 7 brothrachaib
7 di sétaib ingantaib .uii. taulchubi de fín and. Fertha faelte 11045
fri Moṅgan isin taig. Anais and gabais mesce. Is and dī
cáchain Mongán and sin in mbaili don mnaí fó bíth donningell
infessed ní di dia imtechtaib. Indar leó nibo érchían bátar
isin taig. Nibo aidbliu leó bith óenadaig. Batár and iṁ
bliadain láin. a ndifochtrassatar co n-accatár ba hí Raith Mór 11050
Maige Line i rrabatar. ~ . ~ . ~ . ~

---

[a] .i. iarfaigis [H]   [b] i *add. above first* e, *as variant*; Cartide *Betham 145*

[1] *Facs. omits dot over* n-*stroke.*   [2] ta *cut off at end of line.*   [3] si *Facs.*
[4] *end of line cut away, the top of a* b (?) *left*; hoímbind (?) = oíbind.

Inna hinada hi filet cind erred Ulad inso.
A lLibu( )¹

H OND úair dundánic Fáilbe
11055 d'Elíu iar n-imram chu( )²
indid damse cit n-armand
hi fil chend erred Ul( )³

Iarna thabairt do Maig Breg
do Raith Emnae tuaith A( )⁴
11060 adradnacht cend Conchobuir
fora cholaind i mMachi.

Góeta di ág mná Celtchair
cinid cechind ha hisil.
cend Blai Briugad íar n-insu
11065 danéim hEmuin fades( )⁵

---

¹ *The end of the last seven lines of the column have, with two exceptions, been cut away*; *only the first stroke of* u *left,* = A lLibur.   ² *only the first stroke of* u *left, evidently* churach.   ³ *read* Ulad.   ⁴ *read* (?) Achi.   ⁵ *read* (?) fadesin ; *beginning of abbrev. stroke left. Here poem breaks off; end of* MS.

CORRIGENDA

p. viii, l. 9, *read* 70

p. x, n 4, *for* March 25th, 1345, *read* March 23rd, 1380 (Paul Walsh).

p. xxix, l. 1, *read Fhinnén*

p. xxxi, last line, *read* Sláne

p. xxxvii, Tochmarc Étaíne, *add*: Another copy supplying lacuna 129^a (l. 10636), in YBL^2 (Phillipps MS. N.L.I.), ed. and transl. by Osborn Bergin and R. I. Best, ÉRIU xii, 1938.

p. xl, l. 24, *add note*: The notes and glosses have been edited and translated by J. Strachan in Archiv. f. Celt. Lexikogr. i, p. 1–36.

p. xliv, 10601, *read* Bruig

l. 96, ^{4} *should be before* Saleph

l. 151, *read* rana^7

p. 12 n ^{b}, *delete* ^{2}; n ^{d} *read* farrad^2

l. 427, *read* Dia^c

p. 18 n ^{b}, *read* Enégthiar

l. 667, *read* t*u*aid

p. 36 headline, *read* **13 b**$^{9-32}$

p. 37 headline, *read* **13 b**^{33}

l. 1211, *read* throiscet^2

l. 1218, *read* precept

l. 1260, *read* a ndind ci adagind (?)

l. 1286, *read* asb*iu*rtsa

p. 46 n ^{5}, *read* here.

l. 1445, *read* hesrad

l. 1521, *read* a caíne (?)

p. 54, *read* **20 b**

l. 1609, *read* dofec*h*at

l. 1743, *read* na mbertatár

p. 61 n ^{2}, *read sic, for* gó

l. 1875, *read* indossa^6 *and delete* ^{6} *in following line*

l. 1885, *read* an gainem

p. 72 n ^{5}, *read* airmirt

l. 2288, *read* am*l*aid

l. 2378, *delete* stop *after* mó

l. 2379, *read* sin.

ll. 2430, 2431, *read* fu*r*ri

l. 2472, *read* ete*r*

l. 2509, *read* n-uli

l. 2545, *read* I n-aís

l. 2775, *read* foregnec

l. 2860, *read* Achi

l. 2894, *read* (?) Lúachair

l. 2999, *read* (?) i n-ón

l. 3001, *read* (?) Letha

l. 4027, *read* mar|bad[3]

p. 130 headline, *read* **51 b**

l. 4178, *read* Roiptine

l. 4256, *add note*: *supply* rot *before* biaso (Windisch).

l. 4327, *read* (?) fornert

l. 4378, to note [c] *add* [*in marg.*]

l. 4403, *read* fótera so.

l. 4593, *read* Crui*m*b

l. 4623, *read* Medbi[e] *and delete* [e] *in next line*; *in footnote, read* fora laim sidi Flidais [H][4]

l. 4730, *read* i[*m*]didnad[5]

l. 4907, *read* co mbe*n*som

p. 160 n [a], *read* Inb*iur*

l. 5053, *read* (?) dochana

l. 5219, *read* [1]Aided

l. 5659, *read* Fergus*a*.[5]

l. 5686, *read* (?) be*n*ai

l. 5687, *read* (?) Ul*a*d

l. 5747, *read* tess

l. 5758, *marg. read* **70a** [a]

l. 5879, *read* si[*n*][6]

l. 5900, *read* díb beus

l. 5983, *read* mánop = má nodob

l. 6065, *read* Glend

l. 6087, *read* Bíd i*m*

l. 6319, *read* (?) mór a daig

l. 6409, *read* t-indellchró

l. 6417, *read* o thana

p. 204, *delete* note [2], *and add to* note [5] *first*

l. 7038, *read* tsenchassa

ll. 7123, 7242, 7291, *read* oir*gn*e

l. 7368, *read* asb*iur*tsa

p. 230, *delete* (?) note [7]

l. 7542, *read* inda-

l. 7571, *read* Fir

l. 8390, *read* Ult*aib*

l. 8440, *the superior* [2] *should be after* .r.

p. 258 note [1], *read* tra

l. 8901, *read* Fresib

l. 8902, *read* Longbaird

l. 8957, *read* comramaig[4]

l. 9248, *read* iarfacsa[1]

l. 9288, *read* nónbair

l. 9814, *read* (?) De

l. 9828, *read* Mac

l. 9969, *read* Ath*air*; MS. *has the digraph*4 *instead of the trigraph.*

l. 10340, *read*)erred[6a], *and last line but one prefix* [6a] *to* eired *Facs.*

l. 10490, *after* Fergus *add* 7

l. 10616, *read* Dofécai

p. 322 note [5], *read* domm*in*uc

l. 10636, *read* a thaigi

l. 10644, *read* frib

l. 10653, *read* (?) mb*en*tai

l. 10770, *read* domnaí

l. 10879, *for* Darbre*ch* *read* dar Brei*f*ne

l. 10887, *read* lámnad o Lúachair *and* dílecad

l. 10893, note, *read* marchumacht(ae) (Y[2])

l. 11038, *read* Dí

l. 11063, *read* cech ind